本书编委会

主　　任：李绍美

副 主 任：蓝　青

成　　员：(按姓氏笔画为序)

白荣敏　杨世凌　张仁灿　林成峰

郑　坚　高燕君　蓝美时

主　　编：冯文喜

编　　委：(按姓氏笔画为序)

林发前　郑斯汉　钟敦畅　喻足衡

政协福建省福鼎市委员会文化文史和学习委◎编

海峡出版发行集团 | 海峡文艺出版社

图书在版编目(CIP)数据

硖门/政协福建省福鼎市委员会文化文史和学习委编. —福州:海峡文艺出版社,2024.5
(福鼎文史.乡镇专辑)
ISBN 978-7-5550-3550-3

Ⅰ.①硖… Ⅱ.①政… Ⅲ.①乡镇—文化史—福鼎 Ⅳ.①K295.75

中国版本图书馆 CIP 数据核字(2023)第 219263 号

硖门

政协福建省福鼎市委员会文化文史和学习委　编

出 版 人　林　滨
责任编辑　邱戊琴
出版发行　海峡文艺出版社
经　　销　福建新华发行(集团)有限责任公司
社　　址　福州市东水路 76 号 14 层
发 行 部　0591—87536797
印　　刷　福建新华联合印务集团有限公司
厂　　址　福州市晋安区福兴大道 42 号
开　　本　787 毫米×1092 毫米　1/16
字　　数　520 千字
印　　张　29.75　　　　　　　　　　插页　2
版　　次　2024 年 5 月第 1 版
印　　次　2024 年 5 月第 1 次印刷
书　　号　ISBN 978-7-5550-3550-3
定　　价　136.00 元

如发现印装质量问题,请寄承印厂调换

总　序

李绍美

　　福鼎古属扬州，晋属温麻县，隋开皇九年（589）废温麻县改原丰县，唐武德六年（623）置长溪县，清雍正十二年（1734）为霞浦县辖地，归福宁府。清乾隆四年（1739）由霞浦县划出劝儒乡的望海、育仁、遥香、廉江四里设福鼎县，县治桐山。1995年10月，福鼎撤县设市，现辖10个镇、3个街道、3个乡（其中2个畲族乡）、1个开发区。

　　福鼎建县虽不足300年，但人文历史悠久，早在新石器时代就有先民在这块土地上繁衍生息，并因山海兼备的地理特征创造出丰厚和多元的文化，如滨海名山太姥山孕育了太姥文化，依海而生的马栏山先民则开辟了海洋文化。随着时代的发展，福鼎的文化愈发精彩和独特：与浙江交界的叠石、贯岭、前岐等乡镇，接受瓯越文化较为明显，其方言与温州的腔调接近；与长期作为闽东文化中心的霞浦县相近的硖门乡和太姥山镇，受儒家文化影响较深，文风盛于其他乡镇；地处山区的管阳、磻溪等镇和地处滨海的沙埕、店下等镇，在生产方式与生活习惯上均有很大的不同……新中国成立以来，特别是改革开放后，福鼎各乡镇立足各自的区位特点和地方传统，抓住历史机遇，走出了各具特色的发展之路，在经济建设、社会治理、文化繁荣等方面都取得了长足的进步，变化可谓翻天覆地。

　　基于市情，我们改变常规文史工作立足县市层面，把视角下移，提出为辖下的13个乡镇、3个街道、1个开发区编纂文史资料并合出一套丛书的思路，使得政协文史工作更细致入微、更接地气。这一思路得到了福鼎文史界和各乡镇（街道、开发区）的积极支持和大力配合。为了做好这项工作，市政协总体协调，聘请文史研究员跟踪、指导、参与丛书具体编纂事宜，努力推进这项工程量巨大的工作。各个乡镇（街道、开发区）成立工作小组具体落实，有的乡镇与高校合作，借助高校的科研力量；有的乡镇聘请当地文史工作者，借助当地"活地图""活字典"的力量……可谓"八仙过海，各显神通"，使得丛书的编纂进展顺利。

本次系统挖掘整理各乡镇的文史资料，是文史工作的一次创新，而且以乡镇为单位编纂成书，使每个乡镇零散的资料归于系统化，实乃为每一个乡镇写史纂志，对各乡镇的文化建设意义重大。在工作中，很多史料的价值以文史的眼光审视得到重新"发现"，更有不少内容属于抢救性的挖掘整理，十分难能可贵。也因此，这项工作具有开拓性，也更具挑战性。自工作开展以来，镇里、村里的老干部、老"秀才"和"古董"们，市里各个领域的文史爱好者，以及高校研究人员，纷纷热情参与其中，为完成这项浩大的文化工程付出了艰辛的劳动。大家既科学分工，又团结协作，怀抱对乡土的热爱、对家乡的厚谊及对文史的关怀，兢兢业业，埋头苦干，无私奉献，终于使煌煌几百万字的"福鼎文史·乡镇专辑"丛书与大家见面了。该丛书的出版，拓展了福鼎文史工作的广度和深度，使福鼎文史工作有了新的突破、质的提升。

　　文史工作是政协工作的重要组成部分，是一项有益当代、惠及后世的文化事业，在传播优秀文化遗产、繁荣发展文化事业、推进建设和谐社会等方面都具有十分重要的意义。市政协历届领导班子有重视文史工作的优良传统，以对历史负责的求实态度，尊重社会各界的意见、建议，注重文史人才的培养并发挥他们的积极作用，守正创新，破立并举，推进福鼎政协文史工作长足发展，为福鼎地方文化建设做出了积极贡献。在此，谨向所有关心和支持这项工作的各界人士表示诚挚的谢意！

　　读史可以明智。历史是昨天的客观存在，是我们认识现实、走向未来的前提和出发点。迈入新时代的福鼎，正孕育着新的希望，让我们紧密团结在党的领导下，一如既往地秉承"肝胆相照，荣辱与共"的方针，与全市人民一道，团结拼搏，鼎力争先，不忘初心，接续奋斗，为加快建设宁德大湾区沙埕湾生态临港产业城市发挥我们应有的作用，做出我们应有的贡献。

　　是为序。

（本文作者为福鼎市政协党组书记、主席）

序一：漫话硖门

张开潮

硖门畲族乡地处福鼎南部沿海,东北与太姥山镇相接,西南与霞浦牙城镇交界。"硖门"一名早先写作"峡门",概因所在地两山对峙如门,一水通津,地分南北而得名。硖门虽小,却别有洞天,自工作以来,我探访民间,亲躬政务,更知硖门历史悠久、文化深厚,百姓淳朴热情、勤劳聪慧,社会经济建设如火如荼、日新月异。

硖门历史沿革已久。古属温麻、长溪县,宋时为硖村,清乾隆四年(1739)以前,为福宁州霞浦县劝儒乡望海里八都。福鼎置县时,废里留都,硖门大部属十一都。清光绪《福鼎县乡土志》载:"治南一百一十里起为十一都,村落傍海者三之一……村十有九……率以渔樵种植为生。丁口计七千三四,大姓以郑氏为多……腔音颇类霞邑,故民俗无甚异云。"硖门设乡始于1944年10月,1947年设硖门镇(十五保)。1949年11月,硖门成立乡人民政府,之后沿革多变,1993年经福建省民政厅批准正式设立硖门畲族乡。

根据各姓谱牒记载,秦阳陈留郡谢氏是早期迁入硖门姓氏之一,至今有1300多年历史。硖门各姓先主多因中原战乱陆续迁入,有北宋前期迁入邱厝里的邱氏和迁入渠洋、岭坪的王氏、江氏,宋绍兴二年(1132)从江西卢陵迁入石兰的邓氏,明末迁入渔井的黄螺潭林氏,清康熙四十一年(1702)迁入的福塘尾郑氏等。一村一姓或几大姓相对固定聚居,形成硖门村居的一大特点。《福鼎县畲族志》载:"康熙五十年(1711),蓝士肇由浙江平阳牛皮岭迁福鼎硖门瑞云水尾。"清代以后,陆续形成硖门钟、蓝、雷、李四姓畲族,主要居住在瑞云畲族村。

硖门物产丰富。福鼎民间广为流传的"十唱"特产中硖门就占了三种:"石兰紫菜丈把长,文渡蛏有猪仔大,东魁杨梅似簸箩。"其中,石兰紫菜曾是贡品。宽广的海滩、曲折的海岸线,使硖门的鱼虾蟹贝十分丰富,人们慕名而来,品尝海鲜是一种享受,垂钓于硖门溪又别有一番乐趣。近年来,硖门飞蚶(亦名珠蚶、血蚶)因富含血红素也远近闻名。

硖门风景优美。独特的海蚀地貌和多样的山地类型，形成了山海交汇的旅游胜景。这里是环太姥山旅游、闽东亲水游、山川海岛游的重要旅游新资源，是太姥山世界地质公园的重要组成部分。渔井湾至青屿头沿岸，海蚀地貌独特，岸石万象俱生。大岗头万亩红竹林，风吹林响，如海涛声。石兰村古木参天，千年榕抱樟排全国树王第39位。抗倭古堡建于明万历年间，雄风犹在。后晋古刹瑞云寺，古朴庄严。

硖门文化深厚。相传宋绍熙年间，朱熹流寓长溪，游太姥山经瑞云寺，题留著名的山门联："地辟九重天，碧水丹山青世界；门当三益友，苍松翠竹白梅花。"清乾隆《福宁府志·寺观》载："瑞云寺，在十一都，后晋天福元年（936）建。"朱熹所作的山门联后来成为佛教临济宗瑞云寺一脉的法号，影响深远。据说，古代瑞云寺是太姥山寺院建筑中最大的古刹，居福鼎六大寺之首。名僧智水写下《凤山十六景诗》流传于世，其中一句"何来一抹红如许，半是丹枫半夕阳"，深得唐人之韵。

硖门是福鼎市畲族人口的主要聚居地之一，长期以来保留着丰富浓厚的民族习俗。畲家人以歌传情，通过"唱山歌""盘山歌"等方式，把本民族的生产、生活知识代代相传。每年的"二月二""三月三""四月八""七月七"等传统对歌节，畲族同胞着民族盛装，齐聚畲村，传唱畲歌，通宵达旦。歌墟之日，各地游客云集，热闹非凡。硖门保留畲族传统服饰"福鼎装"，在中华人民共和国成立60周年时，曾进京参加民族服饰大展。2011年5月，"瑞云畲族四月八歌会"列入国家级非物质文化遗产名录。

硖门经济快速发展。早期，本地工业资源相对缺乏，硖门人迎难而上，不断探索，创办过农械厂、针织厂、麻纺厂、织网厂、五金厂、光纤厂等。1991年，硖门首创轧钢厂，带动全乡创办铸钢企业。据统计，如今全乡有铸钢企业40多家，业务遍及全国的7个省30多个县，产值百亿元以上，每年利润10亿元以上，从业人员3000多人。此外，硖门人走南闯北，创办了漳州三宝公司（漳州市龙头企业）和广东英德钢铁制造有限公司等上规模大公司，还有一大批人在上海投资石板材业，在山西等地投资煤矿业，势头发展迅猛。

20世纪90年代后期，硖门开辟乡工业项目集中区300亩，大力实施"回归工程"和柏洋工业园区建设。从1996年引进永宝特钢开始，到2011年拥有永宝特钢、国新阀门、申达钢铁、华隆金属、申石兰食品、海天湖食品、强旺胶粘制品等7家规模以上企业，其中亿元企业3家，申达钢铁获"福建省名牌产品"称号，2011年完成规模以上工业产值超过12亿元。

硖门农业已形成茶叶、紫菜、弹涂鱼三大特色产业。茶叶产业，在20世纪80年代，税收就占乡工商税收总收入60%以上。渔井从外地引进尝试养殖紫菜并获得成功，创办了闽东最大的紫菜育苗场，目前，硖门湾海水养殖紫菜5500多亩，年产值近3000万元，申石兰、海天湖两家紫菜加工企业发挥龙头带动作用。1987年，从霞浦沙江引种试养弹涂鱼，初见成效，现今养殖弹涂鱼近3000亩，年产值1600多万元，并建立了文渡大弹涂鱼国家级示范基地。

硖门社会和谐。硖门百姓淳朴好客，畲家有来客，一碗米粉，几杯家酿，总让人感到浓浓的情意。1997年起实施"造福工程"，生产生活条件恶劣的45个自然村546户、2236人（其中畲族212户、855人）搬迁，先后形成了民族街、葫芦墩、永和、沙淀等规模较大的聚居新村。硖门集镇"两横两纵"四条街基本形成，新绿亮洁，让人耳目一新，是"小乡好集镇"建设的典范。柏洋村是硖门乡的另一张名片。柏洋村经过十几年艰苦奋斗，从山区负债贫困村发展为富裕文明的社会主义新农村，荣获"全国小康建设明星村""全国先进基层党支部"等称号。

敢闯敢拼，不折不挠，勤于探索，勇于创新，这就是"硖门精神"。三大农业特色产业，两大"名片"，美丽的风景，迷人的风情，深厚的文化底蕴，生机无限的产业大军，蒸蒸日上的经济建设……构成了前景无限的"硖门潜力股"。硖门的经济不断发展，社会各项事业不断壮大，硖门必将成为福鼎建设发展的新热点，投资兴业的新热土。

（本文作者为硖门畲族乡原党委书记）

序二：话说硖门

蓝美时

硖门畲族乡地处福鼎市东南沿海，与大嵛山隔海相望，西南接霞浦牙城，北邻太姥山镇。辖区土地面积58.49平方千米，有山地、丘陵、盆地、平原、海滩等多种地貌类型，以丘陵为主。

清初，硖门属福宁州劝儒乡望海里八都，福鼎置县后主要为福鼎县十一都，部分属十都。民国元年（1912），为硖门区。1940年，成立硖门镇。1946年，改称硖门乡。1949年，属秦屿区。1958年8月，成立硖门公社。1961年6月，设硖门区。1968年8月，成立硖门公社。1983年为硖门区。1987年为硖门乡。1993年，改为硖门畲族乡。全乡辖9个行政村，近1.8万人。

硖门主要有郑、詹、邓、林、王、黄、刘、周、魏、陈、江、谢、邱等姓氏，早在唐宋时期，谢、邓两姓祖先就迁徙硖门，耕山牧海，诗礼传家。硖门各姓推崇祖训族规，以遵守村规民约为风尚，形成优良家风，彰显本地特色。石兰有做福与放烟花的传统，春节"做十"拜寿风俗相传至今，它们作为重要精神力量支撑着本地族姓生生不息；柏洋祖辈推崇孝道，相传行孝礼仪习俗，形成良好的风尚，对地方社会产生过深远的影响。

硖门以传统农业为主，兼航海、渔业。全乡耕地约1万亩，渔业养殖面积约1.8万亩，海上资源丰富，捕捞、小海滩涂、海上养殖为群众重要经济收入来源。20世纪90年代后，海上养殖逐渐兴起，硖门湾海水养殖紫菜5500多亩，年产值近3000万元，申石兰、海天湖两家紫菜加工企业发挥龙头带动作用。从清末至民国，硖门开办大量手工作坊。20世纪七八十年代，硖门陆续办起一些集体所有制工厂，但由于交通、资金、信息、技术、人才等各方面原因，大部分工厂勉强维持一段时间后相继倒闭。90年代后期，硖门乡加快"工业兴乡"战略，打造乡工业项目集中区300亩，依托文渡工业项目区的带动辐射，对接浙南及周边地区产业转型，开辟了工业发展的新领域。

20世纪90年代以来，全乡紧紧抓住国家和省、市重点项目，结合实施造福工程、灾后重建、新农村建设等，持续实施集镇"东扩面海"和建设"小乡大集镇""小乡大村庄"的发展思路，采取各项惠民措施，推进人口集聚。全乡建筑面积达 10 多万平方米，集聚人口近 8000 人，硖门城镇面貌发生巨大变化。永德新村动工标志新区开发起步建设，造福工程实施使全乡自然村下降到 95 个。柏洋实现了人口居住集中化、居住环境园林化，被评为"全国小康建设明星村""全国美丽乡村建设示范点"，为闽东乃至福建全省的小康建设、精准脱贫树立了典范。

翻开历史篇章，在 20 世纪六七十年代，知青们响应党的号召来到硖门。当时，硖门公社知青场点有官昌兰知青点、福长青年点、塘古头公社良种场 3 个，知青共有 5 批、60 多人。知青们奔赴农村，扎根务农，开展劳动实践，学习农业知识，为建设祖国做出了他们的贡献。

硖门大力实施义务教育。20 世纪 90 年代以来，硖门小学经历三个重要发展期：1991 年的"六项"督导，1998 年的"两基"验收，2011 年的"双高普九"。硖门中心小学校认真贯彻国家教育方针，牢固树立"榕树文化"的办学理念，以"像榕树一样成长"为校训，以"文明、守纪、勤奋、创新"为校风，形成"严谨、博学、敬业、爱生"的教风和"乐学、善学、合作、探究"的学风。硖门中学教育于 1998 年完成"两基"验收，素质教育达到一个峰值。近 20 年来，随着教育环境的不断优化，教育改革的不断深入，硖门中学（福鼎十一中）教育也呈现逐年发展的良好态势。2002 年创办硖门中心幼儿园，2013 年开始独立办园。在"双高普九""教育强市""教育均衡""素质教育""标准化学校"等一系列评估验收中，硖门的学校教育教学管理体系日趋科学，办学条件日趋完善，教学教研水准不断提升，教育事业迈上了一个新的台阶。

硖门保留有丰厚的人文积淀。硖门郑氏出自荣阳郡，历次修谱都录入宋代历史学家郑樵的《编修夹漈公谱序》。郑樵早年曾游历长溪，来到福鼎讲学，本文为研究郑樵文化提供了史学参考。瑞云"凤山碑刻"全称"道由禅师重兴雉山瑞云禅寺碑记"，书法承袭了北齐风格，楷隶杂糅，结字方整宽博，略呈扁形，气韵则静穆醇和、雍容大方，代表福鼎碑刻的艺术成就。硖门还保留了清代文渡江氏江本侃、江从如诗文，清末林士恭诗文，民国何振岱与楞根上人诗作等，都是不可多得的文学艺术遗产。

硖门文物遗产众多，以房屋、寺宇等历史建筑为主，见证了东南沿海的一段厚重历史。始建于后晋天福元年的瑞云寺，寺院布局结构为园林式，建筑物的斗拱、梁栋精雕细刻，造型生动，体现南方建筑精巧的艺术风格。硖门旧街原叫"碇步头"，因旧时靠碇步来往于南北两岸而得名，一条狭长的硖门街蜿蜒于南片山麓，街道两侧木质平房紧挨相邻。水尾村落是目前保持最完好的畲族古村落之一，域内群山拱秀、风景清幽，岭上树影婆娑，路边茶园环翠。此外，还有渔井海边的石头厝、石头房、砖木房及海岸地质遗迹等，一起融入城乡一体化建设之中，为文旅添加新的亮点。

硖门畲族有蓝、雷、钟、李四大姓，最早迁入约在清康熙时期，有300多年的历史，保留了厚重、多彩的畲族文化。据2019年福鼎市民宗局统计，硖门畲族人口1660多人，主要集中在瑞云村、柏洋村。硖门畲族形成了许多具有民族风情的传统习俗文化，能歌善舞、民族语言、独特服饰和传统歌会是其四大特色。语言是工具，服饰是道具，歌会是载体，歌舞是表现，它们与畲族人民的生存环境和生活、生产方式紧密关联，相融并茂，共同形成畲族区别于其他民族的重要表征。

20世纪50至70年代，硖门涌现出一大批生产先进典型人物，彰显共产党人的"初心"和"本色"。如生产组的陈秋妹、黄哑咩、魏二妹、陈赛娥、李秀香、王冬菊、陈桂花、郑牵弟、郑月英、王招英等十姐妹，她们在加工鱼货、种菜、养猪、喂鸡等副业生产中表现出色，搞多种经营，改善了生活，实现农渔双丰收，被喻为"十朵金花"；退伍军人林传绸，退伍不褪色，他艰苦创新业、为人民服务的事迹在硖门广为人知；"草药郎中"蓝清益，在望、闻、问、切方面有着独到见解，在中草药治病方面有独特方法，行医治病饱受称赞。硖门先进人物数不胜数，他们的事迹至今成为硖门宝贵的精神财富。

硖门扼守福鼎东南门户，面朝浩瀚大海，坐拥绵长海岸线与山海川岛，海洋生物繁多，是舌尖上的天堂。硖门海产品的古早味，留给游人的不只是舌尖上的体验，更有渐行渐远的岁月回味。勤劳智慧的硖门村民们善于用当地土生食材制作美味，像百合粉、渔井拗九饭、硖门解放包等，令人垂涎。

在新时代背景下，硖门乡抓住机遇，工业、农业、渔业等各项事业蓬勃发展，经济屡创新高，环境不断优化，使民众生活水平、生活品质逐步提高。"新时代，新征程"，硖门人民必将在党和政府的带领下谋划美好愿景，续写光辉篇章。

（本文作者为硖门畲族乡党委副书记、乡长）

目　录

🐚 山川故里

多彩畲族

往事钩沉

🐚 文物古迹

🐚 宗族聚落

🐚 人物春秋

🌸 文教卫生

🐚 山珍海味

附录：

山川故里

硋门海岸地质遗迹

黄金铿

渔井村海岸线自"里下场"到"和尚头"约 10 千米，拥有海岸侵蚀地貌和海岸堆积地貌，具有 7000 年左右的火山乌黑碎屑岩和风蚀石窝岩特征。特别是渔井，作为天然地质滨海火山井，海岸上保留有"一礁、三井、九熔脉和六壁弄"等地质遗迹。

一礁　　即鳄鱼乌礁，全长约 70 米，"尾巴"细长，潮涨到七分时尾部被掩盖看不到，但潮水涨满时头部和身体依然外露。从"井"和"平后弄"之间的位置望"鳄鱼"，其眼睛活灵活现、炯炯有神。"鳄鱼"永守井口不退缩，海歌赞之："海中突兀鳄鱼神，乌甲着装守井门。看护金龟不外逾，狂涛无惧永持恒。"但遇到恶劣天气又逢涨潮，海浪会从他的眼角下涌入，犹如它伤心挂泪。可无论台风多大，海浪也淹不到他的后背部，此处常年长小草，适宜海鸟产卵孵小鸟。当你登上鳄鱼乌礁时，意想不到其背宽十米有余；当你靠近礁臀部的鸟巢时，小鸟的妈妈会唤起全体成员，或嘶声嚎叫，或直接俯冲至你头顶，令你知难而退，告诫你不要再侵扰；当你走向礁头，左右各一面平的"风火轮"簇拥着"迎龟侠"迎接你的到来，像贵宾一样受到欢迎。

三井　　指大渔井、小渔井和小喷井。大渔井水退出井口便能裸露显现，宛如一口大圆井，其直径十几米。井沿一边赤红一边黝黑，井里有两块乌黑岩石，颇像一对夫妻龟，其形成过程："火山喷起涛推澜，乌赤岩浆铺两旁。回浪冷凝降井里，金龟璀璨两珠藏。"常言道："瞧得一对乌金龟，增寿有福伴客随。"小渔井毗邻于大渔井，二者形成一对姊妹井，其井口略带方形，由于位置更低，每月逢大潮水退到底时，小渔井方能露出。曾有人在此用两台抽水机，抽干小渔井里的水，捉到不少的鱼。小喷井在"平后"的右下方，其井口呈圆形状，直径 3 米左右，由于所处位置较高，基本不受潮汐控制，淹没不到，随时可见。2016 年中国石油大学地质学院的邹华耀和长江大学研究储层地质学的王正允两位教授，将乌黑岩石取样带回北京，鉴定属于火山碎屑岩。

九熔脉　　分布在每个壁弄旁，两旁岩石夹缝压缩水和空气挤喷岩浆，形成九条细长乌黑等色的熔浆岩脉。最长一条在"平后"下方，黑色细腰长约 30 米，盘缠在岩石上，从空中向下拍摄，犹如磐石上头尾相接的长龙，龙首匿藏水沟处，头部有龙须，中部有龙爪，美其名曰"藏龙盘岩"。在"寒竹洞"旁有个宽大的砾石滩口，有一条宽近两米，靠海处看似有两条，但在近岸处合拢在一起，盘在岩石上，凹凸不平，呈墨黑色，是九条中最宽大的一条熔浆岩脉。该滩口靠"寒竹洞"旁还有一条较细短的浅灰色熔浆岩脉。其余的分别在其他的"壁弄"旁，打横走向和打斜走向的各一条，颜色乌黑居多，但也有淡蓝、暗红等颜色。据专家鉴定，这些岩石都是与海蚀地貌同时形成的熔浆岩脉，简称熔浆岩。

六壁弄、平后弄　　寓意为：跨过"平后弄"，今后的道路平坦安稳、畅通无阻。该弄长 20 余米，上口宽 8 米，下口偏窄，崖壁外低内高，高处部分有十几米。最外一堆较矮岩石堵住壁弄口，但海浪还是从转口侵入。弄内底下有四块大岩石，其中三块斜竖相互触挨，呈立马追风迎舵状，还有一块大方石横卧微斜卡住壁弄两旁，它们的旁边和底部有诸多小砾石，将它们塞得紧密而坚固，使汹涌澎湃的波涛纵冲直撞消去猛窜之锐气。从壁弄的里头往外望去，弄壁像一只蝴蝶展开的双翅。左边峭壁面像被神斧斜劈成，很完整，右边前崖壁周围属软岩层，在海浪的不断侵蚀下，逐渐剥落呈 N 级小台阶状，脆弱壁岩面石大小参差不齐，后 8 米左右崖壁面保存较为整齐。

田牛灶弄　　清末年间村里人在"弄"的上方种田，此处一口圆凹形水源极像锅灶，故得名。弄长约 20 米，最高处十几米，壁弄内窄外宽，口朝左拐，拢口两边逐低的岩石，类似两只大闸蟹螯把撑。弄底的细白沙，沿外岸向深处倾斜，海浪清澈时隐约见底。

田下弄　　顾名思义，早年"弄"的上方造有梯田。该壁弄内窄弯曲，往外壁岩渐低，受波浪侵蚀严重，壁弄边碎石凌乱凹凸不齐。壁弄长约 30 米，高处不足 10 米，外口渐宽，在沿岸流的作用下，波浪斜上到达壁弄，推动着底部细沙纵向输移。靠近内岸段堆积的细沙逐渐增高。早年该弄底部有细白沙，常被村民用船载去建房，现已被制止。

寒竹弄　　位于一个岸口，宽约 40 米，岸边呈垃圾斗口形的一处角落里，因岸口堆积有诸多大砾石，沿岸流对岸上的侵蚀度较轻，无法将一些堆积物向砾石外输移，随着时空推移堆积物越来越多，不断地抬升。该"弄"越来越窄越不明显，"弄"周围的寒竹也越来越稀少，至今已看不到寒竹。

赤脚礁弄　　全长近 50 米，是几个壁弄中最长的一个，其岩壁外低内高，壁面有 2 米多宽，呈斜梯状。弄壁有诸多节理，两岸的岩石保存十分完整，弄内底嵌立靠壁一块 4 米高的似龟岩石，使波浪侵蚀岸基的力度减弱，传入近岸因水深变浅而变形，弄道渐窄，底部沙子呈上坡状堆积。"弄"内部分的峭崖陡立，高的部分 10 米以上，外口形似大喇叭。弄底的海水轻抚细沙，涛声迂回悦耳，令人稀奇。

草鞋弄　　俯望其形如草鞋，属于海岸侵蚀地貌，其海岸在波浪、旋环流等不断侵蚀下，形成了岬角。从外及里的左边沿岸被海浪侵割三列，成为："岬角浪侵垂幔廊，岐头节理帐帏长。天工巧锯阶梯状，地匠妙割豆腐行。"外离一块礁石，外形像石磨，故称石磨礁。右边崖壁"描绘"了一幅褐色的无字长卷，让到过此处的人们思绪万千。

笔架洞　　一次，为了探个究竟，我等三人开着小快艇，带上简易泡沫舟，来到了笔架洞口，由于不是吹小南风，近洞口有较大浪头，泡沫舟无法载人，舟身也偏宽进不去，只好徒劳无功而返。之后我找到曾进过此洞的村民林道志，据他描述，有一次是在风平浪静的春日，遇大潮水退底，小船拉着固定好的两根木材，小船停在"笔架洞"外，用长绳绑住木材，他与另外一人坐在木材上划入洞口，洞口窄小刚好进入，不一会儿来到一个长、宽各6米左右的洞穴，底下有沙，部分细沙露出水面，人可以下到沙里走。再往里是一个只能容纳一人进入的小洞口，里头黑漆漆的，看不清有什么，便止步。他说可以把洞口的沙挖深一些，洞口大些更容易进入。

猪头圩　　之所以起这名字，是靠海的岩壁上横卧一只又长又壮的"大肥猪"，渔民常年在海上作业，看到的是猪的头部，故叫"猪头圩"。在"猪头"的底下，有一岩石像老鹰，"老鹰"看到的"猪头"成三分四裂，于是千方百计欲跃啄"猪头"。"猪头"所向的最外端一堆是"五象石"，横挡住汹涌的波涛，保护着猪头圩这道"海味"。"猪尾巴"方向处有三只"鲸鱼"在昂首翩翩起舞。距"猪"身近10米远一边，有几处"石窝"屹立在岩壁上，常年迎风吹蚀与磨蚀，形成大小不等形状各异的蜂窝状凹坑，也叫风蚀壁龛，或叫风蚀蜂窝。

渔井海岸景观（冯文喜摄）

"猪头爿"风光

🍃 冯文喜

硖门大岗头山是福鼎太姥山支脉，山脚之下有奇石如半片猪头，渔民称其为"猪头爿"。

从渔井码头出发，沿途西面是绵长的海岸，山上显露着数不清的岩石，辅以低矮的丛林，构成山海景观。岸边天然绝壁，很难攀登。侵蚀的海岸，形成块状或板状的条石，叠加或直插海脚。

行船约 30 分钟，可见一座巨型舰艇般的礁岛出现在视野里，那就是"猪头爿"。那里礁岛水落石出，从山脚横生到海面，裸露沧桑面容。与海水直接接触的庞大岩石，打上了海蚀的烙印，呈现黄褐、赭红、青乌等多种色彩。雄踞在岸上如炮台的岩石，与礁岛联结在一起，受日风月化，犹如工艺大师挥动雕刀，削去了许多石屑，镂出一件巨型的工艺品。在其背部，是其他岩石组合而成的海山图景，"猪头爿"就在其中。"猪头爿"由一整块岩石断裂、分化而成，它只是整体造型如猪头，其实早已遭受毁容，像是雕塑师在它身上随意地划了几刀，安稳地叠放在凸出的海脚石壁上，静静地展览了千年万年。

礁岛上还堆放着不计其数的花岗石，或圆或方，或躺或卧，造型姿态各异。有特色的是"飞碟石"，也安静地放置在石岸上，其顶下形成空穴，如同器物。它们还有的挤挤挨挨，形成天然的雕塑群；有的交错欹侧，形成岩洞，人在洞中，外面的景色都嵌在洞口，美极了。

"猪头爿"岩石（冯文喜摄）

高覆鼎奇观

冯文喜

碛门海岸线在嵛山与牙城交界处形成一个主峰，叫青屿山，属于花岗岩地貌，像一个底口朝上的锅，其间形成数个小山头，渔民们叫作"高覆鼎"。

自古高覆鼎有"小太姥"之称，自然景观独特，山上万石成林，成沟，成壑，成涧，成谷。每一道脊每一面坡，无不被大大小小、不可胜数的花岗石占据着。它们形态万千，惟妙惟肖，有的独自成图，如"石船定锚""蟒蛇出世""豹头枕眠""绵羊下山""巨象上山"等；有的可以组合成景，情节生动，如"母子合抱""仙人试剑""龟兔赛跑"等。它们有各自的风格，如："老虎爪"，由整个巨大岩石对半断开并相互倚靠在一起，形象逼真的"爪子"，已被时光的雕刀划出几条深深的裂痕；"断掌岩"好像没有更多的细节牵扯，整个"手掌"从"腕中"断开后，"掌心"向上，躺在一块更大的石板上。

最有个性的属"八戒石"，它处于高覆鼎一个相对突出的位置上，并由多块岩石共同构出图像。它只露出圆圆的大大的"脑袋"，扇子般的"耳朵"由左右两块岩石组成。脑后还有一块岩石，像是"八戒"戴了顶帽子。最有意思的是它没有长出鼻子，脸部突出的块状和呈八字状的裂痕，让人们想象它曾经历过毁容。关于"八戒石"，渔民口头流传一个民间故事，传说古时候有位

高覆鼎遗留下来的旧建筑（冯文喜摄）

仙人，计划在嵛山与高覆鼎之间修天桥，把岛屿与陆地连接起来，方便当地渔民来往。为了不破坏高覆鼎的生态环境，仙人不烦其力，特意到外地取石，并把石块点化成小猪沿海岸而来，但山岭连亘，不经意间，小猪落到后面。无奈之下，仙人借问北斗面（地名）一位正在山涧洗衣的妇人，可曾见到一群小猪沿山坡行走。妇人说没有，倒是只见成群的石头在滚动，好生奇怪。话音刚落，那些石头就停下来不动了，随山沟涧壑躺卧。仙人见天机泄露，拂袖而去。他的一只脚跨在马垅（地名），另一只脚落在"八戒石"旁边的岩石上，留下深深的脚印，至今人们称为"仙人脚迹"。"八戒石"所处的位置，叫"仙脚迹岭"。

紧挨海脚，高覆鼎两岸夹峙之中豁然谷开，形成如池状的海湾，即渔村"下池澳"。在20世纪90年代，澳里还住有十余户畲家，以渔樵为生。现在畲民都得到搬迁，遗留老房子和炮台的旧址，成为海岸图景。据说下池澳在宋代曾是一个颇为繁华、富庶的渔村，有古码头、古街坊，商贾舟楫往来，贸易发达，极盛一时。后来是一次山体滑坡，下池澳遭到毁灭性的破坏，码头、街坊悉数掩埋于泥石流下。

2009年，硋门乡政府规划全乡旅游，高覆鼎有重要的旅游资源可开发，有望形成新型的滨海旅游经济生长带。

青屿风物

冯文喜

　　船过渔井、跳尾，沿东南海岸行走，远远地见到一座孤岛，如水中含苞欲放的荷蕾露出"花骨朵"，它的名字叫青屿，"青屿村"是硖门9个行政村之一，村名缘于此，其前身为"机轮大队"。

　　青屿无疑是一种袖珍型的岛屿，南北最大纵距约在130—150米之间，东西最大横距约在50米，海面到屿顶高达15米左右。整个岛屿以一个庞大的山体经海水雕琢而成，是鼎霞交界海岸上唯一完全以礁岩为基础形成的天然岛屿。

　　海蚀地貌造就了青屿独特的海岸风景。青屿原与海岸紧紧联结在一起，是经过潮水周而复始的不断冲刷，才渐渐地独立分离出去。青屿海脚下，有大自然留下的奇形怪状、千姿百态的岩石，赤裸裸地暴露。潮涨潮消，日晒雨淋，礁岩呈现古铜色、赤褐色、青乌色等斑斓的色彩。

　　在这看似荒凉的岛上，却暗暗地滋长着生机。屿顶有常年不落的红树，覆盖住原本寸草不生的礁岩。受季节风影响，红树枝干长得细小、劲挺，但仍四季常青、郁郁葱葱。枝叶互相叠交着，托起一片浓荫。伴有海风吹来，撩拨枝叶，发出沙沙声响，煞是好听。

青屿岛

人在岛上游玩，如走进密林，甚是奇特。树茂林荫，引来不少鸟儿到此间栖息繁衍，布谷鸟、海鸥、鸬鹚等在枝干筑巢、孵蛋，使青屿成了海鸟的世界。游人若在岛下呼喊，受到惊吓的鸟儿，就"嗖嗖"地冲出红树林，伴随阵阵鸣叫，在海面和岛屿上空盘旋，构成壮观的飞鸟图景。

青屿岛历来充满神秘的色彩。屿顶红树林中立一座由石块叠砌的庙宇，供奉海神，每逢出海日，渔民上岛焚香祈愿，以求吉利。据老渔民说，清末民初，有海盗在嵛山沿海一带出没，经常到青屿村抢掠财物。渔民不堪其扰，上青屿祈求海神庇佑。一天海盗又来扰攘，只见岛屿刹那间似有天兵天将降临，旌旗摇晃，擂鼓呐喊。海盗见势不妙，匆忙离去。此后，青屿沿海匪患平息。人们为了纪念海神，每岁都来祭拜，习俗延续至今。

青屿周围布满了由岩石构成的小沟壑和涧洞，千纵万错、四通八达。这些礁岩夹缝里，生长着大量的海藻、海草、野生海带，它们是海鲜的重要食物，加上适中的温度，非常适合鳜鱼、石斑鱼、鲈鱼、海鲫鱼和小螃蟹的繁殖。这些海鲜肉醇味美，吸引不少游人光临。人们喜欢驾着小船到那些岩石沟壑和涧洞之间，一边垂钓，一边欣赏海光山色，怡然自得，别有雅趣。尤其是岛屿四周因盛产黄螺而名声远播。渔民们用串起的竹篓，撒些香饵，投放在小沟壑间，只要过三五天，篓子拉上来便满是黄螺。退潮后可以上岛找海货，海螺、藤壶也生长在岩石夹缝中，多得不可计数。

青屿正对嵛山，12匹马力的船只，只消40分钟行程。两岛之间形成互相对望之势，地理环境优越，特别是在军用方面历来凸现重要地位。

青屿海岸还有好几处险要之地，依下而上有海下、中谷、半山。中谷有炮台，坐西朝东，花岗岩石构筑，建于20世纪70年代。炮台设有瞭望口、枪眼和射口。当时有民兵站岗放哨，沿海岸巡逻，为巩固海防发挥过重要作用。如今民兵炮台成了遗迹，融入绵长的海岸风景，见证青屿曾有过一段光荣的历史。

历青屿，过梅花村，便入牙城港，那是另一番海岸风情。

硖门经济社会发展综述

🍃 罗开善 金澄宇

　　硖门，北纬 27°05′，东经 120°16′，为福鼎市东南部沿海乡镇，距市区约 50 千米，北邻太姥山镇，西南接霞浦牙城，东南临海与福瑶列岛隔水相望。面积 56.3 平方千米，有山地、丘陵、盆谷、平原、海滩等多种类型地貌形态。4000 年前即有人类在此活动，古属温麻、长溪县，宋时为硖村，清乾隆四年（1739）福鼎置县前，为福宁州霞浦县劝儒乡望海里八都，今民间犹称"八都"。福鼎置县后，硖门大部分属"十一都"，小部分属"十都"。清光绪《福鼎县乡土志》载 19 村名为渠洋、葛染、北洋、南埕、硖门、石兰、月屿、秦加洋、赤屿、金山、岭后、岭坪、南洋、上洋、汤家洋、张家洋、上宅、湖头、甘山。至 2011 年，全乡辖 9 个行政村，95 个自然村，约 5000 户，近 1.8 万人，其中畲族人口约 1700 人。

　　民国元年（1912）全县 19 个区，1914 年全县 20 个区，硖门为其中一区。1934 年秋，编保甲自治，硖门和秦屿、店下、后岚并为第三区。1936 年 5 月，全县 5 区缩编为 3 个区署，硖门设联保，属第二区署（署治设秦屿）。1940 年 8 月，改联保为乡镇，硖

2011 年时的硖门集镇（冯文喜 摄）

门设镇，1944年10月，设硖门乡，1945年，嵛山岛编入硖门乡管辖。1946年，嵛山岛恢复乡。

1947年，硖门设镇，辖15个保。中华人民共和国成立后，废除保甲组织，1949年11月，硖门成立乡人民政府，属第三区，1952年属第五区。1951年，土改时成立农会，以农会代政。1953年，硖门归属秦屿区管辖的其中一个工作片区，建立了硖门、渠洋、瑞云、秦石4个乡政府。1956年进行普选，撤区并乡，硖门原有4个乡政府合并为1个乡政府。乡党支部书记王机某、副书记刘元燕，乡长邓代由，第一副乡长郑爱莲，第二副乡长钟石孙，文书徐守财，还配团干、妇干。1958年成立硖门人民公社，实行"政社合一"，党委委员有黄加操、黄友梅、罗开善、林瑞租、张尚棋，社长黄友梅，宣委罗开善，组委林瑞利，团支书谢尔山，武装部长郑代妹，工资均为全脱产。1968年，成立硖门人民公社革命委员会。1983年为硖门区。1987年为硖门乡。1992年，省民政厅批准硖门乡改称硖门畲族乡，1993年正式改为硖门畲族乡。

现存文字记载最早迁入的秦阳陈留郡谢氏，于唐咸通年间，移居长溪凤山瓜臭坪（今瑞云），谢太万为谢氏迁居硖门一世祖。因中原战乱等原因，陆续迁入硖门的有北宋前期迁入邱厝里的邱氏，迁入渠洋、岭坪的王氏、江氏，宋绍兴二年（1131）从江西临川迁入石兰的邓氏。硖门方言以福鼎话、闽南话为主。

硖门乡地理位置独特，靠山面海，乡里有一条港道到达港口，以硖门行人石桥为码头，停泊来往船只，装卸物资。硖门溪发源地在霞浦牙城上六都脊谷山，长约15千米。还有金山、渠洋两条山溪汇流到柏洋，经马屿出口到海，再有数十条山川小溪分布各个村落。海岸线长约13千米，有硖门、柏洋两大片洋田，硖门、文渡两大片内海滩涂，鱼井、青屿头两个海岸村搞渔业捕捞，特产"石兰紫菜""文渡蛏"等享有盛名。中华人民共和国成立初期，硖门集镇居民区的布局，是以硖门石壁下一条小街道为中心，在街人口有1000多人。人们以农业为主体，农林牧副渔并举，靠山吃山，靠海吃海，自产自足。住房为木材瓦片结构，一般都是一层楼，部分两层楼。家里的设备简单、朴素，一张木床，一个衣柜，一张饭桌，一个锅灶，一把扁担，算是全部的家当。饮水，靠山吃山泉或溪水，平洋的吃井水。照明一般用洋油灯或菜油灯，也有点松树胶或竹片。

1954年后，农村经济社会得到逐步发展。全乡开展粮食"三定"（定产、定购、定销），统购统销、计划用粮、备战备荒。在乡设立粮站，成立领导班子，站长方亦派。建有硖门中心粮库、柏洋粮仓和粮食加工厂、办公楼、宿舍楼。1957年，在农民股份制基础上，供销合作社转为集体公有制，成立了领导班子，周月俊任主任，建设了综合门市部、物资仓库、化肥仓库、农产品加工厂、鱼露厂以及柏洋、斗门头、渔井、瑞云、东稼洋、秦石等村供销站。此外，还建立了茶站、食品站、水产站、邮电所、

碛门粮站旧址（冯文喜 摄）

税务所、营业所、信用社。

1958 年之前，碛门政府驻地只有一条小街道，以之为中心形成集市商场，多数以居民住房前厅为店面，大约 50 间。小商、小贩经营油、盐、浆、醋、酒及小商品、副食品、水产品等。

碛门交通道路运输发展滞后，依港道、港口，利用行人石桥为码头，停泊船艘，装卸物资，运输往来，此外就是一根扁担两条腿，肩挑物资，维持、供给全乡人民生产生活。出行要翻山越岭，道路是石铺的弯弯曲曲、高低不平的羊肠小路，在家一出门外，不是上岭就是下坡。往县城开会或办事，有时步行到巽城或店下搭渡船。 1959 年开始修通县公路，到如今发展了高速公路、铁路，解除了运输难、供销难、出行难的问题。

1959 年，全乡开展兴修水利，修水库，建水电站，平整土地，改造低产田，修海堤，围海造田，造盐埕等，促进生产。尤其是 1959 年兴建碛门海堤后，围海造田 1000 多亩，增加了种粮面积。同时修马屿海堤，围海造盐埕 2500 多亩，增加食盐供应和经济收益。海堤在防御台风，确保人民生命和财产安全方面，也发挥了重要的作用。同时，在塘古头办良种场，培育高产良种，还派农技干部往海南岛制杂优水稻高产良种等，增强抗灾和生产能力，使粮食连年增产，实现自给有余。1960 年，大搞"六大上山"，农林牧副渔并举，大力发展副业生产，在邱厝里办茶场 1 个，在瑞云办林场 1 个。

文化教育也不断得到发展。中华人民共和国成立初期，全乡才试办碛门 1 所中心小学校，许怀德任校长，教师有 5 人，学生入学数 20 多人，以硖门大帝庙为教学楼。为照顾培养老区子弟，还在山门下办双人教学班，有教师施世守等 2 人，学生 10 多人。1958 年以后，扩建了硖门中心小学校，新建初中学校，以及发展村级柏洋亭下、斗门头、渔井、瑞云、石兰、东稼洋等初小学校。另外，还在乡驻地建立电影院、广播站等，改善了广大群众的文化生活。

硖门以农业为主，兼航海、渔业，为北起温麻、南迄泉州的对外贸易点，人民勤劳力作，经济发展曾达到一定规模。全乡耕地约 10000 亩，其中旱地 6500 亩，水田 3800 亩（1600 亩为 1970 年 5 月硖门海堤竣工增加垦区）。粮食作物主要有水稻（单季为主）、甘薯和杂粮马铃薯、芋头、大豆、蚕豌豆、玉米等，经济作物有油菜、花生、甘蔗、蘑菇、香菇，水果有柚子、柑橘、杨梅、油奈、桃、枇杷、李、柿子、梨等，蔬菜有大白菜、小白菜、包菜、空心菜、芥菜、芹菜、西红柿、萝卜、冬瓜、丝瓜、茭白、盘菜、茄子、花菜、蚕豌豆等。粮食年产量 3500 吨。畜牧业有少量猪、牛、羊、兔，家禽散养鸡、鸭、鹅。林地 60000 亩，以松、樟为主，多为常绿阔叶林。

全乡海上资源丰富，渔业养殖面积 1.8 万亩，捕捞、小海滩涂、海上养殖为群众重要收入。渔井、福场、青湾、青屿头等村靠海，鱼类有黄鱼、带鱼、鳗鱼、鲥鱼、鲳鱼、马鲛鱼、海七等，当地宋元时期就有海洋捕捞、运输。1957 年以前，渔业生产个体经营，以几人单船丝缣守株待兔式"放缣"。1958—1965 年，一对（二艘）船人工操作，为小围缯时期。1966—1977 年，大围缯时期，木质船长 30 多米，宽 10 米，载重量在 80—100 吨（2000 担左右），单船动力 100—120 马力，500 米渔网，机械动力，捕捞范围北至青岛渤海渔场，南至台湾海峡中部。这期间为互助组、渔业人民公社集体所有制。鼎盛时的渔井捕捞队有 5 对大围缯船，总马力达 1200 马力，总吨位达 1000 吨，1975 年渔业产量 14316 担，曾创过单产过千担的记录，与沙埕水生、秦屿建国并称福鼎三大明星捕捞队。1977 年以后为衰退期。现在硖门渔船总吨位不足 500 吨，基本回到小船放缣作业，且都是中老年人作业。

20 世纪 90 年代，海上养殖逐渐兴起，现在，硖门湾海水养殖紫菜 5500 多亩，年产值近 3000 万元，申石兰、海天湖两家紫菜加工企业发挥了龙头带动作用。近 3000 亩沿海稻田引海水改造成滩涂，养殖弹涂鱼近 3000 亩，年产值 1600 多万元，并建立了文渡大弹涂鱼国家级示范基地。

从清末至民国时期，一直延续到 1950 年左右，硖门手工作坊有酒厂、饼店、瓦窑砖窑、打铁铺、染布、制补鞋、裁缝、粮食加工、竹木器具生产、金银器锻造等。简单的机械工业场地，主要是郑氏榨油坊（1944 年起到 20 世纪 70 年代）和水碓（利用流水动力推动石磨碾米、磨浆等，大约在 20 世纪 60 年代中期停止使用）。这些简单工业系个体私营，为亦店亦坊或前店后坊形式，从事与老百姓生活息息相关的行业，和当时农村自然经济相适应，非真正意义上的工业企业。"文革"期间，硖门公社成立商业联合社，把手工艺者组织起来，统一管理，每年收一定管理费，社址设在现今硖门旧街道，这是特殊时期工商业的一种特殊存在形式。

20世纪70年代到80年代后期，陆续办起一些集体所有制工厂，有农械厂、针织厂、潞厂、麻纺厂、硖门公社茶厂、渔井的修配厂、织网厂等。由于交通、资金、信息、技术、人才等各方面落后，勉强维持一段时间后相继倒闭。90年代，硖门工业走向复苏，形成了乡办、村办、股份制、个体一齐上的新格局，尤其是农民办股份合作制企业猛增，仅1991—1993年就建厂16家，大多是外来股份制企业，如灯具厂、铁钉厂、光纤厂、石材厂，但由于规模小、技术含量低、竞争力差，一两年就倒闭。

20世纪90年代后期，硖门乡加快"工业兴乡"战略，依托文渡工业项目区的带动辐射，对接浙南及周边地区产业转移，大力实施"回归工程"。开辟乡工业项目集中区300亩，从1996年引进永宝特钢企业起，到2011年拥有永宝特钢、国新阀门、申达钢铁、华隆金属、申石兰食品、海天湖食品、强旺胶粘制品等7家规模以上企业，其中亿元企业3家，申达钢铁获福建省名牌产品，2011年完成规模以上工业产值超过12.7亿元。除此之外，有乡属的电站、自来水厂和茶叶加工、食品加工业、生猪养殖、竹木器具生产、金银器锻造等民企，其中陈广岸创办的紫菜养育苗场为目前闽东规模最大者。

1991年，郑斯机在硖门电站首办轧钢厂取得成功。此后，硖门人在外办轧钢厂规模越办越大，涌现漳州三宝公司（漳州市龙头企业）和广东英德钢铁制造有限公司等上规模大公司。据统计，全乡现有铸钢企业40多家，遍及全国的7个省30多个县，产值百亿元以上，每年利润十亿元以上，从业人员3000多人。

长期以来，由于躲避自然灾害和匪贼等原因，硖门大村落和主要人口集中在半山区，直到改革开放前，山区自然村约200个。和大部分农村一样，他们祖祖辈辈居住的是草房、木房，走的是土路、石头路，煮饭上山砍柴，喝水山间接引，照明用茶油、菜油、煤油。改革开放后发生巨大变化，1984年全乡通电，自来水、电话、广播电视也逐步开通，1993年3月设邮电支局。

1979年，沙吕线白琳至棋盘岭，硖门到牙城9.9千米公路先后通车，交通初步改善。近年，高速公路、高速铁路相继通车，不久的将来，核电高速公路硖门互通口和连接线、硖门隧道、渔井1000吨码头等重点交通工程完成后，交通将非常便捷。海上交通便利，硖门、渔井、青屿头、青湾等码头很早通行，1969年100吨硖门驳岸码头、年渔井码头建成。1993年交通部批准同意成立硖门青湾海运公司，船运总吨位达7000吨，就业人数近200人。后海运市场开始疲软，2005年改制转让。

　　1993年以来，硖门乡紧紧抓住国家和省、市重点项目福宁高速公路、温福铁路、文渡工业区、核电沙石料场和进厂公路等建设的机遇，结合实施"造福工程"、灾后重建、新农村建设等，持续实施集镇"东扩面海"和建设"小乡大集镇""小乡大村庄"的发展思路，采取各项惠民措施，推进人口集聚。集镇共有700多户农民先后来集镇建房落户，建筑面积达10多万平方米，集聚人口近8000人，"两横两纵"4条街基本形成。并不断扩大提升完善自来水、供电、电信、绿化、照明、医院、中小学、文化中心、篮球场、健身活动场所、停车场等公共基础设施。

　　如今，硖门各项事业飞速发展，已走上了发展的新篇章。

硖门乡建制沿革

  硖门乡，位于福鼎县南部，离县城 60 多千米，西南与霞浦牙城接壤，东南频东海，与嵛山列岛隔海相望。面积 67.7 平方千米，经济以农业为主，沿海地带，农渔并举。硖门乡解放后属秦屿区管辖。1958 年 8 月，成立硖门人民公社，直属县领导。1961 年 6 月，设立硖门区，辖 4 个人民公社管委会。1963 年 4 月，区辖 4 个乡（公社）区，乡行政人员定编为 13 个或 12 个人。1968 年 5 月，成立硖门人民公社革命委员会。1983 年 11 月，设硖门人民公社为硖门区公所，辖 8 个乡人民政府。1987 年 7 月，改硖门区所为硖门乡人民政府连成 8 个村委会。1992 年 7 月，经省民政厅批准，改硖门乡人民政府为硖门畲族乡人民政府，辖 7 个行政村（增补青湾村，从斗门头村分离出来）。1993 年 10 月，硖门畲族乡人民政府正式挂牌，辖 9 个行政村。1993 年 10 月至今，为硖门畲族乡人民政府，辖 9 个行政村。

清乾隆四年福鼎置县时硖门区域编划情况

区划名称	管辖区域
十一都	治南 110 里起 19 村：渠洋、葛染、北洋、南埕、峡门、石澜、月屿、秦家洋、赤屿、金山、岭后、岭坪、南洋、上洋、汤家洋、张家洋、上宅、湖头、甘山

1947 年硖门行政区划情况

乡镇名称	保名	村落名称
硖门镇（十五保）	坑门	石壁下、鼎楼、桥头、丁埠头、竹林头、过桥、洋墩、硖门街、门头里、大厝里、上厝园、洋尾、南岸、桥头店、占厝里、溪坪
	渔井	福长尾、下场、下场坑、坑墩、黄螺潭、上下宅、单头仔、鸡屎坪、门头里、宫边、渔井、牛姆坑
	石兰	唱诗岩、石兰、上厝基、牛兰头、坑门里、竹兰下、柴路、岭后、月屿、水里、山门下、浮坑、牛兰盾、郑家笔、高卜项、八斗面、柴楼、青屿、半山
	瑞云	大丘田、山后、梨壁湖、秦家洋、后章、长岗、上洋、后尾坑、田头、水磨、墓下、马头岗、金竹岚、新厝、岔门丘、小洋尾、水尾、柿树下、岗后、李家墓、前洋、西笼里、上墩、老鸦湾、大坪、瓦窑、半岭、焦坑、高墙、油坑

乡镇名称	保名	村落名称
硖门镇 （十五保）	东稼	邱厝里、鲤鱼岗、大乾、墓下、大淇头、山腰、白叶坑、李家山、塔里、楼基、洪家山、大坪里、甘山、顶家楼、大山角、外山、四斗九、金眉山、瓦窑头、西笼里、东稼、潭头门
	岭坪	长岗亭、金交椅、竹古田、鸡爬历、长园、官地、箩八、金山、小洋岗、后湾、老虎岗、牛望、墙围里、岭坪、汤家洋、笼头、甲丘、大岗、淇头里、内东溪、外东溪、横兰淇、盘龙、长岭、甲丁坪、田头、岩头顶、西洋山、岩下村、下西洋、洋尾笼、三斗里、王山茶、猫眉湾、溪尾、油坑
	文渡	北洋、亭下、永加岗、三丘楼、东家井、文渡宫、牌坊、文渡里、上坪、下坪、墓山里、沙定、里湾、倒桥、松柏下、田丘、山兰、五斗面、马坑、三头顶、半岭、西瓜园、尾头、玳瑁岗、岩下
	青湾	下里洋、水碓、庙后、长古头、内北岸、外北岸、半岗、白沙、青湾、赤屿、乾后、三门头、大厝里、三口天、南埕、茶园岗、杨梅坪、牛桐湾、上宅、长澳里
	芦竹	芦竹、妈祖、大使澳（嵛山岛）
	鱼鸟	小乐城、大乐城、水流白、三湖、头湖、鱼鸟、芒党
	东角	东角、里湾、鸳鸯山
	灶澳	水庸澳、顶湾、南峰河、牛兰仔、倒澳、下灶澳、上灶澳
	山寮	望船岭头、带鱼澳、竹仔坑、山寮、柴仔栏、大坑里
	七星	七星、西星
	台山	东台、西台、鼻头

1995 年硖门行政区划情况

乡镇名称	村（居）委员会名称	村（居）民小组
硖门畲族乡	硖门、柏洋、斗门头、东稼、秦石、渔井、青屿头、青湾、瑞云	128

（本文摘编自 2003 年版《福鼎县志》）

硖门交通发展述略

✿ 冯文喜

　　硖门畲族乡地处福鼎南部沿海，东北与太姥山镇毗邻，西南与霞浦牙城镇交界，东部面海。一直到民国时期，硖门陆路交通状况欠发展，停留在徒步、肩挑、乘舆的落后状态；海运则相对好一些，在清乾嘉时期就设有硖门埠头，其他如文渡、赤屿、福塘、渔井、青屿头等沿海澳也有海上交通往来。

陆路交通

　　硖门早期陆路交通设施有桥梁、碇埠。硖门溪是硖门最大的溪流，《詹氏宗谱》载："堪舆者曰：若列碇为埠，则旅人无苦矣。公倡于众，而莫之应者，乃归。谋诸

建于 1979 年的硖门溪坪里石拱桥（冯文喜摄）

祖，姊彭太夫人毅然以独资经营之，择日兴工，不日成之，镌言于碇而志焉。"后又架设桥梁，即登春桥，始建于 1871 年，后重修。在江本侃（1859—1925）撰《郑先生雨槎传》中载："虽有雁齿星列，一经暴雨涨溢高过人。先生患之，倡建一桥名登春，又于溪源续成小桥三，曰五斗，曰虎坑，其一则在下竹洋山麓也。"清光绪《福鼎县乡土志·十一都分编》载："溪尾处，有桥曰登春，立而望之，海天无际。桥外，港路屈曲，商艘停泊无虚日。"之后，郑存规（1884—1935）撰《石帆公传》曰："又先后改建虎坑、长澳里二桥。"另外，《福鼎县志·水利·桥梁》载："锁桥，在长蛇山北。江日葵建。"清光绪《福鼎县乡土志·道里》载："由秦屿逾渠口岭下锁桥（十里），过北（柏）洋（十里），经硖门（十里），至棋盘岭（十里），交霞浦界。"1979 年 5 月，建石拱桥一座，单孔石拱桥，跨径 20 米，桥宽 6 米，方便秦石、渔井、机轮 3 个大队和硖门大队的福长、溪坪、南片等 8 个生产队群众。

早期硖门陆路主干道为秦屿—硖门一条，共 15 千米，是从属福鼎—秦屿 60 千米的支路。乡中各村互通路以土路和石子路为主，早期村村通路线主要有：硖门—棋盘岭—牙城—后山，硖门—溪坪—油坑—瑞云—东稼，硖门—庙后—官村岚—竹古里—长岗—东稼，福塘—石兰—月屿—太焕—青屿—秦阳—棋盘岭。

1987 年，铺设硖门集镇水泥路，总长 1 千米，投资 20 万元。1991 年，整修硖门—邱厝里路况，公路全长 7.6 千米，由硖门乡集资 3 万元，交通部门集资 2.3 万元，共投资 5.3 万元。1992 年修建硖门—石兰村交通路，挖土方 10500 立方米，路基炸方 750 立方米，干浆砌石方 466 立方米。修建硖门—瑞云路公路，全长 7.6 千米，投资 9.12 万元（不包括涵洞 1 万元），两项总计 10.12 万元。1992—1993 年，修建瑞云—柏洋简易公路，共 20 千米，可通 20 个少数民族自然村，修建后，南连瑞云公路，东接沙吕线，对改变环境、改善生产、促进少数民族村落的经济发展起着重大作用。

1993 年，兴建秦阳至青屿头公路。该公路途经秦阳、月屿、水里、太焕等老区基点村和少数民族村，穿连秦石、青屿头两个行政村，受益群众达 786 户、3180 多人，每年担负 3500 多担粮食、3000 多担水产品、600 多担农副产品的运输任务。公路全长 8.7 千米，投资 30 万元，以县、乡、村三级投资和群众集资相结合的办法解决工程资金。同年，修建硖门—渔井公路，全线长 8.15 千米，宽 5 米，总造价为 42.5 万元。

福鼎公路始筑于省道沙（埕）吕（峡）公路，其中福鼎段起自沙埕，往前岐、桐山、点头、白琳、秦屿、硖门，由硖门棋盘岭入霞浦县牙城，福鼎县域内全长 103.8 千米，其中硖门有 25 千米。该公路初建时，路面宽 5—6 米，属三级沙石公路。1995 年，沙吕线硖门段拓宽改造，线路从盐场至斗门头，全长 2 千米路面铺设沥青，路基从原来的 6 米拓宽到 8.5 米，工程投资 60 万元；完成集镇所在地水泥路面 1 千米（属于沙吕

硖门

线段），造价 60 万元。两项工程在 1995 年底全部竣工，总投资 120 万元。

2000 年以来，硖门乡逐步实现"村村通公路"工程，硖门基本实现水泥路网建设工程。主要水泥路有：硖门—瑞云—东稼，硖门—渔井，硖门—石兰—月屿—秦阳—界牌岗，硖门—青湾，硖门—斗门头—文渡，柏洋—渠阳—田头。

水路交通

水路港口有硖门港，位于集镇正东 1.5 千米的海堤外站。港宽 726 米，港道长约 2 千米，硖门海堤围垦之前，50 吨以下船舶可驶至登春桥。民国以前，据《福宁府志·食货志》载："原箬笪、芦门二司税，系福鼎县地，俱废。现设有硖门、秦屿、白鹭、前岐、店头六埠牙侩。里民报充，一年一更，赴司投兑。硖门埠税，银四两。"又载："青湾司税，万历二十四年（1596）始，每年以八两为准，输入布政司佐饷。"硖门全乡，埠头有渔井埠头、青屿埠头、福塘埠头、青塆埠头、赤屿埠头等。

渔井澳地处沿海突出部，与嵛山岛隔海相望，不受潮汐影响，面积达 6 平方千米，可同时停泊数百艘船只，避风条件良好。1956 年渔井澳头设立水产收购组，全年生产鱼货占全乡的 95%，归国家收购。1974 年，渔井渔民劳力 450 个，其中外海捕捞 240 个。1977 年，渔井大队把西澳头边右岸建造成长达 52 米、阔 6 米的埠头。1990 年，福鼎县人民政府《关于确认秦屿等 6 个海港为重点渔港的通知》（鼎政〔1990〕综 129 号），确认渔井海港为重点渔港。1992 年，渔井码头砌一条 150 米长的护岸堤，形成一个环码头，总工程量 3800 立方米（长 150 米，平均宽 5 米，高 5 米），总造价 10 万元；每年渔业生产量达 1500 吨，占全乡渔业产量的 80% 以上。渔井码头成为嵛山岛与内陆来往的主要港口通道，年产土特产品约 50 万吨，年客流量逾万人。

1987—1988 年，青屿码头投资 13 万元修建了一期码头工程，全长 80 米，分码头身和引埠两段。码头身长 45 米，上下底平均宽 6.5 米，高 6 米，两头为长 1.5 米，宽、厚各为 0.3 米的条石浆，码头面用长 0.7—0.8 米、宽 0.4 米的方整石铺砌。码头外埠大道长 35 米，高 6 米，两内外层用重 300 斤以上的大石块干砌。1992 年，修建第二期工程，于 1993 年 10 月完成，条石浆砌 300 立方米，块石干砌 500 立方米，孔石理砌 500 立方米，总工程量 1250 立方米（码头全长 26 米，平均宽 6 米，高 8 米），总投资 6 万元。

管理机构

1960 年 2 月，成立福鼎县运输管理民间运输管理总站，硖门设立民管站。1963 年，福鼎民间运输管理总站改称福鼎县民间运输中心管理站，硖门设管理点，划归秦屿管理站领导。1973 年，前岐、点头、硖门 3 个管理站点降为代办站。1979 年，县交通局交通运输中心管理站改称福鼎县交通运输中心管理站，同年 5 月，设立硖门运输管理站，撤销硖门代办站。

1956 年，福安专署养路段福安工区在福鼎唐阳、桐山成立第十三、十四养路队，1986 年，改队为班。1978 年，设硖门道班。1991 年，成立硖门车队。1997 年，在庙后洋（即道班所在地前）建设硖门停车场，占地面积 15 亩。由乡政府负责统一征地，包括主干道路建设投资 28 万元。

硖门陆路客运始于 1983 年，硖门乡村农民购置数辆三轮摩托车，加入客运行列，促进了城乡个体运输业发展。货运以搬、运、卸为主，原设有硖门搬运社，1988 年后分流解体。

硖门海堤

喻足衡　郑斯汉

硖门海堤建于 1967 年，南至福长村头，北至北岸山脚，全长 726 米，宽 33 米，高 7.5 米，设有 8 个排水闸门，围垦区域 3200 亩。

硖门海堤建造前，涨潮时西至街道登春桥下，南至南片、桥头店，北至北岸、罗二，大潮时，海水顺着硖门溪直至溪坪刘厝里码头，方圆 3000 多亩皆属浅海滩涂，捕鱼船都停泊在登春桥边。

硖门全乡 6000 多亩水田，三分之二是围海造田的。民国时，就有人在海水很浅的登春桥里，顺着硖门溪两岸筑堤，围成宽 100—200 米、长 2000 米水田约 300 亩。围堤上设置排水闸，当排水闸内水位高、外水位低时，开闸排水；当内水位低、外水位高时，关闸挡潮，必要时使用水车抽排。以后，又有人沿着南片至桥头店的山边，围筑堤坝，形成 200 亩大小的水田，人称"福塘"。由于当时经济社会落后，财力有限，所围筑的堤坝都是海土，抗水抗浪潮能力差，遇到大的台风洪水就决堤，海水倒灌，农作物死亡，农民辛苦劳作一场颗粒无收。

1966 年夏，大台风袭击硖门，巨大的狂涛把福塘堤的九箩段土堤塘古头冲毁，硖门公社书记的张乃生召集硖门福长大队书记郑存蜂、大队长郑存根、会计郑广罩了解受灾情况。当张书记看到九箩段土堤冲毁后，涨潮时整个福塘成为一片汪洋，心急火燎，迅速向上级汇报硖门受灾情况争取支援。福长村民不等不靠，立即投入灾后自救工作，张书记看到群众奋力救灾的高昂激情，当即同意该大队干部的请求，卖掉一棵巨樟作为九箩围垦的启动资金，买来钢钎、铁锤、木桩等。福长村举全民之力，日夜打石、扛石、打木桩、运沙土，抢修土堤作业。张书记清楚，这样的抢修维持不久，为了长治久安，在多方努力下，促成上级于 1967 年同意硖门海堤围垦工程，

1970 年硖门海堤动工兴建情景（傅克忠 摄）

硤门海堤门闸（冯文喜 摄）

使福长大队领到第一笔 5 万元的启动资金，主要用于有关材料购置和技工工资，其余的工种全部由义务工承担。县委、县政府还派来县水利局副局长当硤门海堤工程指挥部领导，派来技术干部当施工技术员。硤门海堤工程从建造到完工，历时 5 年，国家投入资金 60 万元，硤门人民投入大量义务工。工地劳动十分艰苦，仅有 5 辆板车，没有其他机械设备，挖掘、运输都是依靠人的手搬肩挑，很多人手上磨出泡、肩膀脱了皮都不叫苦，艰苦创业的精神值得后人学习。

当年海堤从南北两个方向同时围堰筑堤施工，在距离合龙越近时，潮流就越急，常常冲走大量土石，也是海堤施工中最困难阶段。为了硤门海堤顺利合龙，指挥部购置 3 条旧船，船上装满石头，驶到合龙口投沉。公社向每一生产队每一户农民摊

硤门海堤鸟瞰（张晋 摄）

派一担铁芒萁，用于堵口填充物，一层土石一层铁芒萁，这样就能在较短时间内南北两堤合龙。合龙那天，全乡有 2000 多人送铁芒萁到工地。南北两边都有上千人肩挑铁芒萁走在路上，宛如两条草龙，景象十分壮观，许多上了年纪的人都对此记忆犹新。硤门人民不计个人得失，建设硤门海堤的精神令人敬佩。

硤门海堤曾发生两次决口事件。第一次发生在 1995 年 10 月 4 日清晨。那年秋旱，水田缺水，水稻抽穗扬花困难，农民天天盼着下雨。10 月 3 日终于盼来了雨，由于全市旱情严重，气象局还打了几个增雨火箭，降雨云层集中在硤门上空，形成硤门有历史记载以来最大的降雨量。大家都认为这是一场及时雨，海堤闸门值班人员也没多加注意。没想到 4 日清晨，硤门垦区内一片汪洋，洪水淹没所有水稻，漫过街道，水深达 4 米。许多人从梦里醒来，还不知道发生洪水灾害，街上居民惊恐万状，喊爹娘的，喊救命的，搬东西的，逃命的……一团糟。当海堤值班人员醒来时，洪水已侵入自备发电机房，发电机泡在水中，无法发电，只好使用人工手摇闸门。但是，洪水已漫过 7.5 米高海堤，闸门内水位比外水位高好几米，压力使闸门升降失灵。一会儿工夫，先是防浪墙倒了，后是海堤内侧的黄土遇水变湿变松，经不起洪水冲击，决堤 135 米，

垦区 2000 多亩农作物因此绝收，直接经济损失 500 多万元。这一次决口还造成两人死亡。但是，灾害没有摧垮硖门人民建设和保护硖门海堤的信心，全乡人民在党委、政府领导下，第二天就组织几百个劳力到工地上参加堵决口的义务劳动，仅用 3 个月时间抢修，就使海堤恢复。

第二次决口发生在 1996 年 8 月，强台风袭击使刚刚修复不久的堤坝不够牢固，在原来决口的位置处再次决口 185 米，海水涌入垦区，堤内又是一片汪洋，所有晚稻等农作物死亡，经济损失巨大。灾后，硖门人民不等不靠，积极救灾。乡政府成立以刘向东副乡长为指挥的领导小组，认真总结上一次抢修经验和教训，提高建设标准和档次，建立闽东千亩达标示范海堤建设工程。在宁德市、福鼎市水利部门技术人员精心设计和指导下，全乡干部群众日夜奋战抢修 6 个月，终于修复成能抗击强台风的达标示范海堤。为了感谢各级政府、各部门与社会各界的大力支持，乡政府还在海堤上树立一块修复纪念碑。

近年来，上级政府又拨款对硖门海堤除险加固，不断提高海堤抗灾能力。如今，堤内人民安居乐业，各产业不断扩大，人民收入逐年增加。

瑞云水库

喻足衡

瑞云水库坐落于硖门畲族乡瑞云村八箩八自然村，又称八箩八水库。水库流域面积34.2平方千米，总库容167万立方米，兴利库容114万立方米，是一座集灌溉、发电、供水于一体的蓄水工程。灌溉面积2700亩，发电装机1240千瓦，年供水百万吨。

1972年，硖门海堤建成后，硖门垦区一下增加1500亩左右水田，原有灌溉条件不能满足水稻生产需要，干旱天气一出现，多数水田就缺水，水稻受旱，不能正常生长、抽穗与结实，减产减收，大旱年份还会绝收，使围海造田的效益大大受损。因此，硖门人民盼望在硖门溪上游建一座水库。1975年10月，硖门人民公社革委会向上级提出《关于请求兴建瑞云水库的报告》，拟在瑞云水磨溪上游八箩八增建一座100万立方米以上库容的水库。水库含2.5千米总干渠、2条高低支干渠、1座250千瓦电站，

瑞云水库（张晋 摄）

硖门

工程总概算需要资金 98.0335 万元。1976 年 2 月，宁德地区水利电水局批复同意兴建瑞云水库，补助资金 27 万元，正式拉开瑞云水库建设序幕。

当年硖门人民以大寨人为榜样，坚持自力更生、艰苦奋斗的革命精神，采取群众运动和专业队伍施工相结合的办法搞建设。技术工种由专业工程队施工，工资由指挥部全额支付，其他工种由全乡农民义务工承担。全乡 109 个生产队都派出最优秀青壮劳力，自带伙食到水库工地义务劳动，不计个人报酬，一心扑在工地上，盼望早日建成水库。最后统计，总投工 40.12 万工日，勤劳的人民不仅为瑞云水库出力流汗，还有 2 位献出宝贵生命。

库区内耕地是无偿征用的，其中水尾村 84 亩地的征购任务（农业税和统购粮）过拨给受益的硖门、渔井大队和公社良种场，共计 15271 斤粮食。牙城镇前洋村十几亩地是通过电站无偿架设电网和优惠供电补偿方式解决。指挥部还安排了水尾村民蓝加梨、蓝加斌、蓝进良、蓝进锡、蓝进俊等 5 人到电站和水库上班，解决库区农民生活出路；前洋村陈立峰家处在淹没区内，指挥部也安排他到电站上班，以解决他的房屋搬迁和地基补偿问题。

瑞云水库建设中遇到最大的困难就是资金缺乏。为此，硖门人民公社 1975—1979 年间，曾多次向上级有关部门行文请求资金补助，还向银行贷款，多种渠道筹措资金共计 131.57 万元。

经过 4 年的建设，1979 年冬，瑞云水库基本完工，完成土石方 27.91 万立方米。大坝为黏土心墙堆石坝，坝高 29 米，坝顶长 90 米，宽 4.8 米，坝顶高程 133.76 米，防浪墙高程 135.26 米，水库规模为小（一）型。渠道全长 7.34 千米，其中总干渠长 2.98 千米，低干渠 1.86 千米，左右支渠 2.5 千米，包含 60 米长隧洞 1 座、共 60 米长渡槽 3 座。为了防止洪水漫坝现象，在水库右岸山坡开挖 25.4 米宽的溢洪道。溢洪道设计为侧槽式，由溢流堰、陡坡、挑流鼻坎组成。溢流堰堰顶长 60 米，宽 3 米，高程 117.5 米，按百年一遇设计。

1980 年，开始电站建设。1981 年 12 月，第一台 320 千瓦机组完工发电，为硖门集镇送电。从此，硖门人民用上照明电。通电那个晚上，全集镇居民欢呼雀跃。1982 年，电网架设到瑞云村、东稼村；1983 年，第二台 320 千瓦机组也完工发电，电网架设到福长、渔井、文渡盐场；1984 年，电网架设到斗门头、柏洋片区。至此，全乡电网遍布，每家每户都用上照明电，硖门人民祖祖辈辈盼电灯的愿望终于实现了。

电站还经过三次增容改造。第一次是在安全运行 14 年后的 1995 年冬，干渠从 1.1 米拓宽为 1.4 米，压力管道从 600 号改换成 900 号，厂房扩建 40 平方米，增设一台 400 千瓦机组，共投入 120 万元；第二次是 1998 年冬，又投入 80 万元兴建坝后电

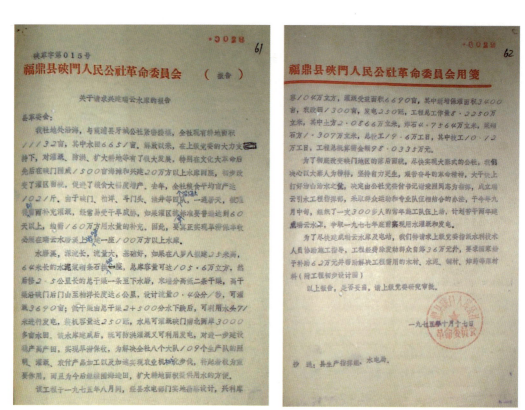

1975年《关于请求兴建瑞云水库的报告》（福鼎市档案馆 提供）

站，1999年6月完工，装机两台计200千瓦；第三次是2017年9月，针对厂房设备改造。经过这三次增容改造后，发电能力从640千瓦增加到1400千瓦，增容近一倍，水库水能得到高度开发利用。2010年，电站发电508万千瓦时，创收150万元经济效益。

瑞云水库还为宁德核电站供水。2005年，由核电投资建成供水系统，年供水量达百万吨。2006年至2016年9月，合同规定每一吨水收费0.28元，保底消费每年49万元。2016年10月至2026年10月，合同规定每一吨水收费0.35元，保底消费每年76万元。另外，为了确保核电站安全用水需要，维持兴利库容114万立方米标准，限制水电站在此库容标准以下发电用水，核电站补偿硖门水电站每年101万元。如此一来，每年不计发电收入，仅供水产生直接经济效益达177万元以上。此外，水库在硖门垦区灌溉、调节洪峰、减缓集镇洪涝灾害、增加就业等方面也发挥了重要作用。

柏洋概况

　　◎ 黄劲松

建置沿革

　　柏洋一名"濮洋"，域内有濮洋山、濮洋溪；又名"北洋"，据说以濮洋溪为界，南为南垟，北则为北洋。柏洋之名始于 1949 年后，由于"柏"与"北"方音相近，衍化为"柏洋"。柏洋清初属福宁州劝儒乡望海里八都，清乾隆四年（1739）福鼎置县后属福鼎十一都，1942 年属秦屿区硖门乡，1955 年为柏洋农业初级合作社，下辖柏洋、渠洋、岭坪、文渡、南垟、青湾 6 个生产大队。1957 年改为柏洋高级农业合作社。1958 年为柏洋公社（小公社，隶属硖门公社）。1969 年改柏洋公社为柏洋大队，下辖 21 个自然村。1981 年柏洋大队改为柏洋乡，成立党支部。1984 年恢复柏洋行政村至今，下辖永加岗、甲染、亭下、溪头里、岭坪、渠洋 6 个自然村。全村土地面积 11.5 平方千米，山地资源丰富，丘陵纵横，山势柔缓，气候温润。截至 2010 年，全村人口 821 户，3120 人，其中畲族等少数民族人口 370 多人，占总人口 12.5%，通行硖门话、闽南话和畲族话。

地理区位

　　柏洋地处国家级风景名胜太姥山山麓，在硖门畲族乡西北部，距硖门集镇 5 千米，东与宁德核电厂相望，北与文渡工业园区接壤，南与半门头村相邻，西与瑞云东稼相毗连。柏洋为十一都与七都之界地，自古为周边交通要道，并系连着福鼎与霞浦，清光绪《福鼎县乡土志·道里》载："秦屿支路自倪家地经翁潭……过北（柏）洋（十里），经硖门（十里），至棋盘岭（十里），交霞浦界。"村内还有两条古道，亦通往霞浦。一条北起秦屿，经文渡过渠洋，西行达霞浦杨家溪，当年人马往来，甚是繁华。另一条起葛染（甲染），出瑞云东稼，达霞浦后山。除此之外，柏洋还可以经水路与周边来往，北洋坝与斗门塘的修建便是水路交通的明证。如今，县道桐松线、福宁高速公路、温福铁路穿域而过，距温福铁路太姥山站仅 10 千米，地处太姥山与霞浦杨家溪及嵛山岛的中心位置，方便迅捷的交通和独特的区位优势，为柏洋的经济和社会事业发展提供了良好的平台和支撑。

历史文化

柏洋较早就有居民，根据现有的各姓谱牒记载，先后迁入柏洋的居民主要有北宋初年迁入渠洋、岭坪的王姓，明代初年迁入渠洋的林姓，以及清代初年迁入永加岗的黄姓。特别是渠洋、岭坪的王姓和林姓，明清时期在周边就相当有名气，从当地流传"前街林尚书，后街王文斗"的俗语可见一斑。"林尚书""王文斗"虽是后人对前人的敬称，但从中至少可以发现：其一，有前街与后街之称，足见渠洋当初人口的聚居已有相当规模；其二，林氏必有爵名，王氏必有文名。渠洋村周围，现在还保存着旗杆石夹等文物。岭坪王姓素有"十八把笔"之称，王、林两姓族谱多载儿孙耕读之事迹，亦可见柏洋当年文风之盛。清代文士江本侃、周仲濂等为王门陈氏六十寿题诗庆贺，都称陈夫人为"陈安人"。"安人"是朝廷给妇人封赠的，按明清制，六品官之妻封安人，由此，王姓在当地的声望也可见一斑。

柏洋有着较多的历史建筑，至今还保持完好且较有特色的有渠洋的庆元宫和永加岗的永和宫。

庆元宫又名渠洋宫，始建于北宋年间。《福鼎县乡土志·十一都分编》载："上达渠洋村，宫一，为都人抗旱祷雨处。"本为观音堂，清乾隆年间扩建，咸丰年间又加以重修。现占地面积1000多平方米，建筑面积600多平方米，为三进歇顶式砖木结构，分前、正、后三殿，前殿为戏台，藻井以木榫卯依次叠嵌，精巧别致，周围饰以人物、花卉、走兽等木雕图案，流畅精美。正殿供奉五显灵官大帝及护随神将、劝善大师、福德正神等神，古朴庄严，神态逼真。后殿为观音堂原址，供奉观音大士、妈祖及三官大帝，雕塑色彩鲜丽，栩栩如生。宫旁另有一小龛，奉泗洲文佛，清光绪时旧物。每年农历九月二十八为五显灵官千秋圣诞，许多信徒前来朝供，人山人海，热闹非凡。

在永加岗本有牛喜宫、土地庙和杨府圣王宫等3座宫庙，始建于清乾隆年间，建筑简朴，香火旺盛，由于修高速公路被拆迁。2004年，经黄氏子孙及村民商议重建，三宫合一，命名为"永和宫"，占地面积2500多平方米，建筑面积500多平方米，有正殿、戏台、观景亭等。

此外还有葛染桥，为民国时瑞云寺住持智水和尚捐建，石桥板上还可见"瑞云"等字样。

域内的金山还是先人抗击倭寇的地点，岭坪的笔架山曾是叶飞等老一辈革命者战斗过的地方，至今山上尚有遗迹，这些为柏洋平添了许多英勇之色。

柏洋还有一些有趣的民俗活动，如溪头里的鱼灯、永加岗的"八将"等，多于春节期间举行，为人们的节日增添了喜庆气氛。

柏洋村人民自古重视教育，1950 年前亭下、渠洋、永加岗等地都设有私塾。1949年后，柏洋就有了小学，1977 年兼办初中班，1980—1990 年间渠洋、岭坪、东溪、长园、金山均设有教学点，2000 年后新教学楼、学生宿舍楼及村幼儿园兴建，教学质量取得了显著的成绩。2008 年，村里还办起了图书阅览室和村文化活动中心。

经济发展

柏洋临海背山，村民自古以种植和小海渔业为生。《福鼎县乡土志·十一都分编》载："村十有九：北洋……傍岸而居；若渠洋、葛染等处，率以渔樵种植为生。"又载："山如濮洋，形势不甚崎劳。山下居民数十家，有小市，鱼、虾、蜃、蛤之属悉聚。早晨，等箬来往，络绎不绝，旁午则罄竭耳。"随着土地改革的完成，柏洋以种植水稻、小麦、地瓜和茶叶为主。1960 年修建了甲染水库，永加岗被评为首个农业先锋队。1972 年修建柏洋水电站。1975 年创办了该村第一个村集企业——柏洋针织厂。

1994 年，随着新一届村委班子成立，柏洋村自此走上了快速稳健的发展之路。村委根据本村的地势特点和气候条件，调整了农业产业结构：山区片以种植粮食、水果、茶叶中药材，饲养家禽、家畜和开发林地为主，沿海片区以种植粮食、滩涂养殖为主。村里重点引进东魁杨梅、苦柑等品质优良，市场前景好的果类，改良无公害茶园，试验并成功养殖弹涂鱼，到 2009 年，全村农业耕地 2240 亩，果场 1000 多亩，中药材300 多亩，无公害茶园 1500 余亩，弹涂鱼基地 800 多亩，畜禽 3000 多只。在这基础上，又引进集生态旅游农产品加工等为一体的柏洋生态产业园项目。2000 年，福宁高速公路建设经过柏洋，需要大量的碎石，柏洋村与福清福路建设有限公司合资创办福宁材料有限公司，取得了良好的经济效益。2002 年，创建柏洋工业小区，并抓住浙南工业升级向外转移的机会，加大招商力度，首先引进添天制衣有限公司。2003 年，引进柏洋化工有限公司和亚星摩托车配件厂。2004 年，引进永宝特钢阀门有限公司。2005 年，又相继引进福建国新阀门铸业有限公司和新约机械配件有限公司。2007 年，引进福建远泰金属工业有限公司。2008 年，又一家返乡企业——福建华隆铸造有限公司落户柏洋。截至 2010 年，全村农业生产值 2000 多万元，工业生产总值 7.2 亿元，村财政收入 328 万元，人均纯收入达 13700 元。随着柏洋村基础设施和投资环境的不断改善，现有企业不断扩建升级，又有领盛电子、博盛胶粘、鸿泰电子等多家高新企业的落户，它们为柏洋的经济发展注入了强劲的动力。

经济的发展带动了柏洋村各方面事业的发展。2000 年，在永加岗附近兴建移民住宅小区——永和新村，寓意畲汉两族人民永远团结友好，和睦繁荣。同时，鼓励和帮

柏洋村新貌（冯文喜 摄）

助周边居住条件较差的村民搬进新村。如今，村民居住条件的生活质量日益提高，连体的别墅有先进的生活配套，文化娱乐、体育健身场所等一应俱全，卫生院、孤寡老人安置点等也配套齐全。

柏洋的发展收获了许许多多的荣誉和喜悦，凝聚了许多人的汗水和智慧、支持与关怀。在柏洋发展的十数年间，共获得各级荣誉 70 多次，如 2005 年被评为"全国建设小康明星村"，2006 年被中共中央组织部、福建省委、宁德市评为"先进基层党支部"，2008 年被福建省委定为第二批"社会主义新农村建设联系点"。各级领导多次到柏洋参观指导工作。2010 年 9 月，习近平同志曾到柏洋调研新农村的建设，为柏洋的发展指明了远大的方向。

当前，柏洋正沿着海峡西岸经济区富裕村的目标阔步迈进。

柏洋：全国小康建设明星村

王兆品　冯溱

2005 年，柏洋村就被评为"全国建设小康明星村"，成为新农村建设一颗耀眼的"新星"享誉全国。

21 世纪以来，柏洋村两委致力全村经济发展，顺利转型，升级现代产业。2002 年，当人们还刚刚感觉时代的车轮在加速，柏洋率先优化投资环境，建立占地 150 多亩的柏洋工业小区，相继引进了福建永宝特钢阀门有限公司、福建国新阀门铸业有限公司等 8 家浙南地区企业落户，让全村 1300 多人实现了从农民到工人的转岗就业。之后，柏洋引资投产建设如火如荼，取得较高的社会经济效益，至 2015 年实现工业产值 17 亿元。农业也是柏洋的优势，2016 年，全村整合闲置山地 500 亩，统筹发展集生产、加工、观光为一体的现代农业产业园，就近转移劳动力 300 多人；还通过增加农户流转土地年租金，投资发展有机白茶，带动农民增收。同时，柏洋发挥山海资源，引导农民种植东魁杨梅、苦柑、有机茶，养殖弹涂鱼 800 亩，全年实现农业产值千万元。柏洋把现代服务业作为第三产业，抓住宁德核电站和柏洋高速互通口建设的有利商机，于 2006 年兴建总面积 700 平方米的柏洋宾馆，打造占地面积 13.5 亩的宁德核电后勤服务基地，规划建设出租居所"永和苑"，增加村财收入。至今，柏洋实施"兴企创收"计划取得成效，包括已引进博洋养老产业投资管理有限公司、福建柏洋白茶股份有限公司、柏洋村农业综合开发有限公司等共 20 多家规模企业，形成"以企促产，以产富村"的互动发展优势。还先后投资兴建了日供水 4000 吨的自来水工程，为增加村集体经济和村民收入提供了保障。至 2020 年，实现了"两区两园"（即甲染片柏洋工业小区、永和新村片宁德核电服务区、金山片农耕文化园、田头片水果采摘园）建设规模，全面建成"党建强、产业旺、村民富、村庄美、文化兴、邻里和"的新时代产村融合小康示范村。

从航拍图中，我们可以欣赏到柏洋美丽新貌，整个村居环境"规划科学、布局合理"，一条自西北而东南的沈海高速宛如巨龙从渠阳山边穿过，高速路上汽车往返如梭。柏洋高速互通口刚好在这里绕了个圈，像巨手划出了一大片开发区域，东北部临近文渡工业园区，东南部接近斗门头、赤屿海域，在永加岗这里即形成宜居宜业的柏

柏洋俯瞰图（张晋 摄）

洋永和新村。新村建设始于 2000 年，当时福宁高速公路动工建设途经柏洋，沿线有 3 个自然村涉及移民搬迁，又正逢实施"茅草房"改造工程，于是，硖门在县道桐松线沿线的永加岗自然村征用 30 多亩土地，着手筹建高速公路移民小区，并委托福鼎市建设局规划设计新村建设。后期发现田头、东溪、大岗等 10 个自然村"五不通"，加上地质灾害点通家洋 1 个自然村也面临搬迁，柏洋村群策群力，大刀阔斧，将共 14 个自然村 192 户 820 人，悉数搬迁安置到新的住宅区永和新村。2010 年 9 月 5 日，习近平同志亲临柏洋，作出了"围绕实现新农村建设的光荣任务，围绕建设全面小康社会的战略部署，继续努力"的重要指示，柏洋村快马加鞭，一鼓作气，加快实施永和新村第二、三期工程建设，建设连体别墅 120 户，解决了岭坪、巨洋 2 个老区自然村及邻村、外地户口居民 550 人的搬迁居住问题。至 2016 年，全村通过移民搬迁和实施造福工程，自然村从原有的永加岗、亭下、溪头里、甲染、金胶椅、官地、长园、金山、八斗、老虎岗、墙围里、汤家洋、岭坪、大能头、大岗、里东溪、外东溪、畔龙、长岭、溪尾、五斗山、巨洋、田头、王山宅、下脚岭等 25 个减至永和新村、溪头里、岭坪、巨洋 4 个自然村，中心村人口发展到 513 户 2130 人。2020 年，柏洋全面完成新村房屋屋顶"平改坡"立面美化，田头、长园畲族自然村道路拓宽改造，永和新村二期路面硬化、路灯安装及绿化美化工程。柏洋还是闽东首个接通天然气的行政村，在原来的一片滩涂地上，今已"广厦千万间"，提高了群众的幸福感、获得感，实现

柏洋村委大楼（冯文喜 摄）

了人口居住集中化、居住环境园林化。

　　"小康不小康，关键看老乡，关键在贫困的老乡能不能脱贫"。柏洋把脱贫攻坚作为全面建成小康社会的底线任务，披荆斩棘、栉风沐雨，发扬钉钉子精神，在脱贫攻坚上取得了重大成果。柏洋有 7 户建档立卡贫困户，通过引导结对子，大力发展林业、茶果、滩涂养殖等特色产业，至 2020 年均脱贫。柏洋通过提供贷款担保，帮助贫困户群众解决发展生产资金短缺难题。柏洋还根据群众生产生活实际需要，积极与帮扶单位密切联系，组织以农业生产实用技术和劳务技能为主的相关培训和讲座，从"文化知识"上扶贫，共计完成农民技术培训 1500 多人次，劳务技能培训 2000 人次，全村劳动力科技培训率和劳务输转技能培训率达到 45% 以上，涌现出了如叶志信、雷增喜、蓝吓强、黄日锡、王周程等农业科技方面的"土专家""田秀才"，为脱贫攻坚提供了人才和智力支持。2011 年，柏洋村党总支部升格为柏洋党委，突出党建引领，助推脱贫攻坚，组建精准扶贫党小组、精准扶贫金融宣传、科技服务等 6 支志愿服务队参与精准扶贫攻坚，为脱贫攻坚奠定坚实的人才基础。设立党员帮扶基金、教育帮扶基金，为 60 岁以上党员每人每月发放 300 元生活补贴，为党龄 15 年以上党员每人每月发放 50 元的补助，解决了 20 多名困难党员子女上大学问题。在国家规定的惠农政策基础上，村里另外出台优惠措施，由村集体出资，承担所有村民"三险一金"

（新农保、新农合、人身意外保险和基本养老金）费用，给 60 岁以上群众每月发放 200 元的养老补贴。健全社会保障体系，兴建 930 平方米的孤寡老人安置点和 1800 平方米的老人公寓，对全村 27 户 41 位低保对象和孤寡老人进行集中安置。这无一不体现着柏洋村党委对人民生活保障的高度重视。至 2020 年，帮助 72 户特困群众甩掉贫困帽子，贫困人口收入水平显著提高，全部实现"两不愁三保障"（脱贫群众不愁吃、不愁穿，义务教育、基本医疗、住房安全有保障），饮水安全也有了保障。贫困群众 60 人享受低保和特困救助供养，困难和重度残疾者 57 人拿到了生活和护理补贴。引导贫困群众守护绿水青山，换来了金山银山，脱贫攻坚的阳光照耀到了每一个角落。贫困群众 453 户 1848 人的危房得到改造，安置住房 412 套，搬入了新家园。畲族人口 447 人全部整族脱贫。

贫困群众的精神世界在脱贫攻坚中得到充实和升华，发生从内而外的深刻改变。2010 年，柏洋兴建福建省首个"孝文化主题公园"，建成占地 25 亩的包括"二十四孝雕塑群""孝文化格言碑林""廉政文化苑""计生宣传走廊"等在内的以孝文化为主题的休闲公园，陆续兴建柏洋文化服务中心、文化礼堂、廉政教育示范基地（太姥清风苑）、农家书屋、柏洋文化宣传长廊、职工文化广场和永和文化园等新村文化宣传阵地。建设柏洋医疗中心卫生所，项目总面积 300 平方米。配齐柏洋小学师资力量，改善教学设备。2013 年，建立柏洋幼儿园，占地 4.5 亩，可容纳 350 名幼儿就读。

至 2020 年，柏洋全村实现社会生产总值 26.6 亿元，村财收入 725 万元，农民人均纯收入 31500 元。柏洋先后获得"全国先进基层党组织""全国文明村""全国小康建设明星村""全国魅力新农村十佳乡村""全国美丽乡村建设示范点"等荣誉称号，为闽东乃至全省的小康建设、精准脱贫树立了典范。

如今，柏洋呈现山乡巨变、山河锦绣的时代画卷！

文渡简况

　　🖋 董其勇

　　晴川湾畔，太姥西隅，有村文渡，背倚青山，面朝大海，东毗东埕，西接柏洋，西南联斗门头。宁德核电襟其东南，沈海高速绕其后背，南屏山踞其西隘，鱼井头护其西南，国道 G228（县道 973）穿村而过，距福鼎市区 25 千米，龙安万吨码头群 20 千米，太姥山火车站 8 千米，沈海高速柏洋互通 1 千米。文渡湾地缓滩平，浅海依依，因跳尾岛挡护而波澜不惊。清嘉庆《福鼎县志》载："风帆出入，防海要区。"这里环山面海，滩涂广阔，物产丰美。有民谣说："潮涨王渡滩，鱼虾堆成山。"自古文渡为晴川湾畔良港锚地，往来渔船商艘停靠补给之所。

　　文渡，旧称王渡。其史有籍可稽当自明初，据文渡《江氏宗谱》载，明永乐元年（1403），江氏迁居始祖自湖广至福宁文渡定居，迄今已届 600 年。福鼎置县前，文渡属福宁州劝儒乡望海里八都一图，清乾隆四年（1739）福鼎置县后，属福鼎县十都。民国元年（1912），改都为区，属秦屿区；1934 年秋，编保甲自治，全县缩编为 5 个区，为第三区所辖；1940 年 8 月，改联保为乡镇，文渡改属硖门镇辖；1947 年，为硖门镇文渡保，辖北洋、亭下、文渡里、东家井、西瓜园等 25 个村落。1949 年 6 月，属第二区秦屿辖地；1949 年 11 月，秦屿改为第三区，文渡为第三区之硖门乡辖地；1955 年，硖门乡设北洋（柏洋）农业初级合作社，文渡为其下辖之生产大队；1958 年 8 月，成立硖门人民公社，属硖门公社辖地；1961 年 6 月，改大公社设区公所，文渡为硖门区公所斗门头公社（小公社）辖地；1968 年 8 月，复设硖门公社，为斗门头大队所辖；1983 年，改设硖门区公所，为硖门区斗门头乡辖地；1987 年 7 月，改乡、村建制，属硖门乡斗门头村；1992 年 6 月，硖门改称畲族乡，文渡为硖门畲族乡斗门头村辖地。

　　文渡介于太姥山镇与硖门畲族乡之间，因地理位置特殊，历史上的不同时期曾分别隶属秦屿、硖门两地管辖，地域也有变迁。中华人民共和国成立后，在文渡设立国营盐场，归国营文渡盐场署理，20 世纪 90 年代因体制改革解体。2004 年，福鼎市在其地域范围内设立温州工业园，属地大部在温州工业园园区范围内。当今的文渡，从广义上说涵盖温州工业园园区及文渡村，狭义之下仅指硖门畲族乡斗门头

村文渡自然村。

文渡物华天宝、人文荟萃，明清以降名人辈出，尤以江氏一族为最。江氏祖宅坐落文渡里，背山面海，松竹环抱，高墙拱卫，远眺如一把金交椅。其围墙内北面小山顶植有古榕二株，先人称之曰"绿榕谷"。文渡江氏先祖早先勤农精商有道，富甲一方，方圆百里称其家产"万三三"，意为每年有一万三千三百担谷子收入。江氏致富不忘教育，于清初在绿榕谷创设"绿榕谷书馆"，延师执教族中子弟，于是人才辈出，先后中贡生、太学生、庠生、拨贡、岁贡、例贡数十人，授五品至九品衔者不乏其人。其中，清国子监生江有御父子孙三代俱贤，孙江维登（字会淮）曾参与嘉庆版《福鼎县志》的编纂，特授福州府学兼理鳌峰书院监院，历署建宁、安溪、邵武、光泽县学。文渡"绿榕谷书馆"与秦屿"扫叶房书馆""见山楼书馆"齐名，被载入《福鼎县教育志》。至清末民国，文渡江氏文脉依然绵延，其中，江系亮为清末岁贡，任福鼎劝学所第一任视学、桐山高等小学校长；江衍邦毕业于省立师范学校，曾任福鼎县督学。文渡不单江氏一族独秀，当地还流传顺口溜"南埕林、亭下李、甲染汤、文渡江""前街林尚书、后街王文斗"等，当地文风之盛可想而知。文渡周遭文物古迹甚多，见载于史籍者有：明朝设立的南埕屯所，明嘉靖年间乡人御倭结砦的金山寨，建于明末的锁桥，始建于清康熙年间的赤屿天后宫，始建于清雍正四年（1726）的文渡保赤宫，立于乾隆三十年（1765）的旌表节孝坊，始建于宋重修于清咸丰元年（1851）的渠洋庆元宫，重建于清嘉庆十七年（1812）的砚田岗安宁社，等等。

福鼎东南靠海的秦屿、文渡、硖门、鱼井一带是闽东北沿海重要海上要道，明初设屯所于南埕，后渐消乏，至嘉靖后，倭患猖獗，屡屡进村烧杀掠抢，沿海民不聊生。清嘉庆《福鼎县志》载："金山，明嘉靖间，乡人御倭，结寨于此。"志书所记之金山位于文渡村后，从南埕往西北行走过葛染约3里地，为柏洋村辖地，遗迹至今仍在。明末清初文渡江氏七世祖江日葵为人智勇仗义，他不忍乡邻遭受涂炭，慨然招募乡勇，成立安宁社，教练乡民，以求自保。时秦屿为千余倭寇所困，江日葵率团练乡勇援助。贼寇见一时难于攻克，便从毗邻文渡的樟岐偷袭秦屿城堡，守城乡勇不敌城破，张鸾三、陈姑娘等43名义士被执，在秦屿小东门悲壮就义。由于倭寇兵力强大，江日葵等一直退到东家井附近，最终力不能敌，江日葵七兄弟与其三个儿子朝秦、朝可、朝献，以及众乡勇坚持到最后一刻，壮烈牺牲。清光绪《福鼎县乡土志·忠烈》载："江日葵，王渡人。国初，寇氛未靖，滨海悉受患，率里人捍御。有陈氏兄弟同事，屡挫倭锋。时秦屿被寇，急求援，分众与之战，没。寇旋至，日葵势孤，又以同事遭害，义不独生，力斗而死。死后，遇有贼警，往往阴霾四布，庐舍莫辩，隐闻有金鼓声，寇遁去，里卒获安。"乡民为江日葵视死如归的壮烈义举所感染，在其居住地东向砚田岗为他建祠立社。文渡工业园区后面的砚田岗安宁社，即为江日葵墓地。据文渡《江氏宗谱》

文渡今貌（张晋 摄）

载，文渡江氏十四世江系武（1833—1886），为武庠生，以军功授六品衔；十五世江衍佃（1925—1951），在抗美援朝战争中捐躯朝鲜战场。

文渡因濒临东海，其地平旷，有港汊入陆地，为晒制海盐的理想之所。民国初期，民间有人在文渡用木板晒盐，以后盐场面积逐渐扩大。后因私盐贩卖猖獗，当局铲除文渡盐场。抗战爆发后，海运中断，南盐无法北调，福鼎盐荒，国民政府恢复文渡盐场。1950年，文渡盐场成为秦屿镇办企业。1959年1月，文渡盐场收归地方国营。是年，全县抽调民工千余名，用时1年建成1300米文渡海堤，使文渡盐场规模扩大至2600余亩。1964年，文渡盐场下放秦屿公社集体经营。1970年4月，文渡盐场恢复地方国营。1971年1月，文渡辖区又一次围海扩建盐场，1972年完成堵口，围垦滩涂面积33000余亩。20世纪90年代末，因体制改革，文渡盐场撤销，盐场停止生产，盐场所属生产用地复垦为耕地。

2004年4月，福鼎市在文渡区域设立温州（文渡）工业园区，项目区总体规划面积700公顷，至2021年已开发面积320公顷，落户企业近百户，员工数千人，成为福建福鼎星火工业园区的一个重要组成部分。

金洋社区：硖门第一个居委会

张冬英

从 20 世纪 80 年代起，硖门畲族乡因部分乡直单位和集镇群众没有专门管理机构，就将这部分单位群众归为"乡直"进行管理，但因存在管理力量不足，管理分散、脱节、混乱，造成计生、征兵、维稳、民政慰问、粮食直补等工作无法很好落实，对计生、新农合、新农保等工作也造成很大困难。为此，经福鼎市人民政府批准，金洋社区于 2015 年 1 月成立，成为硖门畲族乡一个集壮、回、满、畲、苗、朝鲜等 20 多个少数民族居民的年轻社区。社区位于集镇中心，东临金福路，南邻硖门溪，北临祥福街，西临硖门敬老院，辖区面积 0.3 平方千米，有五条街——金洋街、瑞云路、旧街、新街、中学路，四条巷——金洋街一巷、金洋街二巷、瑞云路一巷、瑞云路二巷，人口 300 多人。

金洋社区先后投入 180 万建成金洋社区党群活动中心、金洋社区居家养老服务照料中心。党群活动中心内设置了便民服务中心、会议室、图书阅览室、棋牌室、书法室、儿童之家、老年人健身室、老年人日间休息室、老年人餐厅、心理辅导室、多媒体教室等，服务内容有社区党建、优抚、劳动保障、综合治理、民政助残、计划生育、心理咨询等，极大方便了群众办事，丰富了群众精神文明生活。2020 年，社区实现居民人均可支配收入 19043 元。

金洋社区致力于老年人服务，金洋社区居家养老服务照料中心设有休息区、餐饮区、聊天按摩区、棋牌娱乐区、健身运动区等 5 大功能服务器，配有锅台炉灶、空调、按摩椅、健身器材、棋牌桌等设备，并设专人进行管理服务。社区让老年人实现"老有所养、老有所依、老有所学、老有所为、老有所乐"，形成敬老、爱老的良好氛围，并重在为民解难服务。社区居民张展丑夫妻俩都是聋哑人，均无固定工作，儿子上初中，生活十分困难。社区干部了解情况后，帮助办理了城镇低保，多方联系乡贤每月帮扶 500 元生活费。温馨的帮助，增强了他们勇气和信心，使他们的生活基本恢复了正常。社区党支部共走访特困家庭 79 户，慰问贫困儿童 70 多人次，免费帮 67 名育龄妇女体检，帮助困难党员和群众申报低保 6 户，帮助协调外来务工子女就学 25 人次，医疗保健 282 人次。位于乡集镇的宁德核电承包商营地（和海苑）的建成，引入了大

金洋社区开展活动（张冬英 供图）

量的外来少数民族人口。为做到服务对象不落下一个，社区定期组织公安、边防和核服公司召开联席会，努力做到精准服务、精准帮扶。

金洋社区用年轻的激情、活力，深入开展创先争优活动，先后获得宁德市"文明社区"、宁德市"老年人健身康乐家园"、福鼎市先进基层党组织、福鼎市"村（社区）民自治表现突出单位"、福鼎市"平安社区"福鼎市第十四届（2016—2018年度）文明社区、宁德市第十四届（2018—2020年度）文明社区等荣誉称号。2017年，金洋社区被确定为福建省少数民族流动人口服务管理工作联系点。

硖门水电站

🌿 喻足衡

　　硖门水电站始建于 1981 年 10 月，1995 年 12 月起三次增效扩容改造新增一台装机，电站总装机 1400 千瓦，设计年发电量 585 千瓦时。电站位于硖门村刘厝里，为引水式电站，由瑞云水库、引水渠道、压力前池、压力管道、发电厂房、水轮发电机、升压开关站和输电线路输入电网组成，水的落差 95 米。

　　硖门乡 20 世纪 70 年代以前都是无电的，天黑之后，就靠一盏煤油灯支撑少许光明。煤油也很紧张，计划经济时期，煤油要按票到供销社购买。细心的人会适时调节灯光的亮度，只有孩子晚上写作业的时候才把灯光调亮些。为了早日结束使用煤油灯历史，用上明亮的电灯，勤劳的硖门人民不等不靠，自己动手找资源，节衣缩食，四处筹款建设简陋的小水电站。第一个水电站是 1971 年由硖门大队（村）兴建的，位于基督教堂旁。这个水电站利用的是三叉滩水资源，发电量 1.8 千瓦，仅仅供应庙后、下里洋几十户人家夜晚灯泡照明用电，无法满足集镇其他片区照明需求。第二个是同年由东稼大队（村）兴建的山腰水电站，利用的是湖头溪的水资源，发电量比硖门水电站（旧）大，除了供应本村需求外，还为牙城镇的水头洋、狮南山、镇前和秦屿镇的甘山村夜晚照明供电。第三个是 1972 年由柏洋大队（村）兴建的、柏洋水电站，在今永源寺位置利用的是巨洋溪的水资源，发电量也比较大。这 3 个小电站都没有水库，直接利用溪流水量和天然落差，受天气影响很大，雨天有水电力足，干旱无水则没有电。通常是天黑就发电，

硖门公社水电站（冯文喜摄）

硖门水电站奠基石碑（冯文喜摄）

碑门水电站标志（冯文喜摄）

晚上 9 时左右停机。发电时长由水量决定，水量多就延长发电时长，晚上 10 时后停机，水量不足时就提前停机。

除了以上三个村外，瑞云大队（村）在 1974 年 11 月 8 日向县（市）级部门申请 30855 元资金，拟在水磨建设 26 千瓦瑞云水电站，没有成功。1975 年 7 月 4 日碑门公社（乡政府），向福鼎县（市）委申请 27 万元，拟在水磨建设 240 千瓦小型水电站，也没有成功。

1978 年，碑革〔78〕字第 006 号文件，对全乡电力状况作如此描述："解放以来，在毛主席革命路线的指引下，虽然工农业生产面貌发生了改变，但是电力工业跟不上形势，达不到人民的要求，广大农村至今无电。公社所在地还是依靠（粮站）碾米厂的火力发电，电灯照明还很困难。办起了茶叶初制、农业机械修配厂，也是靠厂内火力发电。由于缺电，公社广播站也没有办法广播，与全国电力工业会议的要求差距更大。"为了尽快改变这种缺电状况，1978 年 4 月 13 日、1979 年 5 月 21 日，碑门乡分别向县（市）委、宁德（市）水电局申请，拟在刘厝里旁建设 500 千瓦小型水电站，

碑门水电站远眺（冯文喜摄）

预算资金 205800 元，钢材指标 4 吨，水泥指标 60 吨，木材指标 25 立方米。

经过 4 年多时间努力，1979 年冬，宁德地区水电局终于批准硖门水电站建设。水电站于 1980 年 4 月开工奠基，1981 年 12 月，第一台 320 千瓦机组完工发电，为硖门集镇送电。从此，硖门人民用上 24 小时的全日照明电，结束煤油灯历史。通电那个晚上，全集镇居民欢呼雀跃。1982 年，电网架设到瑞云村；1983 年，第二台 320 千瓦机组也完工发电，电网架设到福长；1984 年，电网架设到东稼村、斗门头、柏洋、文渡盐场片区；1985 年，电网架设到渔井、秦石、青屿头村。至此，全乡电网遍布，每家每户都用上照明电，3 个村级水电站也相继停机报废。

硖门水电站还经过三次增效扩容改造，分别在 1995 年冬、1998 年冬和 2016 年 2 月，发电能力从 640 千瓦增加到 1400 千瓦，使水库水能得到高度开发利用。

硖门水电站所发的电，2000 年前是自己直接供应给用户，每一度电费是 0.22—0.24 元 / 度，给村集体的价格是 0.15—0.18 元 / 度；2000 年 7 月后被国家电网收购，电费收购价是 0.32 元 / 度，2018 年 10 月起调到 0.39 元 / 度。

石兰水库除险加固工程

🍃 朱乾宁 冯文喜

　　石兰水库位于硖门乡秦石村石兰自然村，是一座以灌溉为主的小（二）型水库。工程于1978年1月动工，1980年11月完成，原设计坝址以上集雨面积0.42平方千米。水库原防洪标准为30年一遇洪水设计，300年一遇洪水校核，设计洪水位199.28米，校核洪水位199.56米，相应总库容10.00万立方米；正常蓄水位197.94米，相应库容8.90万立方米；死水位192.80米，相应库容0.4万立方米。主河道长度0.85千米，坡降120‰。该水库承担下游石兰灌区的农田灌溉，设计灌溉面积330亩，有效灌溉面积200亩。

　　2014年8月21日，福鼎市水利局组织专家对石兰水库大坝进行了安全鉴定，评定为三类坝，综合评价安全等级为C级。为改善水库的环境，满足水库可持续发展的要求，专家认为除险加固势在必行，重新对集雨面积、主河道长度及坡降进行复核。福建省水利水电工程建设公司对石兰水库除险加固工程初步设计报告进行了认真修

石兰水库一角（冯文喜摄）

编。2016 年 5 月,完成《福鼎市石兰水库除险加固工程初步设计报告》(报批稿)。在设计过程中,得到了宁德市水利局、福鼎市水利局、硖门畲族乡人民政府等有关单位的大力支持。

石兰水库除险加固工程为 V 等工程,包括大坝、溢洪道、放水涵洞三大部分,洪水标准为 30 年一遇标准设计,300 年一遇洪水标准校核。设计洪水位 199.07 米,相应洪峰流量为 12.9 立方米 / 秒;校核洪水位为 199.41 米,相应洪峰流量为 18.7 立方米 / 秒。其中,大坝等主要永久性建筑物级别为 5 级建筑物。本次加固对大坝迎水坡进行铺设 900 复合土工膜及少筋混凝土面板(高程 195 米以下),或干砌条石护坡(高程 195.34 米以上),高程 195—195.34 米设砼阻滑槽;新建坝顶防浪墙,并结合背水坡培厚对坝顶进行加宽,加宽后坝顶宽 4.5 米(含防浪墙),同时铺设鹅卵石坝面,在坝顶下游侧设置机切石栏杆;对背水坡进行培厚,并采用干砌条石护面,增设坝脚排水棱体、坝坡台阶、排水沟及"石兰水库"大字。大坝为均质土坝,最大坝高 10 米。坝顶高程为 199.64 米,坝顶宽为 3.0 米,坝顶长 53 米。坝顶采用"戴帽"式,未设防浪墙。迎水坡高程 198.94 米以上为直立浆砌石挡墙,高程 198.94 米以下为块石护坡,坡比为 1 比 1.75,其中高程 197 米以上护坡已勾缝。背水坡高程 198.38 米以上为直立干砌石挡墙,在高程 192.2 米设一平台,平台宽为 1.2 米,高程 192.2—198.38 米为草皮护坡。高程 192.2 米以下为贴坡反滤排水体,表层为干砌块石。

为了溢洪道的泄洪安全,本次加固对溢洪道进口左侧墙进行拆除重建,长 4 米;对堰顶段局部底板加高部位进行拆除,恢复至堰顶高程 197.94 米;拆除重建堰上人行桥;对两侧侧墙杂草清除,对勾缝破损部位重新采用 M10 水泥砂浆进行深勾缝;对跌坎段两侧进行护砌及铺设台阶式 C20 砼底板,长 40 米,并在末端设置 C20 钢筋砼消力池;对溢洪道底板采用 C25 砼整平,最小厚度 0.1 米。溢洪道位于大坝右岸,为宽顶堰,堰顶高程 197.94 米,堰长 5.6 米,堰顶总宽 3.7 米,堰顶末端设一条石人行桥,桥面高程 200.06 米,桥面宽 1.6 米,桥面条石厚 0.15 米,并设一条石中墩,墩厚 0.25 米,长 1.6 米,中墩左侧堰顶高程 197.94 米,宽 2 米,中墩右侧堰顶高程 198.14 米,宽 1.45 米,人行桥处过流总宽 3.45 米。堰顶段后接泄槽段,长 18.8 米,坡率为 5.05%,底宽 3.7 米。堰顶段及泄槽段两侧均为浆砌石挡墙,临水侧直立,墙高 1.8 米,底板均为砼底板。泄槽段末端通过跌坎段与下游河床相衔接,跌坎段底板及两侧均未护砌。

放水涵洞作为水库放低库水位的设施,并负责水库下游灌溉,其运行正常与否将直接影响大坝的安全和工程效益的发挥。为了消除放水涵洞的安全隐患,对放水涵洞进水口消力井进行拆除重建,对出口洞身段存在渗湿、有钙质物析出的部位进行补强

石兰水库堤坝（冯文喜摄）

灌浆，更换进口闸门、拦污栅、拉杆及启闭设备，重建启闭房；结合大坝培厚，新建放水涵洞出口箱涵长 5.0 米及对出口渠道进行防渗处理。放水涵洞位于大坝左侧，总长 25 米。进口往下游 11 米为涵洞内套 φ200PVC 管，管外壁与涵洞间采用砼回填；其余 14 米长洞型为矩形，断面尺寸为 0.6×0.8 米（宽 × 高），坡度为 1 比 200。进水口采用 φ200 斜拉铸铁圆闸门，底高程为 192.8 米，启闭设备采用螺杆启闭机，启闭力为 3 吨。

另外新建坝脚量水堰，加强白蚁防治，对上坝道路进行改造长 200 米，以满足防汛抢险要求。在左岸坝头醒目处设置水库警示牌，一面刻"石兰水库除险加固工程概况"，另一面刻警示内容，采用凹刻，内涂红色。

该工程于 2016 年 9 月 28 日开始动工，至 2017 年 11 月 25 日完成全部工程建设。

硖门自来水厂

🍃 冯溱

  硖门自来水厂建于 1986 年 7 月，办公楼 2 座共 570 平方米，净化池 3 组修建在庙后山，水池设备管理房面积 3.1 亩，水池日供水量可达 6000 多吨，主要提供硖门集镇、柏洋村、斗门头村、渔井村、青湾村、工业园区的生活饮用水，管道全长 31500 米。自来水厂建有小（二）型水库 2 座，即山角坑水库、长园水库，综合库容量达 17 万立方米。

  硖门地处东南沿海突出部，一边靠海，一边靠山，有较丰富的饮用水资源。1986 年，在水利部门的支持下，许多群众集资，用水泥管铺设了 3000 多米管道，从溪坪里溪流中引水，直接安装到户饮用。但溪坪当时的水质较差，加上建了水电站，显得不够用。

  经过勘查，20 世纪 90 年代初，确认瑞云山间小溪水符合饮用条件。1992 年初，硖门乡计划引用森林覆盖面广的瑞云的水资源，加强自来水厂建设，整个工程建设包括修筑一条拦溪小坝，建三化池及 3000 米管道。乡里发动部门单位和群众集资，解

硖门自来水厂（张晋 摄）

决水厂建设资金问题。2014年7月，实施"福鼎核电自来水改造工程（硖门段）"，供水设备进入新阶段。

2015年之前，硖门自来水厂主要供水范围是硖门集镇，供水达1300户，近6000人。2015年之后，随着集镇人口的增加和柏洋、斗门头、渔井、青湾等行政村供水需要，乡里投资1300多万元，对全乡的自来水供水管网进行扩建，供水范围延伸到柏洋、斗门头、渔井、青湾等行政村，用水户达到4000多户，近3万人。自来水厂有职工21人，他们以提高效益为中心，深化管理，围绕安全优质供水，严格安全生产规范操作，确保本乡集镇安全不间断供水。

近十年，自来水厂重点工程建设情况如下：

2015年实施"硖门畲族乡2012—2015年农村饮水安全项目"，经福鼎市发展和改革局（鼎发改审批〔2015〕2号）立项批复，项目建设规模和主要内容为：新建受益村集中式供水建设3处，铺设输水管道De75-200（0.8Mpa、1.6Mpa）PE管5.552千米，配水管道De40-315（0.6—1.6Mpa）PE管8.415千米，配备一户一表一水龙头。该项目建设，主要由福鼎市鸿水利水电勘察有限公司担任工程设计单位，福建省闽禹水利电力建设工程有限公司担任工程施工单位，泉州三众工程管理有限公司担任工程监理

山角坑水库（张晋 摄）

单位。宁德市建信工程造价咨询有限公司担任工程造价审核单位，于2016年5月对该项目进行工程完工验收，并出具《完工验收鉴定书》。

2017年实施"硖门畲族乡第二（柏洋）自来水厂项目"，项目建设规模和主要内容包括：在柏洋长园新建库容9.33万立方米的小型

长园水库（张晋 摄）

水库，作为自来水厂的水源点；输配水管长4100米，管径0.25米。该项目建设，主要由厦门连宋水利水电勘察设计有限公司宁德分公司担任工程设计单位，福建省宁德市水利水电工程局担任工程施工单位，福建顺和工程项目管理有限公司担任工程监理单位，广西建通工程咨询责任有限公司担任工程造价审核单位。该项目于2017年12月进行工程验收。

2018年实施"硖门乡农村饮水安全巩固提升工程"，项目包含硖门乡集镇管网改造、斗门头村管网改造、渔井村供水工程等，总工期180天。经过自来水厂人员的不懈努力，秉持着脚踏实地、实事求是的工作精神，众多项目得以按期完成。该项目建设，主要由福建安澜水利水电勘察设计有限公司宁德分公司担任工程设计单位，福建省子龙建设发展有限公司担任工程施工单位，福建润闽工程顾问有限公司福鼎分公司担任工程监理单位，福建平城工程造价咨询有限公司担任工程造价审核单位。该项目于2018年12月验收。

2019年实施"硖门乡集镇饮水安全扩建工程"，该项目由福鼎市发展和改革局以"鼎发改审批〔2018〕16号"文批准建设，地处福鼎市硖门乡自来水厂厂区内。项目建设内容主要有：新建净产水能力240立方米/时穿孔旋流反应斜管沉淀池1座，新建净产水量80立方米/时重力式无阀滤池1座，新建有效容积500立方米净水调节池1座，新建混凝剂投药房156立方米以及厂区绿化草皮铺种、场地硬化、钢管栏杆安装等。水厂扩建后，供水能力由原日供水3000吨提升到日供水6000吨，可解决硖门乡两万左右人口的饮水安全问题。"硖门乡集镇饮水安全扩建工程"于2019年7月15日开始施工，2020年5月22日竣工。

南埕山隧道建设始末

🍃 喻足衡

　　南埕山隧道又称硖门隧道，横穿南埕山山脉，全长 818 米，宽 12 米，高 5 米。单洞双车道双向行车，设计行车速度为每小时 60 千米。路面中间为 9 米宽车道，两边各 1.5 米宽步行道。原有的县道 973 硖门段要爬南埕山，长 3.3 千米，路窄坡陡，多急弯，存在极大的安全隐患；隧道建成后，路程变为 2 千米，不用再爬山下坡，路面宽又平，路灯明又亮，行车和走路都十分方便。

　　南埕山隧道是硖门乡三大工程（海堤、瑞云水库电站和隧道）之一，于 2011 年 1 月 10 日开工，设计工期为 1 年 8 个月，实际工期 2 年 10 个月，于 2013 年 11 月 23 日试通车。它改变了硖门乡南北两片区状况。硖门畲族乡北片的柏洋、斗门头等村，充分利用土地资源优势，工业企业风生水起；而仅一山之隔的硖门集镇，因南埕山阻隔生产生活有诸多不便，制约了发展。硖门村一位村干部回忆："过去，硖门北片的柏洋、斗门头等村村民要到南片的集镇办事情，需要翻越南埕山；同样，集镇居民外

南埕山隧道口（冯文喜摄）

出贸易、就医等也要翻过这座山岗。"

隧道的建成，使硖门和太姥山镇形成整体区域，对嵛山岛旅游开发乃至福鼎市旅游业发展都有极大促进作用。以前硖门和秦屿镇农村公交车只开到下午6点，现在晚上9点还有末班车；到嵛山岛和渔井海边旅游观光的人多了，在渔井吃海鲜，住民宿的人也多了；逛瑞云寺、看石兰古堡千年红豆杉、银杏、榕抱樟、瞭望樟的游客越来越多；硖门人愿意在本地生活建房的人更多了……真是应验一句话："要致富，先修路。"

隧道的建成使硖门交通优势突显。隧道通车不到两个月，就有1000多宁德核电承包商的人员入住硖门和海苑。集镇流动人口增多，商贸、餐饮、休闲等服务业一下子发展起来，硖门出现繁荣景象，实现"北工南旅"发展战略。

南埕山隧道建设，凝聚着党和国家领导人对硖门的关爱关怀，是各级党员干部一心为民、群策群力的民心工程。2006年3月，福鼎市政协大会期间，来自硖门的市政协委员喻足衡等人，提交建设硖门隧道的提案。之后，建设硖门隧道在政协大会小会上多次被提议，2008年硖门隧道上了福鼎市政府报告，2010年又编入福鼎市"十二五"发展规划。2009年12月，张开潮同志来硖门乡任党委书记，他深入基层了解民情，深知硖门百姓最大的愿望是建设南埕山隧道，但建设隧道需要5000多万元，怎么办？资金在哪里？2010年1月5日，福建省委书记孙春兰来柏洋村视察，他与柏洋村王周齐书记在向孙书记汇报新农村建设工作时，提出建设南埕山隧道一事，恳求上级领导支持。孙春兰书记很重视，第二天就征询福鼎市委书记倪政云意见。张开潮马上向领导汇报，最后经过倪书记同意，以福鼎市政府作为业主向上报告，由宁德市政府向省政府出报告文件。

2010年6月30日，孙春兰书记接到王周齐送的建设隧道报告后，第二天就批示给省交通厅。第三天，省交通厅派来2位处长，到现场考察和研究南埕山隧道建设工程，之后仅半年时间就完成工程勘探、设计、立项、审批、招投标，建设资金全部由上级财政支付。

南埕山隧道，把硖门乡南北两片联成一体，打开硖门第二扇门，硖门视野变宽了，硖门人的世界也变大了。

硖门工业发展概述

✑ 林发前

硖门早期工业生产是以手工作坊为主，如酒厂、饼店、瓦窑、砖窑、打铁铺。清末到民国出现一些简单的机械工业，主要是榨油坊和水碓。硖门榨油坊创办者是郑志劻（1883—1944），地点在今乡政府宿舍楼外。据郑志劻的孙子郑广安回忆，石头槽直径就有 10 米，一头黄牛日夜拉磨压榨油菜籽可达 100 斤左右，作坊有谷皮灶 2 个，蒸灶 1 个，铁箍五六十个，雇工三四个，是福鼎、霞浦两县规模较大的榨油坊。郑氏榨油坊一直延续到 20 世纪 70 年代。水碓为庙后王氏创建，在硖门下里洋，利用流水冲力带动转动杠，使石磨上的圆形石头上下起落而推动石磨，进行碾米、碾麦、磨浆、磨粉，大约在 20 世纪 60 年代中期停止使用。

"文革"期间，硖门公社成立工商联合社，把手工艺者组织起来，有做饼干的，有做木工的，有搬运的，有理发的，社址设在现在硖门旧街道。这些人由联合社统一管理，每年交纳一定的管理费。

20 世纪 70 年代起，硖门公社陆续办起了一些集体所有制工厂。比较著名的有农械厂、针织厂、卤厂。硖门农械厂创办于 1975 年，地点在塘古头。当时厂里有一批有知识、有实践经验的高中生（在福鼎四中校办厂有过实践经历），如秦屿的陈阿海，硖门的林传午、邱礼团等人，生产仪表车床，精密度高，产品远销全国各地。1984 年体制改革时，进行压铸电风扇外壳新产品实验。由于引进压铸设备老旧落后，再加上新产品试验失败，铝材料配方欠佳，费了大量的人力和财力，失去了原有的销售市场，导致工厂于 1987 年倒闭解体。硖门卤厂创办于 1975 年，地点在硖门北岸海堤头，利用嵛山、渔井定置网捕捞的小鱼虾做原料，进行露天晒卤，工人有七八人。

福鼎市硖门农机厂制 135 米粉机

福建硖门农械厂制 C014 型仪表车　　　　福建硖门农械厂制 C0525 型仪表车床

每年生产标准卤 30000 担。销往福州、崇武等地。后因人们生活水平提高，对卤的需求量减少，产品没有了销路，工厂于 2000 年关闭。

硖门针织厂创办于 1984 年，厂长是王周齐，主管是黄秀香（当时是乡妇联干部），推销员是郑广龙。硖门针织厂是体制改革时期硖门第一家私营企业，产品三件套款式新、质量好，参加过北京轻工业品展销会，受到客户的青睐。北至哈尔滨，南至福州的订单雪片般飞来。当时有女工 50 人，日夜加班。可是大批产品销出之后，资金没办法回笼，再加上原材料紧缺，银行贷不出款，针织厂于 1987 年停办。王周齐此后又与江苏纺织厂联营，在硖门塘古头创办了麻纺厂，规模更大，亦由于资金和技术的原因倒闭。这些，为后来在柏洋创办村级工业区积累了经验。

此外，硖门还有渔井的修配厂、织网厂，硖门公社的茶厂。20 世纪七八十年代，硖门在交通、资金、信息、技术等各方面条件较落后，办厂非常困难。郑广龙回忆，当时上海打电话回硖门，需过好几个程。

进入 20 世纪 90 年代，硖门工业走向复苏。查硖门乡政府批文，仅 1991—1993 年，就批准建厂 16 家，其中，机械制造类 11 家，纺织服装类 3 家，酒厂 1 家，乡办紫菜厂 1 家。这一时期的工业特点为：第一，大多是股份制（除紫菜厂外）；第二，外地来硖门办企业的占多数，如硖门灯具厂、铁钉厂、光纤厂、石材厂，都是外地人办的；第三，由于不上规模，产品没有竞争力，大多数办厂时间短，一般是两年左右，有的只有一年。硖门乡 1993 年工作总结（硖政〔1994〕006 号）中写道："乡镇企业有新的发展，形成了乡办、村办、股份制、个体四个班子一起转的新格局。尤其是农民办股份合作制企业的浪潮方兴未艾。"

这一时期，值得一提的是硖门轧钢厂的创办。硖门轧钢厂厂长是郑仕基，地点设在硖门溪坪里。该厂虽然后来由于资金原因倒闭，但郑仕基走出硖门，带出一批人，到云霄等地办厂，后又扩散到广东、江西、广西等地，而且都取得成功。硖门在外铸钢企业，从无到有，从小到大，走过辉煌的历史。此后，一批人带出另一批人，一个个工厂建起来，每个厂都带走几十个硖门人，以致形成了硖门几千人在外办厂的厂业大军。到2007年，硖门在外铸钢厂完成了整合和提升过程，以大股东、大公司、上规模的形式出现。目前，办厂资金投入规模都达上亿元，而且大多是前期积累起来的民间资金。2010年，漳州三宝公司（漳州市龙头企业）和广东英德钢铁制造有限公司汇回硖门的就有3亿元，全乡铸钢企业回笼硖门民间资金达到5.8亿元。

从2000年开始，硖门本地工业有了新的发展，一个是工业园的建设，一个是回归工程和绿色食品加工厂投建。2003年，硖门柏洋村抓住机遇，把高速公路的堆渣场和弃渣场利用起来，筑巢引凤，引进外地企业，如福建永宝特钢阀门有限公司、福建国心阀门有限公司等。永宝特钢2010年工业产值达2亿元，是福鼎纳税明星企业。2006—2007年，福建申达钢铁有限公司、福建华荣金属制品有限公司回归本土，落户硖门柏洋工业园。2010年，申达年产值达6亿元，华荣年产值2亿多元。此外，强旺胶粘制造有限公司落户在秦阳村界牌岗，生产各类胶布，年产值达500万元。硖门还有大型紫菜系列工厂，一个是申石兰有限公司，建于2005年，是福建省绿色农产品加工龙头企业，年产值达500万元；一个是海天湖有限公司，年产值达300万元，这两个厂立足本地，因地制宜解决了硖门5000亩紫菜生产的加工问题，另外还建有目前闽东最大的个体紫菜养育苗场1个，扩大紫菜种植，年增收值达1000万元。

从2003年起，福鼎市文渡工业园不断引进外地企业，园区2010年工业产值高达50亿元。工业园的发展给大批农民创造了就业的机会，也带动了本地第三产业的发展，如文渡、沙锭村的农民靠房屋出租或开店铺就获得了不菲的收入。

（本文写作得到了黄秀香、郑广龙、周益宝等的帮助）

硤门籍钢铁企业的发展与整合

◇ 郑斯汉

20世纪80年代后期，硤门乡经济发展还相当滞后，除了硤门水电站，其余企业几乎处于瘫痪或半瘫痪状态。硤门人郑斯基看到硤门水电站发出来的电供给充足，就在水电站旁边建起一个简易钢坯厂（钢坯就是铸造钢锭，是加工钢筋的地条钢）。当时冶炼用的中频炉设备由温州中频炉厂制造，一台中频机配置两个冶炼炉，一个炼铁，一个备用。原材料废铁主要来自温州，炼铁的主要配方材料硅锰、玻璃水、石英砂也来自浙江等地。钢坯厂工人有邓代明、郑为财、汪宝华、陈家绵4人，邓代明原先是福安制造厂工人，有铸造冶炼方面的经验，是钢坯厂带班兼技术员。这样的厂，在闽东地区没人办过，无处学习和借鉴经验，只能边生产边摸索，刚开始做做停停，产量不高，经过一两个月的实践，总算走上正常化生产轨道。尽管这样，一个月也只能生产钢坯60—70吨。

当时钢坯主要销往福州，每吨盈利150—300元，一个月能盈利10000—20000元，这在当时是一笔可观的收入。老板赚了钱，工人的工资也提高了，该行业当年在当地成了香馍馍，来厂里参观、学习的人一批又一批，在岗的工人也把技术毫无保留地传授出去。不久后，郑斯基把厂卖给了福长村村民郑斯旁。

在这期间，硤门农械厂也面临倒闭，员工郑大竹租用厂房办起硤门第二家钢坯厂，生产经营也很顺利，工人主要是原厂工人，机械也来自温州中频炉厂，销售途径几乎和郑斯基一样。郑斯基把技术、营销及人脉关系，交付给郑大竹后，自个儿酝酿着更大的动作。

1992年，郑斯基来到江西省上饶县，办起了硤门人在外地的第一家钢坯厂。这时，中频炉技术也有点改良，一个月生产的钢坯产量达100吨左右。废铁来自广东潮汕、揭阳，钢坯主要是卖往揭阳，硅锰、石英砂、玻璃水等基本是湖南等地厂家送货上门。当时买进来的废铁每吨600—1000元之间，卖出去的钢坯每吨是1600—2000元左右。除了电费和运输成本，每吨可实赚600—850元，一个月纯收入60000—85000元。广东揭阳办了很多钢筋厂，钢坯十分热销，急需大量钢坯轧钢，有时老板亲临钢坯厂付定金要货，或直接开大货车来运钢坯，生意很火。与此同时，邓代明在漳州市平和县九峰镇也办起一家钢坯厂，仅用一个月时间就投入生产，日夜两班制，在机械运转正常的情况下，一个月可以生产钢坯 200 吨左右，每吨实赚 600—850 元。

郑斯基在江西上饶干了两年多时间，把厂转卖他人，又去了湖南筹办规模更大的钢坯厂，这时已发展成两机四炉的规模。不久以后，邓代明也把厂转卖了，于 1995 年 5 月和汪宝华、郑为财开始在漳州平和县国强村租用石材厂办钢坯厂。我是汪宝华的表叔，东挪西借也投了 10000 元，这是我有生以来摸过最大的一笔钱。我将钱交给郑为财，他接过钱，连数都不数就放进挎包里。

后来，我也随汪宝华、郑为财到了平和县国强镇，才知道老乡詹照潘、詹石荣、郑大政、周秀波、王光耀等人也在平和县板仔镇水电站办两机四炉钢坯厂，两厂相距 2.5 千米。机械安装后，正值枯水期，只能在晚上 9 点后生产，做做停停，产量无法保证。板仔镇电站的老乡两台机，只能一台生产，也是晚上 9 点后生产，后来只好搬迁到其他地方去。邓代明的厂最后被我小舅子买下来，找当地人合伙，不久后通过合伙人关系搬迁到云霄县峰头电站，也增加了一台机器，扩大生产规模。而邓代明又到诏安官陂扩大办厂规模，开始 3 机 6 炉的生产规模。

20 世纪 90 年代中后期，硖门人有朋友的拉朋友，有亲戚的拉亲戚，家庭式的钢坯厂在广东、江西、湖南、江苏雨后春笋般办起来，带动着硖门农民、渔民就业和转岗。加上石兰村邓烨等人在山西等地经营煤矿涵道工程，全乡大部分青壮年都告别了传统农耕作业，走上新岗位。这时，由于粮食价低，硖门、斗门头、文渡整片农田全部用于弹涂鱼养殖。小小的硖门信用社忙碌得很，钢坯厂工人和煤矿工人的亲属们老是排着长长的队伍取钱，尤其是到了年关，硖门信用社更是拥挤不堪。

2000 年以后，出现 10 吨、20 吨、50 吨、70 吨、80 吨的大型冶炼炉，中频机的功能大幅度改良，频率加大，产量也大大增加。硖门钢企人不断地改良企业设施，地条钢作业时代早已结束了，钢坯厂称谓被钢铁厂所代替，人工操作也被机械化所代替。同时，开始注重做大做强，节省运费成本，企业各部门包干到位，争取企业利益最大化。许多厂创办连轧作业，添加生产线，扩大产业规模。何谓连轧，就是利用铁水刚铸成的钢锭，通过钢轧机，轧出螺纹钢筋来。轧钢速度相当快，1 秒钟 6 米螺纹钢筋折断，循环进行。当然，也可以连轧 0.6 厘米、0.8 厘米光面钢筋。

随着国家对能源、环保领域以及钢铁产能过剩的宏观调控，小型钢企面临淘汰或转型。淘汰的小钢企不能再生产，转型的只能加工角铁和磨具，短暂维持着。通过合并整合、调整结构、股东重组等方式，硖门人积极适应国家钢铁政策，投入重金构建符合国家标准要求的现代化钢企。像广东清远邓昌贵，韶关朱光伟和惠州华钢、江西龙南、广州花都等的钢企，都加强企业自身发展，不断做大做强。

三宝集团股份有限公司成立于 1999 年 8 月 18 日，系符合国家钢铁行业准入的综合性钢铁企业，拥有国内外先进装备，形成了以钢铁制造、销售为主，向高端精品钢、现代物流服务业、钢铁文化生态旅游等产业链延伸的综合性钢铁集团企业。2020 年，集团年产值 325 亿元，被福建省发改委、福建省工信厅联合列入福建省千亿产业集群的重点培育企业之一，先后获得"国家高新技术企业""全国制造业企业 500 强""全国民营企业 500 强""全国民营制造业 500 强""全国绿色工厂""全国守合同、重信用企业""福建省百强企业""福建省百强民营企业""经济建设突出贡献奖"等众多殊荣。

硖门在外钢企闯出了一片天地，而今家乡人对钢企仍很看好。

硖门榨油坊

🍃 郑斯汉

　　硖门榨油坊当时是福鼎、霞浦两县规模较大的榨油坊，坐落在坊主郑志劻的大院内（旧址现为硖门乡政府宿舍楼）。那时，十里八乡的村民都在这家油坊榨油。

　　郑志劻，字道勷，号翊庭，是硖门郑家榨油坊的创建者。据其孙郑广安回忆，他出生时榨油坊就有了，孩提时经常跟父亲到油坊玩耍，亲眼看到三四名雇工忙碌着，他长大后还在油坊干过活。这家榨油坊占地面积大，由好几进房组成，加工房特别宽敞，仅石头槽直径就有4—5米，槽里一次性能加工170—200斤油菜籽，有一头黄牛日夜不停地拉磨碾料。磨坊里还有谷皮灶2个、蒸灶1个、铁箍五六十个。榨油的操作流程是：油菜籽称过后，放入大锅爆炒一定时间，再放入石槽内让牛拉石磨碾碎放入圆箍；接着将碾碎的菜籽用稻草裹实，一个个叠起来，用石板进行压榨，粗大的木头两端，还用几个绑好备用的石头逐渐加重，让油从石槽里流入桶中；经过一定时间后，停止压榨，卸掉榨具，把圆箍里月饼似的油菜渣干，用手一块一块掰好装入蒸笼，蒸约40分钟后，再倒入石槽继续让牛拉石磨碾着，时间差不多后，再把它放入圆箍内，进行第二次压榨，直到无油溢出为止。100斤油菜籽一般能加工30斤左右菜油，炸完的渣可给他人做肥料，是种地瓜、茶苗很好的肥料。当然，油坊里也加工

榨油坊石碾（郑斯汉 摄）

梧桐籽油、茶籽油、花生油。当时的小孩一听说有人加工花生油，便奔走相告，常常围在油坊里，油榨毕，孩子们就会用手去抠石槽边沿的花生粉末，吃得津津有味。

20世纪50—70年代初，硖门粮站的油菜籽，也是在郑家榨油坊加工的，170—200斤为一流程，加工费10元。当地群众没有那么多的菜籽，家庭用油常常拿自家的油菜籽去换油，一般是3.3—3.5斤油菜籽换油1斤。这种自给自足的供油方式，维持了较长的一段时间。

硖门郑家榨油坊虽已无存，当年辕套架"咔咔——咔咔"的响声也随着人们的记忆模糊，但老人们依然常常叨念着郑家榨油坊那一段辉煌的过去。

1949 年后硖门茶业发展综述

🍃 冯文喜

硖门濒海靠山，以低丘陵地貌为主，茶业是主要产业，其中东稼、瑞云等是主要产茶区。民国期间，茶园属个人所有。1958 年实行公社化，茶园转归集体所有。1961年后，归生产队所有，并建立茶叶初制厂。1981 年，实行家庭联产承包责任制，茶树承包到户，到 20 世纪 80 年代末，开始实行茶叶个人经营。硖门茶叶生产从纯手工作坊开始，20 世纪 70 年代中期开始逐步向半机械化、机械化生产迈进。

茶业生产"三包""分配"期

1959 年 1 月，硖门公社在下里洋原水碓旧址上修建水力制茶所，设 6 架揉茶机，修建 7 榴上、下层楼房，盖 2 座晾青寮房，发展制茶生产。为了适应大发展形势的需

硖门公社茶场旧址（冯文喜摄）

要，1959年7月，硖门人民公社召开茶叶会议，提出全社完成三春茶117.74担的任务，并确定"三包"任务和做法。会上，以瑞云大队在二春茶上的增产为典型，总结经验，认为增产原因是茶业体制管理下放后，社员积极管理茶树，加强了培土、除草、施肥等工作。同时，要求妇女苦战20天，每户平均采摘野茶、园茶200斤，每户平均增加收入10元，合理解决妇女采茶报酬。确定"三包"——包1年，包今后3—5年不变，包产指标数低于实际收入80%—85%，使社员有产可超，有奖可得。同时开展"学山门，赶山门"的夺红旗竞赛运动，公社、各大队各做一面红旗，通过评比，促进积极性提高。实行汇报制度，每三天汇报一次，小队向大队汇报，大队向公社汇报，公社向县委汇报。

当时硖门公社瑞云大队共有241户881人，男女全劳力355人，男女半劳力160人，耕地面积1283亩，茶园面积139亩，开采面积91亩。制定"三包七定"——"三包"即包产质量、包花工、包成本。"七定"是指定茶头除草、施肥全年3次；定坚决贯彻一茶两三采，分批采，及时采；定产、质、量，按时、按质、按量完成；定妇女采摘工分，每旬按分支1次；定检查，每5天查妇女采摘是否合标准，每7天查制茶组是否合理评青，每季度查除草、施肥完成情况；定采摘，首春4天1次，二春5天1次，三春7天1次；定奖惩，将园茶报荒山茶者，罚款3—5元，实行全奖全罚制度。

茶叶生产任务分配表

队别	茶园面积	茶叶生产任务											男女应上场人数
		除草任务	施肥任务			茶叶台任务	修剪任务	新栽茶任务	原有茶园补株	垦任务	茶叶育苗	
			面积	每亩吨数	施肥担数							
岑坪	112.00	112.00	70.00	30.00	2.10	8.00	3.00	22.00	13.00	10.00	2.00	165
巨洋	58.00	58.00	45.00	30.00	1350.00	4.00		16.00	7.00	7.00		150
柏洋	39.00	39.00	25.00	30.00	950.00	2.00		5.00	3.00	5.00		140
文渡	2.00	2.00	2.00	30.00	60.00			20.00		2.00		130
青斗	28.00	28.00	20.00	30.00	600.00	2.00		15.00	3.00	10.00		160
瑞云	101.30	101.30	65.00	30.00	1950.00	6.00	14.00	15.00	13.00	20.00	2.00	300
秦月	113.40	113.40	70.00	30.00	2.10	8.00	17.00	20.00	15.00	20.00	1.00	170
硖门	127.40	127.40	80.00	30.00	2.40	10.00	10.00	15.00	16.00	20.00		250
东嫁	465.10	465.10	280.00	30.00	14.40	16.00	35.00	25.00	50.00	40.00		300
渔井	2.00	2.00	2.00	30.00	60.00			10.00		3.00		100
合计	1048.20	1048.20	659.00	30.00	4991.00	56.00	79.00	163.00	120.00	137.00	5.00	1865

这时期，实行茶叶分配任务（如上表）。1958年，全社实产量83.61担，1959年茶叶任务83.61担，两年平衡。1959年茶叶流动收购，分为两个组，一个是硖门初制厂，一个是瑞云邱厝里初制厂。1960年，开展"比一比，看一看，谁英雄，谁好汉"采茶

进度评比，并按日完成数量进行统计。硖门公社共 7 个队：东稼队、秦月队、柏联队、瑞云队、硖门队、巨岭队、渔井队。据《1960 年首春茶评比表》：硖门队产量 10 担，产值 1360.98 元；月屿队产量 9.99 担，产值 1427.63 元；瑞云队产量 13.80 担，产值 1948.36 元；东稼队产量 30.66 担，产值 4300.47 元；巨岭队产量 8.12 担，产值 1045.55 元；柏联队产量 5.14 担，产值 695.05 元。全社合计产量 77.71 担，产值 10778.04 元。

到 1960 年二春茶时，全社任务是 239.16 担，每日保证数量是 9.92 担。据《硖门公社各大队 1960 年二春茶叶任务分配表》统计，全公社茶园总面积 999 亩，每日妇女上山人数 470 人。当年，福鼎县茶业局发给店下、硖门、点头、桐山、磻溪、管阳公社茶业站的贺信中提到，"全县于 26 日累计投售 2923.89 担，对比上年茶 2699.8 担，增产 8.31%"，其中硖门超 12.80%。

茶叶初制机械化生产发展期

"文革"期间，硖门全社年产茶叶只有 100 担，"文革"后期，发展茶园总面积达 2700 亩，仅 1976 年总产就达 920 担。当时全社 8 个大队，新办 8 个专业茶场。到秋天，公社新办 1 个公社茶场，新开茶园 230 亩。硖门公社 1976 年冬至 1977 年 4 月，栽种茶苗 107 万株，除自筹 30 万株（硖门大队 23 万株、瑞云大队 7 万株），其余 77 万株内调，公社茶场 36 万株，渔井大队场 15 万株，东稼大队场 13 万株，柏洋大队场 5 万株，机轮大队场 3 万株，知青场（青年场）2 万株，瑞云大队场 1.5 万株，茶（业）站 1.5 万株。当时种植茶叶还缺乏经验，对茶苗包装运输、栽种处置不当，加上干旱，土壤干燥，造成茶苗严重死亡，死亡达率 5%。1977 年 4 月 4 日，由公社 1 人、茶站 2 人、茶业局 2 人组成调查组，实地调查新茶成活与死亡情况。

这时期，硖门茶业站也得到进一步发展。硖门茶业站始建于 1966 年，站址在硖门公社会场，占地面积 451 平方米，建筑面积 485 平方米，为 7 榴二层楼房，是宁德地区茶业公司批复建的，花费了 16000 元。1969 年，茶业站合于供销社，所有权归供销社。1973 年，茶业站与供销社分开，5 榴楼房归茶业站，作为收购场、焙房、仓库、审评室、办公、职工宿舍、厨房之用。1977 年，硖门茶业站添建一座 398 平方米混凝土结构的 5 榴三层楼房，解决了仓库、焙房之用的问题。

1976 年，在原来的公社会场基础上创办硖门初制厂，机械化生产茶叶开始，全社 7 个大队的茶青集中初制，年可产茶干 1000 担。1977 年 9 月，硖门茶叶初制厂再建砖木结构厂房一座，共 10 榴，面积 450 平方米，其中前 3 榴为二层结构，楼上作为仓库，楼下作为职工宿舍和办公之所，其余 7 榴安装机械，作为初制简易厂房，并以会场作为晾青场地。到 1979 年，对原初制厂进行扩建，并添加设备，扩建厂房 300

平方米，增加揉捻机 7 台（大型 6 台、小型 1 台），65 型杀青机 2 台，烘干机 3 台，炉灶吹风机 7 台，80 匹切茶机 1 台，40 匹电机 1 台，可实现年产 3000 担。柏洋茶叶初制厂创办于 1973 年，生产两年后，为服从大集体生产需要，厂房原有设备电动三金鼎杀青机 1 台、电动 55 型铁木结构揉茶机 1 台和排风扇 1 台，拆迁并入公社茶叶初制厂。

硖门公社茶场设在瑞云、东稼交界处的邱厝里，山场方园 1000 亩。至 1979 年，先后种新茶苗达 500 亩，管理人员 40 人，年产茶干 150 担。1979 年 9 月，在邱厝里岗后建盖一座 9 榴二层房屋，作为职工宿舍、厨房、仓库和采茶住舍之用。1979 年底，宫昌兰青年场办起百亩高标准茶园，由各大队组织专业队 300 多人上场开荒平整（包括迁住南溪水库移民 9 户、59 人），开荒原有农地和周围山场 100 多亩。渔井大队茶业也得到发展，1965 年，渔井大队安排 22 个劳力，开垦马头场荒山，种茶 300 亩，盖一座 7 榴草茅屋作为厂房。到 1977 年，年生产茶 100 多担。

根据《硖门公社七七年毛茶采购实绩表》统计，春、夏茶共产 720.97 担，金额 122146.51 元，秋茶 206.20 担，金额 25172.32 元，全年总计 926.57 担，金额 147319.41 元。

下面一份《硖门公社七九年各社、队茶场茶叶产值统计表》更为详细，不妨一看：

硖门公社七九年各社、队茶场茶叶产值统计表

硖门茶业站编　　1979.10.25

社队茶场名	一九七九年度					一九七八年度					七九年与七八年对比					
	产量（担）	产值（元）	平均价（元）	种秋茶	秋茶产值（元）	产量（担）	产值（元）	平均价（元）	种秋茶	秋茶产值（元）	产量（担）	占百分比（%）	产值（元）	占百分比（%）	平均价（元）	占百分比（%）
公社茶场	15.80	2862.66	181.20	11.93	2168.28						15.80		2862.66			
硖门场	37.37	6510.76	176.20	14.06	2132.72	18.02	3027.40	168.00			19.35	107.30	3483.36	115.06	8.20	5%
斗门头场	10.68	1861.90	174.30	4.33	644.89	5.24	869.85	166.00			5.44	103.70	992.05	114.05	8.30	5%
柏洋场	19.45	3954.85	203.30	4.49	703.44	4.29	728.02	169.70			15.16	354.40	3226.83	443.24	33.60	19.80
东嫁场	156.75	27287.71	174.10	66.77	10406.48	105.10	16973.70	161.50			51.65	49.14	10314.01	60.80	12.60	7.80
秦石场	38.12	6927.31	181.70	12.45	2030.96	21.20	3495.90	164.90			16.92	8.00	3431.41	98.15	16.80	10.20%
渔井场	131.24	24323.63	185.30	48.18	7585.45	80.00	13112.20	163.90			51.24	64.25	11211.43	85.50	21.40	13.05

社队茶场名	一九七九年度					一九七八年度					七九年与七八年对比					
	产量（担）	产值（元）	平均价（元）	种秋茶	秋茶产值（元）	产量（担）	产值（元）	平均价（元）	种秋茶	秋茶产值（元）	产量（担）	占百分比（%）	产值（元）	占百分比（%）	平均价（元）	占百分比（%）
机输场	36.82	6061.91	164.40	11.99	1730.71	22.65	5714.65	164.00			14.17	62.55	2347.26	63.20	0.40	0.24
瑞云场	43.20	7465.00	173.00	14.90	2030.00	27.00	3896.14	144.30			16.20	60.00	3568.86	91.60	28.70	20%
合计	489.43	87255.73	178.30	189.10	29432.93	283.50	47817.86	161.60			205.93	72.64	41437.87	90.44	16.70	10.33%

生产改制期

20 世纪 80 年代初，推行农业生产责任制，硖门公社共承包茶园土地 1628 亩，其中硖门大队 78 亩，柏洋大队 405 亩，斗门头大队 7 亩，东稼大队 497 亩，瑞云大队 406 亩，机轮大队 235 亩。各家各户茶叶数量虽不多，但有的自己揉茶，出现茶叶流入外地现象。公社把茶叶归还给各大队自行加工，以制止茶叶外流。1982 年，公社认为，第一茶厂继续办下去将无法生存，于是把公社一厂设备分配到硖门、斗门头、柏洋 3 个大队，另在秦石新建一个茶叶初制厂，以兼顾渔井、机轮两个大队。硖门第一茶厂从 1975 年创办，到 1982 年 12 月走完了自己的历程。

从 20 世纪 80 年代中期到 90 年代初，硖门还创办了硖门茶场精制厂、硖门第二茶厂、硖门茶厂，硖门茶叶税收占工商税收总收入 60% 以上，成为举足轻重的税源。1991 年 3 月，硖门乡政府《关于批转硖门乡财政所、财务所、工商所关于〈一九九一年硖门乡茶叶税收管理办法的通知〉的通知》（硖政〔1991〕第 18 号），规定对茶叶实行纳税申报，统一运销凭证、进出报验、偷税重罚的管理办法。

硖门渔井渔业发展始末

～ 林发前

硖门地处沿海，渔井、福场、青湾、青屿头村以海洋渔业为主，尤以渔井行政村（旧称渔井大队）远近闻名，是福鼎市沙埕水生、秦屿建国之外的海洋捕捞明星村。从渔井渔业发展中，可窥见近半个多世纪以来海洋资源和沿海渔业的生产情况。

原始期

在20世纪50年代中期之前，渔业生产一直以丝缣的形式存在，一般称为"放缣"。这种形式，是一种守株待兔式的作业方式，布网张缣以占有长度取胜。网眼在三寸之内称"密缣"，捕小鱼虾，主要在近海；三寸以上称"稀缣"捕较大的鱼，如鲳鱼、马鲛鱼等。这种放缣的形式，适合于几个人单船作业。

小围缯时期

由于新的渔具材料化学纤维—低压聚乙烯材料的出现。小围缯海上捕鱼作业的方式也出现了。小围缯需要一对船（二艘）配合，缯网呈袋形，一般网口在30米左右，网身长60米左右，撒网布缯等于布下口袋阵形，收网提袋，一网打尽。这种作业方式较放缣先进，捕鱼量也多。20世纪五六十年代用"敲罟网"捕黄瓜鱼，就是利用这种作业方式。这种形式，还是停留在完全人工操作的水平上。

大围缯时期

这个时期是渔井渔业发展的高峰期，与前期相比，主要变化有以下几点。第一，船身大了，大的木质船长30多米，宽10米，载重量在80—100吨左右（合2000担左右）。第二，采用机械动力捕鱼，一般单船动力在100—120马力之间，起网用电动翻转机。第三，围缯网扩大，一般网口在100米，网身在500米，一张渔网堆在甲板上就是一座小山。第四，由于使用机械动力，捕捞范围扩大，北至青岛渤海渔场，南至台湾海峡中部。

当时林圣孵同志（后任硖门乡副乡长）任渔井村书记，渔井捕捞队有5对大围缯船，

1974年，渔井大队渔民在渔船上学习

总马力达 1200 马力，总吨位达 1000 吨，盛极一时，与沙埕水生、秦屿建国并称福鼎三大明星捕捞队。渔井捕捞队随季节南征北战。每年 7 月至第二年春分主要是捕捞带鱼，其他时间主要是捕捞黄瓜鱼。1974—1977 年是鼎盛时期，1975 年曾创过单产过千担的记录。当时计划经济时期，福鼎水产公司在秦屿设水产站，水产站在硖门设渔井水产组。水产组负责收购水产，然后全县统配或外销。20 世纪 60 年代，黄瓜鱼 1 斤 8 分钱，1975 年也才 1 毛 5 分钱。每当渔船出海或归航，岸上的老人、孩子总喜欢远眺，看船舷两边雪白的浪花，互相对比哪辆船速度快。在渔井，大围缯船也被称为"大卡"，从事大围缯捕捞叫"做大卡"。当时，福鼎县白琳、磻溪的山区女孩喜欢嫁到硖门渔井，道理很简单，因为有"鱼"吃。渔井当时很流行的一首白琳民间茶歌"阿妙母，会泡茶，茶叶两粒子，碗里一荚虾"，就是白琳嫁到渔井的女孩教唱流行起来的。

衰退期

由于对海洋资源无节制的捕捞，有的甚至采取杀鸡取卵的作业方式，不久后，近海渔井资源结构基本解体。另一个原因是海洋污染。1977 年以后，捕捞量骤减，至 1984 年减少为三对渔船，此时计划经济也基本结束。国家指标供油停止，大集体基本解散，渔民出海需集资购油、备粮，半个月出海一次，经常出现入不敷出的现象。至 1986 年，渔民支撑不住，捕捞队解散。2003 年版《福鼎县志》记载："硖门区渔井村累欠渔贷 80 多万元，每户平均收入仅 2200 元。"解散后，渔民大部分回归原始放缯的小船作业。至 1990 年起，渔民开始外流，有技术的人，多到浙江玉环一带打渔工。掌握技术含金量更高的"轮机"（开机器的）、"老大"（掌船的）被外地海洋运输船队聘请，工资较高。

时至今日，渔井大小船总吨位不足 500 吨，大的只有 3 艘 30 吨无证捕捞船，出海捕鱼时断时续，形不成产业。大多数仍是小船放缯作业，且都是中老年人。

（本文写作得到了林圣孵的帮助）

青湾海运：闽东第一家村级海运公司

🍃 林发前

碗门青湾海运公司，是闽东第一家村级海运公司。

为什么会有这样一家村办企业？还得从碗门的地理优势说起。碗门地处沿海，多海湾，著名的有碗门湾、青湾、渔井湾，而福长、北岸、青湾、渔井等地都有船运码头。这一带，除了渔业捕捞外，很久以前就有人从事海洋运输。20世纪60年代，碗门公社就成立了海洋运输社，归福鼎海运公司管辖。计划经济时代，也有运输社之外的人，不挣生产队的工分，悄悄做起海运，当时叫"走船"。"走"的是没有机器的摇橹船，借助海风，挂帆而行，故又称"走帆船"，即"走运输"。计划经济时代结束后，走船的人多起来，福鼎海运公司下属各运输社改为公司所属船队。1982年2月12日，福鼎县政府（〔1981〕综字182号）批复，碗门运输社改编为福鼎第6船队。

20世纪90年代，福鼎县委组织部和企业局挂点碗门青湾村，了解到青湾村从事海运的人很多，运输成了村民主要收入，是一个特色产业。但由于是个体股份组织，运输船都是个体单干，缺乏统一管理，进出港办事有诸多不便。挂点组长杨义灿（时任福鼎县委组织部副部长）看到这种情况，有成立青湾海运公司的想法，得到组织部长林斌喜的大力支持，于是拟文上报国家交通部审批。报告在省里被卡住，林斌喜便到省城疏通，力荐青湾村海运优势和成立海运公司的意义。功夫不负有心人，最后省里同意上报交通部，交通部于1993年批准同意成立碗门青湾海运公司，文号为"中华人民共和国交通部运水字〔1993〕086号"，福建省许可

福鼎县人民政府批复青湾海运的文件

证编号为"交闽 XK0196"，福鼎市工商行政管理局注册登记号为"3522031000284"。交通部文件批示，设立水路货物运输企业，经济性质为村集体所有制，主要经营国内沿海及长江中下游普通货船运输。

青湾海运公司成立后，硖门海运业迅速发展起来。从船运工具改变就可以看出来，最早的木船没有了，取而代之的是水泥船，后来又被铁质钢船取代。到 1995 年，青湾海运公司拥有水泥运输船 8 艘，铁质运输船 10 艘，最大铁质船载重量达千吨。当时公司船运总吨位达 7000 吨，就业人数近 200 人。20 世纪 90 年代初期，吨利润近百元，相当可观。为了方便联络，青湾海运公司还在硖门乡所在地设立办公室。

2000 年之后，海运市场开始疲软，主要表现为货源不足，利润不太好。由于船队主要是股份制购船集资，多是民间借贷，效益不好就很难还本还息，部分运输船被转卖，一些船员逐渐改行从事其他职业。恰好硖门在外铸钢业兴起，很多人把资金转到铸钢业上。特别是福宁高速公路、温福铁路开通后，货源更加分散，运费更低，促成了公司船队的解体，至 2003 年，青湾海运公司运作基本停止。但青湾海运公司也造就了一批海运专业人才，有的是轮机长，有的是船长，还有的是经验丰富的水手。这些人走南闯北，发挥他们丰富的经验，有的与外地运输公司合作从事运输，有的凭轮机证和船长证，被外地船队高薪聘请。

2005 年 2 月 4 日，青湾村两委组织村民大会，讨论海运公司改制问题。3 月 26 日，村里向硖门乡政府上报《关于公司改制的申请报告》。报告中写道："将集体所有制改为有限责任公司，真正建立权责分明，管理科学，独立核算，自负盈亏的规范化的现代企业管理制度，促进企业的发展。"2005 年 5 月 10 日，公布公司财产清理核查结果，资产合计为 530000 元，净资产为 530000 元。至此，青湾海运公司集体所有制走完它的历史之路。

（本文据周益宝、郑斯琳口述整理）

硖门林场

邓加密　郑斯汉

　　20 世纪 70 年代，硖门公社积极响应"封山育林，绿化祖国"的号召，成立了硖门公社林场，同时又以大队为单位相应成立了大队林场。硖门公社林场成立于 1971 年春天，当时有工人 47 人，场址在瑞云寺大门外路下处，地名叫"葫芦墩"。林场宿舍是中间一字排列，两头为竖排的单层构造房子。林场工人怀揣着植树造林，造福子孙的梦想，坚定了誓把荒山披绿装的信念。

　　到了 1974 年底，林场就有成品林 300 亩、毛竹 50 亩，开发待种树 500 亩、栽果树 3300 株的绿色工程也在紧张实施中。由于瑞云水库正在建设，无形当中就把原先的林场区域分成了两大块。其中一块在水库下游硖门水电站进去的大峡谷深处，叫水磨村。

　　硖门林场为了工人生产生活的方便和对林场工作的有效安排和管理需要，向县林业部门申请在水磨村拟建 5 榴 2 层林场工人宿舍一座，当时预算需要经费 7322 元，林场自筹资金 2000 元，请求上级帮助解决 5322 元，水泥 1 吨，木材 25 米。硖门林场水磨分场建成后，工人开始大面积种树。当时机轮大队的林场建在浮坑村的阔砖坪，

瑞云银杏树（张晋 摄）

瑞云林场场部旧址（冯文喜摄）

我父亲就是林场工人，他们除了管理林场事务外，还建起砖窑，烧砖、烧瓦，风光了好几年。

到 1979 年，从硖门公社林业生产计划中可以看出端倪：硖门林场当年种树造林 1710 亩，其中，杉木 200 亩，油桐 1500 亩，毛竹 10 亩，还有育苗 5 亩。硖门大队林场当年植树造林任务是 400 亩，其中松木 400 亩，育苗 5 亩。柏洋大队林场任务是 530 亩，其中杉木 300 亩，松木 200 亩，毛竹 30 亩，育苗 5 亩。斗门头大队林场当年植树任务是 400 亩，其中松木 400 亩，育苗 5 亩。瑞云大队林场和东稼大队林场当年造林任务各是 430 亩，种植松木各 400 亩，毛竹各 30 亩，育苗各 5 亩。秦石大队林场 200 亩，松木 200 亩，育苗 5 亩。渔井大队林场和机轮大队林场当年造林任务分别是 100 亩，各种植松木 100 亩。

20 世纪 80 年代以来，各大队以队为单位，针对硖门沿海的造林实际出发，大面积种植的主要是马尾松。公路沿线的山山岭岭是主要的种植区域，如斗门头、瑞云、东稼、秦石大队几乎都把公路边山头绿化了。当时主要的举措是大队每年都给生产队下达植树任务，生产队也就不折不扣地完成。我还记得，机轮大队渔业队的植树的区域是在海边地名叫"南岐"，这里的整片山坡种的马尾松都是渔民种的。为了方便种树，他们还在山地里煮午饭。渔民植树全属于义务劳动。马尾松种植后，每年还专门派人护理。

硤门公社林场到 1993 年，林地总面积 2300 多亩，其中瑞云寺后山及瑞云水库坝头 300 多亩，水磨 600 多亩，王山宅 1300 多亩。场部设在瑞云寺大门路下，场长钟柔旭，副场长王乐波，会计钟昌绪等 4 人在瑞云，水磨有职工 3 人，王山宅有职工 4 人，全场共 11 人。林场自主经营，林木选伐所得利润供职工工资生活。到 2000 年，除了瑞云林场由瑞云寺管护外，水磨和王山宅林场分别以 6 万元和 10 万元承包给个人，承包期 30 年。2006 年"桑美"台风后，大部分林木受损严重，目前除了瑞云寺后面 200 多亩和王山宅 100 多亩以及瑞云水库坝头、水磨等一些林地外，大部分已无林木。

与此同时，根据林业部门要求，务必加强各村庄的"风水树"的保护，建立以第一责任人为机制的保护措施。硤门的古树树种包括榕树、香樟树、枫树、银杏等种类，古树名木分布全乡各村，目前收录有 28 处（棵）。保护级别有 1—3 级，树的胸围最大有 15.3 米，高度最高有达到 29.7 米，冠幅最大达到 360 米，树龄最大达到 1500 多年。其中，石兰村一棵"榕抱樟"树高达 29 多米，径围达 19.8 米，冠幅 220 多米，入选"中国树木奇观"全国 500 树王第 39 号。国家林业局原副局长赵学敏曾题写"千年榕抱樟"，福建省委统战部原副部长游嘉瑞曾题写"保护树、敬畏自然"，这些为古树增添了文化内涵。

附：

硖门名木古树情况

村名（地名）	树种	保护级别	胸围（米）	高（米）	冠幅（米）	树龄（年）
硖门村福场	榕	3	5.4	21	360	170
福场王氏祠堂右下	香樟	2	5.2	22	280	300
福场王氏祠堂左上	香樟	1	5.6	23	270	650
福场王氏祠堂右上	香樟	2	4.8	20	240	300
柏洋岭坪路口	香樟	2	3	16	290	370
柏洋岭坪村南路口	榕	2	6	23	410	520
东稼柳家山岔头	枫	3	2.7	17	90	120
硖门南片宫边	榕	2	8.5	23	320	320
硖门南片宫边路头	榕	3	3.2	13	110	220
硖门中心小学左	榕	2	6.7	17	210	300
硖门中心小学右	榕	2	6.7	16	170	300
瑞云寺内	银杏	1	3.5	23	120	1000
渔井村唱诗岩宫下	榕	3	7.2	19	220	220
渔井村唱诗岩宫前	香樟	1	5	17	130	520
石兰泗洲文佛后	枫	3	2.8	21	90	100
石兰	榕	1		21	820	520
石兰	香樟	1	9	16	100	820
石兰	樟	1	15.3	29.7	520	1520
石兰岭头顶	枫		4.5	24	120	380
石兰岭头顶	枫		2.1—3.5	18—25	60—100	100—300
瑞云前洋	樟		5	17	210	约350
瑞云前洋	枫		3	23	90	约200
硖门庙后右	榕		3.5	8	70	约260
硖门庙后左	榕		5.2	14	200	约260
渔井坑中公路上	樟		3.8	15	75	约160

硖门的弹涂鱼养殖业

✐ 林春华

硖门畲族乡是沿海乡镇，实施"山海并进"战略，积极发挥海洋优势，大力开发海洋滩涂资源，发展弹涂鱼（跳鱼）养殖，取得了明显的经济效益。

原先硖门乡只有 20 多户养殖弹涂鱼，面积才 100 多亩。目前，全乡弹涂鱼养殖面积达 3000 多亩，养殖户近 300 多户，每亩纯利润达 7000 元，年产值 2000 多万元，养殖户积极性很高，几乎沿海农民每家都养殖弹涂鱼，纷纷走上了致富之路。有的大户农户养殖面积达 50 多亩，年收入 10 多万元，小户农户年收入也有 4 万多元。随着养殖业的迅速发展，经商贩运户也应运而生，硖门专门从事弹涂鱼收购点、贩运商户有 10 多家，他们在浙江、瑞安、温州、上海等地设立专门营销窗口，各窗口之间互通信息，提高商品销售率，增加销售收入。有一时期，每天销售数量 500—600 斤，

硖门弹涂鱼养殖区（冯文喜摄）

每天有 20 多个省地客商来人洽谈交易，成为当地一道靓丽的风景。现在，硖门乡建有文渡国家级大弹涂鱼示范基地，央视"每日农经"对此做过专门报道。由于媒体的大力宣传，硖门弹涂鱼的知名度提高了，销路随之拓宽了，价格提高了。弹涂鱼养殖已成为硖门畲族乡新的一大农业支柱产业，是农民增收的重要途径。

硖门乡发展发展弹涂鱼养殖速度如此迅速，主要是硖门乡弹涂鱼养殖的自然条件比较优越。弹涂鱼属温暖性温热带沿海的小型鱼类，广泛分布马来西亚、朝鲜、日本和中国的东南沿海，闽东各地均有产，以太姥山、硖门一带乡镇较为著名。弹涂鱼喜欢栖息于河口咸淡水域，近岸滩涂处或底质烂泥的低潮区，对恶劣环境的水质表现出极强的耐受力。福鼎硖门区域属中亚热带季风气候，冬无严寒，光热充足，年平均气温在 18℃左右。硖门海堤和文渡海堤内海水与淡水比度非常适合弹涂鱼生产。硖门乡滩涂面积大而广阔，农民多是开垦荒滩咸地，或者把靠海堤责任田进行盐化之后改为宜养殖弹涂鱼的垦区。本地苗种来源于海堤内外浅滩涂面，采捕天然苗种数量多。

硖门乡养殖弹涂鱼已有 10 多年的历史，大多数农民已掌握了较为先进的养殖技术，对如何建池、如何消毒、施肥、投饵以及如何捕捞，已形成一套适用可行的方法。他们针对本地季风气候和地理条件特点，挖沟建池，用麻竹做桩再用鳗鱼网围起来，形成篱笆墙，固定好拉绳，高为 1.5—2 米，很好地起到抗洪作用。以前捕捞用手捉法、笼捕法难度大，发明蜈蚣网捕法、注水法后，大大提高了捕捞效益。还有注水贮藏、带氧气运输的方法，都是农民在多年实践中摸索总结出来的。因掌握了养殖技术，硖门弹涂鱼养殖业迅速发展起来，并且成为硖门的特色支柱产业。一些有一定经济养殖能力的、技术水平较好的人，还到连江、罗源大面积承包滩涂养殖扩大生产发展。

硖门乡的弹涂鱼苗是人工从滩涂中捕捉的，随着养殖规模的不断扩大，弹涂鱼的苗种需求日趋紧张，面临枯竭的危险，必须有科技部门的支持，进行弹涂鱼苗的研究，从而解决断苗危机。近年来，乡政府组织农民参加市弹涂鱼养殖办班培训，邀请省、市专家讲授弹涂鱼生物学特征特性，人工养殖基本知识，天敌防治措施等知识，培育"养鱼先养泥"的新概念，多次组织人员到福清、霞浦等地学习先进经验，还编印《关于弹涂鱼的养殖技术》《大弹涂鱼养殖中地藻的培植技术》《弹涂鱼的苗种生产》《大弹涂鱼养殖技术和人工育苗研究进展》《台湾大弹涂鱼苗种培育》等技术资料。

在硖门乡新街设立产品营销中心，有弹涂鱼协会管理人员负责产品销售，每天通过营销中心卖到外地的产品都有保障销售出去。至 2010 年，全乡从事弹涂鱼鱼苗捕捞的就业人员增多 600 人，仅捕苗年产值可创 100 多万元。

硖门的紫菜养殖业

◎ 曾云端

紫菜曾经也是硖门畲族乡的重要产业。

硖门畲族乡拥有广阔的硖门湾、马屿湾等港湾，湾深海阔，为发展紫菜养殖经济提供了先决条件。

渔民陈广仁是第一个吃螃蟹的人。1983年，陈广仁看中了其中商机，积极向别人取经，凭借着过人的胆量向海而兴，开始养殖紫菜，并取得成功。在他的带动下，渔井、青湾、马屿山、北岸等沿海村落的村民纷纷加入紫菜养殖的行列，随着紫菜养殖业的发展，对紫菜苗的需求也日益增长。两年后的1985年，陈广仁又投资办起了紫菜育苗厂，向本村和硖门其他村落，以及隔壁乡镇的紫菜养殖户提供紫菜种苗。后来，陈广仁的儿子陈家旺又成立了福鼎市兴旺紫菜育苗专业合作社，将紫菜的育苗、加工业进一步做强做大，带动村民致富。

硖门紫菜养殖主要集中在硖门湾、马屿湾两个区域，发端于20世纪80年代，进入90年代后期，紫菜养殖业驶入快车道，21世纪以来更是达到顶峰。据不完全统计，全乡紫菜养殖规模达五六千亩，高峰时期近万亩，产值近亿元，涉及养殖户两三百户，每户至少养殖10多亩，年收入可达10多万元。紫菜养殖获得成功，不仅给育苗业带来良好的经济效益，鼓了紫菜养殖户的钱袋子，也使紫菜养殖业成为硖门渔民的重要支柱产业。

紫菜养殖一般在当年中秋前后开始，早的也有在七月半下苗。渔民将买来的毛竹插入海里，系上网，然后将种苗夹在网上，紫菜苗在海水和阳光的共同哺育下苗壮成长，历经一个多月时间即可收成头水紫菜，以后陆续有紫菜上市，一直持续到次年的正月底，整个紫菜养殖季才算结束。

因此，每年农历七月半以后，养殖户们每天都在这片海田上忙碌着。彼时，泛舟硖门湾、马屿湾，处处可见养殖户作业的情景。央视《舌尖上的中国》曾经有一段介绍紫菜的文字："在阳光的折射下，散金碎玉一般闪耀的海面上，影影绰绰的毛竹和棚架之间，游动着船帆与人影；清澈的浅海中，长长的紫菜舒缓地摇曳。"它将是紫菜养殖场养殖户劳作的情景描写得很细致。

不过，随着全球气候变暖，在经济利益驱动下，紫菜养殖变得盲目无序、密度过大，导致紫菜烂苗事件时有发生。鉴于此，2017 年，硖门畲族乡人民政府在摸清情况后积极引导养殖户转产转业，截至 2020 年 10 月，全乡只剩下福鼎市兴旺紫菜育苗专业合作社还在从事紫菜育苗经营活动。

多彩畲族

硖门畲族乡设立始末

✎ 朱如培　冯文喜

硖门是福鼎第一个改为畲族乡建制的乡镇，改设申请手续始于 1989 年 7 月。1991 年 5 月，中共硖门乡党委、乡人民政府向福鼎县人民政府提请改为硖门民族乡的决议（硖委〔1991〕第 18 号文）和成立民族乡的报告（硖政〔1991〕第 53 号文）。1992 年 5 月，福鼎县人民政府向宁德地区行政公署提交关于硖门改为少数民族乡建制的请示（鼎政〔1992〕综 125 号）。7 月，宁德地区行政公署根据福建省民政厅（闽民〔1992〕197 号）文，行文批复（宁署〔1992〕综 162 号）同意撤销福鼎县硖门乡建制，设立硖门畲族乡建制，行政区域和政府驻地不变。1993 年 10 月 3 日，硖门畲乡正式挂牌。

硖门乡共有土地面积 50.7 平方千米，其中，耕地面积约 7.48 平方千米，山地面积约 34.34 平方千米。1989 年，硖门乡人民政府对全乡经济社会作了细致分析，认为硖门地处偏远，开发较晚，交通闭塞，经济基础薄弱，改革开放以来，全乡经济有所发展，但大部分少数民族地区变化不明显，至 1989 年全乡人均收入低于全省乃至全县水平，其中少数民族地区群众生活又低于汉族地区群众生活水平。基于全乡经济社会发展滞后情况，乡党委于 1991 年 5 月 20 日召开党委扩大会，会议由党委书记王鼎秦同志主持，对全乡的人口分布和民族区域状况进行了认真的分析研究，认为硖门乡少数民族人口分布符合建立民族乡的有关政策规定。参会人员一致认为：将硖门乡改为硖门民族乡有利于搞好民族

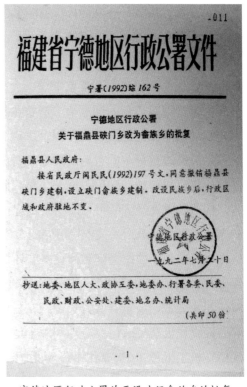

宁德地区行政公署关于设硖门畲族乡的批复
（福鼎市档案馆 供图）

团结，促进社会、政治稳定；有利于民族区域经济的持续、稳步、协调发展；有利于搞好民族地区的脱贫致富，共同富裕。会后，硖门乡党委作出《关于将硖门乡改为硖门民族乡的决议》（硖委〔1991〕第018号）。硖门乡政府分在9个行政村和乡机关召开10场座谈会，召集9个行政村村民代表、干部群众和部分县、乡人大代表共173人，讨论了改设民族乡问题，干部群众普遍赞同。

至1992年，全乡畲、回两个少数民族人口4754人，福鼎县政府认为，硖门乡从少数民族人口比例和分布状况看，符合设立民族乡的规定标准。为了充分发挥硖门乡依山傍海、山、海、水资源丰富的潜力，促进少数民族聚居地经济的发展，福鼎县人民政府向宁德地区行政公署提交《关于要求将硖门乡改为少数民族乡建制的请示》（鼎政〔1992〕综125号）。

中共福鼎县委、福鼎县政府为畲族乡社会发展给予了大力扶持。1993年10月3日下午，县委、县政府召集县直有关部门领导在硖门畲族乡召开了扶持硖门畲族乡经济及社会发展现场办公会议。会议向各部门支持硖门畲族乡提出具体要求，明确给予硖门畲族乡在政策方面的扶持：落实硖门畲族乡享受贫困乡的优惠政策；审批农业税减免；财政体制按优惠的原则，超收部分"二八"分成，大头留乡；原则同意乡干部、职工享受偏远山区月补贴10元的待遇。在财力、物力方面，县政府一次性拨款15万元作为乡办公楼和乡自来水建设补助；从1994年起每年扶贫贴息贷款优先安排10—15万元，重点扶持乡镇企业和农业综合开发项目；设立少数民族奖学金3万元，利息用于奖励优秀教师和考上重点中学、大中专院校的学生。在项目上，同意争取将文渡垦区中低产田改造列入国家第二期农业综合开发项目；县相关部门还协助搞好青湾至渔井海域的海砺壳开发、渔井围垦工程建设和程控电话安装、卫生院改造、自来水厂建设、公路改造等基础设施的建设；对电网电价、硖门海堤闸门、硖门农贸市场、保险站、绿麻竹基地、硖门—渔井公路、硖门民政生产基地、硖门中学教学楼、硖门农村广播网及发展经济的可行性项目也进行了建设性的扶持。

福鼎县人民政府《关于扶持硖门畲族乡发展经济的通知》（鼎政〔1993〕综49号）中指出，在制定国民经济和社会发展计划时，应多照顾硖门乡的特点和需要。从1993年开始，在现有财政体制一定三年不变的情况下，硖门乡的财政超基数收入部分按80%给予分成。要求县直有关部门在投资、贷款、税收以及生产、供应、运输、销售等方面，积极扶持硖门乡合理利用本地资源发展。积极重视培养少数民族干部，对在硖门在校生报考初中、高中的，将在分数上予以照顾录取。具体是：小学升初中要求进县民族中学的，少数民族子女给予照顾20分录取，汉族子女给予照顾10分录取；对初中毕业报考一中或四中的，少数民族子女给予照顾20分录取，汉族子女给予照顾 10 分录取；报考城关或其他乡镇各类中学的，均可参照执行。1993 年开始，将硖门乡划入"严重缺乏小学教师的老、少、边、岛地区"，凡户籍在硖门乡的考生报考师范时，可按老、少、边、岛分数线照顾录取。同时，在招干、招工、征兵等方面，同等条件下应予优先招收录取。

1993 年 7 月 12 日，中共硖门乡委员会、硖门乡人民政府发出《关于启用"中共福鼎县硖门畲族乡委员会""福鼎县硖门畲族乡人民政府"印章的通知》（硖委字〔1993〕第 21 号），标志畲族乡建制顺利成立。硖门畲族乡建制后，推动了经济、教育、文化、卫生、广播、通信、水电、交通等建设步伐，促进全乡的整体生产技术和经济建设水平的提高。

硖门畲族社会历史与现状

林春贵　钟敦畅

　　硖门畲族同胞有近300年的居住历史。清统一台湾以后，旋即开放海禁，闽浙沿海地区"迁民归里"，招垦荒地，吸引大批畲民，形成闽东历史上的第二次畲民入迁高潮。最早迁入的是瑞云水尾自然村的蓝姓，于1711年从浙江平阳牛皮岭入居，接踵而至的有钟、雷、李等姓畲民。

硖门畲族迁入情况（截至1990年）

行政村名	自然村名	姓氏	人口（人）	迁入时间（年）	何地迁入
瑞云牛皮岭	水尾	蓝	127	1711	浙江平阳（牛皮岭）
	后樟	钟	115	1715	福鼎前岐丹桥
硖门	油坑	钟	157	1715	福鼎前岐丹桥
秦石	水里	雷	80		
瑞云	李家墓	李	69		
	老虎墓	雷	43		

　　他们以血缘为纽带，聚族而居，形成"大分散、小聚居"，村落小和畲汉杂处的相对稳定的基本格局。由于硖门山区沟谷狭促，人口承载力十分有限，再加上历史上统治阶级实行的民族歧视政策，畲族在社会经济、政治中处于相对劣势地位，虽经几百年的繁衍、迁徙，畲族人口较少，一个自然村一般只有几户人家，至多也不超过30户，人均耕地、园地也很少。20世纪70年代至80年代初，硖门有畲族自然村25个，其中人口在50人以上的自然村有17个，100人以上的仅5个。现今，硖门共有畲族435户1645人，

1990年全国民族团结进步先进集体奖状

主要分布在瑞云、硖门、柏洋、秦石等 4 个行政村，其中，瑞云在册畲族人口 211 户 903 人，占全村人口的 50%。近些年来，随着乡镇企业的发展，早在 2000 年畲族人口人均纯收入就有 2810 元，基本实现小康。

硖门畲族自然村人口与经济情况

自然村名	姓氏	户数（户）	人口（人）	二轮承包耕地面积		茶园面积（亩）
				水田面积	农地面积	
长岗	钟	18	79	51	16	30
后樟	钟	22	113	53	28	35
老虎墓	雷	9	43	23	11	20
李家墓	李	16	69	43	21	20
水尾	蓝	30	115	47（47）	28（27）	11
前洋	钟	23	103	40（37）	26（26）	45
罗九	蓝	22	83	41（40）	29（29）	25
马头岗	钟			41（38）	25（25）	25
招坑	李、钟、雷	22	99	26（22）	27（27）	20
油坑	钟	31	153	97（12）	37（0）	
田头	雷、钟、蓝、李	23	100	104	19（0）	
长园	钟、雷	16	55	32（22）	11（11）	
五斗山	雷、蓝	17	59	79（68）	27（27）	
水里	雷	22	80	43（36）	24（19）	
罗山	蓝、钟	12	50	9（6）	14（14）	
岗后	钟、雷、李	18	62	43	18	31

（注：本表为 2000 年的数据）

1984 年，瑞云村前洋自然村部分先富起来的钟姓畲民为改变恶劣的居住环境，自发搬到公路边的葫芦墩建村开现代硖门畲族迁居之先。此后，该村及附近村庄的畲族及部分汉族群众纷纷移居葫芦墩，渐渐形成畲汉新村，后成为瑞云行政村所在地。1994 年"造福工程"启动，国家给资金给政策，鼓励畲民搬迁到集镇或公路沿线居住。在政府的扶助下，硖门形成搬迁风潮，整户、整村迁移，即便经济并不宽裕的畲族群众也想办法贷款，加入搬迁行列。搬迁打破了畲族同胞以血缘关系聚居的传统居住模式，形成不同姓氏畲族混居或与汉族群众杂居的新村，如易洋畲族新村，由老虎墓雷姓、李家墓李姓等畲族同胞组成；溪坪里新村，由原硖门村油坑钟姓及瑞云村部分畲族同胞组成；而葫芦墩畲汉新村、柏洋永加岗畲汉新村及硖门集镇民族街，则形成畲汉混居的格局，人口分布相对集中。如今，硖门完整保留下来的畲族自然村仅两三个。

人口在50人以上的畲族自然村及其搬迁情况

行政村名	自然村名	姓氏	户数（户）	人口（人）	迁入时间（年）	何处迁入	现迁徙情况
瑞云村	招坑	李、雷	22	99			绝大部分迁葫芦新村
	前洋	钟	23	103			
	李家墓	李	16	69			两村迁并为易洋新村
	老虎墓	雷	9	43			
	后樟	钟	22	113	1715	前岐丹桥	大部分搬迁
	长岗	钟	18	79			大部分搬迁
	岗后	钟、雷、李	18	62	1715	前岐丹桥	小部分搬迁
	罗九	李、蓝	22	83			大部分搬迁
	马头岗	钟	18	92			全迁
	水尾	蓝	30	113	1715	浙江平阳牛皮岭	全迁
柏洋村	长园	钟、雷	16	55			迁一半
	五斗山	雷、蓝	17	59			没迁
	田头	雷、钟	25	100			迁20户
硖门村	油坑	钟	31	153	1715	前岐丹桥	20世纪90年代省道及硖门集镇
	半岭	李、雷	14	60			大部分搬迁
秦石村	水里	雷	22	80			小部分搬迁
	罗山	蓝、钟	12	50			大部分搬迁

瑞云畲族行政村下辖畲族自然村人口迁移情况

自然村名	姓氏	户数（户）	人口（人）	搬迁情况		备注
				户数（户）	人口（人）	
罗九	蓝、李	22	83	13户迁葫芦墩	45	
水尾	蓝	30	115	迁29户，其中硖门14户，葫芦墩10户	114	造福工程及水库移民
前洋	钟	23	103	17户迁葫芦墩	88	自发迁移及造福工程
老虎墓	雷	9	43	2户迁葫芦墩，7户迁易洋新村	43	造福工程
李家墓	李	16	69	16户迁葫芦墩、易洋新村	69	造福工程
长岗	钟	18	79	7户搬迁，其中3户迁公路边	31	3户为造福工程
后樟	钟	22	113	迁15户	68	
岗后	钟、雷、李	18	62	2户迁硖门，1户千易洋新村	15	
马头岗	钟	18	92	全迁硖门、葫芦墩	92	
招坑	蓝、李、雷	22	99	21户迁硖门、葫芦墩	96	
竹古里	雷、李、钟	4	18	没有迁		

硖门畲族社会经济与文化变迁

✍ 林春贵　钟敦畅

文化的传承

畲族人民迁居硖门以来，耕山而食，以种植甘薯、水稻为主，兼种大豆、果蔬，种植茶果，营林植树，放牧牛羊与狩猎，与外界联系甚少。相对独立、自成一统的封闭环境与自给自足的农耕经济，在一定程度上对畲族传统文化的传承和滋育具有保护的功用。

畲族村小、人少，经济文化相对落后，却能够在不断迁徙的漫长历史进程中传承并保持民族传统，表明畲族传统文化具有很强的生命力和凝聚力。1950 年以前，畲族"识字者绝少"，其民族文化、历史、道德规范、礼仪习俗主要是通过祭祀、歌会、节会和口头文学等方式来传承，通过日常生活的潜移默化保留下来。语言是民族特征的外化，畲民讲畲语，至今不变。历史上，畲族一般不与外族通婚，本民族异姓或同姓不同祠堂者方可通婚，使畲族血缘关系较为单纯。畲族不分姓氏，皆是兄弟姐妹，至亲至爱，都可以在族谱中找出渊源，排行论辈。族谱成了畲族血脉关系的表征，因此，修族谱被畲族人民看作是一件大事。畲族农村社会继承了母系氏族遗风，畲族妇女从不裹脚，女性的社会地位和在生产生活中的作用都不低，男女同工同劳，婚礼中男拜女不拜。娘家、母舅的权力、影响力很大。

封闭的山居环境与农耕生活，滋育出畲族民族文化的特点。第一，形成了典型的守土文化。畲族世代为农，

1979 年瑞云畲族妇女在家劳动的情景（傅克忠 摄）

专务耕稼，不事商贸，田园山林是他们生存与发展的仰仗，也是他们最重要的财富。与汉族人相比，畲族人的守土情结更为敦厚，世代与土地生死相伴，把保有祖上留下的田地和增置田产看作家庭中最重要的一项事业。第二，培育了浓厚的祖先崇拜与神明崇拜意识。盘瓠是畲族人共同祭拜的先祖和尊崇的英雄，在同一祖先崇拜下，畲族有着强烈而深厚的民族归属感和向心力。此外，畲族人十分敬重本族长老、能人，村子中德高望重的"能人"与"耆老"，不少成为族长或族头，具有相当的威望。族长或族头负有召集本族村民商议决断村族大事，协调村族内外事务的责任，具有调解民事纠纷、仲裁财产分配、主持修族谱、牵头族人参加总祠公祭等的权力。

畲族文化传统的波折

随着民族平等和民族区域自治制度的执行，畲族与其他少数民族一样获得了平等的社会政治、经济地位。但在高度集中统一的计划经济体制下，畲乡的自然经济特性毫无改变。人民公社时期，生产队和生产小队权力很大，不仅有权决定各项生产事宜，影响社员的家庭经济生活，还负责调解民事纠纷，教育社员，维护社会治安。家庭的经济功能极为微弱，人们缺乏个性，尤其是在"文化大革命"时期，在"破四旧""反封灭资""横扫一切牛鬼蛇神"的口号下，畲乡的传统文化受到冲击，一些传统习俗如祭祀等销声匿迹。

社会转型时期的巨变

改革开放后，畲族传统文化得到恢复与发展。20世纪80年代，畲族传统文化确实红火了一阵，颇让畲民引以为荣。随着经济与社会的迅猛变化，畲族文化开始出现新的变化，增添了新的文化内涵。

实行家庭联产承包责任制以来，硖门畲族乡的经济与社会发生了很大的变化。首先，自给自足的农耕经济向商品经济迈进，畲族民众的经济条件改善，生活水平有明显提高，畲乡社会面貌为之一新；其次，村级基层组织职能转向以兴办公益事业、提供服务为主，对家庭和个人行为的约束与控制力减弱；再次，摆脱旧体制、旧观念束缚的畲族人民，思想解放，观念更新，个性日趋独立。农村民主进程的加快和依法治村、村民自治的推行，畲族群众的民主法治意识大为增强。进入20世纪90年代，随着交通、通信设施的改善，畲族人民与外界的交往日渐增多，山外的世界展现在面前，尤其是新思想、新观念扑面而来，使畲乡的生产、生活方式发生转变。

从封闭转向开放　畲族农民不再固守家园和土地，加快了走出山林的步伐，不断拓展生产、生活的地域和空间。畲族农民的外迁，打破了几百年来畲族社会自成一体的平衡，也改变了"日出而作，日落而息"的生活方式，畲乡逐步融入山外的大世界。

由农耕向农兼结合转化 近些年来，因农副产品价格低迷，农业收益较低，畲族农民从事农业生产的积极性不高，逐步转变生产经营方式。由于经济基础差，缺少资金积累，外出打工或务工，便成了大多数畲族群众的选择。20世纪80年代，畲族农民外出打工的人不多，打工只是赚钱补贴家用的"副业"，但外出打工带来的的生活明显好转，带动了一大批人加入打工的行列。90年代后，打工由"副业"变成"主业"，成为畲民家庭经济收入的重要来源和致富途径。现在，畲村大部分青壮年及部分中年人都在外面打工，或常年打工，或季节性务工。据统计，瑞云村就有300多名青壮年常年在外务工。硖门钢坯业、福鼎制革业较为发达，全国许多地方都有分布点，因此外出打工的畲族男性主要从事钢坯业和制革业，而女性则以服务业为主。因大部分青壮年外出务工，导致农业劳力骤减，使畲乡部分土地抛荒，农业生产后继乏人。

畲族传统文化发展出现断层 由于生存环境的改变、思想观念的更新和生活方式的变化，特别是青壮年的离乡外出，使得畲族传统文化发展出现断层，难以为继。畲村青壮年外出打工，接受现代理念的洗礼后，对传统文化的认同感大为减弱。特别是年轻一代，他们传统文化的根基不牢、底蕴不厚，接受新事物的能力又强，经过都市生活的熏染，他们的生活与畲乡传统生活差距越来越大，多不愿再回归畲乡过传统生活，且对畲乡传统生活方式感到某种不适。而深受传统文化浸润的老年人，经济能力有限，威望、影响力大大下降，对年轻人的影响小了，畲族传统文化的传承面临断裂的危机。

但是，不论是迁居的畲族农民，还是外出打工的畲族青年，他们的心仍脱离不了乡土情，断不了畲乡的根。如举家整村搬迁的畲族村民，农忙季节总会回到"老地方"耕种收获；季节性打工的畲族农民，过的是候鸟生活，平时在外打工，农忙季节返乡务农。可见，虽然畲乡发生了巨大变化，但畲族传统文化的基本内涵文化底蕴仍在，畲族精神仍是畲民共同的重要文化特征和精神维系。

硖门畲族传统文化的转化与发展

林春贵　钟敦畅

社会经济的发展，使畲族传统文化进一步淡化，同时也为畲族传统文化走向现代化提供了契机。

乡土文化弱化与转变

第一，乡土文化弱化。现在，土地山林不再被视为唯一的财富，有的还被视为负担，能离开土地、摆脱辛苦而又低收益农耕生活的畲族农民，早已离开土地，另觅他途。近些年来，畲族耕地抛荒严重，土地复种指数明显下降，畲乡农民土地观念明显弱化。

第二，家乡观念更新。历史上畲族村民，生于山、老于山，家乡观念浓厚，也很具体。改革开放后，许多畲族群众搬离交通不便、信息不灵、缺电少水的小村寨，新建家园。新建的砖混水泥房或砖木房取代了古老、低矮的小木房，聚族而居被大杂居、大混居取代了。朝夕相处的宗亲分散开了，鸡犬相闻、人禽共处的乡村气息也不复存在了，新建的畲村、畲汉新村与民族街整洁干净，畲民的家乡观念变了，畲族同胞与其他民族一起共建新家园。

传统宗族观念淡化与更新

生活环境的改变，聚族而居格局的打破，畲族传统的宗族观念失去了传统的氛围和血缘地理的基础，同时受生产生活方式转变及畲汉通婚的影响，畲族传统的宗族观念进一步淡化。现在，畲村例行的祭祀活动很少举行了，参加总祠祭祖的人少了，讲酒令也不讲了，就是举行祭祀活动，也失去以前那种庄严、肃穆、隆重。硖门畲族同胞至今没有宗族祠堂，20世纪80年代后也没有继续修族谱，现在有些年轻人已不知族谱为何物。畲汉混居与通婚，使畲族的宗族内涵扩大，畲汉兄弟亲如一家。

畲族传统文化特色的淡化

能歌善舞、民族语言、独特服饰和传统歌会是畲族传统文化的四大特色，其中语言是基础，服饰是道具，歌会是载体，歌舞是表现，它们与畲族生存环境和生活、生

畲族业余歌手选拔合影（李圣回 供图）

产方式紧密关联，浑然一体，相融并茂，共同形成畲族区别于其他民族的重要表征。

碫门畲族有唱歌的传统。大凡畲家人8岁就开始学唱，10岁就能唱歌，他们"下田是能手，上台是歌手，说话像唱歌，山歌不离口"。盘歌是主要的形式，以男女对唱为主，亦有独唱、齐唱和二重唱。畲族民众以唱歌的方式，传承历史、教化后人、歌颂祖先、歌唱生活、展望未来、自我陶冶。唱歌也是表现才智、扩大交际的重要方式，旧时许多年轻人通过对歌沟通感情，增进了解，终于结成连理。唱歌完全融入畲民生活之中，歌会自然要唱，祭祀、婚嫁、丧葬也要唱，来了客人更要唱，盘歌长的达几天几夜，可以说畲山无时、无处、无人不飞歌。畲族传统的歌会是歌舞、才智大比拼的盛大节日，也是畲民寻根问祖、会亲访友的民族大聚会，还为年轻人提供交往择偶良机。碫门的歌会以四月八、七月七、九月九最负盛名，影响很大。是日，本市的其他乡的畲民和邻县的畲民都会赶来参加。

随着社会环境的变化，唱歌不再是重要的才智的表现，歌舞、歌会逐渐丧失社会交际的功用。现在年轻人生活丰富起来，择偶范围扩大，交际的手段、方式、内容也丰富多样，不再通过唱歌或歌会来寻找对象。许多年轻人不再学唱歌，也不会唱歌。传统的歌会，如果没有政府组织，畲民一般不会自己组织。往日喧闹的畲山，现在空寂下来了。传统的畲族舞蹈几乎失传，现在只能在畲族巫师做道场时略见一二。

畲族风俗习惯渐与汉族融合

碛门畲族曾有许多独具民族风情的传统习俗，但在逐渐融入现代社会的过程中，深受汉族文化与生活方式的影响，风俗习惯渐与汉族融合。以下举几例：

畲族婚嫁依父母之命、媒妁之言，一般不与外族通婚。姑娘出嫁前要"做表姐"，临出嫁前两三天要哭嫁。嫁后，走亲戚"做表嫂"。迎娶的队伍，要鸣锣开道。新娘接至，公婆、新郎等男方亲戚要躲避。新郎、新娘在婚礼上，要着民族盛装，新娘发式颇为讲究，要戴"凤冠"。新人拜堂，男拜女不拜。如今，年轻人婚姻自主，畲汉通婚渐多，婚俗习惯改变很多，渐与汉族相仿。

畲族丧俗最大的特点是以歌代哭，缅怀死者，歌曲有《思亲歌》《起棺歌》《落棺歌》《路祭歌》《跪祭歌》《回头歌》等。女性死者，入殓时要穿戴上出嫁时的凤冠、绣花衣裤、绣花鞋及全套首饰。现在哭歌的人少了，女性入殓着装也不依传统行事了，几乎与汉族无异，仅在做道场时保留一节畲语说唱。

碛门畲族女性有独特的民族服饰与发式，凭此可辨别女性的不同年龄阶段与婚姻状况。20世纪80年代初，还有一小部分老年妇女着畲装，留畲族发式。畲装都是手工缝制，要请专门的裁缝制作，一套女性畲族要花几百元，花钱又费时。传统发式梳理也很烦琐，渐渐无人再梳。现代流行的生活方式与步伐，改变了畲族的着装传统，村里的年轻人已经和外界接轨。

传统的畲族家庭，未成年人有满月仪式和成年礼，仪式较为简单；成年人做寿，亲戚朋友送些鸡、鸭、鱼面等点心，以示庆贺，寿家弄些简单的饭菜招待表示谢意。而现在就不一样了，像汉族一样，发请帖、办喜酒，较为张扬。以前正月畲家来客，东家一碗米粉、一壶酒，邻家也差不多会送来一样，如果来客吃不完，邻家各自捧回；而今接待客人，好客气息更甚，待客方式则更有现代气息了。

但在社会转型时期，畲族社会的巨变，使部分畲族传统文化丧失了存在基础和社会功能，各种传统文化特征褪色，一方面使部分畲族传统文化显得益发珍贵起来，另一方面也促进了畲族文化的进步。这是社会发展的必然，新兴的、与现代生活相符的畲族社会现代文化终将取代传统文化。

（本文写于2003年8月12日，原题《畲族传统文化已趋淡化》，选入时有改动）

硖门畲族世居地自然与人文述略

允 恭

硖门畲族同胞在 1970 年以前主要散居在硖门、柏洋、秦石、瑞云和斗门头等 5 个大队。1971 年，硖门大队畲族人口有 56 户 214 人，柏洋大队畲族人口有 62 户 213 人，秦石大队畲族人口有 26 户 113 人，瑞云大队畲族人口有 152 户 607 人，斗门头大队畲族人口有 2 户 8 人。瑞云民族村是畲族主要聚居地，位于乡驻地西 4 千米处，海拔 230 米，下辖长岗、后樟、李家墓、马头岗、岗后、水尾、招坑、罗九、老虎墓、前洋等 23 个自然村。1993 年，瑞云民族村有 395 户 1752 人，畲族人口占 53%。另外，柏洋村的渠阳、秦石村的水里等也是主要畲族分布区，有雷、钟、蓝、李等 4 姓。下

硖门畲族世居地水里（冯文喜摄）

面选介几个村的情况：

水尾　　　位于瑞云行政村所在地东南约 1.5 千米处，车过葫芦墩一条山间土路，越蛤蟆洋，转一丛林即到达。其村名概居一溪流之尾端而成，是硖门主要畲族蓝氏聚居地，也是目前保持最为完好的畲族古村落之一。现畲族民居为二层砖木明楼结构，是 1974 年 11 月 2 日水尾村房屋失火后而重建的。据现仍居水尾畲民蓝进杰说，此前水尾祖居为二进式瓦房结构，中间留天井，两侧有庑，规模虽不大，但布局合理，较有特色。现民居坐北朝南，保持 1976 年以来扩建格局，"一"字形排列，共 22 榴，人口有 100 多人，部分畲民搬迁葫芦墩居住。民居背靠水尾山，山色葱郁，整个村为山林所掩映，体现了畲民以山地为居的特色。门前水溪自西而东流过，汇入硖门溪。民房临水而建，以青石块砌墙，最高达 3 米，铺设通道，长百余米，开三个口，设石桥到民房，石阶 13 级。村前立一峰，叫"鹧鸪岗"，岗下即"八箩八"，修建了硖门最大的水库。水尾最有特色的建筑是生产队仓库，始建于 1968 年，从当年 10 月建到次年 10 月才完工，前后跨两个年头，由当时水尾生产队所建。仓库用青石与砖木结构，坐南朝北，与水尾畲民民居相向，面横长 13.5 米，深 6.3 米，两层造架，留一石条门，门高 2.0 米，宽 1.3 米。门楣上顶泥塑灰五角星，并题"毛主席万岁"，门联字迹已褪色。水尾仓库是生产队时期储藏粮食的地方，说，当时他才十七八岁，参与了仓库建设，扛石头，搅拌水泥。现在看来，这个小仓库没有什么特别之处，但在那个年代，能建这样仓库已经不容易了，它是硖门第一个仓库。当时生产队双季产粮 200 多担，地瓜米 100 多担，都放在这个仓库里。当年参加建设仓库的畲民有蓝进杰、蓝进贵、蓝进涵、蓝进锡、蓝进连、蓝进村、蓝进瑶、蓝进康、蓝进潘、蓝进良、蓝加趣、蓝石耳等人及部分畲族妇女。

老鸦湾　　　主要为钟氏畲族聚居地，位于瑞云行政村东北处约 1 千米。古道从老鸦湾村前翻山越岭而过，是连接硖门到瑞云的主要通道。老鸦湾处于一个山坳里，一谷中开，周围是山林。钟氏畲族民居因战火毁于 1935 年，现在遗址上仍可找出瓦砾、青砖和陶罐碎片。1934 年，瑞云乡苏维埃政府成立，老鸦湾同时成立村苏维埃政府。目前进村存有 1 个通道，为青石路，石级若干。村中有古井 1 个。原厝基遗址已开发成稻田，旁边是钟氏墓地。原村头古道旁设钟氏客栈、酒店，现建筑无存。瑞云智水和尚在《凤山十六景诗》中写有"葫芦沽酒"一景，概指此地。

蛤蟆洋与李家墓　　　蛤蟆洋地处瑞云村之东南、距水尾、八箩八水库仅数百米，此间四山起伏，中有一片田洋，较为开阔。有一溪流从西而东汇入水尾溪。李氏畲族世居于洋上较高处的土墩上，共 10 户、50 多人。蛤蟆洋也是畲氏粮仓，以种植水稻为主。现存畲民房屋 6 榴，于洋尾新建李氏宗祠。李家墓地处瑞云村之东北，硖门到瑞云村公路从其左侧通过，有山路可达，为李氏畲族世居之地。其厝基分上、下埕，30多人，共10榴房屋。因造福工程集体搬迁到硖门民族街，原村仅存遗址。村四周森林植被良好，村头有梯田。

长岗　隶属于瑞云民族村，与山头同名，二山如牛背从西向东走向。村前形成低洼地，是畲民稻田。有一条溪流从李家墓山头而出，为灌溉水源。瑞云到硖门公路通过村前，开一条古道到长岗自然村，青石铺碇。过溪为长岗桥，原来立有碇步，2000年大水冲毁石桥，重新修建。长岗岭呈"之"字形走势，穿过山间梯田。长岗自然村为雷氏畲族聚居地，原有舍房数间，畲族人口30多人。

水里　隶属于秦阳村，过硖门，经牙城沙吕线，到棋盘岭，过秦阳、三门下，有小路可达水里。因村前有一条溪流从三门里而下，汇到月屿，村前有一水库，而得村名水里。村前形成一个低带平地，即畲民稻田畲房依山而建，共20榴，坐北朝南，以砌石墙而筑，人口40多人，与月屿、石兰、三门下、太焕为邻村，是雷氏畲族主要聚居地之一。

硖门畲族人口发展概况

钟敦畅

硖门畲族乡建制于 1993 年，设瑞云畲族村 1 个，畲族自然村 17 个，有钟、蓝、雷、李 4 姓畲族。21 世纪以来，我国共开展了 3 次全国人口普查，分别为 2000 年的第五次、2010 年的第六次和 2020 年的第七次全国人口普查。根据 3 次人口普查的结果显示，二十年来福鼎市常住人口的总量和结构发生了较大的变化，存在常住人口的增长速度小于户籍人口的增长速度、乡村人口持续向城区流动等趋势。在这个背景下，福鼎畲族呈常住人口负增长，且人口向城区或经济发达、社会资源丰富的乡镇流动的明显趋势。

从福鼎人口总量看硖门畲族人口发展状况

根据 2020 年第七次全国人口普查结果，福鼎市常住人口数为 55.31 万人，相比 2000 年第五次全国人口普查结果增加了 3.21 万人，年均增长率为 3.1‰。而 20 年间福鼎市的户籍人口数由 52.58 万人增长至 60.66 万人，年均增长率为 7.7‰。常住人口的增长速度小于户籍人口的增长速度，造成此现象的主要原因是外市人口向福鼎的迁入一直小于福鼎人口向外市的迁出规模。

分乡镇看，2020 年全市 17 个乡镇（街道、开发区）中，人口超过 5 万人的有 4 个，分别是桐山街道、桐城街道、山前街道和太姥山镇，这 4 个乡镇（街道）占全市人口的比重为 57.6%，而 2000 年和 2010 年这个比重分别为 35.0% 和 47.4%。与 2000 年第五次全国人口普查相比，桐山街道、桐城街道、山前街道、太姥山镇和龙安开发区等 5 个乡镇（街道、开发区）人口增加，硖门畲族乡人口基本持平。与 2010 年第六次全国人口普查相比，有 5 个乡镇（街道、开发区）人口增加，分别是桐山街道、桐城街道、山前街道、硖门畲族乡和龙安开发区。特别是桐山、桐城、山前三个街道和龙安开发区，20 年来的常住人口增长较快，分别增长 60.7%、90.3%、183.9% 和 98.5%，而沙埕、磻溪、嵛山、叠石、佳阳 5 个乡镇的常住人口数比 20 年前下降均超 50% 以上。

福鼎市人口总量分布

地 区	2000 年		2010 年		2020 年	
	常住人口数（人）	户籍人口（人）	常住人口数（人）	户籍人口（人）	常住人口数（人）	户籍人口（人）
全市	521070	525786	529534	576027	553132	606602
桐山	44553	41077	60451	52401	71615	61506
桐城	62660	55053	90108	63207	119236	77062
山前	24907	21971	41793	25913	70727	35351
贯岭	18822	21812	13982	24897	12434	24621
前岐	39264	43149	37632	45189	34418	44719
沙埕	33419	34343	25307	34791	14858	31590
店下	38215	40736	29982	45382	25704	45397
太姥山	50501	49831	58839	54555	56949	57944
磻溪	24615	28146	15277	29587	12076	29489
白琳	40720	38342	34501	39938	28827	39419
点头	41608	41268	34441	42254	32603	42042
管阳	39162	42972	34242	46118	24794	45133
嵛山	5362	5317	3462	5092	2113	4885
硖门	14885	15766	13506	17323	14883	17974
叠石	16608	19067	11041	20988	6917	20317
佳阳	17462	19450	10983	20494	8490	21067
龙安	8307	7486	13986	7898	16488	7986

在 20 世纪 70 年代末期，硖门畲族乡人口总数 13120 多人，2000 年、2010 年、2020 年普查时人口数分别为 14885 人、13506 人、14883 人，也就是说，硖门畲族乡人口呈增长趋势，在 50 年时间里增加 1700 多人，平均年增加 35 人，增长率 0.2%。

城镇化加快背景下硖门畲族人口的结构变化

畲族自清初迁鼎以来，他们以血缘为纽带，聚族而居，形成"大分散、小聚居"、畲汉杂处相对稳定的基本格局。改革开放四十多年来，特别是近二十多年，随着"造福工程"的实施、经济社会的发展和城镇化的推进，福鼎畲族群众随住房搬迁或外出务工，人口异地流动明显加快。根据 2020 年全国第七次人口普查资料显示：畲族是福鼎市少数民族中人口最多的一个民族，常住人口 25653 人，比 2000 年减少 2554 人；畲族人口占福鼎市常住人口的 4.6%，占比相对 2000 年下降 0.8 个百分点；福鼎市畲族人口占宁德市畲族人口的 16.6%，占比相对 2000 年下降 0.5 个百分点。

福鼎市畲族常住人口的地区分布及比例

地区	1990 年		2000 年		2010 年		2020 年	
	畲族人口（人）	占全市畲族人口比例（%）	畲族人口（人）	占全市畲族人口比例（%）	畲族人口（人）	占全市畲族人口比例（%）	畲族人口（人）	占全市畲族人口比例（%）
全市	28170	100.00	28207	100.00	26485	100.0	25653	100.0
桐山	493	1.8	1061	3.8	1242	4.7	992	3.9
桐城	3431	12.2	3336	11.8	4216	16.0	4967	19.3
山前			248	0.9	588	2.3	1446	5.6
贯岭	411	1.5	388	1.4	255	1.0	246	1.0
前岐	8395	29.8	2096	7.4	2539	9.6	2765	10.8
沙埕	400	1.4	372	1.3	304	1.2	214	0.8
店下	2404	8.5	1882	6.7	1563	5.9	1286	5.0
太姥山	2256	8	2157	7.6	2392	9.0	2471	9.6
磻溪	2144	7.6	1992	7.1	1507	5.7	1249	4.9
白琳	2999	10.6	3560	12.6	3203	12.1	2690	10.5
点头	1325	4.7	1461	5.2	1201	4.5	997	3.9
管阳	1471	5.2	1388	4.9	1196	4.5	801	3.1
嵛山	86	0.3	110	0.4	56	0.2	33	0.1
硖门	1575	5.6	1408	5.0	1177	4.4	1378	5.4
叠石	780	2.8	622	2.2	360	1.4	210	0.8
佳阳			5710	20.2	4247	16.0	3479	13.6
龙安			416	1.5	439	1.7	429	1.7

（注：1990 年山前、佳阳、龙安的数据分别在桐城、前岐、店下汇总）

从分布情况看，2020 年畲族常住人口分布全市 17 个乡镇（街道、开发区），在 2000 人以上的有桐城、前岐、太姥山、白琳、佳阳，1000—2000 人的有山前、店下、磻溪、硖门，其余均在 1000 人以下。与第六次全国人口普查相比，畲族常住人口有增长的乡镇（街道）分别是桐城、山前、前岐、太姥山、硖门。畲族人口向城区、向经济发达乡镇流动趋势明显加大，畲族人口的流动趋势与全市常住人口一致。

据《福鼎市 2000 年人口普查资料》《福鼎市 2010 年人口普查资料》《福鼎市 2020 年人口普查资料》，硖门畲族乡从 2010 年第六次人口普查开始常住人口呈下降趋势，到 2020 年第七次人口普查常住人口数量有了回升，维持了 2000 年的人口总量，这个变化的主要原因是得益于宁德核电营区在硖门的落户带动外来人员的增加。全乡畲族常住人口呈"V"形流动趋势，从 1990 年 1575 人减少到 2010 年的 1177 人，再增加到 2020 年的 1378 人，10 间年增长了 17.1%，有回流趋势。

从畲族人口年龄结构来看，2020年福鼎市畲族常住人口中0—14岁的人口5979人，其中0—4岁的1949人；2010年0—14岁的人口为4513人，其中0—4岁的1839人；2000年0—14岁的人口为7449人，其中0—4岁的1260人。第七次人口普查时点前10年（2011—2020）的出生人口明显大于前两次人口普查时点前10年的出生人口。1986—1990年出生的畲族人口流出数量大于其他年龄段的流出数。

福鼎市畲族常住人口分年龄情况

年龄别	2000 年	2010 年	2020 年
总计	28207	26485	25653
0 — 4 岁	1260	1839	1949
5 — 9 岁	2718	1366	2285
10 — 14 岁	3471	1308	1745
15 — 19 岁	2421	2004	846
20 — 24 岁	2240	2160	767
25 — 29 岁	2555	2182	1598
30 — 34 岁	2335	1999	1981
35 — 39 岁	2111	2437	1929
40 — 44 岁	1912	2220	1860
45 — 49 岁	1787	1895	2162
50 — 54 岁	1158	1848	1920
55 — 59 岁	856	1629	1721
60 — 64 岁	867	1023	1558
65 — 69 岁	904	756	1400
70 — 74 岁	755	675	767
75 — 79 岁	494	597	509
80 — 84 岁	236	358	340
85 — 89 岁	103	149	219
90 — 94 岁	22	33	81
95 — 99 岁	2	7	15
100 岁及以上	0	2	1

与现代社会接轨中的硖门畲族人口发展趋势

畲族迁鼎以来，结庐深山，沿用刀耕火种这原始粗放的耕作方式，垦山植菁，兼狩猎，在土地上觅食是他们的谋生方式，他们固守家园和土地，过着"日出而作，日落而息"的生活方式，主要分布在偏远山区，交通、信息闭塞，人口流动不大。改革开放40多年来，特别是近20年来，随着社会经济的发展，畲族群众的生活水平进一步提高，畲族群众思想观念和生活形态开放，逐步向现代社会接轨，增强了对更高水平的物质需求和文化需求，这对畲族人口结构和流动趋势产生了重大影响。从客观分析，影响主要有以下几方面因素：

一是生产力条件的因素。畲族农村单一的农业经营收入低，单靠在土地上觅食无法满足家庭的生活支出，从事农业生产的大多是上了年纪的，且人数越来越少，青年人的思想观念和生活方式转变，不愿从事农业生产，越来越多的年轻人外出务工，选择从事制造业或服务业的工作，希望提高经济收入水平。

二是城乡现代化建设的因素。随着城镇化进程的不断加快，越来越多的畲族群众在城区或经济发达的集镇购房居住。

三是教育的因素。畲族群众为了子女的教育，选择迁往城区或经济发达的乡镇，购买或租住房屋陪读，边务工边照顾子女，畲族人口向城区或经济发达的乡镇者外迁越来越多。

四是生育政策。在放开三孩生育政策前，农村畲族群众已享受两孩政策，随着生育政策放开，小部分畲族群众的有意愿生育多孩，但因抚养孩子的成本压力加大，大部分畲族群众的生育意愿影响不大。

硖门畲族源流

⬥ 李宗焕

畲族，自称"山客"，广东省潮州市凤凰山是该族公认的祖居地，明清两代，畲族民众水陆并进，自南往北主要迁往沿海的闽浙边界。福鼎多山丘港湾，成为畲族理想迁居地之一。明洪武二十八年（1395），雷肇松一家自罗源迁入白琳，是开辟入鼎最早的一支畲族；明永乐二年（1404），钟舍子由建宁右卫迁入店下西岐；明正德八年（1513），李万十三郎由霞浦水门雁落洋迁入白琳白岩。之后的明嘉靖、万历，清康雍乾三朝等各个时期蓝、雷、钟、吴、李姓畲族从霞浦、宁德、福安以及浙南迁入福鼎。他们早年结庐山区，刀耕火种，垦山植菁，兼狩猎。硖门畲族有蓝、雷、钟、李四大姓，按宗祠计，主要分布有 10 个宗祠族脉后裔。最早迁入福鼎的畲族同胞约在清康熙年间，有 300 多年历史。据 2019 年福鼎民宗局统计，硖门畲族人口 1660 多人，主要集中在瑞云畲族村、柏洋村。

钟氏源流

硖门钟氏由两大支脉派下迁入，一是佳阳丹桥宗祠始祖钟良贤脉，二是昌禅钟氏宗祠始祖钟天锡脉。

钟良贤脉主要居住在老鸦湾、马头岗、油坑、长岗、蕉坑、长园、后樟、渠洋等自然村。

据丹桥宗祠《钟氏族谱》记载，一世祖钟良贤明末由闽南迁入平阳三十五都象源内金澳（今苍南县灵溪镇五亩村状元内），生子五，名孔文、孔耀、孔荣、孔华、孔富，立五房分别为仁、义、礼、智、信，统称金澳派（钟良贤派）。二世仁房（长房）孔文派下一部分子孙居住在瑞云村老鸦湾、岗后、焦坑和油坑等村。信房（五房）孔富一脉都繁衍在硖门，孔富独子伯熙迁入时间较早，主要生活在瑞云长岗、马头岗、长园、洋尾几个村子，部分子孙从硖门分迁霞浦等地。

仁房钟孔文派下，次子奇德（三世）移居福鼎二都前岐井头，孙子朝攀（1729—1797）在雍正乾隆年间携子廷闻、廷集、廷府由井头迁居硖门，最先在老鸦湾。廷闻长子世永（六世）居老鸦湾，世永两子七世学应（1881—1937）、学启（1889—

1961）清末移居岗后。廷集次子世钦（1787—1876）、三子世禄（1790—1860）约在嘉庆年间迁居油坑。廷府（1745—？）长子世锦移居蕉坑。此支脉迁入硖门现衍至"信"字辈十三代人。

信房孔富派下，孔富生子二世伯熙，约在康熙年间从祖迁地苍南五亩村迁徙鼎邑十一都长岗，生子仕桂、仕发、仕登、仕金、仕时（四世），仕桂居长岗，仕登子铭（五世）移居马头岗，仕发孙世前（六世）也移居马头岗，仕时孙世雀（1760—1833）约在乾隆年间从长岗迁居长园。八世鸣祥（1853—？）由马头岗移洋尾，其子起蓉、起富都住在洋尾；九世起觉（1845—1916）由长岗迁到后樟，子学辉（1869—1940）、学炮、学赐居后樟；十世学带（1908—？）由马头岗迁牙城再迁渠洋居住。此支脉迁入硖门现衍至"信"字辈十四代人。

丹桥钟氏宗祠行第：

旧字行：良、孔、奇（伯）、朝（仕）、廷（子、铭）。

新字行：如、世、声、鸣、起、学，刚、柔、敦、厚、信、敏，
　　　　　源、远、乃、尔、毓、秀，久、长、自、是、兴、昌。

钟天锡脉在硖门主要居住在前洋、老鸦湾、葫芦墩等自然村。

据昌禅宗祠《钟氏族谱》记载，上祖原籍广东潮州，后至福建罗源马鼻道登岸，居于罗源大坝头，一世祖钟天锡在明朝嘉靖年间从罗源大坝头迁居平阳山门王庄大岭外，生子名启派（明房）、启卉（月房）、启丛（星房）、启迪（辰房）。至三世因地狭人众，大部分外迁，启丛孙四世钟世裕迁苍南矾山三百坵，世裕生子一元绵，元绵长子文龙移居桐山，次子文秀（1716—1794）在乾隆年间从矾山三百坵迁入硖门。文秀长子胜瑞（1740—1803）居前洋，次子胜珠（1746—1803）居老鸦湾。文秀迁入硖门衍至"光"字辈十二代人。

昌禅钟氏宗祠行第：

旧字行：天、启、应、世、元、文、胜、子、鸣、朝、廷、有。

新字行：大、显、昌、政，扬、光、思、承，诗、书、忠、孝，传、至、云、礽，
　　　　　兴、复、邦、家，济、美、斯、新，立、步、先、德，存、心、后、贤。

蓝氏源流

硖门蓝氏有翠郊蓝氏宗祠蓝百六脉、双华宗祠蓝朝聘脉、莒溪南山宗祠蓝华春脉三大族脉后裔。

蓝百六脉在硖门派衍瑞云水尾自然村。

据翠郊宗祠《蓝氏族谱》记载，一世祖蓝百六在明朝年间由罗源坝头三坵迁往福

宁府霞邑小青皎西池后坑暂居，明万历三十九年（1611）迁霞浦盐田牛岭创居立业，生子四法照（日房）、法曜（月房）、法光（星房）、法朗（辰房）。法光生君仁，君仁生子二，次子士肇，士肇生四子，次子帝旺于清康熙雍正年间由霞浦盐田牛岭迁硖门瑞云水尾。帝旺迁入水尾衍至"克"字辈十二代人。

翠郊蓝氏宗祠行第：

旧字行：百、法、君、士、元、正、万、子、积、守、成。

新字行：继、进、家、兴，克、昌、康、泰，日、盛、高、升，步、绍、有、德，朝、序、提、登。

蓝朝聘脉在硖门派衍秦石水里自然村。

据佳阳畲族乡双华宗祠《蓝氏族谱》记载，先祖原籍罗源，一世祖蓝朝聘因躲战乱于明嘉靖年间，约1526年左右移居霞浦牙城蓝坪，子孙于明崇祯年间（1628—1644）迁居苍南蒲城甘溪、岚下、湖垄一带。六世国林公于康熙二年（1663）由蒲门甘溪岚下迁居双华华阳，至八世文观迁霞浦四都南山，十世孔招（1779—1840）在嘉庆道光年间由霞浦四都南山迁至月屿水里，衍至"承"字八代人。

双华蓝氏宗祠行第：

旧字行：朝、宗、德、建、永、国、胜、文，士、孔、子、明、茂、景、清、春。

新字行：承、家、宜、孝、敬，保、世、贵、纯、良。

蓝华春脉在硖门派衍顾家洋自然村。

据苍南南山宗祠《蓝氏族谱》记载，开基祖蓝意必居罗唇大坝头，后与子辈迁平阳朝阳凤池李家山。派下万五公生子三，长子华清，次子华春，三子华勋，立为天、地、人三房分衍。顾家洋蓝氏属华春公地房凤池支派，一世祖蓝华春居平阳朝阳凤池，五世子茂由平阳凤池迁居硖门顾家洋，其妻生于乾隆甲子年（1744），其孙出生于乾隆庚子年（1780），子茂迁入应在乾隆年间，迁入硖门衍至"齐"辈十一代人。

南山蓝氏宗祠行第：

旧字行：（凤池支派）

华、明、敬、启，子、必、有、昌，盛、进、文、江，允、得、齐、良。

新字行：兴、邦、治、国，家、声、显、扬，祥、开、广、大，奕、世、传、芳。

蓝意清脉在硖门派衍横坑、王渡自然村。

明天启年间，蓝意清自粤东初移福州侯官县四十都平址坑（今福州寿山乡岭头），不数年于明万历四十二年（1614）偕二男法祖、法春转迁鼎邑牛乾（福鼎佳阳牛乾东坑），两年后移迁处州青田八原八都石林坑（今文成西坑石林坑），随后法祖迁徙瑞邑五十三都三甲民坑（今文成双桂盟坑澳底），法春迁居苍南县凤阳乡三山。法祖公生子必先、必大、必坤、必达、必兴五子，分为金、木、水、火、土五个房派，硖门民族街、柏洋横坑蓝氏属于必兴长子国长派下，王渡蓝氏属于必大二子国进派下。升高次子俊道，生于1967年，由凤阳水口迁入。

浮柳蓝氏宗祠行第：

旧字行：意、法、必、国、可、文、有、振、景、承、元。

新字行：朝、升、俊、彦、秀，家、挺、英、才、贤，

　　　　建、立、长、春、日，永、为、庆、禄、天。

雷氏源流

硖门雷氏有牛埕下雷氏宗祠雷肇松脉、青寮雷氏宗祠雷世绵公脉、章山雷氏宗祠雷永祥公脉等派下。

雷肇松脉为柏洋渠洋雷氏。

据白琳牛埕下宗祠《雷氏族谱》记载，始祖雷肇松于明朝洪武二十八年（1395），由广东凤凰山经罗源北岭转迁福鼎十四都白琳大旗坑牛埕下，生子四，桂明，启明、朝明、开明。

雷桂明曾孙享定、享山（六世）居福鼎。柏洋巨洋雷氏属于五世雷享山派下，十三世日辉（1740—1818）居牛埕下，于乾隆嘉庆年间迁十四都湖子小兜，十四世启禄（1784—1812）嘉庆年间由湖子迁入柏洋渠洋，繁衍"昌"辈十代人。

牛埕下雷氏宗祠行第：

旧字行：肇、明、乾、元、享、利、贞、万、廷、文、国、有、日、启、孔、瑞、

　　　　伯、振、家、泰、允、宜、昌。

新字行：立、志、承、先、德，存、心、在、后、贤，

　　　　积、声、昭、古、昔，惠、泽、到、今、传。

雷世绵脉为柏洋田头雷氏。

据前岐镇凤桐村青寮宗祠《雷氏族谱》记载，青寮雷氏上祖由广东一路北上福建罗源再迁到福安，明崇祯二年（1629），世绵（一世）偕男大进、大法、大造分徙，其中大进、大造由福安迁今福鼎前岐凤桐青寮自然村，建祠于凤桐村青寮。大进长子启岳（三世）居凤桐青寮，二子启清、三子启名迁井头，四子启纲之子永寅（四世）自凤桐迁居硖门柏洋渠洋田头。永寅子元鸣（1781—1835），约在嘉庆、道光年间迁入硖门，衍至"承"辈十代人。

青寮雷氏宗祠行第：

旧字行：世、大、启、永、元、景、鸣、淑、仲、增、朝。

新字行：能、承、祖、武，宏、振、家、声，诗、书、继、志，道、学、昌、明。

雷永祥脉为老鸦湾、水里雷氏。

据平阳县青街畲族乡章山《雷氏族谱》记载，雷氏一世祖雷永祥（名永乔），原居罗源霍口乡川边村大坝头，明万历八年（1580），携仰宇、仰善、仰甫三子迁平邑三十七都桥墩黄坛口，今苍南桥墩黄坛社区柳庄、箐山、枫树溪一带。清朝顺治年间陈仓作乱沿海迁界，第三世明字辈十兄弟都外迁。硖门章山宗祠雷氏属大房仰宇朱山派较多，五世光卿居青街朱山，九世德发（1774—1779）生子文彩、文国、文显，文彩子十一世国旺（1814—1891）由朱山迁秦屿镇孔平村虎暗，子孙分迁秦屿瓜园、瑞云葫芦墩、硖门民族街，文国子国富（1815—1894）迁老鸦湾林相，文显子国京迁入老鸦湾溢洋，子孙分衍长岗、葫芦墩、硖门街、牙城里洋内、清福等地，此支脉迁入衍至"昌"辈九代人。

水里雷氏属章山宗祠三房仰甫斋堂派下，六世雷孔关居佳阳斋堂，十世雷国璋（1786—1849）于嘉庆道光年间迁居月屿水里桥头岗。

章山雷氏宗祠行第：

字行：永、仰、明、凤、光，起、孔、世、可、文，

　　　国、宗、天、必、顺，朝、正、日、昌、新，

　　　一、淑、乃、恒、进，万、盛、锡、其、源，

　　　荣、华、逢、瑞、庆，富、贵、尚、阳、春，

　　　志、大、学、昔、孟，克、守、惟、由、仁。

李氏源流

畲族李氏为安溪湖头肇基始祖君达直系，李廷玉（千九十）公于明朝景泰四年（1453）与其父恒生避靖难出逃，又遇倭乱至福州汤岭（今连江县贵安汤岭）蓝姓畲胞门下当差，因"品行端方，才貌过人，招为女婿"，之后移至霞浦水门雁落洋居住，传至万十三郎，于明朝正德八年（1513）由雁落洋迁到白琳白岩，生子六，派衍于福鼎、霞浦、苍南、泰顺等地。廷玉后裔操畲语，从畲俗，与畲族同胞结为姻亲。

硖门瑞云李家墓德贤支脉属牛角湾宗祠，牛角湾位于苍南县华阳东阳村。德贤是三娘坑李氏五房景祖派下，又名国贤，于清康熙三十八年（1699）从苍南岱岭畲族乡福掌村迁徙到瑞云村蛤蟆洋，清乾隆十年（1745）分衍李家墓。

牛角湾李氏宗祠行辈：

旧字行：大、小、百、千、万、念、显、景、振、元、国、士、子、鸣、承、大、有。

新字行：学、绍、先、圣，志、步、青、云，祖、上、诒、译，允、启、斯、文。

浮柳深垅李氏宗祠支脉在硖门的人数不多，在洋尾、上洋、葫芦墩各有零散几户。

　　硖门畲族迁徙山区搭寮居住，呈"大分散、小聚居"的格局，如以瑞云、渠洋为中心的周边多个村庄组成聚落，村寨多以血缘相近的同姓聚族聚居，部分由有姻亲关系的不同姓氏同住，他们不断主动适应自然环境，打猎务农，自给自足，相互照料，养儿育女，自强不息。因而有畲族谚云："山哈，山哈，不是亲戚就是叔伯。"因葫芦墩新居、硖门民族街、柏洋新村等"造福工程"的实施，畲民已经搬迁到交通方便、环境优美的村镇居住，结束了居住草房的历史，生活好起来了。

瑞云"四月八"歌会

　　　　　　　　　　冯文喜

　　硖门畲族乡瑞云畲族村聚居蓝、雷、钟、李等畲族同胞，四月八是当地畲民的重要节俗，当地会开展"赛歌会"，跳"火头旺"，过"牛歇节"等，其中最主要的活动形式是对歌，称为歌会。

　　瑞云村海拔 230 多米，下辖长岗、后樟、李家墓、马头岗、岗后、水尾、招坑、罗九、老虎墓、前洋等 20 多个自然村。畲族有自己的习俗和语言，自古以来，唱山歌是畲族民众文化生活中的重要内容，男女老少大都善歌，喜欢以歌会友，以歌达意。畲族人民在长期的劳作实践中，把从生产生活得到的经验和认识，形成朴素的歌言，以传唱的形式予以传承。畲族唱歌是清唱，他们不借助器乐伴奏，一开口就唱，歌词和歌调浑然一体。

　　瑞云"四月八"有着极强的地域特色和乡土气息，其涵盖的文化内涵是多样性的，既有着本民族的历史歌言文明的积淀，又有新的历史时期的开拓发展；瑞云畲歌调属于"福鼎调"，内容丰富，形式多样，包括劳动歌、时政歌、节俗歌、情歌、生活歌、小说歌、仪式歌、杂歌等大类，每个大类又分为若干小类，其歌声语质、语调不同于其他民族的声乐，是朴实无华的原生态民歌。

　　"四月八"歌会场面壮观，精彩绝伦。歌会之时，歌手云集，观者如潮，赛歌通宵达旦，畲民盘唱一开始就十分激烈，形式是采取对唱，也有的在路上唱，有的在门口对唱。盘歌有两种形式，一是把歌场定在瑞云寺外的树林或山地，盘歌对象自由选择；二是拦路盘歌，不论田头、路边，如遇歌手，可拦住盘唱，一般是缠住对方邀歌、送歌、激歌，自由活泼，热烈奔放。办"四月八"时，还举行"火头旺"。在夜幕的衬托下，男女歌手围着火堆，开始尽情地对唱。畲民围成一圈，手拉手跳着舞蹈，一个个挨次跳过火堆，意在祛除身上的秽气，表达良好祈愿和祝福。当天，还过"爱牛节"，所谓"人过五月节，牛歇四月八"，制"牛角粽"，吃畲饭，其乐融融。

　　2008 年 8 月 7 日，福鼎市人民政府《关于公布第一批福鼎市级非物质文化遗产名录的通知》（鼎政综〔2008〕221 号），"瑞云畲族四月八歌会"被列入福鼎市第一批非物质文化遗产名录。2009 年 5 月 21 日，福建省人民政府《关于公布第三批省

瑞云"四月八"活动现场（林海云 摄）

级非物质文化遗产名录的通知》（闽政文〔2008〕151号），"瑞云畲族四月八歌会"列入第三批省级非物质文化遗产名录推荐扩展项目。2011年5月23日，国务院《关于公布第三批国家级非物质文化遗产名录的通知》（国发〔2011〕14号），"瑞云畲族四月八歌会"列入第三批国家级非物质文化遗产名录，序号1209，项目编号X–134，项目名称为歌会（瑞云四月八），申报地区或单位为福建省福鼎市。

瑞云"四月八"节俗

郑斯汉

瑞云村位于福鼎、霞浦交界处，是硖门畲族乡唯一的民族村。畲族同胞定居于此已有 300 多年的历史，他们在这里拓荒垦土、繁衍生息，创造灿烂独特的民族文化。

相传，畲族为了纪念钟子期、钟仪这两位歌王，每年农历四月初八都要设坛祭祀，举行歌会，唱"大喝"和"小喝"，相延成习，形成四月八歌王节。同时，这一天，为酬谢耕牛一年辛苦劳作，"严禁鞭打以定牛魂"，还专供好草料、家酿米酒伴鸡蛋等上好的食料给耕牛吃，牧童一遍一遍地大声唱《牛歌》："牛角生来扁扁势，身上负着千斤犁。水牛做饭给人食，四月初八歇一时。"因此，"四月八"又称"牛歇节"。

畲族的血脉里存在着好唱的因素，只要遇上的是畲民同胞，他们无论认识不认识都要进行对唱。许多畲民善于盘唱，能即景生歌，看到什么景物就能唱出一首歌来。这要求歌手必须有较高的水平，畲民同胞叫"散条"。以这种方式进行比歌，就叫作"比肚才"。他们上山劳作，可以相互传唱，以消除疲劳，寻求趣味。遇上男女对唱，把歌唱的内容延伸到谈情说爱上。小伙子遇上了年轻美貌的畲女，往往主动发起"进攻"，歌声一浪高过一浪，因此有人称畲乡是歌的海洋。瑞云的"四月八"歌会是在

瑞云"四月八"歌会（冯文喜摄）

自由传唱的基础上逐渐形成的。

"四月八"歌会有着极强的地域特色和乡土气息，其涵盖的文化内涵是多样性的。畲歌主要以清唱为主，取材于在长期的生产生活、劳作实践、经验认识形成朴实的歌言，以传唱的形式相互应和，一开口就唱，歌词和歌调浑然一体。如2012年歌会的《出台歌》，李三妹（女）："凤凰飞来叫一声，一年更比一年翻。改革开放三十载，畲乡改变不是慢。"雷武春（男）："凤凰飞业叫威武，山哈穷帽尽掀飞。造福工程来帮助，齐齐都搬集镇来。"

瑞云畲歌内容丰富，形式多样，有叙事歌、劳动歌、节俗歌、情歌、生活歌、小说歌、礼仪歌、杂歌等几大类型，每个大类型中还分为若干小类型。叙事歌中最著名的就是《高皇歌》，又称《盘古歌》，它以神话的形式，叙述了畲族始祖盘瓠立下奇功、不畏艰难繁衍出盘、蓝、雷、钟四姓子孙的传说，反映了畲族原始宗教信仰和图腾崇拜。小说歌是畲族民间歌手根据章回小说，或评话唱本改编的诗体小说，有《梁山伯与祝英台》《孟姜女》《唐伯虎》《白蛇传》等。其中，以历史故事为题材的，有《末朝纲》等；以畲族名人故事为题材的，如《钟景期》《钟景期与雷万春》《蓝佃玉》《钟良弼》等；还有畲族巫师在做法事时吟唱的歌，如《陈靖姑》，又名《奶娘传》，叙述陈靖姑的传奇故事。其他包括迷歌、字歌、劝世歌和赏识歌都有着各自的特色。因为畲族只有语言，没有文字，他们便以歌代言，以歌传情，歌言成为交流思想、互叙衷情、保留文化的重要工具。

2012年，我到瑞云参观歌会，"四月八"歌会场面壮观，歌潮如涌。歌会之时，歌手云集，观者如堵。远者来自浙江景宁，近者来自福安、霞浦，福鼎周边畲村双华、黄家山、太姥洋、才堡等地畲族歌手更是纷至沓来。当地瑞云寺历史悠久，农历四月初八也是寺中的浴佛节，当日香客云集，独特的歌会更吸引许多观众前来观赏。歌会一开始就如火如荼，山头上、大路旁、茶园中、树荫下，歌声跌宕起伏。

只见在中心舞台上的男女轮番对唱入情醋畅、竞展歌喉。还有一大部分畲族男女是拦路盘歌的，不论在田头、路边，还是在茶园，如遇到歌手，可拦住盘唱，一般是缠住对方邀歌、送歌、激歌。歌手们互展才华，让人们沉浸在畲歌比拼的氛围中。我不会唱畲歌，就填词《浪淘沙·瑞云四月八歌会》："歌海正春风，畲寨人拥。擂台矗立竞豪雄。巴望一年歌聚首，难抑由衷。情溢翠峦中，意惬叟童。十分斟酒莫辞盅。一抹晚霞盈笑靥，酣态犹浓。"

"四月八"又是瑞云畲家人殷勤招待各地亲朋好友的日子，他们以不同的方式通知亲友前来参加活动，杀鸡宰鸭招待客人。家家户户客人多的三四张桌，少的也有一两张桌。就餐时，互相祝酒，热闹非凡。几坛家酿米酒喝完后，乘着酒兴，还会再次相约进行对歌。

瑞云畲村"做表姐"这一习俗对畲族姑娘来说，也是对其姑娘时代学歌成绩的一次锻炼、演练和检阅。当"表姐"来到"表兄弟"家的村子，"表兄弟"们组织后生撩"表姐"，有的在吃饭时搞恶作剧，让"表姐"吃得不安心；有的就当场对歌，擅长盘歌的"表姐"连唱三天三夜不"翻犁"。

对歌也有严格的程序，每到天亮时互唱《感谢歌》《送神歌》，表示对"主人"的尊重。"表兄弟"们要是对歌输了，"表姐"们就用锅底的烟灰抹在"表兄弟"（对歌者）的脸上，让对歌者"难堪"，因此可能就与姻缘擦肩而过了。"表兄弟"们不甘示弱，就会到处拜师学艺，修炼自己的"内功"和技巧，寻求场合伺机挑战，大有誓不言败的气势。如果"表姐"轮到另一家请，遇到"肚才"好的未婚男高手，几天几夜的"擂台矗立竞豪雄"中，各自还会联系本族男女歌手轮翻助阵。在盘歌的过程中，歌手们也许会收获一份美好的爱情呢。

据《福鼎县畲族志》畲族家谱记载，清康熙五十年（1711），蓝世肇由浙江平阳牛皮岭迁至福鼎硖门瑞云水尾村，歌手传承谱系由此开始。1958年9月，中央民族调查组到瑞云等地调研时，发现畲歌歌唱时罕见的"双音"，称为"福鼎调"，这是畲歌一次重要的发现。1965年瑞云歌手蓝进俊上北京参加全国青年业余文学创作大会，被评为创作积极分子。1986年6月27日至7月5日，瑞云蓝阿昌等福鼎歌手赴福安参加福建省首届畲族歌会比赛。紧接着瑞云畲族歌手李梅英、钟月妹、雷武春、蓝加梨、钟扬雄等也参加了浙江畲族聚集地及闽东各地的歌手邀请赛。

瑞云畲族"四月八"歌会是一项群体性的民俗活动，由畲族民众传承。随着社会的发展和城镇化进程的加快，瑞云畲村独特的地理条件和生活环境逐渐发生了变化，原有习俗赖以生存发展的人脉环境有所改变，畲族本身固有的生活方式和各人的人生理想也随商海大潮洗礼发生改变，使畲歌的传承人的年龄局限与下一代之间产生断层，畲族歌手人才逐年的匮乏，这个问题不得不引起人们的关注。

附：

硖门畲族歌手（传承人）名单

序号	姓名	出生年月	性别	村（自然村）	会唱畲歌名称、类型	参加活动情况	备注
1	钟柔灶（钟正顺）	1972.12	男	瑞云半岭	《白袍》、《梁山伯与祝英台》、散杂歌、情歌	四月八歌会，三月三歌会，福鼎、福安、霞浦、苍南各歌场	
2	李三妹	1970.6	女	瑞云村蛤蟆洋	长篇《林宗英告御状》、张罗带、散杂歌、情歌	福鼎、福安、霞浦、苍南各节日歌会、歌场	
3	蓝爱珠	1970.4	女	瑞云村水尾	散杂歌、情歌	瑞云四月八歌场、七月七歌场	
4	陈云尧	1988.1	男	瑞云柿树下	杂歌、情歌	三月三歌会、弼公节歌会	
5	蓝阿昌（王光相）	1958.7	男	瑞云村岗坳	散杂歌、情歌	二月二歌会、三月三歌会、四月八歌会	
6	蓝俊众	1923	男	瑞云村水尾	散杂歌、情歌	1965年秋上北京参加全国青年业余文学创作大会	
7	李梅英	1962.9	女	瑞云村李家墓	《刘文锡》、《何文秀》、《张罗带》、情歌	四月八歌会、三月三歌会、二月二歌会、其他散杂歌场	省级传承人
8	钟月妹	1962.2	女	秦石村罗三	散杂歌、情歌	霞浦牙城歌会	
9	雷武春	1960.1	男	硖门村油坑	散杂歌、情歌	福鼎、福安、霞浦散杂歌场	
10	蓝加梨	1966.8	男	瑞云村水尾	散杂歌、情歌	闽浙边界各节日歌会和散杂歌场	福鼎市级传承人
11	李圣团	1966.6	男	瑞云村蛤蟆洋	《梁山伯与祝英台》、散杂歌、情歌	四月八歌会、三月三歌会及其他歌场	
12	钟月英	1966.10	女	瑞云村蛤蟆洋	《乌袍》、《林宗英告御状》、《张罗带》、散杂歌、情歌	散杂歌场	
13	李彩红	1988.9	女	瑞云村蛤蟆洋	《十条变》、杂歌、情歌	二月二歌会、三月三歌会、四月八歌会	宁德市级传承人

忆那次"火头旺"活动

马树霞

　　福鼎市畲族聚居地的对歌活动，都有个约定的时间，如罗唇一月十八"冥斋节"，双华二月二歌会，浮柳三月三祭祖，瑞云四月初八"火头旺"。这一天往往与当地畲族的信仰有关。当地畲族同胞把这一天看得非常重要，就像过年一样，平时省吃俭用，当日家家户户大办酒食，迎接八方来客。

　　"火头旺"这一特殊的畲族活动，历史悠久，但无确切记载，各地规模大小区别，时间也有不一定，如两年一次或三年一次。瑞云四月初八当晚一般会举办。"火头旺"活动以中心场地烧堆篝火，众人围着大火堆，互相对歌。开头唱些迎客歌、小说歌，渐渐地由当地女歌手邀请外来的男歌手参与"火头旺"。一般外地男歌手不主动，这

瑞云火头旺（林海云 摄）

时女歌手向前拉，如果拖一个不行，两个女歌手上前，直至三五个，连拖带抢，最终将外地男歌手的脚、手抬起来，不停晃动烤火苗，这就叫"火头旺"。就这样通过拖、抢、拉、滚、跳、追，一个接着一个，抬进火堆，周围观众拍手喊好，这时在火堆旁还有一、两个长者，在掌握全场事态。

那是"文革"后举办的第一次"火头旺"，活动准备较早，在举办之前20天，乡里为了搞好这场活动，派我与文化馆兰振河同志提前到瑞云听取老人和兰振俊等同志介绍"火头旺"，福建省长龙影视公司知道后也来参加拍摄。活动前一天，我们与福建省长龙影视公司到了瑞云，瑞云歌手穿着民族盛装在屋前、树下开始梳妆，影视公司就开始拍摄，各路的客人渐渐地涌来，硖门的点心担、糖果担也挑来，排在路旁、茶园，路口也渐渐地对起了畲歌。人群密集的地方，小孩子还爬到树上看热闹，拍摄组也忙了起来，拍了一场又赶拍下一场。茶山上散落着穿戴畲装的男女青年，十分好看，还有那些彩旗标语牌楼，给四月八这个极有地方特色的歌会带来浓浓的节日气氛。

晚上篝火燃起，人群围着篝火对山歌，我唱你和，你唱我对，开始都很文雅，后来就渐渐地挑逗。本村的青年姑娘通过白天一天与外地青年歌手对歌，今晚要拉谁来烤火苗，早已心中有数。接着村里几个年轻女歌手站一起，先由一个女歌手去邀请外地的男歌手参与"火头旺"，一个女歌手拉不动，来两个，直到三五个，最终男歌手被抬起来，拖到篝火上晃动烤火苗。这中间有拉，有抱，有抢，有的还在地上滚翻。摄制组为了拍好镜头有时也躺在地上将镜头对准，场面非常热闹。有几个和尚也出来看热闹，他们说这样场面十几年也没看到。一直到下半夜，"火头旺"结束后，又回到群众厝中大厅、院落对歌，以歌场迎接黎明。

第二天，各路歌手回家，在几个山头还有当地歌手唱送客歌、谢客歌。这次活动十分成功，据说长龙影视也拍得很好，不但在国内播放，还在美国华语台播放。

"火头旺"的特殊形式不同于一般的篝火，通过烤火苗祝福年年兴旺、红红火火，同时也反映出畲民对火的崇拜。命名也很好，很吉祥。当年主要组织者由畲村干部组成，还有瑞云歌手兰振俊，"文革"前是我县畲族有名歌手，曾作为我县畲族文化先进分子出席北京国庆观礼。李梅英也是文化骨干，参加过县畲族舞蹈培训。"火头旺"是非物质文化遗产畲族歌会（瑞云四月八）的一部分，也是与外地畲族文化的交流活动形式，以前火头旺给畲族青年男女提供了通婚的好机会，促进了民族团结，加深了民族群众之间的感情。

瑞云"四月八"歌会和畲族歌手

✎ 冯文喜

硖门瑞云"四月八"歌会是一项群体性的民俗活动。"文革"之前，瑞云"四月八"歌会还每年沿袭传承，以自发的形式举办歌会。近几年，又逐步恢复歌会习俗。其传承歌手沿袭先祖遗俗，自小开始传唱畲歌。他们主要为聚居于瑞云畲族村和其他各个自然村的雷、蓝、钟、李等畲姓同胞。因畲、汉杂居，有些汉族青年也会歌言。瑞云四月八歌会吸引许多来自外地的畲族青年歌手到此地传唱畲族歌言，并参与相关的活动。

硖门畲族歌会传承人和歌手记载于《福鼎畲族志》和畲族家谱。据记载，清康熙五十年（1711），蓝士肇由浙江平阳牛皮岭迁福鼎硖门瑞云水尾，歌手传承谱系由此开始。1958年9月，中央民族调查组到瑞云等地调查，发现畲族歌唱时罕见的"双音"，称为"福鼎调"，这是畲歌一次重要的调查发现。1965年，瑞云歌手蓝进俊上北京参加全国青年业余文学创作大会，被评为全国青年业余创作积极分子。1986年6月27日至7月5日，瑞云蓝阿昌等福鼎歌手赴福安参加省首届畲族歌会比赛。

瑞云歌会上的歌手（冯文喜摄）

随着社会的发展和城镇化进程的加快，瑞云畲族独特的地理条件和生活环境逐渐变化。远古气息在畲寨有所退化，原有习俗赖以生存发展的人脉环境有所改变。畲族本身固有的生活方式和人生理想被逐渐打破，"80后"逐渐摒弃本民族一些生活习俗，失去了口耳相传的空间，以致瑞云畲族民俗传承人年龄局限在"80后"以前，"80后"的传承人几乎没有。唱畲歌在新一代人之间产生断层，畲族歌手人才严重缺乏，传唱民歌的新的传承人处于濒危状况。如今，主要代表性传承人和畲族歌手有：

蓝进俊　男，畲族歌手，生于1939年12月，硖门瑞云村人，已故，曾晋京参加少数民族文艺汇演。

李梅英 女，畲族歌手，2010年被确认为福建省第二批非物质文化遗产项目"福建畲族歌会（瑞云四月八）"代表性传承人。生于1963年1月，硖门瑞云村人，现住瑞云村，主要从事茶业，务农。参加历年瑞云"四月八"歌会、1992年福安畲族歌会、多届福鼎双华畲族"二月二"歌会、霞浦水门半岭亭正月十五畲歌会、福鼎磻溪后畲宫正月十五畲歌会。李梅英继承了先祖和父辈的习俗，加上自己个人良好的天赋和勤奋努力，30多年来，参加本地和浙南县数十次的歌会，被人誉为"畲歌夜莺"。

蓝阿昌 男，畲族歌手，生于1957年12月，硖门瑞云村人，现住瑞云村，主要从事茶业，务农。参加过主要歌会有历年瑞云"四月八"歌会、1986年6月的福安畲族歌会、1980和1983年的福鼎双华畲族"二月二"歌会、霞浦崇儒南塘"二月二"、蕉城八都猴盾"三月三"、霞浦白露坑"三月三"、霞浦水门半岭亭正月十五畲歌会、霞浦山洋"二月二"等。

钟月妹 女，畲族歌手，生于1968年9月，硖门秦石村人，主要从事茶业，务农。多次参加霞浦水门半岭亭正月十五畲歌会、方家山"三月三"畲歌会、福鼎磻溪后畲宫正月十五畲歌会、历年瑞云"四月八"歌会。

雷武春 男，畲族歌手，生于1966年8月，硖门油坑人，务农。多次参加福鼎双华畲族"二月二"歌会、霞浦水门半岭亭正月十五畲歌会、福鼎磻溪后畲宫正月十五畲歌会、方家山"三月三"畲歌会、历年瑞云"四月八"歌会。

蓝加梨 男，畲族歌手，生于1964年8月，硖门瑞云村水尾人，现住硖门，硖门电力公司职工。从小开始学唱畲歌，擅长唱畲族小说歌。他保存的手抄本小说歌有《八美打擂》《送神》《九龙环》《割肝记》《白蛇》《二十四时节》《犬头王》《纸金扇》《三娇美人图》，其中有一部分是以主人公为名的小说歌，如《钟金其》《崔文瑞》《林宗兴》《兰佃玉》《张罗对》《刘全进瓜》等。他曾到霞浦水门、茶岗、水潮西、李坪湾，福安狮墩，福鼎双华、罗唇、方家山等地参加大型畲歌会。

硖门 "山哈歌" 选录

蓝加梨　李梅英

硖门畲族流传至今的 "山哈歌"，取 "山哈话" 和 "山哈歌调"，并用传统特有的假声唱法盘唱，以男女对歌的盘唱形式存在。"山哈歌" 内容包括情歌、生活歌、劳动歌、仪式歌、时政歌等。以下选录广为传唱的几首。

姐妹（情歌）

男：细细是我亲姐妹，大来叫你你不来，
　　细细叫你做阿姐，大来想你结头对。

男：细时是我亲姐兄，大来叫你你不听，
　　细时叫你做阿姐，大来想你结同年。

男：前时奴你来做阵，讲讲笑笑落山林，
　　细时做阵往了大，你娘大来这没情。

男：前时奴你来做帮，讲讲笑笑闲忙忙，
　　细时做阵往了大，你娘大来真没干。

男：前时奴你来做阵，做阵一次就各心，
　　你娘心肝放定定，我郎总是你个人。

生活歌（情歌）

男：前时知乐不知想，今时青鸟讨没门，
　　当前知乐不知苦，今时想苦心又痛。

女：当时不听君子交，一时闷中给人笑，
　　没好天年做大水，几多大塘沙填到。

女：当前不听君子言，一时闷中给人骗，
　　没好天年做大水，几多大塘给沙填。

女：心想要去做田园，手拿锄头脚手酸。
　　眼睛看天脚踏地，心肝那想唱歌言。

女：心想要去做世界，手拿锄头轻来来。

眼睛看天脚踏地，又想歌言唱一台。

婚嫁歌

女：门前垂柳叶才才，娘村最勤那打我，

一村那打我落魄，那做郎情会奴我。

女：门前瑞柳叶长长，娘村最勤那打娘，

一村那打我落魄，那做郎情会奴娘。

男：情义奴我来做阵，我郎不讲你娘勤，

钱财那多用会了，桃梨没叶花先红。

男：情义奴我来做对，我郎不讲你勤娘，

钱财那多用会了，桃梨没叶花先开。

女：生好小郎真伶仃，你母当前来定娘，

时辰八字都会合，是郎拗心不要娘。

瑞云歌手在对歌中（冯文喜摄）

女：生好小郎真停当，你母当前来定娘，
　　时辰八字都会合，是郎拗心不要娘。

男：晓的你娘会停当，我母想定你个娘，
　　我楼家勤没人样，家勤难得你个娘。

男：晓的你娘会当才，我母想定你个妹，
　　我楼家勤没人样，家勤难得你一个。

女：做女这大未出嫁，嫁到郎楼心又莫，
　　不知郎饭哪样煮，不知世头那样做。

女：做女这大未出门，嫁到郎楼心这闷。
　　不知郎饭哪样煮，不知言语那样问。

男：你娘嫁到郎楼来，我郎欢喜笑爱爱，
　　尽心奴我做家伙，我郎件件会教妹。

男：你娘嫁到我郎楼，我郎欢喜眯眯笑，
　　尽心奴我做家伙，我郎件件都会教。

祝酒歌

女：一杯米酒供桌上，记在心肝久长长，
　　今晡奴娘共桌吃，感谢你郎来帮忙。

女：一杯米酒供桌来，记在心肝头一个，
　　今晡奴娘共桌吃，感谢你郎照顾妹。

男：好酒做在高楼上，做在高楼纸封上，
　　好酒奴娘共桌吃，也要留杯下二邦。

男：好酒做在高楼贝，做在高楼纸封来，
　　好酒奴娘共桌吃，也要留杯下二回。

党颂歌

女：党的政策照畲乡，畲乡改革又开放，
　　四月初八办歌会，畲族团结会一场。

女：各位代表到畲乡，各件设备不周全，
　　山区地点不方便，感谢领导多包涵。

瑞云四月八出台歌

李三妹（女）：凤凰飞来叫一声，一年又比一年翻，
　　　　　　　改革开放三十载，畲乡改变不是慢。

雷武春（男）：凤凰飞业叫威威，山哈穷帽尽掀飞，
　　　　　　　造福工程来帮助，齐齐都搬集镇来。

李梅英（女）：党的政策照畲乡，畲乡改革又开放，
　　　　　　　四月初八办歌会，畲族团结合一场。

蓝吓团（男）：畲歌流传在畲乡，五湖四海来相逢，
　　　　　　　要唱畲族新生活，把那党策恩情颂。

李梅英（女）：各位代表到畲乡，各件设备不周全，
　　　　　　　山区地点不方便，领导代表齐包涵。

蓝吓团（男）：各级领导到畲乡，祝你各位体健康，
　　　　　　　工作一切都顺利，风调雨顺粮满仓。

硖门畲歌传唱

✎ 钟丽华

畲族自称"山客",谐音"山哈",意为山里的客人。畲语就是"山哈话",畲歌就是"山哈歌",特别会唱山哈歌的民歌手们,山哈人都称他们为"歌师傅"。

硖门山哈人传唱的山哈歌,主要以福鼎平调为主。山哈歌七字一句,四句一首,其中可根据歌师傅们唱的习惯而添加一些词,听起来更为优美生动。无论是日常生活,还是在一些习俗活动中,歌师傅们都更为喜欢男女对唱的形式盘歌。山哈歌的内容丰富多彩,涵盖面广,包括历史歌、生活歌、哭嫁歌、劳动歌、小说歌、情歌、时政歌等。硖门瑞云畲族 "四月八"牛歇节歌会,每年吸引人们从四面八方汇聚而来,可谓是人山人海。对歌以原生态畲歌为主,男女对唱盘歌。除了舞台歌师傅俩对唱之处,还有路边这扎一堆,那聚一簇的歌师傅们在盘歌的情景。

硖门蓝加梨、李梅英、李三妹、蓝吓团等几位畲族民歌手,因歌唱得好,受到人们的喜欢。蓝加梨、蓝吓团两位歌师傅,唱出的畲歌腔调特别有劲,气势十足,转音独特。李梅英与李三妹两位歌师傅唱的畲歌则非常抒情,转音都偏向拉长音,声音非常柔美,有时音调偏高时会带入一些假音。李梅英声音偏清脆,李三妹声音婉蜒不断,不管唱什么都气息十足。这些歌师傅盘歌都是即兴发挥,每个人唱畲歌都有着自己独特的风格。

记得 2017 年的瑞云"四月八"牛歇节歌会,设了主会场与分会场。那天正好听到主会场蓝加犁与李梅英两位歌师傅的对歌。李梅英唱得非常柔美,发音气息都非常顺畅,那些词在她口中唱出,婉转自然。而蓝加犁歌师傅答歌非常迅猛,音调时不时被提高,气势十足,不甘示弱,答歌的词又非常幽默,惹得在场的听众掌声层出不穷,笑声连连。在分会场的钟玉梅和蓝吓团两位歌师傅的对歌,听众也不少,都是慕名而来。钟玉梅是霞浦人,每年福鼎这边如有歌会,都能看见她的身影,她唱的山哈歌也深受广大观众的喜欢。这次她与蓝吓团对的是时政歌,歌颂如今美好的生活。台下的听众拿着手机记录着这精彩的瞬间。

当天下午我与李彩红、兰岩宝、云尧 4 人在茶山拍摄福鼎白茶宣传片,场景是茶山,畲族男女对唱《采茶歌》,我们采着茶,这边唱来那边迎,采茶与歌声相伴着。

2018 年起至今，我很荣幸与我小组员一起参加演出，每年筹备并参演完方家山畲族"三月三"歌会，接着就参与瑞云"四月八"牛歇节歌会。身为畲族非遗传承人，我深知自己肩上的担子有多重。除了参加各种畲族活动外，我还通过各种方式、各个平台，讲山哈话，唱山哈歌，弘扬畲民族传统文化。

2019 年的瑞云"四月八"牛歇节对我来说非常特别，因为活动前一天是婚嫁习俗表演，我与老公兰岩宝二人扮演新娘与新郎。这天婚嫁表演地点选择在石兰古堡，还原了畲族婚嫁习俗的所有情节。我们也有唱哭嫁歌，这种畲歌音调十分悲伤，唱时会加入称谓与一些"啊""呀"等词，表达出新娘与家人间的不舍之情。这场畲族婚嫁海博 TV 全程直播，直播收视率高达七十几万。到了活动当天大早，瑞云文化广场就被人群淹没了，甚是精彩。

下面是一首我在活动中传唱的畲歌，是 2019 年婚嫁扮演新娘时演唱的《哭嫁歌》，歌词如下：

我：一年三百六十天（啊婶呀），都没奴我梳头先（呀婶呀），
　　今日讲奴我梳头，女孙心真是那烦（呀婶呀）。

婶：（女孙啊）一年三百六十工，都没奴你梳几轮（啊女孙啊），
　　今日奴你来梳头，过了今日是人孙（啊女孙呀）。

我：（阿婶啊）一年三百六十工（啊婶呀），都没奴我梳几轮（啊婶呀），
　　今日讲奴我梳头，女孙心里闷闷痛（呀婶呀）。

婶：一年三百六十天（啊女孙呀），都没奴你梳头先（啊女孙呀），
　　今日奴你来梳头，是人孙要听话先（啊女孙呀）。

我：（婶啊）奴我梳头麦应当（呀婶呀），从小都没来梳头（啊婶呀），
　　今日奴我来梳头，我心肝闷有的愁（呀婶呀）。

婶：（女孙啊）今日过了是人孙（啊女孙呀），寮里就要煮饭顿（啊女孙呀），
　　灶台也要洗干净，莫去过寮闲话中（呀女孙呀）。

我：（阿婶呀）父母是唔要我了（呀婶呀），我麦忖要去人寮（啊婶呀），
　　就那忖要在寮里，唔去人寮布人笑（呀婶呀）。

畲门

畲家茶俗茶歌

李彩红

　　茶是畲家人日常生活中不可或缺之物。大事皆用茶，如祭祀，如逢年过节祭祖，如嫁娶。所谓行茶礼，即下聘的聘礼盘篮里也要放一壶茶。女儿出嫁时，从娘家也要带一罐茶，寓意开枝散叶。新娘到了男方家里，要给公婆敬茶行茶礼，还要给宾客端糖茶，寓意分享甜蜜。畲家称"茶哥米弟"，也就是说茶比米大。茶在畲家人心中是所有食物当中最为圣洁的，因此用茶也有一定的讲究，如平日里泡过茶渣会往高处倒，通常会选择后门山上或门前墙头上，以免被人踩踏。

　　我父母是本地有名的传统畲族歌手，因此常听到各种各类的畲歌，耳濡目染，便对传统畲歌唱法也有一定的认知。传统畲族歌曲是原生态、无伴奏的，7字为1句，4句为1首。唱时字音要通顺，起唱拉声，押韵、转调、拖音，要唱得应时、应景、应物、应情。也就是说，唱畲歌要看什么场合，与什么人唱，唱什么内容的歌，都要有区分。

畲家制茶（陈开秀 摄）

例如在山间路口，以及田园溪水边所唱的，跟在其他场合唱的歌就不能一样。上门做客的时候，在门口唱的歌，跟客厅唱的歌也不同，有出门歌、行路歌，路途中见山唱山、见水唱水、见花唱花、见人唱人。

在我父母那个年代，能唱几天几夜的人还是很多的。路途中，他们是见什么就能唱什么。到主人家坐凳得唱《感谢歌》，喝茶时，主方唱《敬茶歌》，客方得唱《感谢歌》。还有《点心歌》《敬酒歌》。传统畲族对歌最吸引人的还是少男少女情歌对唱。两个素未谋面的人，从对面山远远听见歌声就开始对唱，从歌词内容中彼此打听互问，从互相赞赏嗓音到问哪里人，多大年龄，以及是否单身。当然他们不是直白对词的，而是借物表达。从不认识，唱到彼此认识，从陌生人，唱到情意绵绵、难舍难分，即以歌传情。

早年畲族人生活一般比较贫穷，家中不一定时常有米及其他招待客人的食物，但必有茶。客人来了必得先泡茶，以往我们叫烧茶。我们畲族祖辈们居住的房子，均以木或竹制而成。煮饭烧水用的是土灶大锅，烧柴火，饮用天然山泉水，锅盖为木制，水桶也是木制，水瓢是葫芦瓜壳，刷锅用竹丝……众多天然结合，造就了畲家茶加倍的香甜。

茶香伴茶歌，下面选摘几首较为经典的茶歌：

采茶歌

白茶种在对面山，清明发芽叶青青。
你那提篮我提篮，与你上山采茶青。
白茶种在对面坝，清明抽韵叶盖盖。
你那提篮我提篮，与你上山采茶栽。
娘是青山茶米心，郎是龙井水来清。
茶米努水有缘分，清水泡茶甜到心。
清水泡茶转琳琅，是娘亲手端给郎。
你郎双手接去喝，人情又结碗中央。
喝了一碗一杯凑，问你清茶什么烧。
又没糖来又没蜜，清水泡茶甜心头。
喝了一碗一杯添，又问清茶出哪山。
出在福建福鼎市，福鼎白茶喝会甜。

十二月采茶歌

正月采茶上茶山，青山茶树叶青青。

这轮采茶来太早，那是空手转回行。

二月采茶是春分，早茶抽芽香喷喷。

头采嫩芽一等品，白毫银针值金银。

三月采茶清明前，买茶客人娘村行。

高山白茶品质好，清水泡茶香又甜。

四月采茶正当忙，天气回暖茶快长。

左手提篮右手采，一天日头晒到暗。

五月采茶节来到，采茶人姐心又愁。

雨水天时茶难采，脚穿水鞋戴笠头。

六月采茶年中央，日头似火热难当。

手拿汗巾擦汗水，也没树影好遮凉。

七月采茶七月半，三茶抽芽满园青。

两叶一心就要采，若是太长不值钱。

八月采茶是中秋，娘尽嫩采粗不留。

有心茶籽都采净，下轮要等白露抽。

九月采茶是重阳，白露茶青采净光。

手拿锄头去除草，茶树开花白茫茫。

十月时节是立冬，采茶人姐转回门。

采茶也是艰苦事，日头晒了成包公。

十一月时节冬至来，采茶人姐心正开。

一年茶事都做完，四处游玩笑微微。

十二月时节是年前，采茶人姐心正欢。

又做新衫买鱼肉，家家户户过大年。

春天畲山摘茶忙

女：世界名胜太姥山，中外游客都来行，山上几多好景致，畲山茶米真出名。

男：茶树栽在太姥山，未到清明早抽前，你那背篓我担袋，我们茶山摘茶青。

女：清明未到百花香，眼映茶山青狂狂，娘摘头茶泡郎食，送到田头补田郎。

男：我郎田中补禾秧，食着娘茶香带凉，我郎映娘映定定，你娘没心来映郎。

女：不是没心来映郎，茶树抽颖映定长，我那狠摘郎狠补，摘茶补田颗银两。

男：你摘茶来我补秧，你摘我补情义长，秧补田中出谷米，清水泡茶郁郁香。
女：张张茶叶卷茶心，你郎情义值千金，茶心卷在茶叶内，妹心挂在你郎身。
男：蜜蜂来采茶花心，情人一对隔茶林，蝴蝶双双采花纽，奴娘双双结同心。
女：娘是深山茶米心，郎是龙井水来淋，茶米奴水初会着，清水泡茶甜到心。
男：食了娘茶领娘情，茶盅映水水映人，娘峒出的白茶米，郎今难舍有缘人。

敬茶歌

女：一碗清茶烘火烧，烧碗清茶放灶头。清水泡茶给郎食，食了娘茶有精神。
女：二碗清茶放灶前，是娘亲手端给兄。你郎双手端去食，手端清茶眼看前。
男：一碗清茶烘火烧，烧碗清茶放灶头。有意泡茶给郎食，青柴冷水微灶凑。
男：二碗清茶放灶前，是娘亲手端给兄。有意泡茶给郎食，青柴冷水微灶添。

敬茶歌

手提茶缸就来斟，手端茶盅敬亲人。

郎喝娘茶看盅底，人情结部盅中心。

杯在手，端茶盅，敬客郎，清水泡茶呜呜香。

郎喝娘茶看盅底，人情结部盅中央。

畲女传统发型头饰

雷孙辉　钟丽华

　　瑞云畲族村位于太姥山南麓，面海背山，森林植被保持良好，原来畲族生态文化得到较好的延续。畲族民众在衣着上，女性服饰特色鲜明，喜在衣领、右襟、袖口和裙上刺绣花鸟、几何图案等各种花纹，腰间束一条彩色条带。畲女还把头发盘在头顶上成螺式或截筒高帽式，发间环束红色绒线，显得既喜庆又漂亮。

　　发型和服饰是畲族区域的象征，福鼎畲族传统发型发饰和凤凰装、东路装的分布是一样的，但浙南一带以景宁为代表，慢慢地变成浙江式，已看不到福鼎传统发型头饰。

　　福鼎畲族女士发型头饰主要有表姐（姑娘）、表嫂（少妇）、妇女（老妇）几种。

"表姐"发型头饰

　　做"表姐"发型，先将头发从耳中向上往前、后分区，把前区头发卷起固定头顶备用，把后区头发抹上发油，扎一个中高马尾用红毛线扎紧，再把刘海前区头发抹上发油，由左向右扭转拱起发包，用一小段红毛线扎紧、固定。发包也称"贵妃包"，难度大，要求高，需梳理光滑、平整，高约5厘米，显得贵气精神。以前没有定型水和发胶，为了能梳顺和定型，畲族女性用蜂蜡帮忙，也有人用菜籽油。固定好前额发包后，接着将马尾打成三股辫，用一小捆红毛线连接辫子尾部，把辫子连同毛线由左往右方向从发包后的分界线，绕一圈整理整齐后固定。最后戴上畲族银制的耳牌，耳牌分别有银勾子和牌子。至此，"表姐"发型头饰头整体完成。此发型头饰头，是未出嫁的姑娘专属的。

"表姐"头型（吴维泉 摄）

　　现在，会梳传统头饰的人很少了，赤溪扶贫第一村下山溪村的梳头婶雷桂英，也七十几岁的高龄了。

"表嫂"发型头饰

　　"表嫂"发型头饰适用于已婚少妇，其前区与"表姐"的基本相同，先将头发从耳中向上往前、后分区，把前区头发卷起固定预备用，后区头发扎中高马尾用红毛线扎紧，再把前区头发打开，抹上发油，梳理通顺，由左往右方向扭转拱起发包。发包要求梳理光滑、整齐，鼓起5厘米左右，梳理整齐后，先用黑夹子固定，接着将扎好的马尾分成左右两股，并将右边一股头发抹上些许发油，扭转成"O"字形，用一枚长约8厘米的"∩"形银插固定在马尾的右边，再用多余的头发连同左边一股头发，抹上发油，扭转、穿插、叠加"O"字形，固定在马尾的左边，这样就呈现出了独特的"∞"形的发髻。这样的梳法，可以让发量不多的人，也显得发髻饱满美观。整理好尾发，再用发网罩上，插上三五只8厘米长的"∩"形银插，其中两只银插用一条20厘米长的银项链相连，以12点方向和6点方向上下对插。银链子成半包围形状，左边在髻斜上角插上一支12厘米的金针玲珑花，花蕊分为三五朵盛开，两朵含苞未放。右边以平行插一支14.5厘米的银簪，簪上坠有3个果类玲珑，或插一支头部形状如圆锤、不带吊坠的银簪，右鬓上别一只约5厘米的银凤夹（畲语叫"凤别"），银凤夹

"表嫂"头型（吴维泉 摄）

雕刻凤凰，耳朵佩戴银耳饰，为坠链式。这样，就完成了。

妇女发型头饰

　　这里的妇女，一般指年纪较大的。妇女发型头饰的头发全部往后梳顺，抹上发油，扎个低马尾，把马尾分成左右两股，并将右边一股头发抹上些许发油，也是扭转成"O"字形，再左边一股头发，抹上发油，扭转、穿插、叠加那"O"字形里，也可用黑色小夹子固定好发髻。这样梳发可以让发量不多的人也显得发髻饱满美观。如果发量够多，直接将马尾分左右两股，一并梳成"O"字形即可。发髻再套上髻网后，只插8厘米长的"∩"形银插3—5支，这发髻梳法同"表嫂"。一般老妇女们前额会包一条黑色绉纱巾，长约120厘米，宽20厘米，对折两次后，在额前绕两圈，并绑在髻下。

妇女头型（吴维泉 摄）

古人用纱巾起到头部保暖的作用。最后，耳朵佩戴畲族银制耳坠。有少部分老人妇女还会在额前会留一些刘海，达到修饰脸型效果。

新娘发型头饰

　　另外，新娘发型头饰也颇有讲究。姑娘出嫁，卸了耳排，戴上耳燕，梳新娘头，要请村里的婶婶来为她梳头。梳新娘头前，新娘子前一天要把头发清洗干净，旧时没有吹头发器具，都是擦完自然风干。梳头时先把所有头发梳理顺，再一只手握住所有头发，另一只手用头梳将头发梳蓬起，扎在接近头顶的位置，可用皮筋、红色毛线或红布条来固定。旧时都是用菜油来固定头上及发际线等处的小碎发，将小碎发全部整理干净，以达到整齐效果。然后高耸的头发以绑的位置为中心点，绕圈卷成"小丸子"，再用红色毛线或红布条将卷起来的"小丸子"固定好，并在这"小丸子"处插上五朵"拦头花"，套上已做好的竹管子或竹壳裹红绒布，也有梳好"丸子头"就直接套上红绒布的。这个布能起到保护凤冠对额头等部位带来的摩擦，也防止凤冠下滑，达到防护防滑的效果。最后将做好的银饰凤冠戴上即成。

　　除新娘发型头饰外，其他三款相比，"表嫂"发型头饰最为讲究和复杂，但也最能体现福鼎畲族女性的独特，整体华丽端庄。畲族传统发型头饰，现在很难能看到，只有在畲族传统节日上偶尔会有个别装扮。

福鼎式畲族女装及装饰

🍃 夏 帆

福鼎式上衣

福宁为闽东古称，州、府衙设在霞浦（年建县），福鼎于清乾隆四年（1739）从霞浦县析出建县。霞浦县、福鼎县分别位于福宁府的西部和东部，故霞浦畲族服饰被称为"福宁本州西路式"，福鼎畲族服饰被称为"福宁本州东路式"，东、西路式畲族服饰有着共同的形制，在局部存在着一些差别。

霞浦式与福鼎式上衣比较

	福宁本州西路式（霞浦式）	福宁本州东路式（福鼎式）
领部造型	为中式单层立领，类似于旗袍领，后中立领高3厘米，领围30.5厘米左右。	为中式双层立领。大领造型与霞浦式相同，后中立领高4厘米；小领高1.5厘米，从里到外由四层布做成，造型类似于长方体的布滚条，嵌入大领的领围线上，领围略大于大领。
肩袖造型	袖子为连肩袖，在袖肘上方约8厘米处，有一条拼缝线。从领后中心线到袖口的长度为70厘米，袖口尺寸为28厘米，袖口内接3厘米宽的蓝色布条，穿时把袖口卷起来，露出蓝色的边，起装饰作用。	袖子通常没有分割线，从领后中心线到袖口的长度为69.5厘米，袖口尺寸为27.5厘米，袖口内接约3厘米宽的红色布条，也有用印花布，穿法与西路式相同。
大襟	前斜大襟，从前中心线至止口线伸出的直线距离是16厘米，从在前中心线上的领窝点至止口线上端顶点的斜线距离是19.5厘米。	用相同的方法测量东路式上衣前斜大襟的相同部位，得出的尺寸分别是11.6厘米和13.2厘米。东路式比西路式的倾斜度要大些。
图案色彩	主色调是玫红色，色感较柔和。	统一在大红色调之中，色彩鲜艳，饱和度较高。
上衣片	后中衣长为72厘米，前左、右两斜襟的长度相同，在同一衣底摆线上，上衣左、右侧缝开衩均为29.5厘米（可反穿）。	衣的前右片（为大襟），后中衣长为76厘米，前左片衣长为48.2厘米，上衣左、右侧缝开衩均为20厘米（不可反穿）。
拦腰	呈梯形，侧边长27.5厘米，上宽35厘米，底边宽61厘米，裙上的装饰图案沿裙上边和两侧（底边除外）呈梯形排列。	基本呈长方形，长40厘米，宽47厘米，裙身为黑色或藏蓝色，有的裙边滚约1厘米的花边，裙中央装饰着一块接近正方形的淡绿色绸布。
服斗	花池造型类似于英文字母L，少则一个，最多三个，由大至小、由外至里层叠分布在服斗中。一般都装饰凤纹与牡丹。	呈"几"字形，凤纹与牡丹组合一般装饰在花池外边，紧沿花池外框走向呈适合图形，形成一组没有外框限的花池。

福鼎式日常上衣大小双立领，大领印花面料，高4厘米，小领高1.5厘米，领上有彩色线绣，大小襟，窄袖，前后衣片等长。可两面翻穿，日常及劳动时多穿反面。

材料为涤纶化纤，黑色，服斗为带钩的L造型一池，池内有绣花。只在服斗处缝两道红色、白色线。

左大襟腋下缝夹黄带一条，右小襟与衣后片夹缝对应处也夹黄带一条，用于固定前后衣片，领口一对红色"杨梅球"，袖口、侧缝开衩处缝制红色贴条防止磨损。

福鼎女装东路式上衣，二池、绣花面积大，花型饱满，池内池外都有绣花。在池内绣花纹样中有人物造型——这是福鼎绣花一大特色。服斗花池内一般都绣有蝴蝶纹饰，通常与盛开的花卉纹样结合，表传播花粉之象，寓意生殖繁衍。袖口内有二层贴布，其中一层为印花布——这在畲族服装中较为少见。上衣为左右大小门襟，不可反穿。

畲族女装领部、大襟（吴维泉 摄）

福鼎式女髻

福鼎式先把头发向脑后梳直拢成一大把，扎上10厘米宽的毛线，与左右鬓发分成三股，打成长辫子，辫尾绑上一大束红毛线，由左向右盘过额头并用发夹固定，余发线塞入脑后发髻。

福鼎式凤冠

凤冠分冠身和凤帘两部分，冠身用竹笋壳编成，外蒙黑布；正面镶两块长方形银片，有乳丁纹及各种花卉纹饰；尾部吊一块木簪，插上左、中、右三组合成的银裂，分上、中、下三层，上层有八仙等吉祥纹样，中层有10只头朝下的狮子，下层有12只昂首的凤凰，口衔12条银链珠串、银片、银牌，从额前垂挂到颏下。

福鼎式拦腰

福鼎拦腰呈双层造型。上层为方形，居下层中央，是一块接近正方形的淡绿色绸布；下层为梯形，上宽 40 厘米，下宽 57 厘米。独特之处的是在拦腰黑或深蓝色底层上再加一层带绲边的淡绿色绸布作为装饰，上沿与腰头缝合，其余三边不缝，可飘动。底层黑色两侧（不被上层绿色绸布遮住）往往用凤凰朝牡丹的图案绣花；拦腰上方有一宽边，左右两侧则为窄边，织带直接与裙头缝在一起，织带多为白底，中间由蓝、红、黑棉线编成，织带围绕后系扎在身体前方。

（本文节选自浙江人民美术出版社 2017 年版《畲族源生服装图系研究》，标题为编者所加）

畲族传统服装——福鼎装

钟敦畅

流行于福鼎市和霞浦县水门、牙城、三沙等乡镇的畲族服装称为"福宁本州东路式"，又称"福宁东路装"或"福鼎装"。福鼎装的着色比较讲究，其常服为黑色右开襟式，大襟以桃红色为主调，加配其他色线。所绣花纹面积大，花朵鲜艳夺目。衣领两头下端，缀两粒红绒球"杨梅花"，中间镶各色料珠，整体风格艳丽，非常美观。

福鼎畲族女装上衣为大襟、黑色，连袖有服斗，立领。领部复式，分大领和小领。领口较高，中线最高处约为5厘米，面料颜色以水红、水绿为主，加绣花纹。领子上的刺绣，通常图案有牡丹、莲花等花卉。盛装，领口装饰两颗直径约2厘米的红绒球，球底托十几片布叶子，球心镶各色料珠，有的饰以小银片，俗称"杨梅花"。衣服款式为单面穿。衣长约75厘米，前后片等长，有服斗。大襟一般从中线宽出20厘米，服斗12厘米。服斗处的刺绣集中在上角，在衣扣旁绣着龙凤、人物、花鸟等图案一片。右边大襟襟边有两条长过衣裾的红色飘带。袖口添边，配以红色布条，或加滚其他颜色的布边。两侧衣衩内缘滚镶红色添条。有些少女装没有绣花，只用印花布缝在服斗上。上衣主要部分的尺寸，领中部高5.3厘米，两端略低0.6—1厘米。大襟以领口垂直为中线，中线右边为右襟。右襟分上、下两部分绣花，上部分从领口垂直10厘米，再向右12.6厘米平行成一直角，直角口（即领口向右下斜的斜度）为16厘米。紧接这个直角为绣花下部分，即"服斗"，为高10厘米，宽12.6厘米的方块。上部分斜绣三道并连大朵花，下部分与上部分三道花紧接从右到左，首道绣大朵花，二道上绣人物或梅鹊、鹿竹、双凤朝阳、曲龙上天等，三道与绣花部分的第三道相连。

围裙，也叫"围兜""全手巾""围身裙"。裙身呈长方形，黑色，长约40厘米，宽约47厘米，裙头宽6.5厘米。青年妇女做节日盛装用的，也有滚彩边，中间绣花，还配系一条绿色的20厘米宽、

畲家刺绣师傅

两头有十几缕穗丝的织腰带，长度为围腰两圈，两端还有两尺长，垂在腰侧或后腰。结婚后生子，也作为背巾，背孩子做客或回娘家。其编织结构上，有单独模样、连续纹样、角隅模样等，又有梅花、牡丹花、莲花、菊花等花样，还有喜鹊、凤凰等自然纹和锁同、万字、云头、云勾、浮龙纹、山头、六耳、马牙纹、书宝、拈叶纹、柳条纹等几何图案，色彩鲜艳，富有畲族民族特色。日常用的，则在裙身加一层淡绿色绸布作为装饰。中、老年人劳动时用的围兜均为素面，用的面料则很讲究。

过去在每个畲族村落都有一两位刺绣能人。在畲乡有着"男绣女不绣"的传统，从事刺绣者以男性为主，纯手工的精美刺绣几乎都出自男性之手。传统畲族风俗中，畲族人在结婚前发红帖请刺绣师傅到家为新婚的畲族姑娘做不同款式、花样的衣服，一般的家庭也要做到四五套，经济较好的家庭做十几套的都有。布料、各色丝线由主人家采购或委托师傅代买，布料有绸、缎、棉、呢纶等，颜色主要为黑色，围裙衬里配以小块绿色，丝线颜色有5至9种，有大红、二红、水红、黄、橘黄、蓝、绿、淡绿、白等，做一套新婚服饰需耗工几天到十几天不等。这要看刺绣图案的大小、图案的精美程度，几套新婚服饰约需一个师傅和三五个徒弟在主人家里耗时十几天才能完成。2008年，硖门雷朝号为宁德畲族博物馆刺绣一件女装上衣，耗时近一个月才完成。许多畲族妇女将出嫁拜堂时的婚衣及首饰压箱底，百年时作为寿衣。

20世纪80年代，硖门一带的畲服裁缝师傅有蓝允銮及其养子蓝德托（有徒弟雷朝号、雷朝贵、蓝天来），雷天锐及徒弟雷必创、雷必洗。雷朝号，太姥山镇孔坪村虎暗人，1946年出生，19岁上下在虎暗初小教了两年书，后到硖门文渡初小教了三年书，因家庭负担重改学裁缝，师从蓝德托。为了尽早挣钱养家，师傅体谅他的难处，原本三年的学徒期在学了一年后就提前出师了。后来雷朝号买来书籍边做边学，勤奋钻研，手艺得到很大的提高。20世纪80年代初，雷朝号全家搬迁到硖门集镇，主要在福鼎硖门、太姥山及霞浦牙城、水门一带的畲族村为畲族群众做服装。

20世纪80年代，还有一小部分老年妇女着畲装，留畲族发式。随着社会的发展和生活方式的改变，畲族传统服装也淡出历史舞台。雷朝号作为福鼎目前唯一健在的会制作畲族服装的民间艺人，近年来除了为民族部门或博物馆制作少量的畲族服装外，再也没收到个人做畲服的生意。他制作的福鼎装被宁德畲族博物馆等单位收藏，2009年其服装作品"福鼎装"还晋京参加国庆60周年中国民间文艺家协会举办的"缤纷中国——中国民族民间服饰文化暨中国民间文化遗产抢救工程成果展"。

（本文参考了钟雷兴主编的《闽东畲族文化全书·服饰卷》）

畲族凤凰装的技艺特色与流传

冯文喜

一

那把尺余长的黑色剪刀，操在畲族凤凰装技艺传承人蓝加凤手里变得很神奇，但听刀剪布料发出喀嚓喀嚓声，仅几分钟时间，就剪出一摞的布料。游刃有余，这是匠师磨砺的境界。

我们做非物质文化遗产资源调查时，顺路到蓝加凤经营的畲族服饰公司去看他。他多半是倚着台沿侧身裁剪，目光打量手上的布料，沉思片刻，而后将面料刷刷地铺展开来。他的手异常地灵巧，几乎感觉不到在用力，但旁边的人却听到布料铺开的声音，而后一刀又一刀，入刀处，见线路，见块面。

裁剪的声音是一种异常动听的旋律，有经历的人才能感受到，那是小时候山村裁缝师发出的妙音。裁缝师的目光打量在宽处，心眼则在细处，刀口下留有余地。蓝加凤刀路总是走在格线外，几张面料相叠，一刀下去，面料齐整整地像是克隆出来一般。

畲族人最讲究体面，尤其是畲族新娘出嫁时，更得好好张罗，畲族新娘穿凤凰装是必需的传承。相传，凤凰装起源于高辛帝嫁公主的服饰。畲族始祖盘瓠王武功超群，战功赫赫，高辛帝龙颜大悦，把公主嫁给盘瓠王，穿的就是凤凰装。畲族后代都沿袭凤凰装作嫁衣，以示尊贵。传说很美，凤凰装也很美，服装上饰凤凰图案作为标记，且工艺繁复，耗时旬日，乃成就一件精美嫁妆。

匠师有了吐故纳新的意识和胸怀，对于老物件总有不舍与迷恋。蓝加凤有众多的畲族器物收藏品，但将两件上衣视为珍宝。一件是他太奶奶的凤凰装嫁衣，另一件则是他师傅留给他的遗物，算是样品。蓝家人世代行裁缝业，

凤凰装（蓝家凤 供图）

时间太久远了，村里族人喊作"做衣裳师"。他的曾祖父名叫蓝清猛，算是福鼎畲族第一代制作凤凰装师傅。曾祖讨老婆时，亲自操刀，费时旬日，赶制了一件凤凰新娘装给太奶奶，太奶奶见到嫁衣已喜不自禁。

传统上，畲族以蚕丝、苎麻、土棉布等为材料制作服装。蓝加凤太奶奶的嫁衣传到他的手上，虽经百年留传，看上去还像新的一样。这件上衣用料档次高，以蚕丝作面料，以青黑色为主，领头的胸片缀有两个红绒球，像杨梅花，美其名曰"杨梅缨"，非常有特色，并用有十余种花布条折成叶片衬托，显得灵秀雅致。

传授凤凰装技艺（郑燕燕 摄）

硖门瑞云人雷朝浩是福鼎唯一能带徒弟的老裁缝，2010年，蓝加凤拜他为师，他也视加凤为得意徒弟，尽力所能将本领传授。他们之间的师徒关系，也是蓝加凤来申报非物质文化遗产时说起的。在2009年非物质文化普查时，我们到过硖门水里，寻找过这位已近八十高龄的老裁缝。那时他身体尚好，双眉花白，背有点躬，能给我们介绍他的手艺。当然还有遗憾，就是没有传人，后来才收了蓝加凤这个徒弟。雷朝浩师傅早年游艺于秦屿孔坪一带，年轻时向本村做畲族衣服的师傅蓝吓托学做衣手艺，擅长纯手工制作刺绣，这一做，就是一个花甲。

之后几年，雷朝浩师傅曾在几次传统歌节上亮相，大都是蓝加凤陪伴在他的左右。师傅留下的样品以绸缎布作面料，分大、小领，小领绣凤尾，大领绣凤首，缀上牡丹、八仙图案，各色花纹，加上各种颜色，富有时代感。为什么畲族服饰好用深色的线条来压边，但看起来一点也不俗呢？这里应该有民族的气质在，黑色的面料体现了畲族人从农业文明中带来了独特的审美气质，而浓艳的多彩线条，正好展露了开朗和热烈的民族性格。不管是在劳作，还是在舞台上，凤凰装都能展现畲女独有的气韵和美感。

蓝加凤对手工有别样情结，在父亲支持下练好基本功，走上从艺道路。起初学刺绣难度大，刺绣位置不到位，难免手扎了流血。他也向当地周边的艺人学艺，虽然很难，但蓝加凤坚持了下来，并相信自己选择的没有错。现在做了传承人，他感觉自己身上的责任也重了，立马收几个徒弟，并悉心教导他们学好刺绣。

蓝加凤以自己的凤凰装刺绣手艺传播文化，还多次参加闽浙边界各地民族服装展示会，赢得了极好的社会声誉。

二

畲族文化艺术与民俗风情有独特魅力，而凤凰装是其中最具代表性的一个。

现在，人们把流行于福鼎的畲族服装，称"福宁东路装"，简称"福鼎装"，其中以针线刺绣凤凰装最为讲究，具有独特的传统制作工艺。畲族服饰福鼎凤凰装制作技艺，已列入宁德市级非物质文化遗产保护名录。

福鼎装包括男装、女装，以女装的凤凰装最有特色。畲族妇女主要穿着有上衣、围兜、裙、裤、鞋、绑带。女式上衣制作一般流程是先要量长短，定位置，画样，裁剪，再绣花，最后拼接，缝制。围裙制作一般流程是先定尺寸，后裁剪，再绣花。裙带等边上绣牡丹、凤凰，最后上带。传统畲族服装、手工刺绣凤凰装等，需要苎布、土棉布、卡机、绸缎等制品材料，这些材料需要主家去种植或筹备，如果是上好的丝绸，则要专门去买，或由裁缝师帮忙捎带。

凤凰装为畲族特有的民族服饰，为纯手工刺绣，工艺精细，规格档次高，制作技艺要求高。女装上衣是以绸、缎、粗棉布为面料的右衽大襟式，比一般汉装稍长几厘米，其特点是制服斗、复领、衩角，飘带袖口分别刺绣各种图案和花边。

凤冠是畲族头饰上的一大亮点。不同的头饰装扮在畲族文化中被赋予了不同的含义。少女喜用红色绒线与头发缠在一起，编成一条长辫子盘在头上。已婚妇女一般都头戴凤冠，即用一根细小精制的竹管，外包红布帕，下悬一条一尺长、一寸宽的红绫。老、中、青不同年龄的妇女，发间还分别环束黑色、蓝色或红色绒线。人们看到不同的凤冠，就可以识别女性婚嫁与否。

凤凰装的刺绣代表了工艺的最高水平，集中在上衣的服斗处。服斗绣桃红色，又称水红，作为主要色调加配其他色线。针绣的花纹面积大，花朵也很大，往往有提亮、提鲜之效。复领有大领、小领之分，多用水红、水绿作底色加绣花。领口有一金属圆扣，两边各有三四厘米大的红杨梅缨，球底托有十几片以各颜色组成的布叶子，十分逼真。服斗是整件凤凰装的精华部分，也是刺绣功夫展示的关键部位。一般来说，一件女性上装设计为高三寸、宽近四寸的方块，在上部分斜绣三道并边的大花朵，从右到左，下部分紧接上部分第一道绣大朵花，二道绣戏曲人物、飞龙上天、双凤朝阳、祥瑞禽物，三道则与绣花部分的第三道相连。现代的畲族盛装则在此工艺上有所拓展，服斗块面加大，色线增多，更加华艳。

传统右边大襟上有两条长过衣裙的红色飘带，两侧衣衩内缘有滚镶"添条"。"添"是加边的意思，在大襟绣花和服斗部分的右边和下边，添钉一条一寸宽的红布边。衣饰图案比较丰富，绣有动物、花卉、人物及各种几何图形，花纹丰富繁缛，十分华丽。

袖口卷折外露，搭配的色边除布色外，规定是一条红、一条绿，两条别的颜色。袖口又称绣尾，上有四种不同颜色的布料，代表着盘、蓝、雷、钟畲族四姓。围兜也叫合手布、围身裙，是劳动时所用，均为素面，青年妇女的则很讲究。裙为黑色或蓝色素面，饰物种类多。福鼎装围身裙有两重，底重为黑布，边为红花布。上重围在红花布裙头下的宽约 8 寸、长约 3 寸的水绿色绸布，系丝织腰带，其纺织结构有自然纹、几何纹图案。

凤凰装上衣制作独特，不同于罗源、连江的"和尚领"，也不同于霞浦"两面穿"，还比福安的来得秀丽。

畲族服装技艺拥有细致的工艺流程、高超的技法、艳丽的色彩，赋予多元的寓意，为研究畲族的民族文化提供了宝贵的资料。

三

凤凰装承载着畲族独特的婚俗习惯与生活向往。在过去，它是畲族成年女性必需的一套嫁衣，饰以凤冠，寄托喜结良缘的美好。据福鼎畲族文化促进会李圣回先生说，

畲族服饰传承人在设计中（蓝家凤 供图）

20 世纪 70 年代，佳阳人雷丽媚嫁到双华村，婚嫁那天，她就是穿凤凰装，美丽非凡，令人羡慕无比。之后，包括他自己娶媳妇，受家庭条件所限，结婚那天也没能给新娘穿凤凰装。近年来，福鼎畲族人热衷于传统婚俗文化，女儿出嫁大多穿上凤凰装。

畲族妇女以勤劳朴素、任劳担当为荣光，成婚之后即参与夫家的劳动，莳田务农，手拿针线，勤于躬耕。在福鼎的双华村，至今保留有编织手工活，像织裙带、打草鞋、做蓑衣，与刺绣有异曲同工之妙。畲族村在过去有许多"百工"能人，能自给自足，而凤凰装之刺绣则是百工之精要，将畲族人灵巧聪慧演绎得淋漓尽致。

一件普通畲衣在过去以贮麻、棉花为面料缝制而成，一般情况下只适宜用于干农活时穿。但凤凰装则不同，成婚后，新娘对它珍爱有加，舍不得穿，就作为压箱底的传家宝收起来了。回娘家或做人客时穿的也是普通装。畲族人待到女儿出嫁或儿子娶媳妇时，都会精心备好一套新的凤凰装作为嫁衣，这是传统，饱含深深的爱。

服饰当随时代走，借鉴了传统凤凰装，现代的畲族盛装以水红、桃花红或大红面料为主，夹以部分黑色，刺绣颜色多达十余种，看上去十分华丽、浓艳，在众多的民族服饰中独树一帜。然此盛装仅在舞台展演时穿，或展示会上用，它保留了凤凰装繁复工艺和浓丽色彩，甚至增添长袍款式，看上去越加大气，有"一席凤凰"之称。这是艺人多年潜心历练创新佳构，从传统中萃取精华，弄潮时代，使凤凰装博得了现代众多女性的青睐。

福鼎畲族女歌手在展演或出镜时，得穿上凤凰装独唱或对唱。2016 年 7 月，"闽东畲族民歌音像集成"采集组在瑞云畲族村录制歌言"过海调"，我们选点在坐落群山之中的瑞云寺。寺中庭院深深，古香古色，这群女歌手都以一席凤凰装出镜，或选择在茶园、田垅、竹林，或选择在古道、民居、驿站，凤凰装一出现，整个场景就不一样了，就是活了，人与自然融入一处，怎么看怎么都好。

畲歌飘然入耳，时沉时亢，时促时缓，声色俱美到了极致，美到了古朴。

畲族婚姻形式

🍃 蓝俊德

　　畲族婚姻，过去基本上是族内蓝、雷、钟、吴、李之间的异姓婚。由于在历史漫长苦难的岁月里，畲民长期受到压迫、歧视和排挤，便将严禁与外族通婚视为畲族内部的重要族规。正如畲族歌谣所唱：

> 十八廿二正年轻，婚男嫁女合时年，
> 同姓不可成婚事，要寻别姓结亲情。
> 上祖流传叮了叮，蓝雷钟姓好结亲，
> 生女莫嫁河洛囝，河洛认钱不认人。
> 河洛翻脸似虎熊，冇把山哈当作人，
> 还是山哈自各好，锄头握紧变成金。

　　1949 年后，畲、汉两族之间的通婚才逐渐普遍起来。

　　畲族婚姻，过去有童养媳、娃娃亲、姑换嫂、赘婚、招女婿、服务婚、桃花合竹、做两头家、上门等形式。

　　童养媳在旧社会畲族家庭养童养媳原因很多，但主要是由于家庭贫困，怕儿子长大娶不起媳妇而抱养一女随儿一同长大。其他原因还有：多子女养不活，把女儿抱给别人养大做童养媳；婚久不育，抱养别人的女儿养大找婿，以防终身无靠和无人继嗣接香火等问题。童养媳长大与儿子结婚叫"合房"，婚礼一样隆重，但不必进行嫁娶仪式，就在家庭内部完婚，成为家庭正式成员。

畲族新娘（钟敦畅 摄）

娃娃亲　　在旧社会畲族家庭，怕童养媳长大会变心，便在男十二三岁、女十三四岁时就举行婚礼，叫"同房"。婚礼与"合房"一样，完婚后即是家庭正式成员。

姑换嫂　　即用亲女儿跟对方换取儿媳妇。

赘婚　　即男女对换，一家的一个男孩被另一家的一个女儿当丈夫，也给该家做儿子，养育后代；一家的一个女儿被另一家的一个男儿做媳妇。这是多男无女之家与多女无男之家之间互相交换成亲，也叫"总婚"。婚礼视其家庭经济条件可繁可简，一般不大操大办。

招女婿　　一般情况有下两种。一是家庭中只独生一女无男，招入女婿可顶半子，生下头男长子归女方父母继承后嗣，并有义务养大成人，待其长子成家立业后，方可把女方连同后生之子女带回夫家创业生活。若是男女双方只生一男或一女，则男女双方各得子或女，此一男或一女要继承父母两家。二是家庭中有生男女，但因男子年少，家庭又缺乏劳力，父母年老力微，招入女婿帮助其家庭劳动到少男成亲后，方可将女方连同新生的子女带回夫家创业生活，不继承女方家的后嗣便分不得财产。

服务婚　　贫苦之家无力娶妻，经双方父母同意，男子到女方家做工，长者8—10年，以工资报酬抵够聘金或至双方约定期限，男子方可携妻返乡成家立业。

桃花合竹　　一般指婚后由于婚姻变故，并生有儿女；有的女方生一儿，男方生一女；或有的女方生一女男方生一儿；两个家庭生活都比较困苦，男女双方凑合一起共同生活，供养双方子女长大后又娶不起媳妇，让子女之间配成夫妇。先决条件必须是异姓，民族则可不论。子女双方结合所生子女，将有权继承双方夫妇的财产和承接双方不同姓氏之香火。

做两头家　　畲家如新婚夫妇双方都是独生子女，双方都有父母，均是年老体弱，缺乏劳力，婚后男女双方必须种两家田地，用于赡养双方父母，叫"做两头家"。新生子女有权继承双方财产并承接双方之宗祠。婚礼比较简单，先是女方家设宴请亲房伯叔兄弟，后是男方到女家设宴招待亲房伯叔兄弟，以示告知天下人，双方成亲时，不需嫁妆也不需聘礼。婚礼随便到哪一方落户均得相应村民认可。

上门　　一般指女方结婚因丧偶变成寡妇，有的未生子女，有的已生有子女，婆家父母等家庭关系很好，凡单身男子或已婚因丧偶或离婚未生有子女的男子，均可到寡妇家入赘，叫"上门"。男女双方必须通过各自的伯叔兄弟及公婆作公证并订立合同，女方必须有子女过继给男方传宗接代，男方必须善始善终负起当男人的责任，双方均要共同劳动、困难以共，不得中途而废，若一方违约，都必须承担严重的社会和经济后果（被罚重金或倾家荡产）。婚礼简便，只需男方几位伯叔兄弟陪其前往女方，并带几桌宴席到女方家宴请女方伯叔兄弟即可同房。

畲族婚嫁习俗——做表姐

钟敦畅

　　在历史的长河中，畲族形成了鲜明、独特的婚嫁习俗，"做客"是其中最具有代表性习俗之一。"做客"指的是姑娘在出嫁前的一段时间里，要到所有亲戚家中轮流做客，意味着将告别姑娘时代要向亲戚辞行问好。因为做客是去舅、姨、姑家，与同辈的都是表亲，所以又叫"做表姐"。"做表姐"一定要从舅舅家开始，如舅舅家没请过，其他亲戚都无权先请。

　　当男家把举办婚礼的日子帖送到女家后，女家就把这日期写到红纸上，用红帖一封套着，带上线面或鱼做"手信"送到舅舅家，让舅舅知道外甥女成亲的具体日期。舅舅知道后，安排在外甥女出嫁前，请她去做客。舅舅请外甥女做客也要选好日子，并由舅母带上手信（线面或带鱼之类做礼物）亲自到外甥女家（路途远的提前一天，路途近的当天），把外甥女接到家里住。"做表姐"必须穿上绣花裙和佩戴手镯、戒指等金银饰品。

　　"做表姐"者出行，不管是晴天还是雨天，一路上都必须撑伞而行（以防邪气相侵，

硖门畲族婚礼（冯文喜摄）

或遇上出殡等），令路人一眼就能看出她准是"做表姐"的待嫁姑娘。外甥女在母舅家"做客"的时间少则十来天，多则三个月不等，但所住和来回天数要偶数，忌奇数。

在舅舅家做客期间，左邻右舍有往来的堂亲，都要请外甥女去吃一餐饭。当 外甥女吃完饭离开时，必须亲手装满一碗饭，放在自己坐过的位置上，再摆好餐具，致谢后才能离开，这种习俗叫作"剩粮"。外甥女驻足一段时间后，必须由舅母亲自送她回娘家，并在送其回去的前一天晚上，"响雷公"（做糍粑）。这是畲族客人来往中最大的礼节，这次做糍粑的全过程，均由村里的表哥表弟来完成。舅母送外甥 女回去时，带上糍粑 40 粒，毛巾若干条（这毛巾中有舅舅送的，也有舅家亲邻赠送的），赠送毛巾正好作为姑娘婚礼第二天酒宴时用。姑娘回家后，就把舅家赠送的糍粑分赠给自己的堂叔、堂哥等。

到姨、姑等其他亲戚家做客的习俗，过程与到舅之家相同。出嫁前，到所有亲戚家轮流"做客"结束后，自家堂叔、堂哥、左邻右舍请一餐饭，这个习俗叫作"接饭顿"，借以表达对待嫁姑娘的祝贺。到此，做客的整个过程才算结束。

"做表姐"对畲族姑娘来说，也是对其姑娘时代学歌成绩的一次锻炼、演练和检阅。当"表姐"来到"表兄弟"家的村子，表兄弟们组织一班后生撩"表姐"，有的在吃饭时搞恶作剧，让"表姐"吃不安心饭；更多的是对歌，连唱三天三夜。"主人"要煮点心给每个听歌和唱歌的人吃。对歌有严格的程序，每到天亮要互唱《感谢歌》《送神歌》，表示对"主人"的尊重。表兄弟们如果对歌输了，"表姐" 就用锅底的烟灰抹在"表兄弟"（对歌者）的脸上，让对歌者难堪，直至灰溜溜地跑了。如果"表姐"轮到另一家请，表兄弟可以到其他村另请"肚才"更好的"高手"跟"表姐"比拼对歌，显得更有情义。

"做表姐"要对歌， 畲族姑娘不大会唱畲歌就去舅家做表姐，会被人取笑，因而有邀女 友同行代唱，或答应等自家妹妹大了唱还的习俗礼节。有的无论如何也要唱一两条如《念着教我唱得来》一类的歌，才予圆场。福鼎调《念着教我唱得来》："兔子上山吃嫩草，潭低鲤鱼住石穴，深潭有底歌无底，念着教我唱得来。兔子上山吃嫩草，潭低鲤鱼住石楼， 深潭有底歌无底，念作教我唱一条。"

（本文参考了钟雷兴主编的《闽东畲族文化全书·民俗卷》）

畲族巫舞——长罢钱

🍃 冯文喜　钟敦畅

历史源流

畲族巫舞——长罢钱是硖门畲族祖传道教正一派道场中为亡者超度功果活动而进行的一段舞蹈。以鼓、钹、吉铃等乐器伴奏，畲族歌言为演唱形式，配以手诀、身段、步法，融汇中国古典舞蹈的刚柔、动静、缓急、放收、吞吐等特点，表演时抑扬顿挫、点线结合，具有观赏价值。该段舞蹈是畲族老人去世时道场中不可缺少的一出巫舞，也只有畲族法师才能掌握。演唱的内容主要是《二十四孝》《怀胎》等，有劝人行善、行孝之功用。

据硖门瑞云畲族道教法师（先生）钟石库（奏名岷山）讲述，他们的祖上于清咸丰年间，往闾山学法，所做道场历一百余载，经几代人口传耳授，传承至今，基本保持原有风貌。据有关资料记载，闾山派是一个华南道教重要流派，以福建为中心，相传发源于闽江之底的神秘世界闾山。闾山派之初始形态为巫法，名"闾山法"，是由古代巫术、巫法、巫教受道教的影响而发展起来的一支教派。

传承谱系

在硖门城内，有设坛的畲族道场以钟氏家族与李氏家族为代表，其中岷山的表演最具有观赏性，其柔韧的身段、轻快活泼的动作、优美动听的唱腔，往往将整个道场活动推向高潮。而《长罢钱》舞蹈动作并无文字记载，传授方式主要靠先生带徒弟在道场言传身教，体现了畲族生活与传统道教文化的融合。以上两个坛，主要在福鼎的太姥山、硖门、磻溪，霞浦的牙城等乡镇的畲族村。

畲族道场以家传为主，在他们的谱牒中可以看出传承谱系和发展脉络。硖门2个畲族道场传承情况梳理如下：

钟氏一派　为颖川郡，据其宗谱载，第一世者为良贤，明季年间，由闽迁平三十五都象源内重澳。后迁居霞浦县牙城镇半岭村，又迁居硖门瑞云村老鸦湾自然村，至第五世廷闻开始有记载，传承如下：廷闻（1759—1813）—世永（1780—1844）—

声加（1808—1846）—鸣顺（1825—1881）。鸣顺有军功，次子起员（1856—？，奏名毓灵），起员生 3 子，分别为长子钟学义，次子钟学启，三子钟学定，开始内传，传承如下：

学义（1885—1944，奏名道真）—刚随（1904—1940，奏名秀峰）—柔肃（1925—1995，无奏名）。

学启（1889—1961，奏名玄真，迁居硖门岭）—刚宁（1911—1961，奏名宝成）—柔库（1937—　，奏名岷山）—敦荣（1964—　，奏名宏通）。

学定（1893—1934，奏名成真，居老鸦湾）—刚峦（1916—？）。

钟氏一派外传有：

敦荣（1964—　，奏名宏通）—雷朝建（奏名玄灵）。

柔肃（1925—1995，无奏名，失传）。

李氏（畲族。因资料有限，本派传承人生卒年待考。）一派传承情况：李有华（奏名国文）—李学德（没奏名）—李招松（奏名明章）—李先灼（奏名显扬）—李圣权（奏名广通）、李圣辉（没奏名）。

李氏一派外传：李先钰（没奏名）。

主要内容和特色

长罡钱程序主要包括谨请、启告和弟子等，主要章节为《二十四孝》《怀胎》《盘古王》等。舞蹈内容与形式包括舞步、唱词、程序等。

长罡钱整个表演程序为：存变—超金井—收毒师—罗未—启告—弟子炉—请太上老君—九郎迷魂—祖师开路—仙人存变—九郎收魂—符男祖师—仙童见七姐—祖师押魂—长罡钱—行魂—手拿铜钥匙—手拿杨柳枝—二十四孝—怀胎—盘古王。

长罡钱表演时的三个元素是手诀、脚步、身段。它们各有内涵，手诀即手印，代表一个名号，表示神明形象；脚步为罡法，是结界，等于划分地盘；表演的身段最具观赏性，带有女性特征，是闾山法中的三奶夫人（陈、林、李夫人）的特征。长罡钱表演时还有其他信物如幡、手炉，和别的法器，各自代表一个个信号，也为增加表演带来观赏的效果。

主要表演特征

以"圆"为主　单个人表演时，以"走圆场"为主要形式，对场地大小要求不高，面积 20 平方米即可，可称为"小圆场"。圆场表演时，其表演形态特征是"卧鱼坐""射燕坐"，并且要求对称、均衡，因此，又可称之为"对称圆场"。

以"三"为数　　有"三步一跳""三步一拜""三步一请"等形式，其表演时，走左一圈、右一圈，左单（双）坐、右单（双）坐。

以"八"为步　　走圆场时，以走八卦步为基数，有"八卦步一跪""八卦步一拜"等。有单脚跪拜，并配以手指舞（手诀）。手诀表演形态有"里腕花""外腕花""八字片花""云手花"等。

怀胎

正月怀胎如露珠，左手按来右手无；

是有是无也不觉，在等下月是如何。

二月怀胎血成宜，梳头照镜心可宜；

洗面便把镜来照，面色退去没主意。

三月怀胎血成王，心中生病脚手酸；

白饭吃着都毛味，饿肠饿肚好吃酸。

四月怀胎血成人，阴阳知海民儿身；

未知肚内是男女，全似日月未分明。

五月怀胎分女男，儿子转动肚内藏；

身边可比千斤坠，日夜分分也难安。

六月怀胎心里忙，身中生病脚手酸；

夜间思良难到光，日间思良难到暗。

七月怀胎如七年，合士重担到娘肩；

百般重担有人替，此担无人替半捐。

八月怀胎心里愁，抱娘心肝揽娘腰；

合士铁般过东海，铁缸过海哪怕漂。

九月怀胎真苦情，心肝生病无精神；

是男是女早出世，莫作冤家在娘身。

十月怀胎何分明，感苦生病无精神；

分娩之时风吹烛，神前许愿保娘身。

天龙地府有神明，求神问佛有显灵；

神前佛后都许愿，见子道落地中心。

天上地府在眼金，世间女人着好心；

忠孝之时千句语，怀胎一传唱分明。

怀胎一传那这生，从头一二唱你听；

大小男女着孝顺，目连救母上西天。

硖门

往事钩沉

南埕屯所

冯文喜

南埕是福鼎最南端一个屯所，位于硖门集镇所在地西北约 3 千米处。南埕屯所见载于明万历《福宁州志》，清乾隆《福宁府志》和嘉庆《福鼎县志》亦载：“屯所，前明置，今废。南埕（八都）。”

南埕原来属于福宁州望海里八都地，福鼎建县后隶属福鼎县十一都，当时硖门 19 个村，南埕就是其中之一。现属斗门头行政村，与柏洋行政村相邻，与文渡自然村交界。南埕前为海埕地，在文渡海堤围垦之前，潮水涨到山脚，现变成稻田，背靠岭冈。

南埕所住村民，有赖、庄、李、王、江、邓、张、范、陈、林等姓氏，现今 50 户，近 180 人。据村民说，最早入住南埕的为林姓，在“农业学大赛”时期，南埕林姓门头厝前仍保留有一副旗杆夹，故地名为“旗杆角”，似乎有过显赫。当年，这一带周

南埕今貌（张晋 摄）

边大姓有一句顺口溜："南埕林，亭下李，甲染汤，文渡江。"南埕村民住房坐南朝北，门头前置 200 多米长的石头墙，设墙门头 1 个，门头里左中右分 3 个巷到院落。墙下为古石道，经此可去硖门岭、柏洋、斗门头、青湾、白沙。门前即南埕洋，有水从甲（葛）染溪头里而出。洋中有一土墩，形如球体，一条石道从石墙下通到墩上，像是"彩带"。原由林姓在土墩置一宫庙，叫"宫墩"（也叫金墩，今存旧址）。到晚上点宫灯，形如圆球，结合地势谓之"双狮戏球"。沧海桑田，斗门头赤屿海堤修筑之后，南埕洋面进一步开发成垦田区，门头墙、石巷、石道亦被拆除或改造，致使旧观不复存在。

南埕屯所与所处地理位置和时代背景息息相关。从地理上看，它处于山海交汇间。《福鼎县志·山川》载："南屏山，在濮洋山北。后为呵冻山，稍旁曰双阖山。东距海，曰青湾、赤屿、白沙、密迩、大崳，风帆出入，防海要区。"说的是南埕正处于防海的风口浪尖上。硖门地处福鼎之东南，面海居山，霞浦牙城与福鼎硖门交界。硖门文渡、赤屿、青湾、福长、渔井、青屿头都靠海边，形成一条海岸线，沿线礁岛主要有过境岛、跳尾岛、水龟礁、乌礁与大崳山、小崳山、烽火等。内海陆地地带有文渡湾、白沙澳、硖门湾、牙城湾，是闽东北沿海重要海上通道之一，地理位置形势显得十分突出。

据《福宁府志·建置志·屯所》记载，福宁共有 88 屯，并由建宁、福宁二卫拨军屯种。其中福宁卫于明洪武二十一年（1388）置，隶辖 7 个所（左所、右所、中所、前所、后所、大金所、定海所），由福宁卫指挥使司统辖。就海防而言，硖门海域附近有八都港、青屿两处均与秦屿相通。硖门内海形成天然港口，海潮由八都港进入，南为黄螺潭、硖门港，北为碑湾港、文渡港。这些港汊在海防上内属桐山营管辖，外属烽火营管辖。其中，陆地距 12.5 千米，水路离 7.5 千米。当时陆路由桐山营拨兵丁 6 名巡逻。另外，渔井与崳山一水之间，行船约 50 分钟。崳山是福宁门户，设有崳山游，清时废除。有硖门烟台，立于大岗头，面海背山，由桐山营分防南镇汛的炮台兼辖。福鼎域内屯所除了南埕（八都）外，还有翁潭（十五都），安福（六都），莘洋、柑园、水沟、太平、林柄（十四、五都），山门寺（四都），举州（十四都），茶洋、管洋、洪家店、北风（十八都），广化、七蒲、长溪（十七都）等 16 处。开辟屯垦，目的是提供满足兵力给养的需求。

屯所到明末清初逐渐荒废，这有其历史原因。福宁府太守李拔在编撰《福宁府志》建置志屯所中作了较为详尽的说明：

> 明初设卫军五千六百余名，而设屯田以助兵食之不足，法至善也。后渐消乏。至嘉靖间，操海仅存五百。寻以倭势猖獗，空缺难守，屯业荒而屯丁罢。至万历初，海寇直抵松山。征战亡者百余，陆续清补得一千六百名。后行举

镐之令，汰其老弱，增加海舟。而贴驾者少，操守乏人，损耗不逮，国势遂蹙。我朝定鼎，更定兵制，水陆并守，海宇敉宁。从前军屯之地，尽为耕凿之乡。兵无空乏，民无骚扰，诚久安长治之良策载！

从以上资料可读出：

第一，早期屯所的目的在于屯田，生产粮食，以解决兵力粮草紧缺问题。从"法至善"可以看出明初屯田制度之完备，屯所军纪严明，规格高，队伍庞大，人员达到 5600 人。以 88 个屯计，每个屯平均人数达到 63 人以上，从中可以想象南埕屯所当时规模之大。

第二，明嘉靖到万历年间是屯所衰败期，直接原因是沿海倭患猖獗，整个卫所几成空壳，人员仅存 500 人，屯所的景状是"屯业荒而屯丁罢"，南埕屯所大概在这个时期荒废。

第三，清季更定兵制，实行水陆并守，福宁沿海处于安定的局面，这时屯所已经完全废除，全部开辟成农耕之地。从现南埕屯所旧址看，其地仍以农田耕种为主，符合志书上所描写的历史情景。

安宁社抗倭事迹

🍃 贯 之

安宁社（墓）址位于硖门斗门头村东家井自然村砚田冈，原为"忠孝节义祠"，木质结构，后来被废。清嘉庆十七年（1812），江子盛、江子煌、江子炳等人在原址建宫，今形制为墓葬。

安宁社的始创造者是文渡江姓第七世江日葵，生于万历戊午年（1618），为人智勇仗义。明末清初，福宁沿海屡遭倭患，倭寇时而进村掠夺烧杀，沿海民不聊生。他不忍众乡亲遭受涂炭，慨然招募乡勇，成立安宁社，教练乡民。据文渡《江氏族谱》记载："日葵公父子团练乡民，时贼猖狂，公以力御，身殒，后人因其有勋劳，宜百世祀之，崇祀忠孝节义祠。"其后乡人即称此祠为"安宁社"。

明永乐元年（1403），江氏迁居始祖经湖广而至福宁文渡。这里濒海环山，滩涂广阔，物产丰美，有民谣说"潮涨文渡滩，鱼虾堆成山"。江氏族人在此定居，通过

安宁社（冯文喜摄）

自己的辛勤开垦，创造了不少家业。在清代，文渡江氏是福鼎的一大望族。

江日葵为了交通便利，在其家乡的龟山与蛇山之间修建一桥梁叫"锁桥"，并以桥为堡垒作为抗御倭寇的重要军事设施，积极地参与了抵御外侮、保卫家园的斗争。当时秦屿为倭寇所困，江日葵率团练乡民援助。文渡江氏与秦屿陈氏相友善，交从甚密。清乾隆《福宁府志·人物志·忠节》载，明末清初，海寇入犯秦屿。有年方十九的陈氏姑娘偕里人张鸢三等毅然率众御寇。贼寇见一时难以攻下，从文渡毗邻的樟岐偷袭城堡，张鸢三和陈姑娘等43名乡勇义士在小东门壮烈牺牲。乾隆四十一年（1776），在秦屿北门边建"义勇祠"以祀，其中有陈桂、陈细卞、陈乞七、陈添、陈党九、陈安二、陈机六、陈七郎、陈祖六、陈晏郎、陈孙四、陈彦奇、陈赐一、陈敬回、陈细五、陈子云等16人。这一记载与江日葵救援陈氏兄弟的史实相符。由于倭寇兵力强大，江日葵一直退到东 家井附近，最终力不能敌，江日葵七兄弟与三个儿子朝秦、朝可、朝献，以及众乡民坚持到最后一刻，悲壮牺牲。后人在志书上评说他为"忠烈"，即"义不独生，力斗而死"，表现出凛然大义、宁死不屈的风范。大战之后，倭寇退却，众乡民为江日葵视死如归的壮烈义举所感染，在其居东向山冈为他立社，并把他作为神来祭拜。

今天的砚田冈看上去像一座小山丘，坐落在东家井村硖吕公路沿线，有福宁高速路从其背部穿过，前为文渡工业园区，山冈之东北百余米即文渡，只是时空转换，世事沧桑，文渡旧有的滩涂旧貌换新姿。安宁社墓葬坐西朝东，占地面积近百平方米，墓亭及碑为青石打造，其余为条石，墓亭规格在一至两米之间，为四柱三间式，檐角刻有鳌鱼装饰。墓葬正中石碑高近1米，宽近半米，亭中有石神牌刻"砚田冈安宁社正神之位，国子监生江有御立石"等字样。神牌制作精良，成柜式，刻有云纹图案，牌首浮雕龙身，外饰以云纹。神牌并安于一青石神台上，左右各雕塑石狮，神台前面镌刻"嘉庆十七年十一月十一日子时重建"。外亭门额题"正直"。两旁石柱楹联"云霞深处旄檀气，禾黍香中社鼓声"。边柱题刻"红升旸谷日，青涌海门潮"。两边门额匾"人宁""物阜"，墓亭正对面有"海国干城"碑刻，高1.2米。其余雕刻有花卉、瓜果、祥云等图案。旧逢农历初一、十五，江氏后裔进宫上香朝拜以祀，以求风调雨顺，四季安康。内亭左右各立有碑屏，记载江日葵抗御外侮及生平事略。碑文如下：

神江氏，名日葵，世居绿榕谷，国朝定鼎后，寇氛炽海上，滨海悉受患。神率里人捍御，有陈氏兄弟与同事，屡挫寇锋。时秦屿被寇，亟求援，神令其众与陈氏往援，战没，寇旋至里，神力既孤，又愤同事害，义不独生，力斗而死，守秦者以援寇事上闻，祠义勇。神死于弗及，然父老言，神致命后，寇蹑其里，往往□□四布，庐舍莫辨，四面有金鼓声，里卒获安，是神之庇护。其乡不以幽宾存亡而有闻也，其诸史所传死而能去贼者耶。乡之人感其义，复异其灵，同立主，以陈氏兄弟配，岁时致享之外，两赐礿荣，咸有事于此。按《礼经》，凡有功烈于民，以死勤事则祀之，能御大灾则祀之，能捍大患则祀之，神殆庶几焉，视世俗淫祀无功而尸祝者远矣。神之曾孙大学生子盛、子煌、子炳，既崇，其元孙、贡生毓梅偕其侄、生员步赢，侄孙峰青，复□以石，以报本之恩。能表彰其先人护桑梓，效气谊，患难救恤之美，以风励来兹，亦足见为义之有后也。

嘉庆壬申□前三日，长溪欧志书记并书勒石。

安宁社涉及福鼎重要的历史事件，是明末清初福鼎民众抵御外侮的见证，具有较高的文史研究价值。文渡江日葵是在我国明、清两朝抗御倭寇历史长廊中的优秀人物代表，他捍卫自己的生存家园，表现了大义凛然的气节，永远值得后人敬仰与崇祀。

安宁社，一个以武力捍卫家园的民间社团，一面重大义、轻死生的义旗，一曲抗击倭寇的壮歌。

清代登春桥建造始末

冯文喜　郑斯汉

　　硖门有一溪流，称硖溪，水源发自福鼎与霞浦交界地的乌头，东流至硖门溪头里，折东南而走，抵硖门入海，形成硖门湾。夏末秋初，沿海台风陡作，夹带大量的雨，使硖门溪流暴涨，洪涛冲突，浊水泛滥，阻隔通途，不便行程。

　　硖门登春桥为清代建筑，石块构筑，横卧于硖溪之上，东西走向，长约百米。桥墩三个，全以方块的条石相互叠砌，深入溪床，相当稳固。为利于缓冲，防止洪流冲击，正对上游桥墩一面设计成三角形，减轻水流的冲击力。桥面铺设青石板，五块并排，桥左右两岸各立青石狮一只，镌刻"怀抱济川"等字样。原桥当中还镇一花岗岩石雕刻的瑞物"水鹅"，以图吉利。在20世纪道路拓宽时，石桥桥面加固加宽，现登春桥仍屹立于硖水之上，便利群众往来。

登春桥下的碇步（冯文喜摄）

登春桥是此地联结滨海村庄的重要纽带，过此桥近则通南片福塘、渔井、石兰等村落，远则达大小崳山、烽火门、三沙等海隅。硖门盛产海鲜，众多村民以渔为业，山区以出产茶、竹为主，多少物资统统在此间交换贸易，或肩挑手提，或顺帆而去，依托这个稳固的津梁，商贸往来，畅通无阻。桥头自然而然形成了海货集散地，每到潮水时节，埠下商帆云集，天空鹚鸥齐飞，此桥俨然成市。桥之岸上，即为闻名一时的观海楼书堂，学子朗朗读书，桥下波浪迭起，有"登春月色，观海书声"之句形容当时此间的诗情意境。

远眺登春桥（冯文喜 摄）

硖门郑氏是当地的一大望族，清初播居于此地。早年族人结茅而居，家族经济条件极差，但凭借勤劳能干，逐渐以渔为利致富。富裕后，摆在眼前的有两件大事要做，一是房子要建，不能再住草房了；二是桥要修，否则致富无路。住、行最为关键，特别是建桥已成为全族人的共识，势在必行。首倡建桥的是郑见斋，国学生，赠宣德郎，家族由他从福塘迁入硖门。《郑氏宗谱》记载："（郑见斋）次子腾元（号雨槎）佐之，殖产累万，家临大溪，每遇淫雨暴涨，行者遭灭顶凶。公倡建登春桥，所费不赀，自是无病涉者。"

郑雨槎（1842—1884）是族中事业开拓者，也是桥主要建造者，并为新桥命名登春，寓意非常深刻。他的创业史和建桥史由他的两个儿子志笃、志致写在《先考雨槎君行状》中："府君少颖异，年舞勺，业计然术，结茅为铺。居未几，家稍丰，遂将旧铺撤而新之，寻增屋十余间，市肆焕然一新，迄今成为巨市者，实我皇考启之也。铺之前大溪环拱，雁齿罗列，每暴澍聚淋，山潦溢汇，厉揭者少不及防占灭顶焉。府君奉祖命，邀堂叔祖寿卿公，倡造大桥。竣工颜曰登春桥，尝语不孝曰：春者，仁也，吾以是命名，将与人共登仁寿也。"林品鉴在《见斋公七秩寿序》中说："夫子之所谓仁则仁，诚为寿之本也，若郑公见斋之存心济物，盖相天地好生之仁者，其得寿也。"可见郑雨槎发仁寿之心修建登春桥，与其父郑见斋的思想一脉相承。郑雨槎生平急公益乐善事，逊语言睦邻里，一生锐志图维创业，并仗义疏财，为后人所称道。

郑雨槎建成登春桥，还得到他的堂叔郑寿卿大力支持。郑存规在《寿卿公行略》中说："其成登春桥之建也，公（郑寿卿）与有力焉。"郑寿卿小时候聪慧过人，读书过目成诵，异于常童，以乡贡老于家。清咸丰二年（1852），滨海海盗猖獗，危害百姓，民众人心惶惶。郑寿卿在硖门缮甲治兵，训练乡团，筹备军事。他以登春桥为战略要垒，带乡团出兵渔井，击退海寇。又率子弟兵在青屿村捕捉海盗数十人送到县衙，福鼎知事陈桂培为他请功，朝廷奖其五品衔。至光绪二十四年（1898），登春桥不胜经年溪水冲泡，倾倒一部分。郑石帆（1852—1909）与其侄郑虞琴（1862—1920）谋划重新修葺，又先后建虎坑、长溪里二桥。虞琴深知此桥为祖上心血凝聚，高山仰止，父意勿违，出资修筑，并其全长围以铁栏。

登春桥凝结了郑氏几代人的心血，为造福于一方，他们花巨资修建，引人遐思。民国卓剑舟曾客于郑虞琴先生家，曾记言，每过登春桥，则慨念郑氏当年缔造之精神，为之感动。这也说明家业非一朝一夕始成，只有历经几代人共同创造，才能历久弥新，正如邹家焯所题之诗："十丈长虹一再成，当年不惜力经营。登春桥下迢迢水，流到千秋总有声。"

我的父亲和我这个家

 邓奇伟

父亲名代柘，字文仲，生于清宣统三年（1911）。父亲幼年就读于乡村私塾学校，1929 年至 1932 年就读于福建省立第三中学（今霞浦一中），享受过书灯田租。当时父亲是石兰全族唯一的福宁府毕业生，可谓耀祖荣宗。我祖父邓百春，字日佳，习《易经》，略通五行，对我父亲的毕业并享受祖上"书灯田"，他老人家感到荣耀。民国时，父亲曾任牙城、硖门等小学校长，曾在霞浦县经征处、闽北南剑州沙县和国民政府培训学校就职，后由江西九江庐山国民军校毕业。

民国晚年，国难重重，连年抗战民不聊生，父亲不愿在国民政府里任职，因积劳成疾，于 1943 年春不幸与世长辞，时年仅 33 岁。

父亲生前能诗善赋，逝世时我才 3 岁。家里剩下祖母、母亲和我 3 人，母亲因过度悲伤，越 3 年也去世了，这时我才 6 岁，家里只有祖母和我一老一幼。岁月难熬，祖母养我到 16 岁时，她老人家已是 74 岁高龄了。在 1956 年春天的一个早晨，祖母仙逝。孤苦伶仃的我才 16 岁，只好投靠外祖母家。外祖母家是地主成分，舅舅是小学教员，加上表弟妹多，生活也难以维持，从此，我这个家就没落了。

我流落他乡，为求学百苦千辛，所幸亲朋周济，几经周折，我成为一名小学教员。1964 年，我与牙城籍小学教员王蒲花老师结婚，她是个贤内助，我们养育了两个女儿。长女邓欣荣福州幼儿师范毕业，次女邓铭民福建医药学校毕业，都在教育界工作。大女婿也是中学教员，二女婿在南平医药站工作。

2001 年，我已退休闲居，在友人的支持下，报名参加霞浦县老年大学诗词班学习，并参加长溪诗社学习作诗。后来有五年在南平市二女儿家协助药房管理工作，并参加南平市老年大学诗词班学习，也参加南平市诗词学会，诗词作品经常登在诗词学会会刊上。几十年来，在两地创作律、绝、词、对联几百首，经剔选后留两百余首，冠名《兰馨吟草》。该书稿在整理过程中得到霞浦政协长溪诗社常务副社长龙崖钓叟周玉明先生的首肯并为之作序，得到县老年大学诗词班老师渔樵散人林耀祖先生的校正并作了题跋，得到长溪诗社友人朱醒愚先生为之订正、校对，凡此种种，令人感念。本文，特以《石兰十景》作结：

硖门

飞凤衔书

石兰飞凤送丹书，摆在门前众赞誉。
念透山经资发展，一崇科学建匡居。

海上日出

晨曦出海望崙东，水面红球跃碧空。
跳尾蓬莱方丈现，此身如在画图中。

古井清泉

石兰古井最称奇，一眼清泉冽四时。
饮水思源怀古宅，村民解渴笑嘻嘻。

灵龟奋志

灵龟想下七都溪，欲入石兰择穴栖。
乍见硖门狮阻路，终生奋志几声嘶。

地设山城

山城内谷是吾乡，人道轻舟正起航。
水秀山明茶果茂，松苍竹翠代隆昌。

村坞池塘

村坞中央两口塘，楼房倒影正风光。
防洪抗旱犹防火，外貌修葺待改妆。

榕樟合抱

兰谷风光有内涵，双池夕照映红岚。
榕樟合抱成佳偶，若在姑苏构美谈。

石兰飘香

松梅菊竹耐霜寒，错节盘根叶茂繁。
草木暗香人不识，飘香十里有幽兰。

城门古迹

明时倭寇犯疆边，筑堡围城我祖先。
抗击外来侵略者，长留古迹励今贤。

文房四宝

文房四宝一奇观，摆列堂前任细看。
石砚石书加石墨，雅风鼎盛笔锋端。

硤门

我的当兵岁月

罗开善

1937 年，国民党大肆抓壮丁。我已是年轻小伙，联保处眼睛盯着我，每到抓丁期，联保处丁、保甲长就找上门来。但我是家中唯一劳力，父母年迈体弱，小弟年幼，万一被抓，九死一生，如何是好？为此，父母坐立不安，夜不能眠。为了全家人活命，白天我又不得不在家做农活，上山砍柴卖了换些油盐酱醋；吃饭时，母亲为防万一就到门外或路口望风；晚上不敢在家睡觉，到霞鼎边界的柿子树下、前洋、罗九、烟头笼、邱厝里等处躲避，一听到狗叫，翻身起来就往山上跑。一天晚上，我在对面庄厝里过夜，被保甲长发现，带来处丁们把房前屋后包围起来，我听到动静，急忙跑到羊圈，躺在羊群肚子下，还是被他们找到抓了去，当晚被押送到后山联保处丁驻地。五更时分，

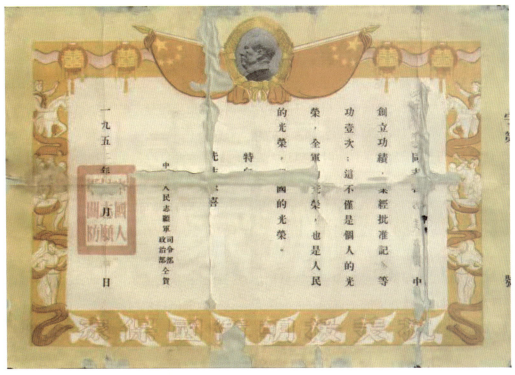

罗开善抗美援朝立功奖状（罗一鸣 供图）

处丁们都很疲惫，昏昏欲睡，就将我用绳子绑在板凳上。我一点都睡不着，听到处丁们的呼噜声，就假装要小便，连喊数声没人答应，便冒险解开板凳上的绳子，打开后门，翻过围墙拼命跑。到了邱厝里我三弟买主家，才帮我解开绑在手上的绳子。从此以后，我只好背井离乡，打长工、当徒工，以求躲过抓壮丁。22岁这年，

罗开善所获勋章（罗一鸣 供图）

我不幸身染重病，虽幸免于死，但却落下左脚拇指残疾。众亲友都说我是"因祸得福"，今后不用再担心被抓壮丁，可安心在家务农。然而事不遂人愿，1945年春，我又被抓去当了壮丁。打那以后，父亲带着小弟流落他乡教私塾，母亲投靠尼姑庵以生。

我当壮丁过着牛马不如的生活，吃不饱穿不暖，每天两餐糙米饭。睡觉盖的是稻草编的被子，脚穿的是自打的草鞋，还要时常遭恶骂挨毒打，如同罪犯一般，用连环双人手铐，将两人一左一右的手并拢扣上，无论是走路、睡觉、吃饭、大小便都不许打开，夜间大小便须先向哨兵报告，得到允许后才能抬头起身，否则以企图逃跑论罪。就这样，一路经过霞浦、柘荣、福安、宁德、古田、南平、沙县、永安、连城，直至江西瑞金，行程千余千米，历时近200天，随时都有生命危险，受尽折磨。每到夜晚，我都会想起父母和小弟，祈祷战争快点结束，一家人早日团圆。

1947年，国民党某部驻扎在山东泰安城，我们驻守在泰安城南的一个小山头，当时我与几位老乡暗中酝酿，寻找摆脱国民党军队的机会，但一直未能如愿。深秋的一天，解放军重重包围了我所在的国民党军队驻地。这天晚上，刚好轮到我站岗放哨，真是天赐良机！于是我携带步枪和手榴弹，像往常一样，在指定的哨位值勤，同时特别注意周围的动静，待查岗的军官走开的间隙，我偷偷地溜出铁丝网，急速迎向解放军进攻部队。不料，查哨的军官又折回来，一颗子弹穿过我的胸部，顿时鲜血从我的胸口和七窍直喷而出。在这生死关头，黑暗中两个解放军战士冒着生命危险向我匍匐前进，用急救包帮我包扎起来，并将我转移到战地医院救治。伤愈后，打好路条，发了路费，

让我回家。我感动得热泪盈眶，心想全家团聚的日子就要到了，归心似箭，昼夜兼程。当行至南京浦口，国民党军队在此地设有关卡，我再次被抓去补充战败缺员的国民党军队。

1949 年 4 月 21 日，渡江战役一声炮响，解放军百万雄师分成东、中、西三个突击集团横渡长江，在江面上万船齐发，一天内就有 30 万大军登陆南岸，第三天就解放了南京。解放军再次把我从国民党军队的人间地狱解救出来，从此我跟定共产党，参加了中国人民解放军第三野战军第 27 军 79 师直属警卫营通讯连。经过短时间的集训后，我参加了解放上海战役。5 月中旬，我所在的 27 军就先后攻占松江、南汇、青浦、川沙等地，抵进高桥附近。汤恩伯为确保退路，令其所部利用既设阵地，拼力扼守高桥、刘行、月浦，给我军造成重大伤亡。为迅速解决战斗，第三野战军于 23 日晚提前发起总攻。24 日我们攻占浦东市区和虹桥、徐家汇车站，上海守敌全面溃退。26 日，国民党守军陆续投降或被歼。27 日晨，踞守杨树浦发电厂和自来水厂的国民党军队最后 8000 多人缴械投降，解放军战士就在街道两旁的屋檐下睡着了。28 日，上海人民政府成立。

1949 年 6 月，为适应维护上海市安全的任务，我所属第三野战军第 27 军第 79 师改编为驻上海警卫部队。同年冬，上级命令我部到浙江海盐县训练渡海战术，想乘国民党败逃台湾未站稳脚跟，配合兄弟部队解放台湾。

在人民解放军的大熔炉中，我得到锻炼和提高，懂得了许多革命道理。1950 年 6 月，我光荣加入中国共产党。

1950 年 9 月 15 日，美国的"联合国军"在仁川港登陆，10 月 1 日越过了"三八线"。10 月 8 日，朝鲜政府请求中国出兵援助。毛泽东主席发布命令，将东北边防军改编为中国人民志愿军。10 月 19 日，中国人民志愿军第 38、39、40 军和炮兵第 8 师等部队，分别从安东、长甸河口、集安跨过鸭绿江，这是最早进入朝鲜境内的部队。10 月 25 日，志愿军第 40 军 120 师 360 团在云山地区的间洞南山、朝阳洞东南山和玉女峰一线，与南朝鲜部队交火，打响了震惊世界的抗美援朝第一枪。

1950 年 11 月 26 日，我所在的通讯连入朝参战。当时我是通讯连班长，肩负着架设和抢修通信线路，确保部队首长指挥联络作战畅通无阻的重大任务。在零下 30 多摄氏度，积雪达 2.3 米深的冰天雪地里，敌机日夜不断在空中盘旋侦察，投弹扫射，坦克大炮狂轰滥炸，我和战友们不分昼夜，随时不断地沿着电话线路巡查，以防线路被敌军的炮火炸断。由于积雪太深，很难辨别地形，常常不小心掉入雪坑，掩埋到胸口或脖子上，棉衣和棉鞋里尽是雪。雪遇体温即化，湿透了棉衣和棉鞋，风一吹全身凉飕飕的，脚跟鞋就冻在了一起，脱也脱不掉。有一次志愿军在朝鲜河口与美军交火，我部四五千米长的电话线路多处被敌炮火炸断，以致部队失去联络。在这紧急关头，我毫不犹豫带领两名战士，冒着敌人的炮火，穿过枪林弹雨，沿电话线路匍匐向前，一段一段地接上。当接到第五处时，两个战士被呼啸而过的敌机扔下的炸弹炸伤，我帮他们简单包扎后，继续沿线巡查，将最后一处电话线及时接上，确保部队首长能指挥战斗。中国人民志愿军和朝鲜人民军就是靠不屈的精神和坚强的意志，浴血奋战，击溃以美国为首的"联合国军"和朝鲜军队的无数次进攻，打得他们节节败退。

在抗美援朝战争中，志愿军共歼敌 96 万，伤亡 36 万人，毛主席的大儿子毛岸英也牺牲在朝鲜战场上。30 万志愿军将士荣立战功，我荣立三等功三次、四等功二次，还荣获朝鲜民主主义人民共和国、中华人民共和国政治协商会议授予的抗美援朝纪念章各一枚。

张祖爱在硖门

林秀梨

张祖爱同志，福鼎市前岐镇人，中国人民抗美援朝志愿军残转干部，1959年冬至1962年间任中共福鼎县硖门区委书记，于1963年尾因患肠癌医治无效去世。1960年至1962年正是我国自然灾害最严重时期，困难重重内忧外患，张祖爱书记发扬继承志愿军英雄主义和革命大无畏精神，与天斗，与敌斗，取得了一个又一个胜利。那时，我曾任硖门区委会秘书，60多年后的今天，我回忆起张祖爱书记爱党爱人民的事迹，历历在目。

站在抗洪斗争第一线

硖门地处沿海突出部，特别是每逢夏秋季节，台风、洪水频发，给人民生命和财产造成极大危害。1962年夏，一场洪水暴雨把柏洋水库（又称油坑水库）冲垮。张祖爱亲临第一线带领广大干群，冒着大风大雨两天两夜坚持抗洪抢险。在做好水库下游群众紧急转移工作之后，又马上组织抢险队开挖扩大排洪沟，引水从排洪沟泄出，减轻大坝压力。但是暴雨洪水来势凶猛，一瞬间冲破涵洞，造成大坝崩塌，幸好提前做好转移工作，没有造成人员死亡。该水库被冲垮崩坏，对张祖爱打击很大，在一次区委会干部会议上，他痛哭流泪。当时，在场的沈王山同志对他说："擦干眼泪，挺起腰杆，重新再干。"会议后，张祖爱鼓起勇气，发动组织群众献工献料，重建大坝，修复水库，经过三个月奋斗竣工，比原先的更牢固安全。

抗击"02病"

1962年8月23日，硖门区瑞云公社山腰村发生首例EL-tor弧菌引起的副霍乱病，至11月波及全县11个区164个大队，得病384例，死亡52人。此霍乱病俗称"02病"，传染快，死亡率高。张祖爱书记接到疾情通报后，分秒必争与时间赛跑，连夜召开各村干部紧急会议，立即布置抗击"02病"的斗争，刻不容缓地组织医疗队，深入各乡村检查，落实各项抢救措施。当发现病患者，立即隔离注射药水，挽救了患者生命。渔井门楼里林发燕生命垂危，医疗队接到通知后立即赶到病人家中，对病人进抢救，经过两天时间，终于把林发燕的生命从死亡线上挽回。疾情就是命令，张祖爱书记多日不曾合眼，哪里发现病人，立即派医疗队员赶到哪里。经过两个月奋战，终于战胜疫情。

抗饥荒，渡难关

三年自然灾害给农业生产造成严重影响，产生全国性食品供应短缺状况，饥荒蔓延全国各地，危害人民身体健康，浮肿病处处出现。从中央到地方，各级都把人民生命摆在第一位，开展抗饥荒渡难关活动。张祖爱书记根据硖门实际情况，千方百计投入解困活动，抓紧抓落实。他积极、及时地向县领导汇报情况，争取到一批批回销粮，并亲自分配，落实到各村各户。同时，在相关部门的配合下，向闽南地区调拨一批批地瓜干（片），向浙江沿海地区采购一批批海藻干。此外，还发动群众利用房前屋后空闲地、杂边地种瓜种菜种豆，简称"瓜菜豆"，以补充粮食短缺的难题。最后，大家胜利度过饥荒，人民的生命安全得以保证。

生产自救，发展生产

1962 年 10 月 13 日至 1963 年 5 月 31 日，冬春旱 241 天，水源枯竭，硖门乡渔井村群众得到 15 千米外挑水吃，全县水稻受灾 11 万亩。当时，硖门水田龟裂，禾苗死亡，粮食减产，危害极大。面对严重的自然灾害，张祖爱书记迎着困难直上，在农业生产上，发动全社会抗旱保苗活动，开渠引水，挑水浇苗，抗旱面积达 300 多亩，使旱情得到缓解。在农业规划方面，张祖爱书记千方百计提高粮食作物复种指数，单季稻改种双季稻，加强田间管理，及时合理施肥，除杂草，壮禾苗，提高单位面积产量，早晚稻双季均获丰收。在渔业生产方面，大力发展敲捕、围捕、钓捕、拖捕相结合，固定作业和流动作业相结合，大力发动组织渔民下海抓捕大黄瓜鱼，年产量过百万斤大关，最高日产达万斤。渔井村成为福鼎县与沙埕、秦屿并列的三大渔区之一。我是渔井村人，从小在海边长大。有一天，张祖爱书记要我陪他上渔船跟随渔民一起下海捕鱼。第二天，我就陪他参加渔井捕捞队下海围捕大黄鱼，从渔井码头出发进入嵛山岛海面，从上午清晨到晚上日落整整一天时间。张祖爱书记会晕船，一次次呕吐，但他坚持到底，深受渔民称赞。为了全面发展生产，在柏洋村组建畜牧场，苏忠淡为场长，邓桂英（女）为副场长，养殖母猪近二十头，年出栏猪仔上百头。在柏洋村洋中组建农场，员工十多人，耕地面积上百亩。在邱厝里创办茶场，发展茶业生产，发动各村群众开荒栽茶，扩大全区茶叶种植面积，并在瑞云办起林场，为后来的发展打下坚实基础。

在困难时期，张祖爱语重心长地对干部说："路遥知马力，日久见人心。"他以身作则，深入各乡村，到群众中去。夏天，烈日当空，他头戴草帽，脖子上围着一条毛巾，一个村一个村地跑，入村入户倾听来自基层的呼声，做好工作，稳定了干部队伍，尽力尽职做出了贡献。在大生产中，各地涌现出许许多多先进模范人物。东稼村大坝头生产队王阿德，在山区带头单季稻改种双季稻（早、晚稻），为山区种植双季稻树立了榜样，被评为福鼎县劳动模范。渔井村青年女民兵、生产突击队陈秋妹、黄哑咩、陈赛娥、王冬菊、郑牵弟、郑月英、王招弟等十人，开荒种地，发展生产，被赞誉为"十朵金花"。柏洋村青年突击队、生产能手黄日团，秦石大队女青年、妇女专业队长郑春菊表现突出，两人刚二十出头就被批准加入共产党，成为全区最年轻的共产党员。

张祖爱同志在硖门工作期间，带领硖门人民抗灾敌，与天斗，与地斗，与敌斗，书写了敢于战胜困难勇于自我牺牲的革命乐观主义精神。战场弹火的洗礼铸就了张祖爱钢铁般的意志和乐观主义精神，这是我们这个时代宣扬的不忘初心、牢记使命、砥砺前行的精神写照。可以用四个"不"来概括张祖爱：不忘初心——坚定为人民服务，为国家奉献，坚定共产主义的伟大理想；不畏艰辛——对任何困难无所畏惧，逢山开路，逢水搭桥；不讲条件——牢记教诲，听党指挥，甘做革命的螺丝钉；不怕牺牲——时刻准备着，为党和人民奉献一切，一片丹心光照日月。

谢秉生在硖门

🌿 谢立新

2021 年 9 月 12 日下午，我接到老硖门邓昌朝大哥的电话，说福鼎市文化馆冯文喜老师手头有我父亲 20 世纪 70 年代在硖门工作时的照片，当即喜出望外，第二天我便立即联系冯老师，并在他处找到好几张照片，当看到硖门公社干部欢送我父亲离任的集体照映入眼帘时，往日的记忆立刻涌上心头。

我的父亲谢秉生(1931.12—2006.9)出生于福鼎店下，福鼎县人大常委会原副主任，退休干部。1949 年 6 月参加工作，1953 年 5 月加入中国共产党，1973 年 4 月至 1975 年 11 月，在硖门公社工作，任公社党委书记。在我儿时的印象中，父亲总是那么威严，似乎很少笑，长大后才懂得，那时父亲革命事业心强，总是把事业放在第一位，一心扑在工作上。他经常深入田间地头、厂场渔区，了解社情民意，密切联系群众，把群众的冷暖放心上；他致力农村经济发展，积极引进农业新科技、新品种，农村工作富有成效，为促进当地社会稳定和经济发展做出了积极贡献。

父亲在硖门任职期间，总是严于律己，厚道务实，俭朴勤劳，清正廉洁。记得那时父亲经常下村和村民同吃、同住、同劳动，不管到村里还是到农户家中吃饭，父亲都主动付钱款或粮票。他到公社就餐，都是自己购买餐票在食堂排队打饭端菜，从不让别人代劳，下乡回来晚了，经常吃食堂的剩菜剩饭，有时食堂炊事员私下给我父亲添加一两道菜，都被他一一拒绝并送回厨房，说特殊化会脱离群众，搞不得。记得有一回，有位农村来的伯伯来公社看我父亲，还送来一只大公鸡。父亲热情地接待他之后说："你来看我可以，千万不能带礼。"最后，父亲还是让他把大公鸡带回，并严格要求家属不能收受

谢秉生与同事合影（钟敦畅 供图）

谢秉生与同事开展学习活动（钟敦畅 供图）

任何人的钱物。

对待家庭和儿女，父亲总是言传身教，严格要求，从不利用自己的职位和权力为亲人谋私利。记得那时大姐在家待业，硖门公社里也有几个较好的单位，父亲却安排大姐到渔井村鱼露厂工作，那是件又脏又累的体力活，整天要在太阳下晒鱼虾，大姐那时正值花季，全身被晒得黑黑得，心里感到很委屈，对父亲颇有怨言。可父亲耐心地教育她："公社书记的女儿，应该带头吃苦，不应该带头搞特殊化。"还记得有一次，公社请瑞云村木工师傅加工制作办公桌椅，得知消息，我母亲跟我父亲说："家里有时来客人，连个像样的凳子坐都没有，能不能我们出点钱，叫木工师傅也帮我们家做两张。"父亲听后，严肃批评了母亲。

父亲一生坎坷而劳碌。在硖门期间，他总是踏踏实实为人处世，真真诚诚交友待人，勤勤恳恳工作奉献，得到组织上充分肯定和社会各界的普遍赞誉，在人民群众中留下了不错的口碑，树立了良好的形象，也给儿女留下了宝贵的精神财富。作为儿女，我要发扬光大父亲的宝贵品德，以感恩的心回报社会，以无私的奉献回报组织。

邓昌堆特殊年代的特殊经历

✎ 邓　明

　　我接到石兰老家村里族人的电话，说是需要写上一篇文字介绍一下我父亲邓昌堆。

　　让我介绍自己的父亲，我感觉有点压力，一是因为我父亲其实很平凡，是一生只会写自己名字三个字的人；二是因为我对父亲的敬爱，他的优点和经历是我需要用一生一世的时间去学习和体会的；三是父亲是带石兰人出门做工程的第一人，他起伏跌宕的一生，没有经历的人，很难体会他的酸甜苦辣。

　　父亲出生于1937年，属牛，这时正值通货膨胀，出生时，正好爷爷去卖了家养的猪，因为纸币不值钱，卖猪的钱加起来和猪一样重，倒在桌子上一大堆，加上在辈分里是"昌"，所以叫"邓昌堆"。这个名字好拗口！但又是如此接地气哈，"堆"这个符号伴随他走过了属于他自己的一生。

　　没过多久，苦难发生了，军队抓壮丁，爷爷没躲好，不幸就被抓走。那时，父亲才不到两周岁。更不幸的是，爷爷在被抓后五天，因感冒发烧在路上过世，听说还没走出霞浦。若有奶奶在，这样苦日子还是可以过下去的。但没过多久，奶奶改嫁到其他地方，我父亲只能跟一直单身的邓其冒爷爷过生活，直到其冒爷爷去当了和尚，那时父亲12岁。

　　吃不饱饭、身体又瘦弱的小孩怎么养活自己？父亲那时只能去晒盐，每天早上，他拿个小木桶，去渔井找了个带点斜坡且平坦的岩石，用水桶打来海水泼在石头上，泼的海水被太阳晒干了，又再泼上海水，直到太阳下山，然后收集起晒干的海盐，去硋门换点吃的东西。从此，他就开始自己养活自己了。

　　如果记得没错，应该是1950年，父亲已14岁，听说硋门乡里通知有武夷山建军用机场的工作，在那里工作有饭吃。"吃饱饭"对当时的父亲来说，那是多大的诱惑力，于是他就去了乡里要求去。工作人员一见到父亲，看他年纪也不够，身体又瘦弱，当时就不同意。父亲知道这个工作是唯一可以让他能吃饱饭的途径，和工作人员说起了自己无依无靠的现状，再三求情下，工作人员最后同意我父亲去了。到了武夷山工地后，分配工作的人员看到父亲年纪小，身体又瘦弱，就把他安排到了食堂干煮饭挑水的轻活。就这样，在吃得好，休息也好的工作中，不到两年，父亲个子长高了，体力也有了。

机场的活干完后，父亲又做了武夷山九曲溪通航工作。那时候正值冬季，溪里的鱼又大又肥，溪里炸石时，也会炸出大鱼来。我父亲一个人吃一条十几斤的鱼，加一斤白酒，就可以下溪干活了。

武夷山机场和炸河道完工后，因干活表现不错，父亲被安排到福州地质队工作，这在那时来说是铁饭碗。但是对父亲来说，地质队的工作一个月只分30斤大米，根本不够他一个人吃。不知道他用什么办法，又在福州找了两份工作，哪个单位要分大米了，他就提前一个星期去那个单位上几天班，分了大米就换单位，几个单位循环工作。就这样，一个月有90斤大米，但还是不够他吃。1959年后，为了赚钱，他去

邓昌堆像（邓明 供图）

福州火车站包几个火车车厢卸货，还去挖过寿山石。他说，他当时可以拉一板车的货在马路上跑。

在福州没工作多久，父亲就和几个同行的朋友辞职，辗转去江西、湖南等地建水轮泵，参加当时农业灌溉设施建设工作。之后，还去湖北一带开磷矿，在神农架承包修公路，在山西承包阳泉娘子关提水工程。娘子关工程的合同要求是两年完工，但他施工却只用了不到4个月。当时一个工程施工时间都没有超过5个月，因为会被调查是否个体承包，可见，当时父亲承包工程的施工效率是被迫的高效。在山西娘子关提水工程后，父亲就进入煤炭行业的隧道工程工作。

首次回乡那年是1976年。这算是父亲在计划经济时期，没有充分竞争与市场价格扭曲的环境下，靠着对饥饿的恐惧产生的无所畏惧精神，赚了不少钱后的"衣锦还乡"。从15岁离开家，到39岁第一次回家乡，间隔25年之久，以致村里人都以为他早就客死异乡了。20世纪70年代末，他坐过牢，改革开放无罪释放。

父亲第一次带石兰人出门做工程是1980年，当时带出去有3个人，他们到了运城从事煤矿行业，这也是石兰人煤矿工程产业的开始。之后，他一直在各地煤矿井下承包开拓工程。直到2002年，在山西沁水县买了一个煤矿，因采矿权争夺后出现亏损，导致患有高血压的父亲脑出血。

2009年，这次的坎没有跨过去，73岁的父亲离开了我。从那时起，父亲永远定格在那里，不再有苦难，也将不会继续衰老！他没有受到亲生父母的抚养，晚年也没

有得到亲生儿子的供养。他听过最难听的辱骂与威胁，也听过最美的赞扬与爱戴。他在监狱里实打实地蹲过也去过离阳光最遥远的矿井，感受过那里是地狱也是乌金发亮的地方。他能饿过 5 天没吃一粒米照样做事，也能把五天没吃的饭一顿吃完。他是我的信仰，他就是外号"宽嘴"的邓昌堆，他出生在一个古老又朝气蓬勃充满故事的小村庄石兰。

最后，我在这里感谢石兰这个大家庭，感谢所有帮过我父亲的人。

曾被报道的渔井人

✎ 林发前

20 世纪 50 至 70 年代，渔井涌现出一大批生产先进典型人物，不少人的先进事迹被报道。本文略述其中几人的事迹。

生产组"十朵金花"

"一轮红日挂蓝天，蓝天底下绿海岛，绿海边沿一半岛，岛上有个小村庄，村庄里出十枝花，花儿朵朵红丹丹。"这首短歌说的是 20 世纪 50 年代，硖门公社渔井大队门楼里生产组十名妇女大办农业大办粮食的模范事迹。1958 年 10 月 28 日，福鼎县硖门公社报道组王世瑶同志，以"第一线上十枝花"为题进行了报道。

十朵金花名字叫陈秋妹、黄哑咩、魏二妹、陈赛娥、李秀香、王冬菊、陈桂花、郑牵弟、郑月英、王招英，除李秀香、郑牵弟 30 岁外，其余都是 23 岁以下的年轻人，个个体力强本领高，劳动生产打先锋。挑担，百三四十斤快走如飞；挖园畦，一人一天可整亩把地；切地瓜丝，一人一天十四五担不在话下。她们有的是共青团员，有的是劳动模范，有的是生产标兵，有的是五好社员，被称赞为"第一线上十枝花"。

十姐妹所在的生产组有 17 户、70 人，主要以渔业为主、农业为辅，粮食多是依靠外来。公社化合作化以后，男劳力都要参加渔业生产。为了实现粮食自给自足，开垦改造荒地的任务就落到妇女头上。十姐妹自告奋勇，于 1958 年 8 月经大队党支部同意，成立一个农业组，推选县劳动模范陈秋妹为组长，魏二妹为副组长，开荒拓园到 46 亩，拉开大办农业大办粮食的序幕。

十姐妹众志成城一条心。陈赛娥看到地里番薯越来越大，丰收即在，可组里的竹具都破了，心里着急，就带上平时省下来的海蜇皮，连夜赶到十里外的娘家瑞云村去换毛竹，交给组里补秋收农具。李秀香劳动时脚被石片击伤，听说修水库缺人，硬要报名参加，在许多人的劝说下才"死心"放弃。黄哑咩快要生育了，大家劝她休息，她却闲不着，还坚持参加劳动。有一次，避开人眼去挑肥，被工作组碰上了，不让她挑，她还理直气壮地说："我人好好的，又没病，为什么不让挑呢？"最后被强令休息，她却风趣地说自己被"软禁"了。

十姐妹干起活来，"牛劲"十足。她们不管炎夏酷暑、霜寒雪冻，日日出工满堂红。1958年春节，她们抓住节日的好时机，披着雪花抢秧肥料，个个冻得皮肉发紫，也不肯休息。连续突击4天，集700多担肥。渔井是个半岛，易旱缺水。夏日里天旱，她们就顶着烈日挑水浇番薯。

十姐妹农活干得井井有条，多亏有个好旗手陈秋妹组长。她不仅是全县劳动模范，也是女民兵优秀射手，善打"主动战"，"早"字当头。"早"是她领导好农业生产的主要方法。在番薯苗未长之前，她就带领十姐妹整好地畦，等到薯苗长起来，就剪下抢秧，提前一周完成每亩二千株的密植任务，还挤出时间帮助其他生产组。一早百早，农活干得细嫩，好像绣花一样全组40多亩番薯，除草、培土、追肥三四次，坚持用"金包银"的追肥法，平均每亩施肥60担以上，番薯比全大队任何一组都好。

十姐妹同心协力，认真贯彻以粮为纲全面发展的方针，出色劳动，使生产一年比一年好。所在的生产组春季作物创收3523斤，增产400多斤，秋季番薯达25900斤，增产2600多斤。门楼里村实现了粮食自给自足，还有余粮支持外生产组。十姐妹副业生产也很出色，加工鱼货，种菜、养猪、喂鸡等，多种经营，改善了生活，解除了男劳力的后顾之忧，使他们能够全力发展渔业生产，实现农渔双丰收。看到大办农业大办粮食有出息，她们还提出要"跳龙门"，要实现每人有粮食2000斤的目标。

60多年前硖门公社报道组"十朵金花"的稿件来自第一线，十分珍贵。我们从中了解到了解放初期，中国百姓建设祖国的豪情壮志，了解到共产党人对待劳动、对待集体与个人的"初心"和"本色"。

目前，陈秋妹、魏二妹、陈赛娥还健在。提到年轻时生产组艰苦创业，她们说，那时建设祖国，年轻有体力，谁都这样干活。直到今天，村里建设发展办大事，遇到集体与个人利益冲突，老党员陈赛娥就联合陈秋妹、魏二妹，劝导后辈要集体大局为先，别把个人利益摆在前面。她们的后代在福鼎城关或硖门集镇生活，而她们却留在农村，认为一辈子在农村生活习惯了，动动锄头，种瓜种菜，比什么都好。

三届劳模林月英

林月英，1956—1958年三次被评为福鼎县劳动模范，并出席了大会。她23岁时，就任林渔井大队第一生产队队长，并光荣入党。渔井是沿海突出部，土地贫瘠多荒地，又特别容易干旱，一些人不安心于此，林月英用实际行动影响并带动社员。

她关心集体，责任心强，关心社员，以身作则。雨天挑肥，群众有顾虑，她一马当先，80多位社员跟上。挑谷子时，她看到林卓奋年龄小挑不动胆子，主动分挑30斤加在自己的担子上。挑肥时，看到林玉华最后一担力气受不住，就加快自己的速度，回头到半路接林玉华。1957年12月，为完成30亩的开荒任务，寒冬雪花纷飞，许多社员思想动摇，她拿出山锄走在前头，社员一见队长带头，立马跟上，到2千米外牛母坑开荒，一天就开荒5000多株番薯园地。1958年春，干旱无雨，小麦将要被晒死，她非常焦急，决心到2.5千米外的地方挑水抗旱抢救麦园，天一刚亮，她就挑着水桶回来，在她的带动下，一连三天，大伙挑水浇麦，使当年小麦增产二层。

她虚心向老农请教，看天安排农活，掌握劳动的门道。其中有一次，她看到小麦虫病严重，到处问办法，最后了解到采用治马尾松的消虫粉加水喷洒，立马组织社员出动，抢救了小麦，确保当年小麦丰收。作为年轻媳妇，她要学会如何排工，如何争取增产。队里要求全劳力每月出工26天，她经常月出工28天，每天天一亮，出工走在前面，收工走在后面，一年出勤劳动达320天。

我到硖门，采访林月英儿子施茂开时，说到母亲他充满敬意。

退伍军人林传绸

林传绸，硖门公社渔井大队人。1967年冬参军，1971年春从部队退伍，加入渔井大队农田基本建设专业队，抢大锤，打钢钎。《福建日报》以"志在农村绘新图"为题，报道了他退伍不褪色，艰苦创新业的事迹。林传绸刚退伍回家第二天，就拿起大锤和社员爬到陡峭的石壁上打石头。有人说林传绸，你当过兵，受过奖，入了党，还当过干部，回来抢大锤真可惜。他答，参军是保家卫国，入党是为共产主义事业奋斗，当干部是更好地为人民服务，无论在哪里，是什么身份，为人民服务都是一样的。

不久，上级安排他到古田溪水电站工作。母亲和亲友都很高兴，认为这比在家抢大锤好。他劝说了母亲和亲友，要留在家乡绘新图，第二天就到公社反映自己的想法。公社党委书记表示支持他的意见，并给予热情鼓励。

1974年，大队党支部为了改变渔乡面貌，决定在澳头修建避风港和码头。林传绸带领专业队只争朝夕，抢在前头，因为建码头，涨潮了不能建，砌好的石头又会被海水冲垮松动。时值隆冬，北风呼啸，冷雨连绵。林传绸既是指挥员，又是战斗员，抢大锤、打钢钎、填炸药、装雷管等抢着干。资金不足，他发动群众自力更生，就地取材。经过4个多月的苦战，只花了5000多元，他们就建成一个可容纳数十艘机帆船泊岸的避风港，实现了渔村多年的愿望。几年内，林传绸的专业队还平整60多亩的"大寨"田，修建了蓄水4000多担的渔井大队水库。

夏天的一日，我在硖门集镇遇到林传绸，他正在打扫垃圾。他说，前几年报名参加集镇环卫队，成为环卫工人。问及当年报道的事迹和目前当环卫工人的感受时，他很平静，面带微笑说："工作不分地点和贵贱，即使扫垃圾，也是一种奉献。"

福长村互助组简况

郑斯汉

硖门福长自然村，原名柯头尾、福塘，是硖门行政村管辖的一个较大的村落，有 300 多户人家。硖门海堤未围之前，福长村面前就是一大片潮涨潮退的滩涂。田地少、人口多，大部分的村民只好靠滩涂来维持生计。1972 年硖门海堤围垦后，村民们在朝夕相处的滩涂上用勤奋的双手改变了原先地少人多缺粮的状况，把苍茫的浅海变成了绿油油的稻田，从此过上丰衣足食的生活。

1980 年底落实农村土地承包责任制后，广大农民种田种地的积极性空前高涨，长期以来出工评分的体制结束了。欣喜之余，问题也来了，有劳力的家庭，维持一家人的温饱是可以的，然而一大部分家庭面临劳动力缺乏问题，尤其是一些子女幼小、病残（灾）及不擅长农活的家庭，面对责任田一筹莫展。村里长辈面对这种情况，提出了在农忙时几个家庭“结对子”的方案，擅长某种农活的家庭帮助不擅长某种农活的家庭，对病残（灾）家庭调集人手突击帮忙抢收抢种。互助这个形式，对发展农业生产是很有利的。落实承包责任制后的第一年“双抢”时间，就比往年提前了 20 天，农民第一次感受到粮足仓满的喜悦，同时，互助组也从七八个发展到 30 多个，福长村原先 4 个生产队中，一时涌现出一批 “犁田能手”“插秧能手”“割稻能手”。这些“能手”通过互助的（一般都是原先生产队社员组合起来的）形式，有计划地安排犁、割、插等一系列农活，如：成员中谁的稻田成熟先抢收，被风刮倒的稻谷必须加班抢收。在互助组中常常因“才”施用，如：今天安排为张三家插秧，但李四不擅长插秧，就安排到王五家犁田，王五就来为张三插秧，如此各施所长，安排农活，得心应手，农活进度快，尤其在“双抢”最繁忙期间发挥得恰到好处。在“双抢”这段时间里这些“能手”们，常常利用“双抢”的时间差，被外村或外乡镇的村民尊为师傅请去插秧或犁田等。插秧一亩田是 120 元，“能手”一般一天能插田两亩左右，东家还提供两餐点心、啤酒、西瓜等解暑饮料；犁田的按一天 150 元算，也提供两餐点心；割稻的一亩稻谷 100 元，点心、饮料照样有。成立了互助组后，许多“能手”既没耽误自家的抢收抢种时间，还出村赚了“外快”，没过一两年全村的“万元户”就有 10 来个，这期间出现的万元户是让人刮目相看的，着实让人羡慕，互助组让福长村的居民生活水平逐步地提高起来。

这种互助形式，原先只在夏季"双抢"时进行着，后来在海上、山上的活儿也推广开来。如在浅海滩涂养殖蛏、合股造船内海捕捞开始兴盛起来，种海蛏多 3—5 人为单位互帮互助，内海捕捞也以 3—5 人在一起。这种互助形式迅速向周边的村庄推广开来，村民中出现的凝聚力，有力地推动了硖门农村经济的发展。

福长村的互助组一直坚持到 20 世纪 80 年代末期，也就是产业转型（把稻田全部改为养殖跳鱼）后。紧接着，就出现雇工现象。

互助组随着社会变革的脚步消失在人们的视线中，但它还时常在硖门的农村出现，人们还是很怀念这种空前团结的氛围，怀念互助组为创造生产力做过的贡献。

机轮大队往事

 郑斯汉

    20世纪70年代，青屿头称"机轮大队"。大队所在地距离硖门公社所在地10千米，翻山越岭，山路逶迤，尤其路上尽是粗砂，下坡时，一不小心就滑倒了，出门往返肩挑背扛，充满艰难与困苦。对于外乡人，这里的印象是远、陡、滑。然而，家乡的记忆同样在人们的脑海里呈现，不时新添一缕缕乡愁。

远海捕捞作业

    渔民捕捞的敲罟作业历时20多年，导致大黄鱼资源及石首鱼科迅速衰竭。在这种背景下，青屿头村渔民开始了远离家乡海域，寻求开辟新渔场的捕捞作业。

    这时机轮大队渔业队已经从渔井大队渔业队分离出来，拥有一艘载重量700多担的帆船，又从霞浦三沙租用一艘80马力的机帆船后，便前往舟山群岛、秦山一带海域捕捞作业。一艘渔船安排船员20人，正副艄公2人，船员16人分4小组，煮饭1人，岸上补网1人，两船共40人。这些船员都是经过精挑细选的，身体素质和海上作业技术都不错。每年一般是在农历九月后开始向北转场捕捞作业，主要捕捞的是带鱼、黄瓜鱼等。据青屿头村陈妹古回忆，小带鱼一网60—70担是经常的，有一次一网乌贼就捕捞60多担。过了冬至后船就回来了，又开始筹备往南海域捕捞作业，主要渔场在平潭岛海域和东引岛北边海域。

    据陈妹古回忆，有一次在东引岛北边海域捕到一条200斤左右的大鱼，由于海雾大迷失方向，听到东引岛上国民党士兵鸣枪警告才缓过神来，迅速撤离。就这样，一年当中的一北一南捕捞作业历时三年多。1977年，两艘40马力船（其中一艘也是霞浦三沙租用的）前往浙江省黄岩县大陈岛开始3年转场捕捞作业。岛上设有闽东渔场指挥部，当时机轮大队派王贤瑞副书记前去管理日常岛上事务。从大陈岛捕捞回来不久，机轮大队渔业也就解体了，卖了渔船和渔网。渔民中有的被人家雇去从事海上捕捞，有的自己造船讨小海，有的搬迁他地从事其他行当。最吃香的是艄公和轮机（开机器的）被外地聘请，工资相当高。

    渔民队大船南北转场捕捞作业，近海的定置网作业又在兴起。主要解决整个大队群众的日常生活需求。大队以生产队为单位，分发给每个家庭每人每月 3 元钱的购鱼票，要是超过定额，就按每斤 0.25 元计算。定置网虽然在家乡门口不远的海域作业，但也很辛苦，一般每天要 2—3 次收网。我家人口多，购鱼票当然要省着点用，就怕超标了，只能买一些比较便宜的小鱼虾，大鱼好鱼不敢奢望。每次来买鱼货时都把购鱼票拽得紧紧的，生怕丢失。当时定置网的捕捞，大鱼已经不多了，小鱼虾还是有的，由于就地石晒的方便、容易，也引来"外来客"前来购买，促进了海货市场的繁荣。

筹办畜牧场

1969 年大队决定派陈妹古负责下池澳北山畜牧场的筹建工作。选择在此处办畜牧场，主要有几个优势：一是下池澳柴草丰富水源充足；二是野地猪菜丰盛，牧羊地域广阔，山青草茂；三是下池澳、浮坑、过家陇、太焕、八斗面五个生产队劳力，一般都是从事农活，海上作业的人不多，可以就近安排从业。于是，众人开始整理场地，盖场房、宿舍和仓库，修建煮猪食场地，围猪圈，修羊栏，忙得不可开交。待一切安排就绪，买回来了两头母猪和两只母羊。同时也买来一批小猪仔和一群小羊，这样畜牧场就办起来了。期间，工人们开始种菜、种地瓜、引水源，掘水井，购置一些畜牧场需要的物件。后来母猪生了猪崽，母羊生了小羊，猪圈里的猪几十头，多时上百头；羊栏里羊几十只，多时也有上百只。

那时候，好几个生产队都办起畜牧场，时间有长有短，中谷生产队办的畜牧场办的时间很短呢，场地就在我家附近。半山生产队的畜牧场，母猪就有 4 头，有时生猪崽就有几十头。后来不再养猪了，其中一头母猪以 60 元价格卖给王贤帜个人饲养。在那养猪养羊就是最大收入的年代，畜牧场的确为生产队的集体经济收入做过贡献。

平整土地

青屿头居于沿海突出部，有中谷、半山两个人口最多的生产队，没有水田，只种番薯。在我家后门山岩壁上用白灰写着大标语"农业学大寨"。大队、生产队开会都是学大寨的事情，学习就得行动呀！要实现农业现代化，必须平整土地，小丘园地改建为大丘园地。我家后门山的农地叫"土地公坪"，生产队长发动全村老少参加"会战"，经过一个多月时间的土地平整修改，变成全村最大的一丘园地。

还有一个叫"流水坑"的下山坡上砌起了十来米高、三十来米长的拦截石墙，石头全靠车推人抬磊上墙，再把山皮的土挖下来填入大坑里，全村的男女老少，连续干了一两个月。1974 年，硖门公社农业学大寨年度受奖名单就有机轮大队半山生产队的王细妹，受奖单位则是机轮大队半山生产队。那时生产队的仓库是村里最漂亮的建筑，中谷、半山生产队的仓库，几乎都是石头建成的，能防台风。这在当时是一项巨大的工程，依靠全村劳力打石抬石半年多时间才修建起来。

修建八斗面水库和高不坪饮水工程

当时过家陇、太焕、下池澳三个生产队的农田在每年的夏秋季节里时常断水，灌溉无法保证造成歉收。为了确保农业增产丰收，大队决定择址在八斗面村修建长陇水库。在当时要完成这个水利工程必须动员全大队8个生产队社员投工投劳，社员们积极响应大队的号召奋战在工地上，成立了打夯队、推车队、打石队、开山队、砌墙队等。工地上比学赶帮，热火朝天，连续奋战了两个多月，长陇水库终于竣工。有了水源的灌溉，当年秋天这几个生产队的水稻都获得了丰收。

也就在那年的入秋后，半山、中谷两个生产队几口水井的水源越来越小了，造成了日常饮水的紧张，经常半夜就有人守在井里舀水，有的村民还要到很远的"流水坑"挑水。我家由我一人挑水，每天至少要到"流水坑"挑3担水回家，勉强够用。大队干部看到这种情形，通过勘察后决定在高不坪修建一个供两个村庄饮用的蓄水工程。解决好涉及两个生产队的土地问题后，工程也是通过投工投劳方式建造的。在大队的牵头下，各生产队不折不扣地完成了义务工。经过一个多月的奋战，饮用水蓄水库的主体工程竣工，剩下的就是要在两个村庄各建一个蓄水过滤池和水管、开关等费用花销。大队一估算，这可要一笔较大经费，于是就向福鼎县海防部申请资金支持。福鼎县海防部领导亲临现场了解情况后，特批了5000元经费用于两个过滤池的建造和镀锌管、开关的购买。有了这笔雪中送炭的经费，社员们积极性倍增，工程进度也加快了，终于在当年春节前夕完工，终结了半山、中谷两个村庄家庭挑水的历史。

南溪库区移民落户硖门纪实

🌿 郑斯汉

南溪水库 1974 年 8 月 10 日开工，库区移民 439 户，拆迁房屋 3170 间，迁往秦屿、硖门、管阳、叠石和沿海垦区的涵头及海田等地。硖门公社党委积极响应福鼎县政府的统一部署，为库区移民的聚居点安居做好安排，并在乐业问题上尽量地满足库区移民的要求，安排了原来官昌兰知青点的房屋给移民居住，并将把原来知青耕作的农田、山地，果园茶园等统一规划给了库区移民。1979 年 3 月，第一批 9 户 53 人，有金、黎、何、赖、夏等姓氏移民正式入驻了官昌兰安居点。

1980 年，为解决移民子女教育问题，硖门公社领导研究决定，将庙后村左边靠山脚处的园地作为移民聚居点的新选址（今在硖门中学校舍左边），成"一"字形排开 21 榴地基。因土地属于北岸村，硖门公社团委书记巫友金、硖门大队党支书詹普行等人参与协助调解，最后决定将原知青点在八斗的稻田划出 5 亩（之前是硖门知青良种场的基地，共 31 亩，免征购无偿划给了库区移民）与这里的田地交换，一次性解决了宅基地问题。

移民村民房（冯文喜摄）

当时，到庙后园里都是田埂路，移民的建材全靠背扛肩挑进去，还有一大部分是将南溪老家拆掉的旧房子木料，雇拖拉机运到硖门，几经辗转才到了工地。采访中有个移民说，从老家到工地一共搬了7个来回。为了建房子方便，聚居点移民不得不在这周围租赁民房安顿下来，有的暂住在未建完的硖门中学校舍内。移民一边请师傅、叫帮工，一边还得上去官昌兰管理田园山地、种植蔬果、蘑菇等农活。官昌兰知青点的田地给移民接管后，每年还要完成征购任务800斤。为了早日搬进新家，他们不等不靠，互帮互助，凝心聚力，凭靠自己的双手建造家园。

硖门公社党委书记洪正清、主任周开洋被库区移民迎难而上、艰苦创业的精神所感动，将硖门移民当时的困难情况，向县委和有关部门做了翔实的汇报。县委书记李元明亲临硖门库区移民点嘘寒问暖，他还到正在建房的工地解决移民的实际困难，叫来硖门公社书记洪正清、硖门大队书记詹普行现场办公，对如何解决通路问题、水电问题、排污问题等进行商讨。诸多问题在硖门公社党委的牵头下，都迎刃而解。李元明书记回到福鼎后，下拨给硖门公社回销粮70担，其中50担是给库区移民，同时特批木材6立方米作为房屋的修建之用。1981年春节前夕，移民喜迁新居，大人们笑逐颜开，小孩子们欢呼雀跃。这就是"硖门新村"。

20世纪80年代，落实农村土地责任制的生产模式在硖门如火如荼地开展起来，农民的积极性空前的高涨，责任地、责任田落实到户，刺激了农村生产力的发展。硖门农村先是以生产队为单位组成了若干个互助组，彼此间互帮互助，使农活的进度比从前快了好几倍。忙完农活的家庭就腾出时间去赚"外快"。于是，就出现了：南片挑贩子——到渔井等海边挑鱼货到街上卖；庙后拖车子用板车为人家拉货或拉土方填地基等；福长去海子——就是去讨小海；青湾挖蛎子——到海边石壁上挖海蛎等；石兰推鳍筒——浅海滩涂潮涨或潮退捞鱼的一种作业。不久，就出现了万元户。要是硖门公社有的小工程也会关照给库区移民去做，一时间打石匠、水泥匠、木匠、篾匠也相继出现了，他们揽工程、盖厂房、办砂厂，大有作为。80年代末期，硖门人在外兴办钢铁厂，库区移民大显身手，许多工种他们都会，而且做事牢靠，吃苦耐劳，硖门当地人都喜欢把活交给他们去做。

20世纪90年代后，硖门开始了城乡一体化的进程，库区移民人口也逐年增加。1996年，他们向市移民办申请，在原来的聚居点前方10米处修建一排19榴住房，移民办也下拨15万元作为农民耕地赔偿。这是一条由硖门政府规划的街道住宅区，移民局还把街道硬化工程的一边捣上水泥，同时还在老聚居点的后门山脚下拨款20万建起护墙、护坡，防止造成山体滑坡的灾害，让库区移民家园长居久安。

现在库区移民早已融入了硖门，成为硖门建设和发展的一支有生力量，一起见证着惠政春风，享受着致富成果。

我的上山下乡岁月

✍ 王孙明

    1972年，我在福鼎四中高中毕业。那年的毕业时间改为冬季，我们离校时间是农历的十一月份，正逢国家推行知识青年下乡接受贫下中农再教育，"毛主席挥手我前进，上山下乡干革命"是当时最时髦口号。在这股浪潮中，我与同学一道，积极响应国家号召，到农村广阔天地接受贫下中农再教育。

    记得农历十二月十八日，我们几个硖门公社籍的高中毕业生，怀着激动心情，集中在硖门公社会议室，接受公社领导的简短寄语。在会上，我明确了自己被分配到硖门公社瑞云大队。当天上午会议结束后，我们戴上大红花，别离了家人，直接由大队干部带到插队地点。

知青茶场（钟敦畅 供图）

当时我 70 多岁的老父亲依依不舍给我送别，嘱咐我下乡后一定要好好劳动，认真接受贫下中农再教育。到了瑞云大队后，大队支部钟书记把我们几个同学安排在瑞云大队茶场。瑞云大队在瑞云寺里办公，同时还有学校、供销站等单位。"文革"期间多数僧人都走了，只剩两个僧人留守看管寺庙，我则住在钟楼的一个房间。

上山下乡第一年，有保留每月 22 斤粮证和 8 块钱的生活费，知青几个人合起来办伙食，生活过得马马虎虎。由于是干体力劳动，粮食总不够吃。记得劳动的第一天是翻水田，从来都没有拿过锄头的我，拿起锄头怎么也不听使唤，劳动一天回来手都起了泡，连拿筷子也不稳了，全身腰酸背痛，躺下去睡觉都困难。第二天，我还是坚持去翻田。这样的生活虽然辛苦，但慢慢地就适应了。

春耕期间因为我不会插秧，场里就分配我去挑秧。劳动时老农们会借抽烟来稍微休息一下，而我们没有抽烟，也不敢休息，只得忍着疲惫。特别是下雨天干活要身穿棕衣更是别扭，扁担要从棕衣里面穿过，挑起担来十分不方便。

经过几个月的劳动，我慢慢熟悉了一些农活。当时，瑞云茶场没有制作绿茶的揉捻机，我们一般都做红茶。红茶制作工艺比较简单，把茶青稍稍晒软后，用手或脚进行揉捏，然后把揉捏过的茶叶用白色的布巾包起来，放在一旁发酵。大概过两个小时，就打开拿去晒，晒干了就变成红茶。

在瑞云茶场插队时场里原来没有一个会识字的，连记工分的人都没有，后来我做了兼职的记工员，每天晚上收工了，我就要把出工情况做一个登记，以便年终时分红。当时我们全劳力是 10 个工分，半劳力是 5 个工分，妇女儿童 3 个工分，我当时是按照 6 个工分计算。年终分红每个工分为 1 角 2 分。在茶场劳动期间，我学会了基本的农活，到了晚上我还为场里的农民读报纸，帮他们了解政治时事。插队一年多，既培养了吃苦耐劳的性格，也磨炼了自己的意志，感觉到自己不再是一个学生哥，而是一个实实在在的农民。

1974 年，硖门公社开始接收城关上山下乡的知青，人数不断增多，准备创建知青场。官昌兰原来有一个供销社的下属农场，后来由于经营不善闲置在那里，于是知青场便选址这里。当时公社政工组组长王其禄负责筹建，叫我担任官昌兰青年团团支部书记，并协助老场长工作。当时我已安排为初中民办教员，借用到硖门教革办当会计。老父亲劝我，你就不要再折腾了。我说组织需要我，我应大胆出来。说服父亲后，我走上新的岗位。

到了官昌兰后，我积极配合林成顾老场长开展工作。知青场一共有两座一层的楼房，一座是原来农场留下来的，另外一座是新建的知青宿舍。左山边有一口水井，两房之间有一个革命宣传栏，远处有一座猪舍羊栏和厕所。这就是当时官昌兰知青场的全部"家产"。

从 1974 年开始陆陆续续来了几批知青,第一批是原来插到各个大队的知青,全集中到官昌兰;第二批是 1974 届初高中毕业生,数量多是硖门籍的,也有来自桐山城关的。1975 年以后知青人数达到了 40 几人。1976 年开始,部分知青上大学继续深造,部分被县里的工厂招去当工人,知青人数逐渐少。

我在场 3 年多,记忆比较深刻有几件事情:

一是改造海滩田。场农田只有八斗梯田,农地十五亩,有一片荒山几十亩,根本解决不了全场的口粮。为此,场部向硖门公社领导请求安排一二十亩水田。公社领导遂在塘沽头划了十亩的海滩田。大家高兴极了,赶快跑到现场去,一看吓一跳,那就是一片芦苇荡,哪有田的样子。但有地总比没地好。于是,场里组织突击队,开始了海滩田的改造。当时正逢寒冬腊月,要打赤脚到海滩田去清除芦苇实在艰苦。芦苇根深,再加上海泥黏性,锄头根本翻不动,而且海滩地里还有很多的贝壳会划破脚。知青个个不怕苦不怕累,大家拧成一股绳,手起泡了继续干。水泡变成老茧,脚被贝壳划出血了,包扎完了接着干。脚踩冰冷、刺骨的水就好被针扎的一样,但是,我们还是坚持了下来。

官昌兰到塘沽头有六七里路,为了减少来回路程的时间,女知青把饭菜挑到田头。原来热乎乎饭菜到了田头已变冷饭凉菜,大伙儿没怨言,在田头简单用餐以后,又继续投入了劳动。经过了一个多月的艰苦劳动,昔日的芦苇荡变成了海滩地。

要把海滩地变成水田,需要两三年的改造才行。第一年按照老农民的经验种制麻绳的麻,收成有 7800 元,为场里增加一笔可观的收入。第二年种地瓜,由于海滩土碱性大,需要掺入黄土才能种地瓜,又组织挑了几百担的黄土到海滩地。十亩的地瓜地,经过精心的耕种,收成地瓜米二十几担,大家喜笑颜开。经过两年的轮作,海滩田已经具备种水稻的条件了。

由于我们的海滩田在末尾,缺水很严重,水的来源是庙后溪,引水渠道都是土渠,蟹洞特别多,漏水非常严重,时常没有水到田里。当时最大的问题就是要保证把水引到海滩田,为了争田水我们常常与农民发生争执。为了保证水田的用水,白天和晚上都要巡逻看水,保证有水流到海滩田,哪里有漏水,马上就要把它堵起来。我和知青褚孝德经常通宵达旦地看田水,累了躺在岩石上休息一下,真的是以地为床,天作被。场里没耕牛垅田,田都是靠锄头翻出来的。直到最后整平时才雇一两天的耕牛,把田土梳平便于插秧。"双抢"是双季稻最关键的时刻,要抢在 7 月底前把早稻抢收进仓,还要把晚稻插下去。我们和时间赛跑,与日头争时。夏天踩到稻田里的脚,就像是踩到了热汤一样。早稻割后,又要用脚踩的脱谷机进行脱粒,然后挑到两里外晒稻场,如果碰到了雷雨天气那就更辛苦了。插秧也不容易，起初都插不直，要拉线，到后来才慢慢掌握。十亩的海滩里，两季可收成谷子100多担，知青场的粮食基本做到自给。

二是开垦茶园。八斗面有一片荒坡地，荆棘多，柴头多，乱石多，要开茶园很难下手，但是为了增加场里的收入，还是决定要把荒山变成茶园，场里买了十几把铁锹、山锄，向荒山进军，有时候一个柴头就挖了半天，如果碰到孤石难度更大。因为是山坡地，茶园要围坎硬，一般都是要用石头或用山草皮垒起来，有时崩掉，又要重新再做。在开垦茶园的过程中，大家挥汗耕作，半年的时间开了将近9亩的茶园，第二年又多开了10余亩。由于茶园必须要下基肥，场里只有草木灰。我们要到硖门公社去挑大粪，每担100多斤，还要经过道路崎岖的上下亭岭。一个上午只能挑一担，上岭都要用佐脚佐好几十次才能挑到茶园山。当时我体重才90多斤，要挑100多斤的大粪，实在是力不从心，而且大粪的臭气非常难闻，但我还得咬紧牙关。虽然辛苦，但锻炼了我的意志，挑破了肩膀换来的是刚强的毅力。茶园开采以后，又为场里增加了收入。

三是扛毛竹。每年的4月场里要对破旧的谷垫、谷框、土基、篾筛等要进行修补，还要添置一批新农具。硖门没有毛竹，必须到远离几十千米外的磻溪公社购买，当年也没有公路只能靠人扛，而且还有层层的关卡检查，白天还不能公开扛。场里组织的一个扛竹队，晚上5点出发半夜12点到达赤溪，马上回头争取天亮前越过磻溪界。身体好的人扛3根，身体差的人扛2根。下坡时为了不使竹尾碰到石头路发出咯咯声响，还要把毛竹往前面压。记得有一次扛竹碰到了滂沱大雨，路上又没有地方避雨，只好冒雨把毛竹扛回来，有几个知青回来后还发了高烧。

四是办革命宣传栏。20世纪70年代，人们的精神文化生活十分匮乏，知青场做了一个6平方米的革命宣传栏，当时没有广播和电视，信件和报刊三天送一次，场里仅有一个知青有一部巴掌大的收音机。所有的精神食粮都靠这个宣传栏。我们每周出两期，有政治时事，有农业基础知识，也张贴知青的心得体会。饭后大家围在宣传栏前聊聊家常，谈谈时事。林立峰还自编自谱了一曲《官昌兰知青之歌》，大家在宣传栏前唱歌吹笛，把玩民间乐器，以消解疲惫。

上山下乡期间，我还兼任硖门公社宣传报道业余通讯员，每年都写二三十篇的新闻报道，及时报道身边的好人好事，以及农村发生的新变化。

在官昌兰三年的劳动过程中，苦乐交织，大家都希望通过努力劳动改造自己的世界观，取得优异成绩能够上大学继续深造，或为安排工作创造条件。1975年，场里有两个上大学指标。竞争十分激烈，先要推荐，再进行政审，最后进行体检，我因体检不合格，就失去了上大学的机会，无法圆大学梦。当时我的心里十分难过，为此还专门找了当时的公社领导。公社领导说："你表现是非常好的，体检不行我们也没有办法，以后还有机会的，你还是继续努力工作吧。"那一段时间我意志消沉，做事都不得劲，但想到大部分的知青也都没有上调，心里慢慢平衡下来。后来我又恢复了原来的热情，积极投身场里的劳动中，虚心接受再教育，1976 年 8 月，县里大面积招工，我们又迎来了一次回城的机会。我被招到福鼎市文渡国营盐场，就此结束了上山下乡的生活。

1976 年以后，知青们有的上大学，有的被招工，在场知青逐步减少。1978 年后，知青上调基本完毕。官昌兰知青场也完成了它的使命。

时光已向后推移了 50 年，当年的知青都步入古稀之年。上山下乡运动，改变了我们的人生道路；贫下中农再教育，铸成了我们的人生格局。透过这段刻骨铭心的岁月，眼下的生活才显得幸福美好。

我在官昌兰青年场的经历

张建平

我是 1972 年应届高中毕业生，1973 年 4 月响应号召，奔赴农村，在硖门公社官昌兰青年点扎根务农。在这里我学插秧，我学挑担，难活重活都干，还光荣地加入中国共产主义青年团。

我的一个姐姐也是 1972 届高中毕业生。那时，谁去上山下乡拿不定主意。姐姐从福鼎一中高中毕业回来，我从福鼎四中高中毕业回来，父母想留住我们在家，能帮助家里。我对父母说，自己决心上山下乡的。1973 年 3 月的一天，母亲便带我到公社报了名。

1973 年 4 月 5 日，明媚春天，阳光灿烂，公社还举行欢送会仪式，敲锣打鼓地欢送知青们到官昌兰农场。这里是硖门供销社的"五七"农场，对于一个刚插队劳动的青年来说，耙猪栏、挑猪屎、摸赃闻臭，是考验的开端。我不怕脏不怕臭，卷起裤管，跳进栏干了起来。每耙一次猪栏肥，都把猪舍洗得干干净净。正是春耕时节，我带头溶田、翻土、插秧，不懂就问，不会就学。早稻插秧结束后，转入掘地瓜园。就在这个时候，我脑后生了个"项痛"，脖子不能转动，头不能仰起，但还是忍着剧痛，起早摸黑地扛着锄头，和大家一起参加整地、插地瓜。

到了夏收夏种大忙时节，往往手掌被磨出血泡，一边手指头也发脓肿大，吃饭拿筷子都很困难。可是看到场里的社员热火朝天地大干"双抢"，顾不得手指的疼痛，赶回农场，坚持早出晚归参加"双抢"。社员们不安排我出工，我就在场里做其他事务，担水、喂猪。

1973 年秋季，硖门学校需要一

知青在开展文艺宣传活动（李玲 供图）

硖门

名小学代课老师，让我在学校担任了3个多月的教员。有几个小学生因吵架后不到校读书，我赶紧做好家访，一家一户地登门，耐心细致地做家长和学生的思想工作，终于巩固了当年的入学额。代课期满，从做"先生"又转为当农民，回场参加劳动。转眼就到春节，我一个人坚特在场，冒着严寒，为小麦、油菜锄草进肥。

在场我是青年学习小组组长，还要带头学习，带头写学习心得，有时还要深入3里外的柏洋大队金交椅生产队，组织农民、社员学习毛主席著作和中央文件。这个生产队的农民说："官昌兰办起了青年点，我们学习也有了辅导员。"

在我的带动下，几个知识青年也经常到这个生产队，和农民同学习同劳动，建立了深厚的感情。鱼帮水，水帮鱼，这个生产队的农民看到青年点犁田没有耕牛，也主动组织劳力，牵上耕牛，帮助青年点犁田翻土。我也就利用这个好机会，和农民同劳动，拜农民为师，向他们学种田插秧，虚心接受再教育。

（本文据1974年4月硖门公社知青张建平的报告《前进在金光大道上》整理而成，标题为编者所加）

难忘知青岁月

✎ 李 玲

知青岁月让我铭记一生。

四十七年弹指一挥间，回首往事历历在目，农场情、知青梦，难忘我们共同耕耘的艰苦岁月，像一条长长的河，如一曲难忘的歌。虽岁月蹉跎，付出无数汗与泪，但我们收获了坚强的意志，收获了勤劳朴实的品质，收获了战友情长。

1975 年，我在福鼎一中高中毕业，7 月 15 日这一天，县里开了欢送会，我胸戴大红花，伴随锣鼓喧天的欢腾景象，和褚孝德同学一起被车送到罾坪码头，乘水产机帆船出发，经历了大风大浪的颠簸，次日到达最边远的硖门公社，与另两名知青陈伯宁、张丽丽等 4 人分配在福长二队。同批的吴锦华、朱燕京、林加成、方光祖分配在福长三队。插队落户当农民，我们 8 人住在海堤斗门房。

硖门福长知青劳动归来（李玲 供图）

福长知青点愉快的劳动（李玲 供图）

当时正是夏收夏种季节，学生成农民，割水稻的第二天，我的双手磨破了皮，红红的血丝遍布十指也不敢吭声。为了和贫下中农打成一片，我们接受贫下中农再教育，参加生产队劳动起早摸黑，耕田种地、采棉花、挑粪施肥。穿着棕衣砍松柏，若是碰上坏天气，容易一跤便从山上滑到山下，在田埂上摔得全身泥。8 个人很团结，收工回来我们一起做饭、挑水，柴草不燃，我们伏下吹，烟熏得我们鼻呛流眼泪，做一次饭就得受一次罪。我们的生活甜酸苦辣咸，五味杂陈。

1976 年 3 月，硖门公社领导考虑我们插队劳动，收工还要做饭，生活艰苦，便把我 8 人调到官昌兰知青点，这个大集体有 20 多位知青。1976 年，公社领导还来慰问了我们。

官昌兰地处硖门关、柏洋、斗门交界山头上。林成顾担任场长，张周川为贫下中农代表，带领我们自力更生，指导饲养家禽家畜，有养猪、牛、羊、鸡、兔子；指导种植农作物，有种水稻、地瓜、黄麻、蘑菇等，还开荒茶园，种茶、制茶。记得我第一次上山采茶，女知青们都会，就我不会，采一叶，问一下对不对，收工时她们采一茶篮，我只采半篮子。所有农活对于我这个城里来的人来说都很陌生，想起我和张丽丽一起放羊，100多只羊到处乱跑，偷吃了别人的农作物，我俩被折腾得汗流浃背。场里养一头牛，我怕牛，不敢摸它，又不敢放它自由吃草，因为一旦跑了抓不回来。放一天牛，我就紧抓绳子，一天不敢松懈。在场里我最怕的活是上山拾柴，记得在瑞云，几个人一到山里就分开了，雾大、山滑，又有坟墓，我一个人怕极了，拼命地喊："祖仔""伯宁"……我捡回来的柴只有几根的树枝，最后还是祖仔帮忙我捆了一小捆（写到这里我流泪了，祖仔离开我们多年了，在场里他经常帮助我，我们都很怀念他）。那个年代我们都很积极，不怕苦不怕累。收工回来，我们还打球、吹口琴、拉二胡，开展各种各样的文娱活动。

日复一日，年复一年，插队和知青点生活走过了5年，我的辛勤也得到了林成顾场长和张周川的认可。1977年10月，林成顾介绍我加入了中国共产党，1979年，我当选为福鼎县第七届人民大会代表。

1980年，中央决定让知青全部返城，上山下乡运动宣告结束。特殊的年代，特殊的人生，在这条道路上我风雨走过。

如今我们年近古稀，经常一起叙旧，一起出游。艰苦岁月换来了而今的安逸，愿我们晚年健康平安。

官昌兰当知青的经历

✎ 邓昌朝

　　1975 年 7 月，我们念完初中，一部分同学到福鼎四中继续学业。我和吴桂萍、陈美珠、洪秀秋响应号召到农村去参加了硖门公社召开的上山下乡欢送会。7 月 19 日，我们打起背包来到官昌兰青年场。

　　这时正值"双抢"季节，要确保粮食丰收，能够填饱肚子。老百姓有一句口头禅："手里有粮，心里不慌，脚踏实地，喜气洋洋。""双抢"就是抢收抢种，要在 8 月 1 日前把水稻秧苗种植完，若推迟种植水稻结实率不高，会减产。我们当时年龄偏小，没有干过重活，也没有农业经验，幸好有老农和老知青手把手教我们干农活。

邓昌朝回到官昌兰（冯文喜摄）

硖门

192

我们青年场的粮食作物主要以水稻、地瓜为主，经济作物是黄麻、蘑菇等，畜牧业上，我们场里养羊、养猪、养兔。在参加生产劳动中，挑肥、整畦、翻田、插秧都是重活，不但消耗体力，还要遭受蚊子、牛蝇叮咬。官昌兰青年场八斗水田里长着一种吸血动物，叫蚂蟥，有一次，我们在捞田草，蚂蟥吸附于人的腿脚，咬破血管吸人血，初无疼痛，待我发现时，已是满脚鲜血。为了将蚂蟥从脚腿皮肉里拔出，农村人用土方法来治疗，用抽水烟的烟水浇在蚂蟥的口上，蚂蟥就顺着脚腿爬了出来。

我们场里养了一头耕牛，作为犁田用的劳力，牛犁田时需要食用青草补充体力，场里分配我山上割牛草，割牛草的地方都在金交椅、竹古里等村庄山上，多为悬崖峭壁。有一次，我在岩石旁发现一株牛遇草，于是去割它，身子不小心摔下去，竹头穿进衣服，穿破两三层布。由于家里穷，加上布匹紧张，劳动时穿的衣服都是兄长们穿过的，补了又补，变得又厚又重，但这也让我免遭皮肉之苦，成了我刻骨铭心的事。

在这上山下乡的 5 年间，种植粮食是主导农活。为确保粮食丰收，肥料很重要。当时场里尽管有公厕人粪肥，加上羊兔粪便，但也满足不了生产用肥，于是场长林成顾组织我们到硖门粮站养猪场和硖门公社公厕挑肥，老知青和体力强壮的同学身挑150—160 斤，我只能挑 100 斤，从硖门到官昌兰岭青年场有两三公里，特别是要经过上下亭岭，总要停下休息一两次，到了岭上，已汗流浃背。在种植蘑菇时，稻草和牛粪是主要原料，我们每天到有放养牛的地方捡牛粪，有时看到牛将要拉牛粪时，就将土箕放在牛屁股上，装上牛粪才放心，就怕捡不到牛粪，生产不了蘑菇。

再谈塘古头海滩田种植水稻。我们水田与塘古头村民水田硖门公社良种场的水田连片。看田水的任务一般分配给我和老农张周铨。七八月天气炎热，水稻生产需水量大，水源来自每逢下雨和一条简易水渠的灌溉农田水。夜间看水田，时常会发生争水问题。我会把看水田争吵的事告诉母亲，母亲都劝导我要忍让，互相照顾，俗话说得好："做田好田边，盖厝好厝边。"一人夜间看田水，又要受到蚊子叮咬，到下半夜才能回到官昌兰兰青年场休息。

从塘古头到官昌兰有六七里路，路途过庙后山，往下亭岭，再上官昌兰，没有手筒照明，全靠月光照亮。铨叔安慰我："你们年轻人能量大，什么事都会挺过去的。"

在五年知青生活里，也吸取了不少教训。有一年，场里购买水稻良种进行育秧播种，在场里水井面的梯田种植。第一季长势良好，获得收成。晚季我们又育秧种植，稻苗长势好，但不抽穗，不结实，损失巨大。后来我们询问公社农机站技术员，他们告诉我们再生稻不能抽穗的原因："品种不行，生育期长，再生季节积温不够，不能满足再生生育期需要的温度。当秋末降温，就不能正常生长发育，无法完成抽穗结实。"还在技术员的指导下，我们还学习掌握农业生产技术和识别植物虫病的知识，为后来从事乡镇基层工作奠定了基础。

1977年11月，全国恢复高考，我们场里知青有的在农村担任民办教师，有的补员参加工作，有的回家复习参加高考。场长林成顾回到硖门供销社上班。到1978年，场里只留老农和我。

1979年3月26日，南溪移民金明光、金光狮、陈阿玉等9户来到硖门，公社党委决定，官昌兰青年场、塘古头海滩田和官昌兰农地和水田由他们耕种管理。我和张周铨与他们一起生活。公社党委又决定，让我在官昌兰青年场协调有关部门给予解决生产问题，并由我和金明党、光狮一起到南溪移民家乡考察。

1979年8月28日中午，金明党妻子身孕分娩，因交通不便，无法送到硖门卫生院分娩，我就快速赶到硖门公社卫生院，通知医生巫明珠前来接生，终于平安产下一男孩。为了方便移民生产生活和孩子上学，我又协调硖门大队和北岸村民，把庙后村农田兑换给移民盖房子。

1979年10月，公社党委决定调我到公社革委会担任通讯员，并帮助南溪移民解决生产生活问题。1980年4月，我分配到硖门公社当通讯员，直到1985年10月，我调到前岐镇人武部工作。

前些年，我收藏了一个知青时代的筷子笼，上有文字"广阔天地，大有作为"，一棵大树下，两名知青手捧语录在学习，旁边放着锄头和土箕。看到这个筷子笼，不禁让我想起知青那个特殊年代。

"南繁"水稻培育制种记

郑大格

1976 年 6 月底，我高中毕业。当年 7 月初，我与十多位同学、战友一起，来到了福鼎硖门良种场安家落户，开始了知青生涯。

硖门良种场坐落于硖门村长古头自然村，有 10 多户农民，人口 60 多人。场长王仁言是个 50 多岁的老干部，中共党员，也是良种场党支部书记，为人忠厚，公道正派，政治立场坚定，清正廉洁。他常常教导我们要拥护中国共产党的领导，拥护社会主义，虚心接受贫下中农的再教育，他处处关心我们的生活，时常嘘寒问暖，劳动中常手把手指导我们。

我们下乡刚到良种场时，正值夏粮收割，又是抢插秋季水稻的季节，我们每天都与农民们一起到田里劳动，凭着一腔热血和一股激情，干得热火朝天，大汗淋漓，感受到劳动的艰辛，才真正体会到"谁知盘中餐，粒粒皆辛苦"之意。

1976 年 10 月，福鼎组织"南繁"杂交水稻培育制种队，参加对象为全县各公社农技员、上山下乡知识青年和回乡知识青年。当时我正被公社农技站抽调到柏洋村杂交水稻试种点，参加杂交水稻亩产评估工作，由于我平时表现突出，经场部研究决定，报公社批准，派我去参加海南杂交水稻培育制种学习。

1977 年 1 月，我们一行 6 人在公社农技站站长叶开勇同志的带领下，随福鼎"南繁"杂交水稻培育制种队一起去海南岛。我第一次坐公交、乘火车，兴高采烈地来到了海南乐东县九所公社罗马大队。罗马村位于九所西南部，是沿海村庄之一，距当地公社约 6 千米，东与四所交界，北与就九所村接壤，南临大海。村域面积 9.7 平方千米，耕地面积 4695 亩。全村下辖 24 个村民小组，

知青郑大格参加"南繁"水稻培育时
在海南留影（郑大格 供图）

硖门良种场知青在田间（钟敦畅 供图）

农民收入主要以种植水稻为主。罗马村与四所村、新庄村、海坡村、新贵村、十所村、赤公村、抱旺村、抱浅村、九所村、山脚村、镜湖村、抱荀村、龙栖湾社区、老坡村相邻。罗马村有乐东香蕉、海南海参等特产。

　　"南繁"是作物育种学的一种手段，在北方，由于受光热资源条件的限制，每年只有一段时间可以进行研究。培育一个农作物新品种在同一地区一般需要8—10年，育种速度太慢，所以老一辈的科研人员逐渐将目光投向了热带地区。育种的工作开始由北方向南方推进，从云南的昆明、西双版纳到海南的海口，最后到三亚。海南这个"天然温室"繁育种子的光热条件得天独厚，可以将育种周期缩短一半。加代选育，这就是"南繁"在作物育种中最主要的作用。

　　当时的罗马大队是一个有4000多人的村庄，少男多女，村民多数居住单层的土坯平房。村里少有茅厕，到处都是猪狗人便，白昼苍蝇成群，夜间蚊子蜂飞。我们6人与沙埇、礢溪公社的队员共18人，住在生产队的仓库里，卫生条件差，加上水土不服，有的队友就病倒了。

　　当时我们共租用了30多亩的水田，作为杂交水稻制种用地。18人分成3组，从耕地、插秧开始干，到除草、毒鼠、施肥、田间管理、割稻叶、授粉，最后收割种子，一共近半年时间。在这半年时间里我一边劳动，一边学习杂交水稻制种的科学知识，品尝着劳动的苦楚与快乐。

罗马村南临大海，从住处往南不足 200 米，穿过一片木麻黄防风林带，就是浩瀚无边的南海，平时风浪大，刮风时尘土弥漫。田地沙土多，老鼠洞穴遍布，鼠患严重，刚插下的秧苗，经过一个晚上就被老鼠窃食一片，第二天还得加紧补种。

稻田里还滋生一种不知名的绿藻，长约 10 厘米，宽约 5 厘米，集结呈不规则的四边形网格状。稻田秧苗插完不久，绿藻迅速繁殖扩张，满田绿藻将秧苗覆盖压倒，造成灾害。我们只能用双手将绿藻托起，一一清除，并逐一把秧苗扶正，常常累得腰酸背痛。

水田里还长着吸血蚂蟥。海南的蚂蟥又肥又长，一不小心就被它吸附于腿脚，咬破血管。初无疼痛，待你发现之时，已是满腿鲜血，将其拍打拔出扯脱，则又血流不止。田边草丛之中还有毒蛇，大家劳动时都担心害怕，特别是夜晚到田间看水，怕得不敢松懈。

在海南田边、荒野的沙丘之中，生长着一种红豆，此豆果实小，椭圆形，脐部有黑斑点，很是玲珑可爱。"红豆生南国，春来发几枝，愿君多采撷，此物最相思"，唐代诗人王维所作的《相思》，就是借红豆寄托相思，以眷怀友人。在劳动休息之时，到田边沙丘摘红豆，是我仅有的快乐时光。

1977 年 6 月中旬，"南繁"杂交水稻培育制种队圆满完成杂交水稻培育制种任务，我们回到了家乡，开始推广杂交水稻培育制种工作。第一年，我们接受了 15 亩的杂交水稻制种任务，场部决定抽调 3 人组成制种小组，由队长王石成任组长，我当技术指导，邓五妹协助，同时作为培养的对象。从 6 月下旬开始播种、育苗、犁田、下基肥、插秧，然后田间管理、割稻叶、人工辅助授粉，最后收获种粮。在这 5 个多月的时间里，我们吃苦耐劳，专心致志，科学管理，严密监控，及时记录收集各种有价值的数据，认真总结经验，终取得了优异的成果。其中，劳动的辛苦与喜悦并存，那是我一生中最难忘的、最有成就感的经历。

从 6 月下旬开始，我们挑选了制种田地，计算播种时间，确定父系和母系的播种期，播种育苗。双系插秧后，田间管理是杂交水稻制种过程的重活和细活。母系插完一周内，对秧苗进行补株。前期加强水肥管理，以氮肥为主，配合适量的磷钾肥，浅水回青，薄水育苗，均要采用湿润灌溉；中期追施钾肥和钙肥，后期根据禾苗的长势施壮尾肥、壮粒肥。当 80% 的母本植株苗数生长整齐时，开始露晒田，抽穗杨花时保留水层，保持稻田的湿润直到收割。

母本禾苗种植密度大，田间湿度大，容易发生病虫害，因此，从播种到收获全过程，要特别注意防病虫害，及时采用对应农药防治方法。由于秋季天气炎热，在喷洒农药过程中，皮肤经常被农药腐蚀，手脚多处糜烂。为了确保完成制种的任务，我们起早贪黑，咬紧牙关，克服重重困难，争取到了好成绩。

在制种过程中，有两个细活。一是除杂去虐，根据禾苗的颜色、叶色，叶片的大小，植株的高低等特征，将不符合母本要求的植株全部拔去，因此经常要在田里来回细心寻找，时常脚趾都磨破了。二是在植株将要抽穗时，组织全部劳力，用专用的镰刀，割去禾苗上方的稻叶。这活又细又累，一不小心就会把稻穗割了，所以大家格外小心。割完稻叶后隔一两天，喷施"920"生长激素，让稻穗整齐长出。在父母本开花期间，每天中午 11：00—13：00，我们用长绳子来回拉或用竹竿轻轻抖动父本植株，进行人工辅助授粉，一般每隔 20—30 分钟一次，每天 3—4 次。

成功需要付出辛勤的汗水，劳动才会有收获，才能实现自己所追求的人生价值。经大家共同努力，我们场第一年杂交水稻制种大丰收，平均种粮亩产 280 斤，相当于每亩产粮食 2800 斤（当时 1 斤种粮可以兑换 10 斤粮食）。这一年我们场的年终分红从原来的每工分 6 分 3，提高到 1 角 1 分。第二年，我们大面推广杂交水稻制种，还进行了山水田的单季杂交水稻制种，都取得了好收成。两年 4 次杂交水稻制种，我从中积累了很多宝贵经验。

成功总不会辜负勤劳的人们，我虚心接受贫下中农的再教育，不断努力学习科学文化知识，高考恢复后，我于第二年考入宁德师范学校。

忆当年插队落户

潘必贤

我自 1972 年来硖门参加工作，到 2010 年退休，长达 38 年生活在这片土地上，算是一个"老硖门人"了。我也是福鼎第一批知青，1969 年 1 月到贯岭西山插队，到 1972 年 12 月，从插队返城来到硖门参加教学工作 4 年多。

1969 年春季，我初中毕业，家里有兄弟妹 3 个人，因为祖籍是贯岭西山，有人就叫我家里人赶快去联系一下老家族人，让我到西山插队落户。老家回话说要收留我，那我就到西山插队。我们老家有 4 个生产队，一共安排了 4 个人，男 2 女 2。有一座老房子供我们 4 个人住，女的住在厨房里面，我和另一个知青住在房间外头。

上山下乡的知识青年在村里有办场的叫知青点或青年场，而我们这种安排到生产队，没有专门办场的则叫作插队落户。西山生产队见到有人来，会认为你们城里人下来就抢人家的口粮，就这么点地，养了生产队 500 来号人，现在多了 5 个人。但西山是潘姓的祖居地，沾亲带故的，我又带着任务来，所以生产队很乐意地接收了我。农民们对我们都很好，有时会挖苦地对我们说，哎呀，这个城里人真的很可怜的，你看他才十几岁，在家里不愁吃不愁穿的，现在来劳动干活怎么会受得了呢？

第一年下去插队，就去田间地头参加劳动。时间是当年的 1 月 8 日，再过个把月就过年，但我们都不能回家，要实践"滚一身泥巴，炼一颗红心"的要求，就留在村里跟农民打成一片。生产队发给每人扁担一个，锄头一把，锅一口，与生产队社员一起干完活，回来自己煮饭吃。我那时 17 岁，身体很瘦，才 80 多斤，不过，因为有在家里做家务的经验，我们下地劳动很快就适应了。农民不识字，一年下来，也不知道自己的工分是多少。我除了白天干活，晚上还要兼会计，给社员们记工分。他们都很信任我，认为我这个从城里来的小年轻记分认真，没有出过差错，做得也公正，大家却没有意见。还有一个就是，我们也要搞宣传，要利用晚上的时间到公社、各个生产队去做宣传。

长时间劳动导致我体力不支，尤其是北风一吹我就会流鼻血。社员们劝说我不要再干活了，去当民办教师。我听取意见，干活一年之后，开始当民办老师。那时，每个村都要办学校，人口少的村，仅有几个孩子上学，多的也才十几人。学校遍地开花，老师却不够了，就要从上山下乡的知青里找人来当教师。有初中学历的知青就可以教学了，如果没有合适的人，小学三年级水平以上的知青也叫来当民办教师。当时，我教七八个学生，教室很窄，有桌椅，也是学生自带的。在上课时，村支书会来巡视，赞赏我教得很好，鼓励我教出好成绩。

教了两年之后，时间到了 1972 年，迎来了第一批民办老师转正。当时要求民办至少要教两年才可参加考试，我前后算起来刚好达到教龄。我原来学校的老师知道我符合条件，就前来动员我参加考试。但他只知道我住在福鼎一中桥附近，具体是哪个房子不知道。他下班后拼命找我，就满街叫我名字。我有一次回家，听到他叫我，从窗户伸出头来，朝他喊道"我在，我在"。他说："赶快啊，都几月份了。"我说："现在这都没有复习了，我是六六年毕业，现在都七几年了呢，什么都还给老师了。"他说："资料叔叔借给你看，你赶快去借初一初二初三的书。"我当时俄语、语文还可以，其他课程都不行。他说："你可以的哈，抓紧自习。"西山村支书、落户生产队的队长他俩人对我很好，也鼓励动员我参加考试，一直催我赶快报名。第二年中秋，我参加民办转正考试，终于考上。转正之后，我边教书边进修。跟我一起到考场的还有我的外甥女，她坐在我后面，但没考过。我两个弟弟也是知青，他们没有参加民办考试，后来到我父亲的单位补员。

1972 年，我到硖门参加教育工作，被分配到渔井小学，一年之后调入硖门中心小学，后来担任学区会计直至退休。

忆长古头良种场

邓美莲

1976 年秋，一个风和日丽的日子，福鼎四中 1976 届毕业生一行 20 几位同学，响应号召来到硖门公社长古头自然村良种场安置点安家落户，参加生产劳动。长古头良种场距离硖门公社硖门村两三里地，是硖门公社唯一一个粮食优良的种子试验场，创建于 20 世纪 50 年代，试验田几十亩，旱地十几亩，建有两层平房一幢、厨房工具房各一间，厕所一间。良种场原有 10 多户农民，人口 60 多人。场长王仁言是个 50 多岁的老干部，来自柏洋，人老实、能干，对我们照顾有加，每次开会都是他在主持。早上大家起来了，他跟我们集中在一起学习；晚上，我们劳动回来，吃了晚饭，也是他在召集，传达上级精神。还有一个副场长，专门负责生产。听说后来我们不在良种场，他还在场里，好像有待了两三年，最后他可能因为年龄大了，就退休回柏洋了。他是我知青生活里难得一遇的榜样，是一位优秀的共产党员，任良种场的党支部书记，为人忠厚，政治立场坚定，清正廉洁。他常教导我们要拥护共产党，要热爱祖国，虚心接受贫下中农的再教育。生活上他处处关心我们，劳动中他经常手把手教我们如何劳作，还经常教导我们好何做人，如何行事，像父亲般身体力行。

来到良种场时，正值夏粮收割和抢插秋季水稻的季节，天气十分炎热，我们每天起早贪黑与农民们一起到田里干活儿。凭着一股热情和青春热血，干得热火朝天。在劳动中，我确实感受到农民劳作的艰辛与劳累，也真正体会到集体协作劳动的快乐和劳动丰收的喜悦。

硖门良种场知青在田间（钟敦畅 供图）

来到良种场不久，我被推荐当炊事员，每天要比其他知青早起，步行去硖门街道市场买菜，负责知青们一日三餐的饭菜任务。这个时候，钱也不多，但我们也节省。我早起去硖门街上买菜，有时也有买一点海鲜，就煮成一脸盆的汤，大家抢着吃。那个时候的人好像觉得什么东西都好吃，我煮什么，大家就吃什么，那段日子大家过得很是开心。农忙时，我还要和同学们一起下地干活，虽然我比别人多干一种活，付出多了一点，但我还是觉得很开心，因为在集体生活中感到了充裕。

1976年，硖门公社为落实围海造田的政策，在硖门出海口的斗门头村，向东至长古头村，横截围海筑堤造田。计划造堤长约800米，底基宽约30米，堤高约8米，用泥土夯基，两面砌石墙的构造海堤大坝。硖门公社各村各大队都派民工几百号人亲筑堤坝，作为长古头村的良种场，知青更应该参加。我们一行20几人兴高采烈地到工地上劳动，有的挑土，有的夯基干得如火如荼。经过一年多全公社的共同努力，终于建成了雄伟壮观的海堤大坝，为硖门公社围海造出几百亩良田。每当看到硖门海堤大坝，我就会想起当年良种场知青们付出了汗水和艰辛，并为经历过感到知青时代感到骄傲和自豪。

我除了做炊事员，还做跟班司机。另外，我们知青点还负责良种水稻培育，同学们里还有专门负责做技术员的知青，我就跟随他们，他们做什么我们就跟着做。我们也有参加高考的，良种场好像有两三个人考进去读大学了，但是我没有考进。1979年底，我去代课了一年。1980年，我去白琳茶厂参加工作，结束了知青生活。

忆官昌兰的生活

 谢梅弟

　　我与军装和警服相伴了 41 年，于 2018 年从福鼎市公安局退休，至今又过了好几年，随着年龄的不断增长，我越来越常回忆起知青那段艰苦岁月。虽然艰苦，但苦中有乐，有成长，留给我无尽的人生财富。

　　我清楚地记得，1975 年 7 月，我读完了初中，一天中午，父亲从县里开完会回到家里，郑重地对我说："全国上下都响应国家的号召，我已经给你报了名，到硖门官昌兰知青点接受再教育。"几天后，我便接到硖门公社的通知。当年，秦屿到硖门还没有通公路。7 月 18 日下午，我步行了 3 个多小时才到硖门供销社。第二天上午，参加在公社召开的知青欢送会。我们十几位知青背着背包，拿着棕衣、锄头和其他农具，在场长林成顾和部分老知青带领下，高高兴兴地步行半个多小时，来

官昌兰知青合影（钟敦畅 供图）

到了官昌兰知青点。

官昌兰知青点坐落于硖门乡所在地约 3 千米处的一个偏僻又荒凉的小山坡上，只有一条坎坷不平的山间小路通往硖门。知青点有两座房子，一座是两层砖木结构，楼上是女知青宿舍，楼下是食堂，食堂边上第一间是场长林成顾的房间，另一间是张周铨（贫下中农代表）的房间。还有一座是单层砖木结构，中间有 4 个房间，前面走廊两头各有一个大房间，我和陈伯宁、林加成、陈振声等人被安排住在左边大间。这座楼除了宿舍外，还配有阅览室和乒乓球室。我们这座楼右前方约 30 米处，还有一座新盖的砖木结构男女厕所，在当时看来算得上相当不错的条件了。厕所前方有一个简易的篮球场。食堂前面 20 多米处有口水井，我们的吃用、洗漱全靠这口井。

1976 年以前，我们知青点只有后山的几亩山丘田，产量极低，还有十几亩的山农地，主要种植地瓜，每年地瓜收成都比较好，但是知青们吃饱饭问题还是无法解决，要依靠知青的供应粮和公社回收粮。

在上山下乡之前，我是一个体弱多病的孩子，到知青场这年我才 17 岁，体重 80 来斤，在家里从来没有干过农活，知青生活的艰辛对我来说不言而喻。前两个月，我们跟着老知青们一起劳动，在说说笑笑、打打闹闹中总觉得日子过得挺充实，挺快乐的。可是有一天场里安排我与几个老知青一起去硖门供销挑化肥，他们个个都挑 150 斤上下，我只要了 100 斤。老知青所挑的重量对他们而言不是问题，对身材瘦弱的我就不是那么简单的事了。我肩挑重担，跟跟跄跄地爬上庙后岭头时，就瘫倒在地，再也止不住那满腹心酸。休息一下，只能再次咬紧牙关挑起化肥继续往前走，好不容易到了知青点，那几位挑化肥的老知青早就去干其他农活了。

1976 年，硖门公社和供销社为了提高农民收入发展经济作物。硖门乡党委黄书记带领有关部门领导在我们知青召开"推广种植蘑菇现场会"。我们知青点作为这次推广种植蘑菇试点单位，场里决定将单层男知青宿舍右边大房间作为蘑菇种植房，场长林成顾组织知青砍木头、购买铁丝、铁钉做菇架。一切准备就绪，在 10 月全体知青苦干了几天完成了蘑菇架及菇床的制作。随后几天我们把已发酵的蘑菇料堆放在菇床铺平。一天上午，硖门供销社种植蘑菇技术员带着菇种到知青点教我们种菇种。下午 3 点多林成顾场长对我说，菇苗种好了，现在菇房要用硫黄消毒，这一步很关键也很危险，如不小心中毒就会死人。我问如何操作，他说用两个脸盆倒上适量硫黄，放在菇房东、西两边，接着关死菇房大门，快速用火点燃一个脸盆里的硫黄后，迅速跑到另外一边点燃脸盆里的硫黄，最后马上从窗户跳出关上窗门。我自告奋勇对林场长说，这项工作我来做。我跑到宿舍拿了一条毛巾泡了水，返回菇房大门前与林成顾场长一起将硫黄分匀倒在两个脸盆内，我拿着这两盆硫黄进去菇房消毒。这件事虽然已过去了 40 多年，但回忆起来仍心有余悸。

1977 年，硖门公社安排了几亩塘沽头海滩地给我们知青点，经过全体知青两个多月努力，终于平整出约 5 亩水稻田并于当年种上水稻。1977—1978 年间水稻生长特别好，产量高，我们喜获丰收，从此基本解决吃饱饭问题。

1978 年，我担任知青点仓管员，主要负责稻谷入仓出仓工作，场里在邓昌朝的邻居家二楼租了一间很大的仓库。除交公粮外，其余都存进仓库作为知青的口粮。

1977 年初，为了增加集体收入，林成顾场长带领全体知青在塘沽头水稻田边整理出 5 亩多海滩地，于当年 4 月种下黄麻。黄麻（也称苦麻）是收入较高经济作物，种植简单，将泡好黄麻种子撒地里便可，对土壤要求不高，病虫害也少，只要把田间水沟疏通好，下足肥料就行，管理也不费劲。黄麻子播种十几天后，苗就长出来，出苗率很高。经过几次雨水，个把月时间，地里的幼苗齐刷刷地抢着往上长，远远望去，黄麻地里绿油油一片。海风轻轻一吹，黄麻苗荡起一片绿色的波浪，起伏不定，摇摇曳曳，当你处在田野间，宛如置身于一片绿海。转眼间到了 8 月，黄麻成熟和收割的季节，我们站在田间地头，一眼望去，一片翠绿色的黄麻林，全是 2 米多高，植株粗壮，棵棵笔挺地站在那里，叶子像只只匕首挂在枝条上，一阵轻风吹，来黄麻林便在半空中前俯后仰，似在打醉拳，那情景令人陶醉。每年夏季"双抢"烈日炎炎，空闲时，我们就钻进黄麻林里抽水烟，吹着海风，说说笑笑，虽苦且乐啊！

每年 8 月中旬是黄麻收成季节，这时候天气最炎热，我们站在黄麻地里，如置身蒸笼，个个汗如雨下。收割黄麻必须两人一组，带上锄头、柴刀和两根光滑的小木棍，我们各自先用锄头把黄麻挖倒，然后用柴刀削去黄麻头部根，一人抓住黄麻尾巴，另一人用两根小木棍夹住尾部先去叶子，然后慢慢用力往头部滑拉，待黄麻骨与皮出现裂口时，用力将两根小木棍往下压并顺势拧断黄麻骨脱皮。这操作看似简单，做起来实属不易，因为植株叶子都长有锋利的小刺，每次收割完，小手臂都会弄得皮开肉绽，实在疼痛难忍。我们在塘沽头劳动大部分是开心快乐的，虽然劳动强度大，中午也没地方休息，但其伙食是集体办，能吃饱白米饭，还能吃猪肉、鱼和菜汤，下午还有糖稀饭点心，简直过得是富足日子。

1978 年 12 月，我结束了知青生活，走进军营。三年零五个月的知青生活确实很苦，但是快乐也很多。比如，每次在塘沽头劳动收工后都要赶到硖门小学打一场篮球赛，然后大家唱着《我们走在大路上》的歌曲沿着山间小路回到官昌兰知青点，每天不管多么辛苦和心酸，我们吃完晚饭后大家就自带月琴、小提琴、笛子、口琴等乐器，围坐在宿舍前面场地上吹拉弹唱，好生快活。知青点 30 多位男女知青团结友爱，遇事都能相互帮助和支持，亲如兄弟姐妹，几十年过去了，我们友谊不减当年。

难忘种植蘑菇时

 邓昌朝

20 世纪 70 年代，我在硖门官昌兰当知青，时间一晃 40 年过去，常忆知青生活的艰苦与欢欣。尤其是每每在餐桌上吃到蘑菇时，就会想起那时种植蘑菇的情景。

1977 年，福鼎县外贸局动员全县农民发展蘑菇生产，以增加生产集体经济收入。硖门供销社也成立蘑菇生产组，王光春任组长，王日照为成员，福鼎县外贸局选派蘑菇技术辅导员谢孙景下村入户指导蘑菇生产，官昌兰青年场场长林成顾决定由我负责管理场里蘑菇生产事宜。

种植蘑菇首先要搭建菇棚，大家一齐动手，很快完成。头一年试种蘑菇面积近 1000 平方米，紧要的是要考虑作为发酵的原料，原料主要以牛粪、稻草为主。场里有的是稻草，但牛粪是一个大问题，当时牛都是生产队集体放养，农家肥十分紧缺，牛粪也没得出售。场里分配女知青吴桂平、陈美珠、林冬雪、章淑芳到公社的良种场收集牛粪，还到塘古头及海滩地去拾捡。我们还找老农张周铨想办法，起早摸黑到金交椅、洋尾坪自然村的山路上捡牛粪，看到山地有人放养水牛，就在原地等候，看到牛拉粪，就十分高兴。通过一两个月时间捡牛粪，原料备足。

全县率先在点头镇举办了蘑菇技术培训班，紧接着，我们参加硖门供销社举办种植蘑菇培训班，并领到种植技术材料。我认真学习与种植蘑菇有关的知识，掌握种植蘑菇的要领。从当年 9 月堆料发酵，10 月播菌，第二年 3 月蘑菇生产结束，历时半年。边做边总结经验，种植蘑菇，要做到勤奋、细心、虚心、耐心，每天早晨起床点蜡烛照明采菇，通过一个多小时采摘、整理，把鲜菇送到硖门供销社蘑菇收购站。下午就要对菇棚进行细心观察，如发现哪里土块覆盖不均匀、水分干湿度等问题，就及时整改，请蘑菇辅导员谢孙景到菇棚实地指导。我们也虚心向周边村庄的菇农学习，取长补短。功夫不负有心人，第一次试种蘑菇终于获得了丰收，场里收入增加，提高了分红率。我们种植蘑菇获得了好收成，硖门供销社把官昌兰种菇作为先进事例来推广。

1978 年底，为了扩大蘑菇出口，场里决定种植蘑菇面积 1200 平方米，而所需要的肥料干牛粪要 5000 斤。这么多的牛粪哪里来呢？我正在犯愁，恰巧一次回家看望母亲时，舅父李阿奎来到我家，我就把种蘑菇缺肥料的事跟他说了。没想到，舅舅说嵛山水牛都放养在山上，晚上都把牛绑在树下，渔民不会用牛粪做肥料，叫我们派人到嵛山镇渔鸟村，可收集牛粪。舅舅还答应帮助找存放牛粪的场所和挑运工具。我把这个消息向场里作了汇报，得到了领导同意，派我和南溪水库移民金光狮一起到嵛山渔鸟村。那时吃住都在舅父李阿奎家，白天干活，把牛粪放在海边岩石晒干，然后装袋。常遇上大风，牛粪粉扑面而来，弄得满身都是。年轻姑娘就会逗我们说："好生仔，真漂亮，可惜满身牛粪味。"通过攻关努力，终于圆满完成任务。舅父又联系了一艘小船把牛粪运到硖门海堤，场里派知青把牛粪挑回官昌兰，那年蘑菇又喜获丰收。

1979 年 10 月，硖门公社研究决定，选调我到公社任通讯员，这样，场里蘑菇生产和管理就由南溪移民金明党负责，我也会时常回去场里看看蘑菇生产情况。后来有回乡时，每次与金光狮相遇，他总是说起嵛山渔鸟拾牛粪、种蘑菇，说多亏我舅父关心照顾。

我在硖门上山下乡

王孙明

我于1972年高中毕业，1973年4月响应号召，到硖门公社瑞云大队茶场插队劳动，参加公社公路的勘察工作以及任民办教员。

刚到农村时，我田间活一点也不懂，有的作物和草也辨别不出，比如稻田中的稗跟稻分不清，什么谷子也分不清，对生产知识一无所知。因此，我积极地接近贫下中农，每当晚上或出工的休息时间，我就和贫下中农一起，向他们讨取生产技术技巧，请他们帮助我掌握农活。

1973年春耕时，场领导分配我铲秧，我高兴地接受了。我想别的活做不来，铲秧准是没问题。便干起来了，铲了半天秧就觉得腰酸背痛。这时，却听到有人说："到底是书生，连铲秧都不行。"我心里想，铲秧人家都有意见，难道说铲秧也有奥妙吗？我就主动地问场领导，铲秧有什么地方不行。领导就带我到了田边，拿着我铲的秧说，你铲的秧有厚有薄，先说厚秧吧，秧土厚，挑工花费大，插秧花工大，造成劳力浪费；秧土太薄，虽然挑工省，插秧快，但秧根被破坏，秧插下去不容易转青，因此铲秧一定要均匀，这样不但花工省，根系不受破坏，秧苗也能早生根，转青快，保证成活率。

老农的经验，让我懂得了小小的一种农活也有一定的科学道理，也需要一定的技术。

1973年夏，场里在整地瓜畦，我们知青也要去干活。因为这是我第一次整地，不但速度慢，而且整的畦成了"蚯蚓过路"的形状，弯弯曲曲。看到农民整的一畦畦笔直的地瓜畦，我觉得很惭愧。为什么农民整得又快又好，而我却是又慢又弯呢？后来我就跟着农民一畦一畦地学整，农民也热情地教我，带助我克服重重困难。通过一个多月的实践，我初步地掌握了整地瓜畦的技巧，从中深刻地体会到，只有和农民们在一起，恭恭敬敬

知青在田间学习（钟敦畅 供图）

地向他们学习，甘当群众的一个学生，才能够逐步地掌握生产技术。

我到农村之后，大队党支部书记非常热心地帮助我，时常和我个别谈心，要我安心在农村。他说："农村是多么需要有知识的人呀！我们大队有文化的人很少，到现在全大队找一个会计都很难，你在场里当一个记工员吧！"当时，我看到大队领导和场的领导都这样信任我，自己又是一位共青团员，能为农民做点小事，是一件很幸福的事。于是我积极地为社员记好工，还做到每5天公布一次，这样社员们不但对工分可以及时了解，而且还能及时看出有否差错，便于及时改正，此举也得到社员们的好评。

自从记工分之后，我向场领导提议晚上学政治时事、农业技术，给社员们读读报。场领导马上同意。于是我晚上记完工分，就为社员们读报，受到大家的欢迎。

1973年秋，我场种棉花，从书本上知道，棉花是一种中性植物，而我们的棉种只允许种黄土岗上。为了弄清黄土岗的酸度，我从母校要来pH试纸，对黄土岗的种棉地做了测定。经测定，证明黄土岗的pH为6，属于微酸性。我向领导汇报黄土岗可以种棉花，大大消除了个别社员认为黄土岗种棉花有危险的想法，增强了社员们种棉花的信心和决心。此后，我还告诉社员们，用食盐水来浇黄土，可以使酸性起中和作用，让棉花不受酸性的危害而正常生长。久而久之，农民和我逐步地建立感情，我的房间就变为学政治、学文化的会议室。每晚我的房间都传出读报声、讨论声，热闹极了。除了为农民读报、讲时事、记工分，其他的时间，我就跑到社员们家里，和他们一道交谈生产技术，问白天做的活儿有什么不对之处，怎样纠正，怎样才能尽快掌握农活技巧。回来之后我就写日记，写心得体会，有时写到深夜，虽然身体疲惫，但我的心却是热乎乎的。

在此同时，我还请农民讲旧社会穷人的苦难家史，从中体会到生活的不易。在几个月时间里，我写了十几篇报道，传播在农业学大寨的好人好事，同时批评了一些不良现象，有力地推动了农业生产。当时我写了一篇《育苗有心人》的报道，被《福建日报》"农村版"刊登了，内容是讲老农邱振作一心为集体，积极为生产队育树苗的先进事迹，这大大地鼓舞了全大队上下育树苗的信心和决心。在通讯报道中，为力求报道真实、材料丰富，有时写一篇稿件就采访了好几次。

1973年10月，公社派我到公路指挥部参加考察，我积极配合，之后又去担任民办教员。1974年3月，硖门公社在官昌兰办起青年点，我第一个报了名。就这样，官昌兰知青场成为我又一个锻炼自己的广阔天地。

（本文据1974年4月硖门公社知青王孙明的体会《那里需要到那里去，虚心接受再教育》整理而成，标题为编者所加）

艰难的岁月　铭心的记忆

 章淑芳

1975 年，我在浙江平阳县藻溪初中毕业，就转回户籍地福鼎积极报名上山下乡，到福鼎硖门官昌兰知青点。我们一批八位知青，分别是：郑文新、邓昌朝、谢梅弟、章国銮、陈淑英、吴桂平、陈振声、洪秀秋。

1975 年 7 月，当时硖门公社领导与家长，欢送我们，到官昌兰青年点上山下乡，场长林成顾、贫下中农代表张周铨及老知青们热情地接待了我们。

第一天，老知青就带我们到硖门粮站挑猪粪给农作物下肥料。当时我 17 岁，从未干过体力活，体力差，肩不能挑，手不能提。一担猪粪大约 40 斤，还要爬山路，一路上歪歪斜斜，站立不稳，几次摔倒在地，脚被扭伤、手也破皮流血，但我没哼一声。老知青们主动地走过来，接过担子帮我挑，助我顺利完成了任务。

第二天，开始参加"双抢"。供销社等单位职工也来帮忙收割稻谷。我们早上摸黑从山上出发，到 10 里路外的海堤稻田。天刚蒙蒙亮，大家就轮起镰刀，比赛式地干起来。中午，炊事员从山上挑着饭菜送到田里，我们找块草坪，有的蹲着，有的席地而坐，津津有味地吃起来。晚上，天上星星出来了，我才收工。在回场部的路上，手酸腰痛，拖着沉重的步伐，心里一直在默念着毛主席语录。

有一段时间，我被安排当场部的炊事员。那个时候，早上天还没亮就得起来做早餐。宿舍与食堂有一段路，要经过猪栏，房子的不远处，还有死人坑。当时没手电，用自制的煤油灯照明，山风一吹，树木沙沙作响，灯忽然灭了，伸手不见五指，漆黑一片，吓得我胆战心惊。每当这个时候，我就会唱《红灯记》给自己壮胆。

当时，知青点为了能挣点补贴开支，与硖门供销社挂钩，挑蘑菇到霞浦牙城公社，硖门到牙城 10 千米路，要翻山越岭，经过一年多时间的锻炼，我能挑 80 斤的蘑菇到牙城。在牙城，我第一次观看动画片《孙悟空大闹天宫》，激动了很长一段日子。电影票一张一毛钱，至今记忆犹新。

我们这些原本弱不禁风的知青，在场长林成顾的关怀照顾下，在贫下中农代表张周铨手把手指导下，不仅学会了割稻、翻田、放牛羊、喂猪、养兔、采茶、捡柴等本领，还培养出了吃苦耐劳的精神，为后来的工作和生活打下了坚实的基础。

忆官昌兰青年场

🌿 邓昌朝

  1975 年 7 月，我于硖门初中班毕业，响应号召积极参与青年场插队劳动。7 月 19 日，我和同学们打背包来到官昌兰青年场上山下乡。上山下乡第一年，国家给予每月生活费 8 元；第二年每月 4 元，粮食供应一年。从此以后，就要靠自己动手，丰衣足食。1974—1975 年是上山下乡人气最多的年份。为了开展生产，青年场建设有房屋两座，一个篮球场，还有乒乓球桌、阅览室等娱乐场所。

  我们主要从事种植水稻、地瓜、黄麻、蘑菇、瓜果等经济作物。除了自己解决食粮外，每年还向国家购公粮。青年场实行按劳分配，每天出工干农活用评分制，食堂有总务、炊事员。刚插队时，年轻力壮，饭量大，精神好，每天收工回来，谈笑不断。晚饭后，也是农闲时，我们三五成群到周边场地聊天，有的人喜欢打乒乓球、篮球，有的人喜欢看书，有时由组长林成顾，老农张周铨带队到金交椅、深尾坪、三口天等自然村，找老农聊天谈家事。村民十分热情，都会用自家做的米酒，炒一些大豆招待大伙，玩到了 10 点才唱着歌回到场里休息。次日，由分管生活生产的副组长下达任务，大家分头去完成。

  我的知青生活，就是勤于干活，爱好写毛笔字和写新闻，以及虚心向老农学习，接近农民。那时，我体质差，挑谷子、挖畦等重活都慢别人半拍，只有肯干才有出息。有一次，在八斗田地收割谷子，挑谷子要走山田埂，我不小心连人和谷子一起翻到田坎下，身体损伤，那一幕至今犹历历在目。

  在上山下乡时，有两位农民朋友让我心存感激。一位叫李汉乐，他一家住在离场里 800 米左右的山脚下，厝旁边有一口井，大热天时，我们经常到那里挑水。在劳动期间，汉乐伯母会多煮点心让我充饥。在最困难时期，汉乐伯母也会煮熟地瓜米浇茶水给我充饥。一位是张周铨，单身汉，老实朴素，经常教育我们青年人如何勤俭节约。他经常跟我说："铨叔我虽是单身汉，但懂得做人要省吃俭用，留点积蓄、财产，晚年侄儿也欢喜继承。"说得十分在理，我听得深有感触。

  1977 年以后，场里知青陆续到其他村担任民办教师，有的上工农兵大学，人员逐步减少，我们 1975 届知青成了场里的骨干力量。后来我被推荐为副组长兼团支部书记，

知青生活（邓昌朝 供图）

承担场里重要生活、生产事务。青年场利用冬闲平整塘古头海滩地 5 亩，粮食比 1976 年增收 50 多担，同时发展茶叶、大黄麻、蘑菇等经济作物，提高了分红率。当时我还担任蘑菇管理员，精心管理，提高产量，种蘑菇方法还被硖门供销社推广。由于我的努力工作、团结同志。得到上级领导的认可。1978 年 8 月，我被邀出席中国共产主义青年团福鼎县第九次代表大会，1979 年 7 月 19 日，出席福鼎县农业学大寨先进单位代表会，1979 年 10 月，光荣地成为中国共产党预备党员。

在 1977 年至 1980 年底，官昌兰青年场在农闲时组织部分知青，分两组到金交椅、洋尾坪等村办扫盲班，在场里办全日制小学。学生人数最多的时候有 10 人，少时有六七人，办学共两年时间。记得福鼎市工商局副局长赖百曲小学时曾在官昌兰读书，张丽丽任教师，每月工资 16 元，由场里统一分配。

1979 年 10 月，南溪水库移民 9 户、59 人居住官昌兰青年场。1985 年后，官昌兰青年场又转为硖门公社民兵训练基地，结束了它的历史使命。

硖门 20 世纪 70 年代的知青点

✍ 冯文喜

　　硖门公社知青场点有官昌兰知青点、福长青年点、塘古头良种场（长古头良种场）3 个，其中官昌兰青年场建于 1974 年 3 月，福长青年点建于 1975 年 7 月，塘古头公社良种场建于 1976 年 6 月。

　　20 世纪六七十年代的上山下乡，时间跨度 1969 年 1 月至 1977 年秋之间，主要由公社革委会和原毕业中学组织动员。1968 年 12 月 23 日下午，福鼎县委召开会议，研究 1966、1967、1968 届初、高中毕业生下乡安家落户的问题。第一批初中、高中毕业生 200 多人，于 1969 年元旦过后立即分头到相应的公社插队落户。

　　1969 年 1 月 17 日，福鼎县革委会上山下乡安置办公室动员第二批"老三届"的初中、高中毕业生中（包括渔中、农师）的城镇人口上山下乡插队劳动（参军、病残、年龄过小的除外）。

　　知青的安置主要有四种：第一，插队（生产）落户；第二，以农业为主，兼搞季节性为农业生产服务的项目，或者小型工业（当时有厂房、资源、设备等基础的，如制茶工厂），农忙务农，农闲做工，自给粮食；第三，国营农场、茶场插场，以农为主，独立核算，自负盈亏；第四，举办小型的"五七"农场。四种安置方式以第一种为主，插队知青既是一支生产队，又是工作队和宣传队，可以充实农村基层工作，减轻国家的负担。

　　1974 年初，硖门有上山下乡知识青年 8 人（其中女青年 3 人），包括民办教师 2 人，插队 3 人，农场 3 人，居住分散。

　　1974 年 3 月，硖门公社决定将在官昌兰的供销社农场改办为青年点。硖门供销社农场原来是财贸农场，创办于 1970 年，有水田 5 亩，耕地 15 亩，年收粮食

官昌兰知青场旧影（钟敦畅 供图）

在 120 担左右。山林有果树 50 多株，茶树 1500 多株，松树 500 多株，木麻黄 200 多株，以及毛竹等经济作物。至 1974 年供销社农场停办后，移交给上山下乡知识青年创办青年点。

1974 年 6 月，知识青年多起来，除了福鼎，还有霞浦等地知青也来公社报名，共计 25 人。官昌兰原来的房子不够住，厨房不够大，又没有餐厅，决定再盖砖木结构两层双面住房一座，达到 280 平方米，建成后可以容纳 40 人。青年场自己动手烧砖，并发动群众献工。

1974 年 8 月，成立官昌兰青年场团支部。青年 13 人，其中共青团员 8 人，由王孙明同志任团支部书记，侯传烛同志任组织委员，林立峰同志任宣传委员。

1975 年 7 月，硖门公社创办福长青年点。福长三面靠山，一面临海，是个人口聚集的自然村，有 4 个生产队，人口 147 户、547 人，耕地面积 632 亩，其中水田面积 462 亩。

1976 年，地区要求知青上山下乡动员工作 6 月 15 日开始，6 月底结束，要做到挂钩单位和带队干部双落实。安置工作推广湖南株洲形式，即户粮到队、劳动到场、住有房、睡有床、吃饭有食堂、劳动有工具。地区分配给福鼎的动员任务是 280—350 人，要求做到应届的"不留尾巴"，历届的"割掉尾巴"。

根据硖门大队党支部的意见，知青原来居住在海堤指挥部，借鉴湖南省株洲市安置知青的经验，采取互联到队插队劳动、集中居住的办法，盖一座双面两层砖木结构的住房，其中厨房面积达 348 平方米。据泥木工评价，中农和干部代表研究预算准造价金额为 17080 元，打工金为 3500 元，借款金额为 13580 元。木材指标 36 立方米，水泥指标一吨，钢筋 200 公斤，铁钉 300 斤，玻璃 50 平方米，在秋收大忙结束时正式投入安置知青 10 人，其中女知青 6 人，二队 4 人，三队 5 人，四队 1 人。

抗击"桑美"台风侧记

✎ 雷顺号

在强大的自然力量前，人类显得很脆弱；但互助和友爱，成为人类抗争自然的最强武器。强台风"桑美"横扫硖门时，全乡共倒塌房屋 9200 多间，人们相互支援，无一人死亡。

"我永远感谢你们。要不是乡干部，我命难保。"家住硖门桥头村的村民薛金菊想起那场台风，还是心有余悸。2006 年 8 月 10 日晚 7 时，风狂雨骤，硖门桥头村民打来求救电话称，包括薛金菊在内的 4 名群众被困洪水中。当时，硖门乡党委书记蓝承忠，带领 12 名党员干部，趟着齐胸深的洪水，顶着狂风，艰难地向险情方向移动。雨很大，水不停地从山上冲下来，他们经过的地方水深流急，人很难站稳。出来营救乡亲的 13 个人想了个办法，大家紧紧地手拉着手，靠大伙的力量与急流抗争，由于担心有人在中途被水冲走而没人知道，他们边往前移动，边大声报数"一、二、三……十三"，离乡政府仅 200 多米的路，当时竟然用了 15 分钟才到。等他们挪到桥头时，只见一排两层高的砖木结构房子，水快淹到二层楼。每一步都很艰辛，经过 20 多分钟的努力，他们终于救出被困的 4 名群众。被救者瑟瑟发抖，抓到他们的手后不再松开。等把群众转移到安全的地方后，蓝承忠顾不上口渴和全身湿透，又投入紧张的抗灾工作中。

那次台风中，硖门村支书王乐开在转移村里群众的途中，发现村里一户人家的药店进水了，他就前去将药品搬到二楼。回家后，发现自家店铺中的海鲜池被水淹了，卷帘门也被风刮坏了，鱼儿逃得一条不剩，冰柜等其他财物也全泡了汤，损失近万元。老婆说，刮大风时，你怎么就没想到自家的店铺同样也会被水淹。王开乐答，看着别人家财产已泡在水里，心里急得很，就把自家的事忘了。

硖门乡团委书记苏成象是硖门村、瑞云村的包村干部，8 日下午，就和工作组下村，挨家挨户通知群众，做好防抗"桑美"工作。次日，他仍然苦口婆心地劝村民转移。10 日早上，乡干部又对全村进行拉网式的通知，并转移地质灾害点和危险地带的群众。在大家的努力下，大部分村民按照预先制定的方案，转移到村委办公地点和小学里。当台风登陆时，突然有个让人担心的消息传来，虽经多次动员，村里的五保户、聋哑人钟昌场仍留在茶厂，那里的安全很难保证。苏成象心想不能存有侥幸心理，决定出去营救，和村两委干部顶着狂风，冒着倾盆大雨，冲到随时有可能倒塌的茶厂，找到钟昌场。当时，老钟正着急自己的米可能会被雨淋湿，大家劝说他赶紧离开，他还犹豫不决。见此状，苏成象他们把钟昌场架起来就走，刚到村委会不久，茶厂的外墙轰然倒塌。目睹这一幕的钟昌场，瞪大了眼睛，许久都不曾眨一下，又聋又哑的他，最终向苏成象竖起大拇指。

10日晚8时许，瑞云水库过洪3米，随时都有垮坝的危险，直接威胁着集镇5000多名群众的生命财产安全，当时通信中断、公路冲垮。瑞云到集镇有5千米远，要把信息传出去，必须有人步行到集镇，关键时刻苏成象挺身而出，与另外一名村干部冒着生命危险出发。当时全乡黑漆漆的，看不到一丝光亮，台风还在不停地把路边的树木摧断，道路被断枝挡住，他们连滚带爬往乡政府所在地赶。不知是不是他们的真诚起了作用，雨渐渐小了，水库过洪的水也渐渐小了，走到半路的他们舒了一口长气。苏成象说，其实当时只想着尽快把消息通知到山下集镇，并未想到即使能够走到山脚，山下的水那么深，能不能蹚过去都是个未知数。14日上午，苏成象又接到任务，带一批民工到龙安帮助做好海上搜救工作，他说"也不知道这胆子从哪儿来的"，在灾难面前，人的力量之大是平常无法想象的。

谢石妹，硖门乡秦石村支部书记，台风来临时，哪里出现险情，哪里就有他的身影。台风登陆那天，他路过父母的家门口，也顾不上进去看看，反而冲到邻居五保户家中将一位70多岁的老人背到安全地带。当晚9时，风雨刚停，他顾不上休整，就马不停蹄地到各自然村查看灾情，直到次日凌晨3点多才回到妻儿身边，其时家里的情景已是面目全非，一片狼藉。11日早晨6点多，他又带领其他村干部深入村里挨家挨户查看，临时安置灾民，帮助灾民联系瓦片等修复房屋的材料。村里还安排紧急救灾款，购买了方便面、矿泉水和大米等生活食品送到灾民手中。谢石妹说，在暴风雨中，满脑子想的都是别人家难处肯定会比自家多。

青湾村村民回忆说，黑夜里，风越刮越强，雨打在脸上如刀割一般疼痛，村抢救队员们手拿手电筒，背着老人，经历着抗击台风的惊险一幕幕。那天晚上，海边有一排共10间的砖木结构的民房应声而倒，附近房屋还传出求救声。风雨中，村支书郑斯琳带领村干部、民兵预备役共15人，顶风冒雨火速救人，当时风太大，抢救队只能手抓手挪步前进。离求救地点仅差20米时无法靠近，郑斯琳带头俯身爬到老人家中将老人背出屋。2分钟后，房屋轰然倒塌，老人得救了，他自己的脚却严重受伤，但仍忍着剧痛把老人背到安全地带。郑斯琳等人这一夜抢救了四五十人。第二天天亮了，人们发现海边的几十幢民房已全部夷为平地。

文物古迹

千年古刹瑞云寺

允　恭

瑞云寺地处于福鼎市西南部、太姥山麓之凤山，与霞浦牙城交界，四周林木葱茏，山环水复，环境优美，清幽宁静。释青芝在《重访福鼎县凤山瑞云记》中记载："该处有一座凤山，层峦叠嶂，古树参天，形如丹凤朝阳，之下有座古刹瑞云寺，殿宇巍巍，规模宏伟，周围风景幽美，甲于闽东。"

建寺沿革

瑞云寺始建和历代重修情况，见载于诸多文献资料，现收录部分如下：

据硖门秦阳陈留郡谢氏宗谱载，迁居长溪凤山瓜槟坪（即今瑞云）第一世祖谢太万之长子谢天益，字明智（876—?），平生"在家持斋"，即信佛"吃菜"。谢太万之次子谢地利，字景明（881—?），因大哥"吃菜"（即出家做和尚），把瓜槟坪老房子给了家兄做寺院。至五代后晋时，原房宅寺院作为凤山瑞云寺院，这是瑞云寺的肇端。至今瑞云寺寺院中凤山冈脚下犹存谢天益父母兄弟四人之墓。

清乾隆《福宁府志·杂志·寺观》载："瑞云寺，在十一都，后晋天福元年（936）建，宋宣和辛丑年（1121）重修，乾隆十四年（1749），僧宏智重修。"

瑞云寺全貌（冯文喜摄）

清嘉庆《福鼎县志·寺观》载："瑞云寺，在十一都。后晋天福元年（936）建，宋宣和三年（1121）修，乾隆十四年（1749）重修。"

《瑞云寺历史诗文》载："闽福鼎县硖门镇凤山瑞云寺，晋天福元年（936）丙申开山创建（创始人伕）。宋宣和三年（1121）辛丑僧密印修建。清乾隆十四年（1749）僧行智重建。清道光十五年（1835）乙未僧秀怀重建。清同治四年（1865）乙丑僧天成重建千秋堂。清光绪七年（1881）辛巳僧天成再建准提阁、弥勒龛。民国八年（1919）己未，僧智水增建重葺净业堂、华藏楼、平等阁、福田精舍。民国三十七年（1948）戊子僧锡山全部整修。1987年丁卯僧世行重建大雄宝殿、净业堂，整修斋堂、厨房、前后鱼池、院埕场所。1990年庚午僧界利重建石牌、斋堂、山门、围墙、祖师塔。"

清光绪十九年（1893）立《道由禅师重兴雒山瑞云禅寺碑记》载："寺建于晋天福元年（936）……则经我朝行智、秀怀二禅师先后重修，保有遗址。咸丰三年（1853），大风倾殿宇……其八年，有道由禅师者居象山久，高足碧嵩、碧岳、碧仪等皆具大愿力……不数年，遗产悉复，仿修大雄殿……越同治四年（1865），增造弥勒龛韦驮厅及两厢钟鼓楼。并于硖门增筑福田庄……光绪辛巳岁（1881），复于寺东韧准提阁、千秋堂两进，左右翼以祖祠、报恩堂，规模甚敞。"

民国《福鼎县志》载："瑞云寺，在凤山。后晋天福元年（936）建，宋宣和三年（1121）修，清乾隆十四年（1749）重建，道光、同治、光绪间叠有修建。民国初，住持僧智水续修。"

2000年以来，受台风影响受损，界诠维修大雄宝殿，重建观音楼及其他僧舍。虽几经修建，但其格局基本保持原样，寺中保存有宋代石斛，清代、民国时期的牌匾等文物完好如初。

主要建筑

瑞云寺是第一批福鼎市文物保护单位，1989年1月授牌。寺坐北朝南，建筑规模宏大，气势雄伟，整个建筑为园林式布局，打破中轴线对称常规，别具一格，占地面积3500平方米。其主要建筑有：

探花府　探花府是瑞云寺最有艺术价值的建筑，由于该建筑名僧智水法师曾入住，世传智水法师身份为探花，故俗称"探花府"。建筑木构，重檐悬山顶，长27米，深26米，占地面积约715平方米，以府第格局建制，由阁楼、厢房、天井、正堂等四个主要部分组成。正门石构，宽1.6米，高2.6米，正书阴刻，上联"心存至德须至善"，下联"法本修身则修神"。门悬正书繁体大字"瑞云寺"。大门两侧石墙对称，马头墙形制，各开2个窗口透风。门左右墙泥塑人物4位，称为"人生四乐"，右为剔牙、

220

搔背，左为掏耳、伸腰。墙壁题古诗，右诗："一抹殊红日已斜，束担就道便还家。高歌度岭穿林过，踏破空山谷口霞。"左诗："夕照千林树影斜，芒鞋踏破岭头霞。已拼身世老岩壑，带月归来兴更赊。"泥塑人物"牧童吹笛"，泥塑芭蕉叶各一，上书"梅子熟，癸亥年夏"和"木樨香，□道人"。府内进深 6 柱加前后廊，中为天井三合地，进深 9 米，宽 14 米。两侧厢房 4 间。正堂面阔 25 米，进深 12 米，7 间 8 柱。楼有长廊 4 条，相通近百余米。探花府中保存文物主要有石槽一个，为宋宣和年间遗物，阴刻铭文 9 行，凡 35 字。天井置石花台两副，匾额"匡扶法化"，木版画《虎》，上题"威震山川，训坚于戊辰年孟春作"。石药臼 1 个，石础多个，为宋至清代文物。探花府右面是斋堂，面阔 7 间，长 20.1 米，进深 4 柱 7.4 米，堂前悬匾"冰桃雪藕"。探花府门头阁楼木质结构，飞龙翘檐，中镇一塔，檐中有人物泥塑。阁楼可凭栏眺远。探花府阁楼为府第式建制，在全省寺院建筑中实属罕见。它集人物泥塑、石刻楹联、木制巨匾于一体，古香古色。其依山建制，布局巧妙合理，为寺院建筑之蓝本。

大雄宝殿　原大雄宝殿重建于 1987 年，重檐歇山顶抬梁式木结构。主体建筑宽 19 米，深 16 米，建筑面积约 298 平方米，占地面积约 448 平方米。面阔 5 间，进深 5 柱带前廊。2009 年维修后为木质结构抬梁式，面阔 5 间，进深 4 柱带前廊。前廊和石阶，设有栏杆，石质结构，宫殿式规格建制。殿中现供奉释迦牟尼佛像，由黄花梨木质雕塑而成，高 4.5 米，莲花座木质结构，底座长 4.6 米，宽 4.2 米，高 1.85 米。殿前台阶 10 级，长 6.2 米，殿檐前悬"万德庄严""大雄宝殿"巨匾。大雄宝殿之右为净业堂，建筑面积约 245 平方米，重修后为砖木结构。内含千秋堂，设有智水法师纪念堂、藏经阁。门楼悬匾"净业堂"，落款"民国己未（1919）嘉平建，前院沙门秀崧立"。

禅台和山门　禅台即大雄宝殿前面的院埕，横 21.5 米，纵 14.5 米，总面积约 310 多平方米，为该寺法事主要活动场所。立石墙长 24 米，底石砌，上砖砌，高 4 米，为瑞云寺大门。两侧各开一个小门，门宽 1.6 米，厚 0.4 米，高 2.6 米，门顶造型仿欧式风格，尖顶，两旁立灯具状。大门围墙下设"T"形通廊，铺设三合地，两旁夹碇条石，为进寺通道。"T"形通廊横长 24 米，宽 4.1 米；竖长 16.8 米，宽 3.6 米。旧有"之"字形青石道与"T"台通廊相通，但在改建时受到破坏。大门种三棵罗汉松，已历百年以上，虬枝苍劲，风影婆娑，极具观赏价值。门前旧有石狮一对，后被盗。

水池、护墙　寺置水池、荷池、鱼池各一个。其中鱼池设于探花府前、院台右侧，长 24.3 米，宽 15.3 米，占地面积 370 多平方米。府前设梯形观鱼台，砖构护栏，左右两侧台阶 10 级。水池南面立土墙，墙内有"水定物照" 4 字，种花草，倒映池中，五彩斑斓，与池中红、白、黑鲤鱼相映成趣。池东置六角亭，翘檐，与池、台、阁交相辉映。护墙与水池同长 24.3 米，墙外旧为水田，今开辟为菜地，墙涂黄色漆，上书"晋代古刹" 4 字，"晋"字无存。

自然与人文景观

瑞云寺拥有丰富的自然景观和人文景观，历为名僧所重。释青芝在《重访福鼎县凤山瑞云记》中说："瑞云则以层峦叠嶂，古木参天，远离尘嚣见著。有人说，既登太姥探奇，必来瑞云寻幽，始能饱览福鼎山川之胜。"现寺殿后廊有苏铁一棵，银杏一株，均达千龄。寺门前后有枫林，古木参天，得"枫林夕照"之美景。智水法师《凤山十六景诗》是一份厚重的乡土历史和诗歌文化遗产。

瑞云寺历史文化和人文景观丰厚凝重，影响深远。南宋理学家朱熹流寓长溪，于绍熙年间游太姥山，路经瑞云寺，题一联于寺山门，成为临济派外字法号。瑞云寺地处于硖门畲族乡瑞云少数民族行政村，长期以来，畲族同胞与瑞云寺保持和谐、密切的关系，经过数百年发展，沐佛节与瑞云畲族"四月八"歌会（国家级非物质文化遗产）同日演绎，凸显了文化内涵和旅游价值。

瑞云寺近现代的发展

通 了

天成和尚的重兴

有较为清晰的史料文献记载，瑞云寺重兴于清代。据《福宁府志》《福鼎县志》载："瑞云寺在乾隆十四年（1749）重修。"《瑞云历史诗文》中更详细地写道："清乾隆十四年乙巳僧行智重建。清道光十五年（1835）乙未僧秀怀重建。"以上两次重建的规模已无从知晓，今只剩残缺的三块石条，一根刻有"大清乾隆二十二年"的字样，未知其用途。

《道由禅师重兴雏山瑞云禅寺碑记》载："咸丰三年（1853），大风倾殿宇，寺产尽散，积逋至千余缗，僧众远去，过者伤之。"正在这危急之时，天成和尚出现重兴古寺。和尚道由，名果就，字天成，鼎之广化人。此碑更详细地记载了天成和尚恢复瑞云寺时所建殿堂名目："师遂率徒众捐资，赎回被占之田，力加垦治，不数年遗产悉复，昉修大雄殿，栋桷一新。越同治四年（1865）增造弥勒龛、韦驮厅及两厢钟鼓楼，并于硖门增筑福田庄，于是尽复旧观，僧众云集。光绪辛巳岁复于寺东创准提阁、千秋堂两进，左右翼以祖祠、报恩堂，规模甚敞。乃以余储重茸象山祖庭，不忘始也。计经始迄今垂数十年，百废俱举，费亦不赀，师之功顾伟哉。"

瑞云寺（冯文喜摄）

天成和尚可以说是瑞云寺的中兴祖师，他对瑞云寺的贡献除了重兴寺宇，还培养了一大批人才，以延续佛法法脉，他门下的弟子乃至徒孙都是出类拔萃的人物。福鼎瑞云法脉即是由天成和尚一人开演出来，而后由其徒碧嵩、碧岳、碧仪和徒孙石水、智水、如水发扬而遍及福鼎乃至神州大地的。可以说，天成和尚是重兴瑞云寺的祖师，也是开演瑞云派的祖师，其功德贡献伟而不朽。至今，瑞云宗系门徒每于朔望礼祖皆称名礼拜，以表感恩思慕之义。

智水和尚的光大

天成和尚诸多弟子中，以碧岳、碧嵩为首，瑞云寺后边的仁寿塔，墓碑上刻"光绪二十三年清重兴瑞云道由大和尚首座月复嵩监院秀崧岳二禅师之寿塔"，将碧嵩、碧岳列于其师道由和尚之下，可见二人之地位。碧嵩门下后多传往霞浦，而碧岳门下以智水最为著名。

天成和尚诸多门人中，真正承担祖业并光大者属智水和尚。智水和尚为近代福建高僧，其一生事迹见于《瑞云历史诗文》中《智水和尚传略》。纵观智水和尚一生，堪称佛门中德才兼备之大德。《智水法师传略》云："忆及圆瑛老法师抵怡山时，在两序大众前称智老之才之德之相，足堪为人世师表也！"正因为智水和尚之德高名响，使其祖庙瑞云寺得到空前的兴盛。据载：1919 年末，智水和尚在天成和尚修建的基础上又增建重葺净业堂、华藏楼、平等阁、福田精舍。此时，寺院的兴盛已不仅仅只是这些有形的建筑与寺产，更多是由智水和尚道德和才学带来的佛法兴盛。智水和尚不仅精通佛法，而且擅长诗词书法，写景抒情极具宋人风格。故当时名流骚客多喜与之交流对咏。今尚有智老之《凤山十六景》题咏诗和当时名流对咏诗存世，收录于《瑞云历史诗文》一书中，是瑞云寺珍贵的文化遗产。

1937 年，智水和尚圆寂后，由笃山继任住持。笃山原任福州鼓山涌泉寺监院，由于寺务繁忙，无法两边兼顾，所以先后委任旻山、锡山、寿山为瑞云寺监院，寿山又转托青芝代理寺务，青芝又转托青林暂代。1943 年，勳丹、恒山、青岚等人与笃山发生矛盾，并扣押笃山、青芝，改选勳丹继任，并由此引发一场官司。

智水门下之徒孙文山、书山等，弘法于福安，于民国时期影响甚大。

逐步恢复

佛法常云："诸行无常，有生必死，崇高必堕，兴盛有衰。"此为事物发展的自然规律，瑞云寺也一样。经民国的兴盛后，到 20 世纪六七十年代，瑞云寺也同其他寺庙一样，僧众被逐，佛像被毁，经书法器荡然无存。待到落实宗教政策后，1981、

瑞云寺山门（冯文喜摄）

1982 两年，青芝老和尚连续上书县政府恳求开放。经过数年的努力，重建了大雄宝殿、净业堂、六角亭，其余依旧制重修，全然恢复旧观，乃尤胜于昔日，千年古刹得以重光。20 世纪 90 年代，僧界利重建石牌、斋堂、山门、围墙、祖师塔、水泥路、重铸洪钟、再塑佛像、玉佛、铜童子、宝鼎大香炉等。

如今，寺庙的山门为 1990 年所建，高十余米，水泥建筑，门额书"晋代古刹"四大字，门联书"见山门宝刹重光新景象，入觉地禅林复现老宗风"。寺庙的核心建筑是大雄宝殿，落成于 2006 年，为木质抬梁构式，颇具唐宋庄重之美。总体占地约 448 平方米。殿中供黄花梨木雕大佛一尊，全高约 15 米，佛像左边殿角尚供有泥塑伽蓝菩萨一尊。殿中钟鼓各一，法器若干，为僧众早晚礼诵的地方。大殿西边为净业堂，建于 1989 年，面积约 245 平方米，为砖木结构，分上下两层，下层中间为祖师殿，供智祖塑像一尊。两边墙由青芝老和尚墨书《凤山十六景诗》及《智祖略传》，笔势苍劲，乃书法之上品。净业堂上层为念佛堂，中供西方三圣像，为僧众念佛共修的场所。

大殿东边为"探花府"，是瑞云寺保留最古老最完整的建筑。全楼为木质府第构建，占地约 715 平方米，由阁楼、厢房、天井、正堂四部分组成。正门悬"瑞云寺"三字牌匾，门壁上有泥塑小人若干，颇具艺术性。天井中间置古石刻文物若干，正厅供玉佛一尊，佛像两侧对联："地辟九重天，碧水丹山青世界；门当三益友，苍松翠竹白梅花。"承尘上有诸多木雕，或人物，或龙形，或树木，都精细非常，是清代福鼎民间木雕的代表。整个探花府都具有很高的文物价值和艺术价值，1989 年 1 月被认定为"福鼎县文物保护单位"。

　　探花府东侧为多功能楼，建于2016年，占地面积900平方米，上下两层，分前后两进主附楼。主楼一层大餐厅，二层法堂；附楼一层厨房、五观堂，二层客厅。寺庙最东侧是僧寮，建于2009年，占地约500平方米，为混凝土结构，两层，共计24个房间。探花府后山为观音殿，全体为木质抬梁构建，殿中供奉由千年红豆杉雕刻的观世音菩萨圣像（正中）及文殊、普贤、弥勒、地藏（两侧）五大菩萨。观音殿前排建筑有百米长廊连接。

　　寺中尚有百年银杏、百年铁树各一，百年罗汉松3株，都非常珍贵。另有鱼池、龟池2所，半壁土墙，皆为寺庙增添景致与古意。

硖门旧街

郑斯汉

　　硖门旧街原先叫"碇步头"，因旧时硖门靠碇步才能来往于南北两岸，旧街道正好是在碇步的北端，而南部的则称"南片"。南岸区域，一条狭长的硖门街蜿蜒于南片山麓，街道两侧木质平房紧挨相靠，低矮阴暗，建筑面积仅288平方米，住20多户60多人，设有酒肆、客栈和盐仓等。而北岸在大山的岩壁底下，1934年之后，南岸居民开始逐渐北移到对岸来，形成3.5米宽的街道，随着大山脚下的岩壁继续延伸，建房高2—3米，两层楼房为多，住100多户2500多人，建筑面积8600平方米。

　　这街上房屋建造大致是这样的：靠里边，即石壁下，房屋依山而建，深度也只是7—8米，虽然街宽只有3.5米，但外侧房屋的结构是三进式的，有四五十米深，单体房子可住至少有三个以上的家庭。随着人口逐渐迁入，北岸地域也形成集市，贸易也逐步繁荣起来，像渔井、石兰、月屿等地前来的人流量也开始增多，日益形成街市。登春桥桥头左侧是"观海楼书屋"，驻足于桥头就能听到书声朗朗。桥的正对面是郑家的染布坊和晒布场地。1949年以后，郑氏房产、铺面大多被政府征用，有的成了政府办公之所，有的成为粮站，有的成为邮电所，等等。

　　20世纪六七十年代，硖门当地扩大了新区开发面积，修建公路，才开始建设街道，1990年建成乡区面积9.5公顷。其中民宅建筑面积5.65公顷以上，是1950年以前的7倍。旧街与后来主街构成"丁"字形，全长200米，成为硖门商业中心；主街中段到街尾，两旁多是旧式2—3层木质结构楼房，70年代浇灌的水泥地面。"文

硖门旧街（冯文喜 摄）

革"期间，硖门公社成立了工商联合社，把手工艺者组织起来，社址就设在硖门旧街道。在印象中，店铺都集中于旧街，南货店、点心店、饼店、做豆腐的、补鞋的、酿酒的、箍桶的、理发的、做木的、搬运的，由联合社统一管理，每年交纳一定的管理费。这是特殊时期工业的一种特殊存在形式。

那时只有硖门街道才有照明电，是街尾的国营碾米厂柴油机发的，到了晚上9点就停电了。1976年秋，硖门历史上堪称标志性的建筑落成了，那就是硖门供销社，一座三层的混凝土建筑，落成于登春桥头右侧，底层营业柜台摆着生活用品、学习用品、体育用品、生产农具等，左边的柜台却摆放着不同颜色的几种布匹。正式开业前，街头街尾贴出了不同广告色写的海报："为了受惠广大群众，×月×日起三天内，凭布票可以购买铁青色或银灰色的的确良裤料一件，凭购物证可买白糖一斤，煤油一斤，火柴两包。"这消息像风一样的速度传播开来，开业当天就有许多民众前来购货，我是第二天才去买的确良裤料，铁青色的断货了，只好买一件银灰色的布料。

1976年，《毛泽东选集》第五卷在供销社发行，许多人围拢在硖门新建的供销社门口，各单位、各团体、学校都派人来把书领回去了。接下来，各处掀起了学习选集的热潮。

硖门街道最热闹的地方，就是硖门公社门口，大门的围墙是"八"字形的，两边嵌有玻璃镜框的宣传栏，拆掉订书钉的《人民画报》《解放军画报》贴在里面，让群众观看，内容主要有国家、军队领导人活动照片，或是接见外宾，或是取得什么成就之类，观看的人挺多的。要是换上新的内容，在街上的同学就会第一时间转告我们寄宿生，放学后大家就会呼朋引伴前去观看。政府门口对面的一整排房屋都是郑氏先人遗留的，杉木柱子，门板也是上好木料，地板全是古代三合土铺成的，有的还有地楼，有地下防火设施。

老街的木房子历经风雨洗礼和时光摧残，开始逐年老化了，有的开始在原址上重建，有的转手给他人，有的却无人居住面临倒塌，更不幸的是几年前被大火吞噬了好几榴。只剩下几十米长的老街，大概在不远的将来就会消失殆尽，这一切终将成为"老硖门"的记忆。

乡村住厝

冯文喜

　　硖门当地，房子通俗地叫作"住厝"。因地处山区沿海，硖门当地住厝主要有木瓦厝、砖瓦木结构厝、石头砖瓦厝、土墙稻草厝、橀厝几种类型。

木瓦厝

　　木构房子主要是延续清代以来的建造式样，使用材料以木为主。在建房之前，由师傅上山进行砍伐取材，放置院子里经风干方可使用。木厝以杉树、松树为主要材料，以橀为单位，采用线性一字形排列，中央设一个大的厅堂，左右两边对称排开各建2、3、4间，合起来有5、7、9间式，称为一座或一栋。厅堂面积较大，宽度在3.5米之间，进深按柱算，一般是7柱或9柱，加上后落，深度在10米左右。木厝前面还有加一个通廊，上层形成一个雨披。两层楼式的木厝，其第二层盖木板，称为"搭楼板"。整个木厝外形结构像"明"字结构，因此称为"明楼"。有的前面没有加通廊，那在第二层也得加一个"走廊"，用于挂晾衣裳之用。厝顶盖瓦，呈坡顶，横切面形成"人"字形结构。盖瓦之后，得用砖块或者较重的石头压顶，以防被风掀翻。这种木厝还延续以往的四合院或者三合院构造，院前中间形成一个较大的空间，设有天井，两旁还有厢房，前面加一个门楼。古代以家族为单位，成员共同居住，有利于生产生活。

南爿郑家的木瓦厝（冯文喜摄）

砖木瓦厝

　　20世纪六七十年代，农村的房子还普遍采用砖块作为建材，同时保留使用木材建造，这种既用砖块又用木头的房子，称为砖木瓦厝。砖块一般都是由乡村自己的土窑进行烧制，单个砖块宽约 10 厘米，长 15 厘米，厚约 2.3 厘米。砖块具有规整、牢固的特点，在房屋建材使用上具有它的优势。它的规整，叠砌可成柱子，又节省时间；两侧可砌成风雨墙，又加强抗风性能。使用砖块建筑房子，也是延续古代房屋建筑的一种主要的形式。另外，相邻房屋之间，间隔砖墙，具有防火的性质，即防火墙，外形像"马头"，又称马头墙，经过乡村的工匠建筑，形成了具有典型东南沿海古厝风格。这种房屋的牢固性、耐久性是非常明显的，许多一直保留到今天，让我们看到房屋在使用建材方面的重要性。

石头砖瓦厝

在沿海渔村，建造渔屋时，大多是就地取材——花岗岩石块。墙基使用较大石料压实，往外铺垫基座，然后逐步靠内收紧后，作垂线往向叠砌。一般采用石块

渔井石头房（冯文喜 摄）

上下平叠、互相交错两种方式砌墙。就单体建造而言，每栋石屋只设置一个大门，两旁各设有一个窗户，楼上各开三个窗户，以便采光。海边石厝大门，两扇是往内开，门槛则设置在门外。单体面阔 8—10 米之间，有点像小别墅。还有一种石厝，往屋内设置一条通廊，柱子、楼板、廊沿也用石材建造，柱子还进行一定程度的雕饰，楼板用整块石条子并排做成。通廊有多种用途，在刮风下雨时，可以把生活用具收集放这里，夏季的时候，可在这里纳凉休息。还有一种石厝，石块砌到第一层，换成砖块砌第二层，也就是砖瓦结合。这些结构的房屋因建筑不高，前后左右留下通道，底下设有排水沟，形成了特殊的"巷弄"。因随岸而建，从整体上看，石厝高低错落，有层层叠叠之状，具有城堡之感。现在保留的石头房

秦阳石头厝（冯文喜 摄）

屋建筑，主要分布在渔井、唱诗岩和秦阳等沿海村庄。

土墙稻草厝

在20世纪五六十年代，民众还住有土墙和稻草盖屋的房子。它整体规模不是很大，大多是单体建筑，居住一户人家。用泥土筑墙是古代一种非常重要的建筑方式，例如一些比较大的防御性的城楼、城墙、城门等建筑，并被延续到使用于居住的房屋。事先用石块在平整的场地上铺垫基座，并用一种特有的筑墙板子四周箍紧，然后把事备好的土料倒入板子里，以木棍将土料捶紧、捶实。夯实一层后得将板子解下，置于第一层的横木上，开始捶上一层墙。以上依法筑墙3至4米。有的泥料经过特制，黏性较强，有利于它的凝固，有钱人家还在墙面再上一层石灰，叫作"金包银"，具有很强的抗风雨性能。这种上档次的墙，多用于木瓦房屋附属建筑。山区经济条件较差的人家，只能以稻草当瓦覆盖，除了住房，还当作农具放置场所，叫作"草子"。稻草比较容易腐烂，也会"漏水"，每间隔三五年就要翻新一回，因此，稻草并没有被普遍地采用。这种土墙构造具有一定的稳固性，我们现在到山区还可以看到保留的一些土墙，虽经过几十年、上百年的风雨冲刷，仍屹立在那里。

榴厝

20世纪八九十年代以来，普遍采用钢筋混凝土结构房子，由一二十户人家联合起来，形成前后、左右的排式建造，整体形成住宅小区，这是乡镇一体化建设的趋势。每榴一般深10米、宽3米，高达五六层。有的底层楼板达到3米，显得十分宽敞。这种连片式的榴房，优点在于牢固，具有防台风能力，不像稻草、木瓦房那样害怕台风。成片建筑有它不足的地方，比如抗震能力较差，还易形成内涝，因此，在建筑规划时，要引起让人们对榴厝的防火、防涝、防震各方面的足够重视。

渔井石头厝

🍃 林发前

2021年，渔井村被评为第四批省级传统文化村落。渔井村浓郁的妈祖信俗，传统的渔耕文化，典型的石头厝民居，迷人的火山海蚀地貌，多样的海鲜美食，令人流连忘返。

渔井行政村，有渔井里、宫边、门楼里、过片厝、上下宅、单斗仔、唱诗岩、猫虎栏、坑中、下场10个自然村，人口2000多人，先民大多是清初或清中期迁入，以从平潭、福清来的居多。一村一姓或几大姓相对固定聚居，民居一般选择山坳处，依山因势而筑。其中，渔井里自然村面积最大，人口最多，由3个生产队200户人组成，跨两座山脊呈大U字形依山排列。外地人常说的渔井，多指渔井里自然村。渔井地处海边，渔民就地取材，用条石和毛石为墙体材料，以木材作为楼板以及屋顶结构，建成极具地域特色的石头厝民居。渔井每一个自然村，都是石头厝村落，是福建沿海特别是福鼎环太姥山海蚀地貌的民居代表。

石头厝（吴维泉 摄）

走进渔井里，一排排错落有致的石头厝依山而建，鳞次栉比，展示着独特的渔村石头建筑特色。渔井石头厝大多是四扇厝类型，以单进四扇房为主（渔井里76、79、85、86、139、142、159、164号），采用"一明二暗"并列排屋式。四扇厝通常采用小窗采光，以防止大风侵袭，中厅较亮，两侧较暗。这种类型是福建民居的主要模式，也是石头厝的最主要形式。形制为两房一厅，中间为厅，左右各设一房，左右房内部分前后房。中厅是全家公共使用的空间，中厅也有被前后分隔，中厅后间一般是堆放渔具等杂物。石头厝楼层不高，多是二层石木结构，屋顶一般不超过8米。有的几榴连房并列成院落，也有个别单榴成院落。有的房子（渔井里79、84、85、86号）外围有齐胸高的围墙，围墙上设有香炉。也有石头厝只有一层的（渔井里110、111、121、105号）。有的房子（渔井里84-1号）因势而建，有二层台阶，呈上撇下捺形。从下往上看，有挂壁巍峨凌空欲飞之感。

从外观上看，石头厝（渔井里84-1、106、118、155、146号）屋顶采用硬山顶，屋面坡度斜坡率一般为20比7，没有出檐，屋脊和边缘用石块和石灰砌边，外观简单朴实。屋面仰瓦和俯瓦相间铺设在椽子上，仰瓦在底层形成凹槽排水，仰瓦之间搭接俯瓦形成凸槽起固定作用。屋面瓦片用石片或砖头横向排列压着，这叫"压随"，防止大风掀翻瓦片。有的石头厝（渔井里112、113号）边榴屋顶呈"八"字撇，正榴屋脊与屋沿呈梯形。这样设计的目的是降低迎风面高度，防止大风从边榴侵入。

石头厝的墙体有几种砌法。一种是勾砌法（渔井里112、112-1号），采用一丁一顺的原则交相砌筑，搭接紧密，无通缝，稳定性强。一种是平砌法（渔井里79、85、86、143、164号），按工字纹理交错砌筑，搭接紧密，无通缝，稳定性较强，施工简便。一种是人字砌法（渔井里112、152号），也叫插花法，方形石块斜45度互相砌筑，搭接紧密，图案感强，墙体边缘处理困难，建造时要有选用各种形状石头的眼力，做到精确，一插即准。一种是乱砌法（渔井里84、151号），是插花的变形，大小不一，不规则的石块堆砌，有的甚至采用鹅卵石砌成，材料易取，施工难度大，一者是材料碎小不成形，二要防止"鼓肚"崩塌。还有一种叫"留码头"（渔井里168号），墙体一侧的边缘保持参差不齐，便于扩建时墙体的链接。以上采用的条形石头，渔井人称之为"方整"。

砌外墙有两种情况非常考验师傅的功力。一种是有的房子要先砌挡墙，并且把挡墙当地基。挡墙部分要砌成内弧凹形，从底座往上几米或几十米竖截面要一致内弧，形成几米高优美的内弧线，然后到墙脚水平基点回正。一种是因为过道或者基宅地本身边形固定，大墙纵横对接不能建成直角，就要考虑弧形转角，若是碎石插花转角，难度相当大。旧时全靠手工拉线和目测施工，不是历练圆熟的师傅是很难完成的。这种经验的师傅，大都来自外地，较有名的有福鼎管阳的李阿波师傅，邻县霞浦梅花村吴阿炮老师傅，还有来自浙江泰顺的马姓师傅。

从局部和细节来看，渔井石头厝大门小窗、阳台栏杆的设计，以及石条的雕凿古朴美观。这里要先介绍一下"彩石"。有的石条或石头表面要精凿，这个过程叫彩石，意思说修理边角，去粗存精，或方或园，慢慢彩绘。工人用钢凿和锤子，一锤一锤凿平凿细，凿出花点。这一般由专门的打石工来完成。正门或门窗的四边有时就要用凿彩过的石条或方整。长石条作梁或圆柱，一定要凿彩。石头厝每个开间都设门，大厅门较宽，门梁用长石条支撑，门框或使用完整条石砌，或用短条石进行拼砌。常使用木质门扇，连接事先设置的石门轴，可以灵活地开启和关闭。有的人家的门扇外，再设置一个半米高门栏，也有的直接设置固定的石门槛，以示内外，也起到保护门板的作用。石头厝的门窗在砌墙时就预留着，采用完整的石条作过梁，窗框形式为方形或拱形。拱形窗洞有的用小石条拼接搭砌成的，也有直接开石打凿切割的。部分窗洞上方有石条窗沿，防止雨水落入窗台。还有在大墙的高处，主要是在厨房处开镂空石雕花纹小窗，不设窗扇，保持内外空气循环。

有的二层房子（渔井里78、79、84号），在四扇厝的基础上增加外廊和阳台，很讲究梁和柱子及栏杆之间的搭配。外挑的阳台通过石墙伸出的石梁支撑，石梁在砌墙时预留着。有的阳台还会增加石柱支撑，石柱柱头用云状的雀替。唱诗岩自然村下片的房子，凿彩过的横梁和柱子很粗大，给人厚实沉稳之感。有的房子（渔井里80号）廊面就用条石"夹边"建成，那是很大胆的创设了。坑中自然村，有一户陈氏人家，原是打石匠，房子顶层和出廊全用石条。石头厝的栏杆一般采用石栏杆，部分石栏杆会打造一些石花纹作装饰，还有一些水泥栏杆和花瓶栏杆，说明外来元素对栏杆装饰的影响。

最后，说一说渔井石头厝的弄道。弄道与排水沟共用，一般用石板条铺盖，成为暗沟。由于几百户人家依山而建，就有直弄道、横弄道和斜弄道，这样，构成了"纵横斜"的弄道网。这个弄道网就像迷宫一样，走着，走着，你就认不出来路。我去过几回，还是不熟悉如何进如何出，还会出错。

渔井石头厝皆为石木结构，契合了当地的地形、气候和文化等条件因素，具有良好的稳定性和舒适性。石头厝以古朴亘古的身姿，成就了布景般的原生态景致，它不仅是风情浓郁的独特民居，还是渔民祖先融入海洋生存的智慧结晶。

诉说着海洋故事的石头房

冯文喜

　　在阵阵海浪声中，渔村枕着波涛，将海洋的故事慢慢叙说。人们重回海边，走进一座座渔村，感受海岸带来的一份沉稳、静谧、憧憬。人们发现，渔村是时光沉淀的产物，它带着自身的建筑风貌，不经意体现了渔人适应自然、天人合一的生活态度。

　　石头房用本地话叫"石头厝"，本文称之为"海渔房"。原先并不起眼的石头房屋，已慢慢地让人们所接受，并被视为海岸风光的一部分。

　　海渔屋所用石头色泽明亮，质地比较坚硬，石墙坚实牢固。每年农历六、七、八月是沿海台风期，采用石头起造的房屋抗台风性能强。屋内采用木质材料，一般是隔

石头砖瓦房（冯文喜摄）

上下楼设置。屋顶上铺瓦，用石块压顶，石头房屋能调节气温，有冬暖夏凉的效果。在当时生活水平条件下，海渔房普遍得到渔民的接受。

海岸呈梯度状，这些石头房也得就着地势建造，层层从低处向高处坐落。中间过道也很窄，有的只容单人行走，交汇处需侧身而过。沿海石头房建得相对比较集中，往往上下厝之间显得拥挤，甚至门窗都相邻得非常近。相对集中的渔村有利于人们从事渔业生产和相互交往。人们其乐融融，有一种邻居的亲切感，这也成为上一代海边人的乡愁。

我们走到海边，看到不少渔村面貌发生了很大的变化，生活基础设施条件大大改善。能够比较完好地保留一些石头房的渔村还是有的，随着渔民迁入城镇居住，部分遗留下的渔屋，在海涛声中静默守候着。

海渔房构建类型大致可分为石头屋、石砖屋、砖瓦屋。石砖屋大都以三五榴独立构建，花岗岩外壳石墙主要采用平砌、交错叠加方法为主，门面墙基座宽实，往上逐渐缩小成梯状，有利于屋内保持最大空间，并增强牢固性。两侧墙面除了使用叠加砌之外，还采用棱角砌，石与石之间相"咬"，也是为增强稳固性。石砖屋一般有两层，下层砌石，上层砌砖，无通廊，每榴开设石门、上下窗各一个。两侧上层有需要也另设偏窗，以便采光通风。这类型渔屋，石门一般宽约0.5—0.7米，高约2—2.2米。临海而居，海风大，门窗一般开设以小、少为宜。

砖瓦屋有两种类型，一种是墙体都采用青砖，屋顶盖瓦；另一种是主体以木材构建，辅以青砖。砖瓦屋具有山地古民居质朴、内敛的风格，但规模往往较小，单体建置，主要受滨海地理和气候所限制。墙体不高，甚至站在通廊上就伸手可及屋脊。屋顶成"人"字状，在凹沟之间压以青砖，屋脊镇"梯阶砖"，填塞泥灰，进一步起到牢固作用。平整的压砖，匀整的凹沟，加上瓦片的黑灰色调，烟囱透出缕缕青烟，描摹着一帧浓郁的渔村风情。

如果空间允许的话，石屋前面置有开阔的埕院，周围置矮墙，间有三五棵大榕树，冠盖如云，绿荫荡起了海风。靠近通道的院墙，砌成直角或弧状，转过弯处，或有逐渐呈现的渔村景象，眼前突然为之一亮。渔民将渔具放在院落，再搭几根竹竿摊晾网具，渔家妇女就着竹椅忙于穿梭织网补漏。墙角下堆放淡菜、牡蛎及其他贝壳类，*丝丝海腥味*，弥漫着这房前屋后。

石屋门窗也有特色，他们以窄小而显得与众不同，门板置于门里的二三十厘米处，门楣压一块条石，为了防被海风吹刮而加固。石屋下的通道铺碇小石子，一层层的石级台阶，顺着石屋向上、向下、向左、向右延伸开去，置身其间，只要隔着三五步，前面的人或许就转到另一条通道上，后面的人或许就被"掉队"了。海渔房墙侧下都留下一条或深或浅的排水沟，这是渔民的智慧，遇上暴雨或台风天气，这些水沟能起到很好的排洪作用。

渔井有"上渔井""下渔井"之分，靠海边的叫下渔井，也叫渔井里。渔井曾是特色渔业村之一，渔民主要有林、郭、施、陈、张、魏等姓氏。这里的渔民先祖是从泉州安溪一带于明末清初迁入，至今有三四百年的沿海徙居生活史。发展至今，这个渔村也留下了比较完整的上规模的石头房，随着沿海旅游开发，尤其是在中国海边最美岛屿之一的嵛山岛的旅游发展带动下，这里的石头房渐渐被人们所认识。

坐渡轮的游客会发现，在海面上远眺渔村，渔民的房屋也建在海岸上，墙堵几乎都是用海边的岩石垒砌。依着海岸，层层叠叠，就是这个滨海渔村外观最直接的视觉效果。石头房一层层，一排排，或踞或蹲，或横或竖，当中出现交错的地方，可能是互通的甬道，把村庄组合在美丽的海岸上。因为通道多，人们置身其间，往往有迷路之感，因此，人们戏称这里是"小上海"。但渔村更像一幅画，是西洋风格的油画，石头筑起来的村庄，如同油画中的城堡，有一种粗糙的唯美。

一个时代又一个时代过来了，渔民们世世代代艰辛创造，他们的大海日子和浪里人生，赋予了这一个个石头村庄的生命活力。"面朝大海，春暖花开。"海渔房以其宽厚的自然和人文气质，正散发着独特的魅力，吸引着人们重回海的故乡。

硖门古迹旧址

 冯文喜

硖门清初属福宁州劝儒乡望海里八都，福鼎置县后为福鼎县十一都，《民国福鼎县志》载其村十八：渠阳、葛染、南埕、峡门、石澜、月屿、秦家阳、赤屿、金山、岭后、甘山、岭坪、南阳、北阳、汤家阳、张家阳、上宅、湖头。按现在区域，硖门还包括当时隶属"十都"的王渡、南峰山、北峰山、溪边等村落。以下，将收录于府志、县志等地方志中的旧遗址、自然遗迹等简要介绍如下：

青屿　　在八都港，与牙城梅花村交界。硖门的青屿头村命名即以此岛屿而来。福鼎与霞浦交界也在于此屿。

峡门汛　　清嘉庆《福鼎县志·海防》载，硖门与黄岐对峙，为烽火外卫，亦属要汛。有汛兵防守。

石澜洞　　在十都，载于清嘉庆《福鼎县志·山川》。石澜即今石兰，其洞旧址不知在何处。

石栏城堡　　即石兰堡。邓氏族人始筑于明代，用于抗倭，至今保留城门楼一处。

北洋溪、峡门溪　　是硖门两条主要溪流，河道至今没有变迁。北洋溪又称"濮洋溪"，源二：一自甘山，由盘龙而下；一自东家洋，由金山而下。汇渠洋水，至于葛染溪，东流为濮洋溪，又东至斗门头入海。清嘉庆《福鼎县志·水》载："峡之源，出霞江，与海通焉。"峡门溪源发霞浦乌头，东流至石桥头，历前洋龙山；南至溪头里，东南抵峡门入海。流域中，形成岐尾塘、直塘、斗门塘、北洋坝、下竹塘、峡门塘、仁丰塘。

南埕屯所旧址　　明代中后期屯兵的地方，也是硖门域内载于志书唯一的屯所，在今南埕自然村，隶属于斗门头村。

硖门埠税　　载于《商税》，"银四两"，今已废除。埠头旧址被其他建筑物所替代。

金山寨遗址　　在笔架山下，明嘉靖间，乡人御倭，结寨于此。

瑞云寺　　在凤山，后晋天福元年建，宋宣和辛丑年修，清乾隆十四年僧宏智重建，道光、同治、光绪间叠有修建。民国初，住持僧智水续修。

福生寺　　宋开宝八年（975）建。

石栏庵　　最早始载于《福宁州志》，旧址可能被其他建筑代替。

七圣宫　　在瑞云葫芦墩自然村的茶园路边，单体建筑为今人重修。清嘉庆《福鼎县志》志载在"峡门毯墩"。

赤屿妈祖宫　　县志有载"天上圣母庙在赤屿"等始建情况，时间可追溯到清乾隆二十年。

古道　　为秦屿支路，由秦屿逾渠口岭，下锁桥，十里。过北洋，十里。经硖门，十里。至棋盘岭，十里。交霞浦界。

锁桥　　在长蛇山北，明末抗倭义士江日葵所建，载于《福鼎县乡土志》。

登春桥　　在硖门桥头，清末郑氏族人所建，至今仍发挥交通作用。

江子盛妻郑贞娘节孝坊　　在王渡，清乾隆间建。

岩洞庵　　在渠阳，清光绪间屏冈王尊相建。

隐静堂　　在渠阳，清光绪间王尊相女秀馨建。

水尾　　在瑞云村，畲族雷氏始迁居地。《福鼎县乡土志·人类》载："畲民山居，习苦耐劳，女流服饰迥异汉装，兼能佐男子耕作。其氏族约分蓝、雷、钟、盘、李数姓，散居本境。"

盘龙山　　在插屏山前，孪空盘郁，中坳两溪。又前为莲冈，下有养莲潭、七里墩，后为飞凤山。

石兰古城堡

🍃 冯文喜

　　石兰，位于硖门畲族乡双狮山后脊，处在福鼎与霞浦交界。清《福宁府志·建置志》作"石澜"，《福鼎县疆域图》中标有"石兰村"三字。明代建堡，清嘉庆《福鼎县志》作"石兰堡"。石兰村于 2008 年 5 月列入宁德市第一批历史文化名村。

　　石兰村在清初属革长溪、福宁地，乾隆四年（1739）福鼎置县，隶属于福鼎县十一都地。石兰全村以邓氏为主，基本上为同宗分支。据石兰《邓氏宗谱》记载，在宋初，邓氏先祖千一郎从江西吉安庐陵县迁徙而来，迄今已有 870 多年的历史。石兰村名，据相传，因邓氏先祖迁居时，躺在一个石壁上睡着了，梦见一个长者笑着对他说，你看到有芝兰盛开的地方，就可以居住下来了，故以石兰作为居住地。民国《重修石兰邓氏族谱序》记载："福鼎十一都有地曰石兰，至硖门五里许，峰峦环抱，泉池澄映，其居有邓氏服农力稿，朴愿守法，不染恶习。"

石兰古城堡城门（冯文喜摄）

清嘉庆《福鼎县志·城池》载："石兰堡，在十一都。" 石兰堡 2008 年文物普查时列入福鼎市文物保护单位点。元末明初，倭寇作乱，明万历年间，族人依地形建成环形城堡长 500 多米，设城门 1 个，坐东南朝西北，通城内巷 1 条，通城外巷 3 条。现城门内高 2.7 米，外高 4.7 米，内宽约 1.5 米，外宽约 15 米，长约 5 米。门口平台70 多平方米，从山下有石阶通往城门口，石阶 300 多米，有部分城门墙长 90 多米，其余埋没于地里，或被树林掩盖。石兰里城墙尚存，与山势连为一体。常春黎豆，石兰人俗称古藤，生长石兰古城墙之上，宛如一条蛟龙破墙而出，横跨于城门口上前方，古城墙与古藤融为一体，体现古堡的历史与沧桑。石兰明代御倭石城堡，是福建沿海一带城堡文化的重要组成部分。它记录了一个地方那一段内忧外患的历史，也是中华民族不屈不挠抵御外侮的见证。

石兰烽火台建于明代，为邓氏族人抵御倭寇所筑，现存烽火台保存有基座，高 3米，周长 30 米。因烽火台居高临下，能观察周围数海里的敌情，战略位置极其重要。据清嘉庆《福鼎县志·海防》记载，明洪武二十一年（1388）沿海置卫，烽火门设水寨，址在石兰烽火台正对面大海上。

明清以来，石兰邓氏先祖聚族而居，在石兰建成规模较大的古民居。建筑群相对集中，屋宇蝉联。据传，原古建筑石木结构，用石、木料，材料粗大，雕刻质朴，工艺精湛。从现存基地可以看出，以石堡城门为入村口，须穿一条长长的古巷道。巷道两旁砌 2 米高石墙，巷道宽处不足 1 米，窄处只容一人穿身而过。石巷道两边每间隔 10 米左右，就有一分路口，砌成石阶和回头墙，为民宅的入通口，各个民宅以家族的分衍为单元组成。古聚落主体格局呈一个长方形框架分布，铺石子路，长约 140 米，宽约 80 米，4 个角又有 4 个分口通往其他民宅。内设水井、水池、花圃、通廊、防火墙等，整个村落有利于防御和生活。从现存的建筑格局，可见当时的整体风貌和宏阔的景象。

清光绪二十九年（1903），林士恭（1852—1911）为石兰村作《村图志引》，对石兰地理环境多有描述，是一份珍贵的历史文献。全文如下：

村何为而图也，图一村之山水、庐舍于家乘中也。家乘有图，犹郡邑志，然石兰介在鼎海之滨，幽闲僻寂，非通都大邑者比，亦非有名山胜地者传，作村图之于家乘，以为子孙阅耳，非好事也。癸卯（1903），余修谱于石兰，书成政眼，邓君偕二三知己，携谢屐，佩李囊，以引余游。此地有危峰峻岭，大沼美田，又有长松修竹，映带左右，固一天然图画。是日也，天朗气清，山川净洁，足以畅我胸怀。叙成图引，以起后贤，挥毫泼墨，增光乘是，又余之所厚望也夫。

民国癸亥年（1923）版《邓氏宗谱·村图》中，有穆穆斋主人（生平待考）作村图并咏（下钤有一印章）诗句："渔井螺潭景最奇，石兰深处少人知。四周古树青环屿，万叶新荷绿满池。屋宇连亘邓氏第，山林启辟宋初时。余今未把淡浓泼，先立岩前学唱诗。"

石兰邓氏宗祠在村中心，坐南向北，为清末至民国时期建筑，木质结构，主体建筑长约 12 米，宽约 10 米，高约 7 米，为三进四合构造，内配置一个古戏台，一个天井，一个大厅，4 柱 3 间，进深 5 米。内墙设供台，两旁为厢房。正门开两个大门，上门楼顶石牌匾"邓氏宗祠"，门柱楹联"功冠云台勋名万古，泽延鼎邑俎豆千秋"，由民国福鼎县县长邓宗海与同宗族人题书。旧祠堂门前设左右两方水池，条石边长 4 米，宽 3 米，两两相对，当中为通道，铺条石，过道后为另一方形水池，长 10 米，宽 5 米。形成"品"字形构造。

石兰有保护完好的古榕树、古樟树、古藤多株，有成片的古森林。石兰紫菜更是享誉盛名，为天然佳品，在清代是进献朝廷的贡品。在 20 世纪 70 年代，石兰紫菜远销香港、上海等地，名声在外。石兰拥有丰富的旅游资源，形成大岗头系列风光，是太姥山风景名胜区重要组成部分。村落沿袭先祖拳棍术、正月十五祈愿作福习俗和五月初三过端午习俗，皆是重要的非物质文化遗产。

金山寨遗迹

冯文喜　钟敦畅　杨有飞

金山作为村名，见载于清嘉庆《福鼎县志》，为福鼎十一都19村之一。北为岭坪、墙围里，南为长园、上洋，东面为"老虎岗"，西向背部是东稼山及澳里。域内有号称"硖门第一高峰"的笔架山，山势高耸，林木葱郁，列如屏障。金山溪源自潭头门，过澳里，经金山，下长洋，历官地、金交椅、葛（甲）染，达溪头里，入南埕，直至斗门头港出海。从南埕往西北行走，过葛染，约三里路，可达到金山，也可从岭坪往西南行进约1千米到达。金山海拔在250—300米之间，周遭山环水抱。

金山抗倭事件的历史背景，可参见清嘉庆《福鼎县志》："沿海地方，自福宁至清漳，南北浙粤之界，为卫凡五（福宁、镇东、平海、永宁、镇海），为所凡十有四。乃于要害之处立墩台斥堠，守以军，余督以弁，职传报警息。凡以防倭于陆，又于外洋设立寨游。"又载："闽之势，福宁北路之要害也，贼自台、温来者必犯之。"以参将黎鹏举驻福宁。其中，水防流江、烽火门、崳山等都在福鼎域内。

明嘉靖十九年（1540），有李光头、许栋之流与倭相勾结，分掠福建、浙江。《福宁府志·地理志·海防》载："按，明嘉靖乙卯以后，十余年间，东南被倭，中外骚然，财力俱诎。当是时，武备久驰，控驭无方。而内地奸民复勾引向导，遂致荼毒蔓延，

金山御倭寨遗址（冯文喜 摄）

生灵之涂炭极矣。"明代，福鼎地属福宁州，倭事还见载于民国《福鼎县志》："嘉靖十七年，海贼肆掠各乡。三十五年，倭万余攻秦屿堡，三十七年四月，倭攻秦屿堡不克。三十八年四月，参将黎鹏举自崳山冲倭舟为两截，击沉其一。四十二年五月，倭攻流江，沙埕烽火把总朱玑率舟师破之，获首馘五十余。十一月，参将黎鹏举所部兵出哨流江，假倭焚劫村落。四十三年四月，参将李超破倭于水澳。"硖门金山人不堪忍受倭贼攘扰，起而反抗。"金山，明嘉靖间，乡人御倭，结寨于此。"清光绪《福鼎县乡土志·地理》对金山抗倭历史也有一句话记叙："屏山之下有金山，明嘉靖间，乡人御倭结砦于此。"

金山寨以硖门渠洋的插屏山为屏障，背靠三台山（笔架山）。金山地名来历也有一个广为流传的说法，大意是说古时候，硖门沿海可以驻扎军队，有金山地，可得财富，保有财力；还有金交椅，得富贵之位；有笔架山，象征文房四宝；另外，还有一处叫"官地"。总之，"金山"是福地、宝地。

但现在金山寨只留下遗址，可分作两处，称为前寨遗址和后寨遗址。前寨在金山洋前部一个土墩上，保留东北部一段山寨石墙，长约 200 米，近于弧状，石墙以山地中粗石垒砌叠加而成，大概前寨最早时期修筑为圆形。石墙最高达 6 米，最低处约 2.3 米，墙面最宽约 3.6 米。部分墙体虽经五六百年风雨，仍然坚固如磐。墙体长满杂草、野竹和其他杂树，更显得厚重和沧桑。西南部墙体保存不完整，有拆除过的迹象。后来有林姓世居于此，在这段墙体上砌造矮墙，现今保留部分矮墙约 30 米。厝门头可能在原有城门口，但已经被拆除。前寨墙脚铺碇环墙石道，依墙而走，石道底座基厚 0.15—0.3 米，经过田塍，路面宽约 0.6 米，保留完好约 300 米。石道脚有方形石砌水井一口，边长 0.6 米。整个前寨占地面积大约 1500 平方米。寨前丘陵起伏，现今开辟茶园，满披丘丘茶垅。田丘呈高向低走势，形成梯田。

在前寨后约百米处即后寨遗址，场地较平坦开阔，从现有地貌土质来看，后寨曾有过至少一次山体滑坡而遭受毁坏。现今场地保留有若干段墙体，被草木所覆盖。其中有两段墙体南北走向，总长 200 余米，墙最高约 2.3 米，最低 2 米，在两石墙当中铺石道，估计能与前寨相连。另外有多条东西走向墙体，保留 100 余米，分布在石道左右两旁埕地上。占地面积也比前寨大，约 4000 平方米，寨址分左右、上下院落，砌有石墙，作为防卫之用。整个布局和结构体现防御和生活功能。此地还发现零散的碎瓦片、瓷碗碎片，推断后寨可能是当时的生活区，后来有村民居住，现已搬迁。

这个时期，硖门还有石兰村邓氏族人也筑石城堡，常习武，以抗倭寇。在金山下有文渡村绿榕谷江日葵，成立"安宁社"教练乡勇，抗击倭寇，血战直至身亡而不屈。这些事件，可以看作硖门金山下抗倭斗争的"前仆后继"。

244

文渡节孝坊

🍃 贯 之

　　文渡牌坊位于硖门畲族乡斗门头村文渡自然村，建于清乾隆三十年（1765）。清嘉庆《福鼎县志·坊表》记载："江子盛妻郑贞娘节孝坊，在十都王（文）渡。乾隆□年建。"清嘉庆《福鼎县志·烈女》记录郑贞娘牌坊始末："江子盛妻郑贞娘，举人郑绣虎女。年二十五，夫殁。孝养翁姑。遗孤三龄，氏亲课读，俾有成立。乾隆间请旨建坊。"

　　文渡牌坊为花岗石和青条石块组合构造，4柱3门3楼门。总面阔6.3米，中门面阔3.1米，牌柱为正方形，边长41厘米，两旁厚15厘米，宽50厘米，高1.2米，上为重檐，有压顶坊，每坊的左右两侧立石葫芦、石鱼各1对，3楼门共有6对，主坊顶还有一个石葫芦，显得秀气简约。二楼坊正中横批阴刻"旌表节孝"，双面均刻，横批上款"乾隆乙酉岁菊月谷旦"，下款"旌表故儒士江子盛元配郑氏"。当中柱联阴刻，上柱联"松筠苦节照桐岭"，下柱联"霜露余悲振海隈"。三楼顶坊阴刻"圣旨"二字。石坊的边沿打琢着连续纹样，简单古朴。整个坊由条石的榫齿紧铆，构体结实，虽历经200多年，至今仍保存完好。路旁是郑氏宗祠，琉璃瓦，黄色墙，富丽堂皇。文渡牌坊矗立在路口上，原有附属古建筑早已无存。

　　据《江氏宗谱》载，江子盛是江有御长子，字汉举，号登贤，太学生，赠修职佐郎，其妻为郑氏。此牌坊即是为旌表郑氏之德行而建的。

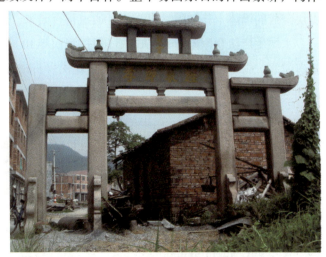

旌表节孝坊（冯文喜摄）

水尾村

🍃 郑斯汉

水尾村坐落在八笋八大山深处，隶属于瑞云村，域内群山拱秀，风景清幽，岭上树影婆娑，路边茶园环翠。水尾村是蓝氏聚居地，是目前保持最完好的畲族古村落之一。

据《蓝氏族谱》记载，蓝帝旺于清康熙、雍正年间，由霞浦盐田牛岭迁硖门瑞云水尾。结庐而居后，蓝姓始祖们开山拓野，勤俭持家，辛勤耕耘，以种植甘薯、水稻为主，兼种大豆、果蔬、种茶植树。相对独立、自成一统的封闭环境与自给自足的农耕经济，在一定程度上对水尾村落起到保护作用。

据村民说，蓝氏先祖定居水尾后，开始打造家园，此前祖居为二进式瓦房结构，中间留天井，两侧有庑，规模虽不大，但布局合理，较有特色。民居背靠水尾山，山色葱郁，竹林茂密。现民居坐北朝南，1976 年重建，扩建格局形成"一"字形排列，共 22 榴。当时人口 80 多人，现有人口达 100 多人。民房临水而建，门前水流清澈，自西而东长年流淌着，从未间断过。下游就是八笋八水库库区了。门前水渠两侧用青石块砌成的墙体十分坚固，高 3 米，通道长百余米，开 3 个口，石阶 13 级。

水尾生产队仓库始建于 1968 年 10 月，到次年 10 月完工，是水尾村最有特色的建筑。坐南朝北，地面起高 2.5 米，均是青石或花岗岩石砌成的，石块大小不一，错落有致。

水尾畲族村全景（冯文喜摄）

2.5 米以上由青砖砌成。内部是砖木结构，与水尾畲民居恰好相向，面横长 13.5 米，深 6.3 米，两层造架，留一石条门，门高 2 米，宽 1.3 米，门楣上顶泥灰五角星，并题"毛主席万岁"。

在村庄的左下方，通往八箩八水库的石路上砌坡墙，更显得古朴、雄浑。一条从村居右侧出山路，竟是山石铺陈的倾斜而上，通往柿树下、蛤蟆洋，是村民进出的主要通道。进出的甬道也是山石铺陈，石板桥磨痕光滑，似乎向人诉说着村落的年代久远和岁月的变迁。石板桥下，可供洗衣服，砧石在妇女常年的洗涤中斑白发亮，也在暗示着人们固守家园的岁月时光。房檐下埕场也是山石砌成，供族人晒山货等，也可摆上八仙桌议事、谈天。如今村民有的迁居于村所在地葫芦墩，有的迁居于硖门民族街。村落也只有个别老年人居住，大部分是回来干农活的，如耕种田园、果园、茶园、山地等，中午煮一餐，傍晚就回硖门集镇，住葫芦墩的则回去吃午饭了。

村前耸立一山峰，村民称其"鹧鸪岗"，山脚下便是"八箩八"，水库以地名命名。这座水库经过 4 年的建设于 1979 年基本完工，1980 年 12 月，第一台 320 千瓦机组为硖门集镇送电。到了 1984 年全乡电网遍布，每家每户用上照明电。这是硖门当

水尾村生产队仓库（冯文喜摄）

时举全乡之力修建的大水库——八箩八水库。水库流域面积 34.2 平方千米，蓄水总容量 164 万立方米，正常库容 118.7 万立方米，是一座集灌溉、发电、供水为一体的蓄水工程，灌溉面积 2700 亩，发电装机 1240 千瓦，年供水量百万吨，宁德核电、文渡工业区均是其供应的水。

库区里淹没了一条碇步，一条石道，均为南北走向，那是水尾村村民早期耕作和出山往返的主要交通要道。当时库区内耕地是无偿征用的，水库建成后，免去水尾村田地 84 亩征购任务，由受益的硖门、渔井大队和公社良种场负担征购粮任务，共计 15271 斤。牙城镇后山前洋村田地十几亩田地却是通过电站无偿架设电网和优惠供电方式进行补偿解决。

当年在水库建设期间，水尾村民做过应有的贡献。八箩八水库指挥部就设在水尾村里，指挥部考虑到水尾村失去土地村民的就业问题，安排了蓝加梨、蓝加斌、蓝进良、蓝进锡、蓝进俊等到电站和水库上班；前洋村陈立峰家处淹没区内，指挥部也安排他到电站上班，以解决房屋搬迁和地基补偿问题。这些解决库区民众生产生活的好办法，对后来处理类似事件有着借鉴作用。

水尾村还是畲族歌手的"摇篮"，出了不少的唱畲歌传承人。1965 年，水尾村歌手蓝进俊上北京参加全国青年业余文学创作大会，被评为全国青年创作积极分子。蓝加梨，畲族歌手，瑞云水尾村人，是库区安排电站的职工，从小开始学唱畲歌，擅长唱小说歌，是福鼎畲族歌会的传承人。

郑氏小洋楼

郑斯汉

郑氏小洋楼，当时是硖门十里八乡最漂亮的私家住宅。

主人郑存规（1884—1935），字以衡，号旋洲。当时乃硖门富甲，是个有远见的商人。他的先祖乾隆年间从莆田兴化迁徙而来，当时就在福塘尾结庐聚居。据说他还买断了油坑岭许多山地作为基业后，才迁到硖门街上来的。他边经营生意，边树立人缘，几年后就把生意做得风生水起。他在官昌兰下买断一块山地，专门雇人埋葬路遇的不幸亡命客，并把此地叫作"无祠坛"。由于他平时口碑好，在生意场上又精明老练，积累财富后购买田地，建起了多间房产和铺面。

据老人口口相传，郑存规发迹有一段鲜为人知的轶事。当时沿海地区海盗猖獗，海面上掠货、抢船、杀人的事件屡屡发生。有一次，北方药材商雇船到海南运输一批沉香，为了在海上运输安全，返航时特意用柴片混装于船舱，企图躲过海盗的打劫。天有不测风云，船在海上遭遇了大风浪，为了安全起见只好停船避风。几天后，船经

郑氏小洋楼（周文南 摄）

过硖门海域时遭海盗抢劫，海盗劫走了船上的财物后，把一船的柴片也搬走了。海盗不知沉香为何物，就把它当柴火卖给了郑家。郑存规是走南闯北之人，学问博，见识广，鼻子一闻就知道是价格不菲的沉香，喜出望外。一开始他还有些担心，好几天过去了，没有异常现象，于是同福州、温州药材批发商进行了交易，着实发了大财。郑存规原先就是一个有钱的商人，田地、家产、店铺在当时有很多，虽然已经有好几间房屋了，但也不怎么豪华。这回，他想建造一座豪华的住宅，于是开始筹措，他听说上海小洋楼漂亮，便来到了上海外滩，一看那些建筑既美观又典雅，简直入了迷，马上找人设计图纸，并将建材造价等方面进行了预算。上海回来后，郑存规立马开始了筹建小洋楼，找来了最好的建筑师。一年后，小洋楼终于落成了。对这座小洋楼，笔者还有很深的印记，屋外的装饰全部采用西洋风格，有人物塑像和许多花卉图案，房顶正中写着"耐庐"两个刚劲有力的行书大字，宅顶上长两棵带刺的植物，四季常青。屋内的装饰也是相当别致的，整座宅子的地楼全部用油杉厚板铺设，当时书画挂满厅堂。从整体看，小洋楼既雄伟又别致，既有西洋建筑的典雅，又不缺居家生活的方便，被誉为"硖门第一宅"。

小洋楼与郑家的"观海楼书屋"仅一墙之隔，平日里就能听到书堂里孩子们的吟诵声和嬉闹声。富贵打造出来的小洋楼落成后，霞、鼎许多望族富豪闻讯前来观瞻，都给予高度的赞赏。硖门郑氏的名望也在一时间里得以更加彰显。

1949年以后，政府对此宅进行了接管，后来成为硖门粮站，由于地楼房屋对贮藏粮食的好处，也被改作粮仓了。"文革"期间，屋顶正面"耐庐"二字被去掉，改写为"毛主席万岁"，小洋楼的外墙还写了"高举毛泽东思想伟大旗帜奋勇前进！"等标语。小洋楼正门则写了"仓库重地，严禁烟火"几个字。

令人惋惜的是，2006年"桑美"强台风袭击硖门时，这座历经百年风雨的小洋楼毁于一旦，现在登春桥头老人们在夏夜纳凉时，常常还会说起小洋楼的许多故事来。

旧时渔事遗存

◇ 黄金铿

织网厂

20世纪60年代中期，渔井里外厝大路头兴办织网厂，村大队聘请了浙江金乡老夏师傅来指导，织有围罾网、拖网、摆对网、轻子网。围罾网、拖网的网绳其直径约2毫米，织成2.5厘米至5厘米大的网眼，大网尾的网眼较小，并用尼龙绳在大网兜底下打上活结，当起吊网兜里的鱼时，一拉活结绳网兜里的鱼"哗"一声下到船肚里。网长百来米，要用好几个大箩筐来装。摆对网、轻子网用的绳线的直径不到1毫米，网眼也比较小，在1—3厘米左右。70年代这种网几乎家家户户都在织，在圆木台上中间凿个圆孔，嵌上一根圆竹叫网筒，用不同的梭、尺板和不同的丝线，能织出不同网眼大小、颜色不一的渔网，沿圆台围上几个人可同时织网，网袋若织到1.5米时，

渔井码头（冯文喜摄）

之后的每一行逐行增做一个眼，整张网就会越近上口越宽大。当时培养出的织网高徒有林圣土、林圣仙、林发注、郭传国、翁吓亩、郭吓其、朱成生、林传守等十几人，他们不但学会了织多种网，还学会了接网、补网等技术，也带动了渔井村的多数妇女从事织网与补网。

打绳厂

20世纪70年代，织网、打绳搬迁到莲垱（旧大队处），叫莲垱打绳厂，其周围种植许多麻树制成麻绳。收割时，需两人分别用两根小木棍，夹住收割下来的麻条，各持一头齐对拉，包在麻骨上的外皮渐渐裂开，露出整根麻骨时将其折断，丢弃麻骨得粗麻，利用此麻能纺成粗细长短不同的各种麻绳。这种麻绳无接头，有柔韧、耐磨、抗拉等性能，适用于大小渔船只做缆绳、锚绳、帆绳、网绳、桅杆绳等等。粗麻也可用来编制麻绳鞋，尤其穿着赶海拾贝捡螺不滑，穿着它上山比草鞋耐用。

熬染桶

旧大队旁边建有两个直径2米、高为2米多的大圆熬桶。其底座是用石头砌成的灶，灶上的铁铸大锅口径2米有余，箍籍圆木桶，立锅上用桐油灰黏牢，桶边斜靠一个梯子，将山上挖的削成薄片的狗骨刺头或山薯汁放入大熬桶中。大火烧24小时熬成棕红色汤液，将其液倒到大岩潭的天然大槽中，主要用于染船帆（红柴帆）、渔网和被子（红柴被）。还有一个略小些的大圆熬桶，主要用于染棉制缆、涤纶绳，用来织敲罟网。其配料用南荔枝的枝干，锯成若干小段，削成柴片捆起来，或虫皮，或猪血，一同与绳投入桶中熬染，染完取出晒干，拿到家里用箕桶再蒸。这样的线绳织成的敲罟网，韧性强，耐磨损，不易粘上杂质。

灰窑

渔井前村委大岩潭边，有一个约2米高用石头垒筑的灰窑，用来煅烧海蛎、藤壶等贝壳。高火煅烧成的生石灰，须几天几夜，待到冷却，再用细孔箕箕分离出不完全燃烧的粗粒，将滤出的生石灰存放在室内，防止被雨淋。用桐油加入生石灰，放入捣臼杵舂，可配制桐油灰用于建船和修船。20世纪六七十年代渔井有几十条的小舢板船，都要用到桐油灰。亦可将生石灰加入剪成一寸长的稻草，放在岩壁上搅拌，再加入少许水用锄头背舂，将寸草舂断、舂细、舂碎，配置成草木灰。70年代渔井时尚筑造草木灰灶，灶面用草木灰调配成赭红色，既牢固又美观。草木灰还可用于建房屋、坟墓等。

敲罟网

1957 年，渔井村开始盛行敲罟网，据 80 多岁的捕鱼技术员邓代南回忆，敲罟网是用涤绳染红织成，下海捕鱼需要两只大船（即罟母、罟子）。抵达捕鱼区，两船上各拥有固定网的四个抛投，即四块大圆石，撒下网围成顺潮口各持一方，配有约 200 来人 42 艘小舢板船，每艘船上放置黄榉柴板，用洗衣服木槌敲板，其敲击声与黄瓜鱼叫声雷同，吸引黄瓜鱼聚拢，罟母、罟子船上摇着红、黄、兰三面旗和吹哨，指挥小舢板月牙形地堵围鱼群，范围逐渐缩小。舢板船上的节奏协同地击板驱赶，令脑勺长有两粒白沙石的黄瓜鱼有些晕乎，而脑勺不长白沙石或长极小粒的鱼，不堪响声刺激而翻白，此时两船合拢将大网捞起，收获颇丰。一个季度下来，捕获黄瓜鱼多达好几千担，是平常捕捞法的好几十倍。敲罟网捕捞法后被海洋局禁止使用。

大卡队

20 世纪 60 年代，渔井村又兴起大卡（机帆船）围缯，有 5 对 10 艘大卡捕鱼船，每对 35 人，罟母 23 人，罟子 12 人。5 对大卡队的技术员分别是一队林传客、二队陈广仁、三队邓代南、四队林传令、五队张专涵。春季选吉日出海，10 艘大卡从家门前驶出浩浩荡荡，机隆声响彻渔村，家门口站排着乡亲们，目送船队的远航。船队北上至青岛，南下到平潭，春夏季捕黄瓜鱼，秋冬季捕带鱼。每只船底大梁边，安装一个饭碗大的探鱼镜，导线接到驾驶室的探鱼器，渔船进入捕鱼区，技术员要观察扫描仪打印的探测纸，当纸上底部显示全黑，那是土层，土层略高处有火柴头大小黑影那就是黄瓜鱼群，若有火柴梗大的黑影，下网定能捞上百余担黄瓜鱼；若遇黑影中间是空心的，抛网围捞便会无鱼网破，因为那是暗礁；若再上 40 厘米左右有黑点，那便是带鱼。每当大卡队外出作业回港时，村里人欢欣鼓舞，渔船停在澳里，小孩常跟着大人下船值夜班，煮海鲜用脸盆装，能吃个舒服吃个够。那时村大队还给每个大卡队定有指标，年产量一至三队计划捕捞过万担，四队、五队计划捕捞不少于八千担，每担能卖到十几元，年产指标几乎能完成。70 年代末，因船被卖，大卡船队解散。

兰溪宫祠与石兰庵

🍃 允 恭

兰溪宫祠位于石兰城门内侧右旁,为绿榕和翠竹所掩映。据说始建于宋孝宗年间,是石兰邓氏迁居始祖所建,原为木质结构,后经历代修葺,现今为砖木结构。据传,石兰庵遗址在现在的兰溪宫祠内。清乾隆《福宁府志·杂志·寺观》载:"石栏(兰)庵,在十一都。"清嘉庆《福鼎县志·寺观》记载:"石栏庵,《州志》:在十一都,今废。"上述文献记载,说明了石兰庵至少在明初就存在,并存于明、清之际。在嘉庆之后,石兰庵因破败而终于被废除。但作为供奉神明和先祖的兰溪宫祠则一直保留下来,且建筑规模较大。

兰溪宫祠经历了几次重建,有确切年代记载的最早一次是在清道光丁酉年(1837),见载于原宫祠的木梁上。当时由族人邓宝捐献银五百两,加上族贤、乡贤鸠资而重修,相传其宫祠"雕梁画栋,蔚为辉煌"。至1923年,邓氏重修家谱时,绘制过兰溪宫祠立体图一张,至今犹存。1968年,兰溪宫祠毁。1988年,依旧样重建,为砖木结构。1992年由族贤、乡贤集资重建为砖木混凝结构。

现今兰溪宫祠占地3亩,建筑坐北朝南,门头前砌石墙和石头路,台阶成"T"形,共十多级。正门坊上题"兰溪宫祠"四字,门联"千载威名崇祀典,万年宗社属神灵"。门墙横约12米,建筑纵深60余米。内部结构主要由天井、庭径、大殿、供台等部分组成。天井原立有旗杆,现毁坏。大殿原面阔3间,进深4柱。当中置供奉神灵的宝座,其基座为青石质雕刻,长1.8米,宽1米,高1米。神座的四角为石刻豹头肖像,正面棱边石刻为双龙戏珠形象,基座是以整块青石雕刻而成。左右和正墙壁绘有壁画,神龛顶上配置有藻井。神座供奉华光大帝,后神座正中供奉释迦牟

旧兰溪宫祠门头(冯文喜摄)

新建兰溪宫祠侧面（冯文喜 摄）

尼，左右两侧供奉地方神明，及邓姓先祖邓七。

兰溪宫祠之名，据说是邓氏先祖在迁徙途中，曾在一个叫"兰溪"的水边居住过一段时间，后来再一次搬迁到了石兰，先祖为不忘迁居之艰辛，铭记兰溪之恩泽，于是在建第一个宫祠时就号为"兰溪宫"。此则说法，在乾隆三十九年（1774）案水张烈撰写的《邓治轩绕泉二公全传》中得到印证："余考兰溪邓氏，自孙五公产二子……盖由明末遭倭寇，各房奔走逃窜，支派散失，名讳莫知，生卒莫书。续又厄于甲寅之变，寸帙无存。"邓氏为纪念氏族发迹于兰溪，奉先祖而建祠。

人们从邓氏迁徙石兰时间及村废墟文物可推断，迁居年代至少是宋。原兰溪宫祠旧址是石兰庵，后来荒废，并在旧址上建立家祠，邓氏族人切念佛恩，保留庵一席之地，在后堂正龛仍安奉释迦、观音、阿难、迦叶等佛像。清代林希鎏在《邓氏宫厅志引》中写道："宫，神宇也，厅，祖龛也。皆所以祀神明、妥先灵，以便四时祭祀也。邓氏祖建神宫祀华光大帝，极乎显赫，为一族私计也。有求必应，无祷不灵，举东西朔南闻者，莫不奔走偕来，以沐神庥，私也。而若公焉，至祖厅七甲、三甲，本是同怀，各构一厅，并建连座，同坐向，偕时祭以亲其手足，所谓事死如事生，事亡如事存也。"

祠为祀先祖之所，兰溪宫祠中供奉邓姓先祖邓七，相传他是道中人物，往闾山学法，后来仙逝，族人奉为神明，并塑像供奉。

见龙宫

🍃 贯 之

　　见龙宫为硖门詹姓倡建的一座祀神庙宇，随后詹姓在旁边修建家祠，建成具有一定规模的木构宗庙建筑。其地所处叫"阿投墩"，即今硖门中心小学校址之内。

　　见龙宫创建与詹姓有不解的渊源关系，其三世祖詹世光在"阿投墩"立墓地，五世祖詹汉章在墓地左边立庙祀土神，以庇福后裔，始有见龙宫的雏形。

　　见龙宫始建年代可上溯到明万历年间，至明历清，因自然或人为毁坏，经过几次翻修，后来才达到一定的规模。其历次修建都有文字记载，最早见载于《詹氏宗谱》中的《祖菁林公传述》："远祖曾在明万历间，建有见龙宫于阿投墩之原，以为里之社。"《祖菁林公传述》作者是詹光枢（1923—1998），为詹耀森（1861—1912），字朝茂，别号菁林之孙文中记载："其为人也，一生惟善以为宝，生平热诚公益。"后来詹姓族人在见龙宫遗址阿投墩上挖掘出两方墓碑，一方是詹氏的"河涧堂"墓碑，

硖门郑氏见龙宫新貌（冯文喜摄）

碑长 42 厘米，宽 35 厘米，厚 7 厘米，碑勒"万历三年八月吉旦"等字样。另一方是墓志铭，正面方形，边长 0.25 米，厚 0.03 米，面上横镌四个字"詹公墓室"，铭载"万历三十七年正月初一日吉"，证实见龙宫的始建年代至少在万历时期。

见龙宫第一次修建，是詹耀森在宗族中发动倡捐的，见载于《祖菁林公传述》："清光绪壬寅（1902），（菁林）与其胞兄朝盛公偕堂侄德甫公，将原宫改建壮大，蒙绅耆等出而倡助劝募重建之。"后来祖厅被火灾烧毁，于 1910 年倡建家祠于见龙宫之侧，使得整个建筑规模更加庞大。在郑存暹（1897—1975，字以升，号旭初）撰《詹筱微先生家传》中载："民国己巳（1929），见龙宫遭台风，周围高垣尽毁，片瓦无存，先生与家兄和庭倡修，其家祠同时受残，亦先生（詹筱微）重葺。"詹筱微（1892—1944），讳星圆，字长辉，号筱微，詹菁林之次子。郑、詹姓是碵门大族，在郑姓家谱记载修建见龙宫的事例并不例外。郑存规（1884—1935）撰《石帆公传》一文载："里有见龙宫祀社神，旧制湫隘，公（郑石帆，1832—1909）郭而新之。"

1948 年，詹姓族人本圆、齐圆、光誉、光枢等人撰写了《碵门见龙宫、詹氏家祠合记》，提到"庙宇三透，虽不宽宏，刻油漆金光灿闪，雅致可观"，到 1902 年"庙宇巍峨宏伟，胜前多倍"，有"赛广寒"之称，可见当年见龙宫之规模。据詹姓族人追忆，民国时期，见龙宫规模宏大，以"回"字形建制，四面交井，分上下两埕，上埕后落是供台，供奉平水王等神明，以 5 榴间建制，两侧为厢庑，中间置天井。下埕当中为戏台，族中演社戏以答谢神明，两侧是观看社戏的厢楼，也以 5 榴间建制。外四面为墙垣，形成"回"字形格局。现今仅存见龙宫门楼的石方柱两根，仍置于碵门中心小学校内，柱阴刻门联"庙仰羣飞藻耀高翔恢福地，象占龙见文明丕著迓神庥"。增其旧制之后，见龙宫内祀"禹圣"，即民间所说的平水王，又添祀南朝王、宣灵王、田都元帅、华佗仙师、福德正神和关帝圣公等诸位神明。

1935 年，碵门郑氏观海楼书堂失火后，碵门小学移入见龙宫，上埕两庑为读书课堂，下埕两厢楼作为宿舍使用。20 世纪 60 年代中期，见龙宫拆除，在原旧址上建碵门中心小学。后见龙宫移入詹氏世居地碵门南片，现今又予以重建。

渔井天后宫

冯文喜　林发前

　　渔井位于硖门乡所在地东部，村前面对跳尾湾，与嵛山列岛对峙，是硖门重要渔村之一。现住 400 余户，总人口 2000 多人，全村姓氏多以林、王氏为主，生活有汉、畲、回等民族，村民以打鱼为生，信奉妈祖。

　　渔井天后宫俗称妈祖宫，坐北朝南，原占地面积 160 多平方米，宽 10 米，深 16 米左右，为 3 榴单层石木结构。四墙由海边岩石造砌，外观牢固，显得古朴壮观。内设古戏台、天井，两侧有观戏厢房、供奉妈祖神案、神龛等组成部分。天后宫始建于清嘉庆年间，光绪十四年（1888）重修，重建于 1949 年。随后渔井天后宫因受台风等自然灾害影响，且年久失修，显得破败不堪。1981 年，众人商议复修，在原地址上予以扩建。建筑横宽 16 米，纵深 27 米，高 3.6 米左右，为单层石木结构，内部设施和结构布局保持原样。2006 年 8 月，受"桑美"台风毁损。从 2007 年春季开始，渔民以集资方式筹备经费，共费时一年多，花费 60 多万元，在原有住址上重修了天后宫，其基本框架与原样保持不变，高度为 5.8 米，为水泥砖混结构，铺琉璃瓦，重塑妈祖神像。重建后的渔井天后宫气势雄伟、庄严无比，是海滨渔村的重要民俗活动场所。

　　渔井渔民信奉妈祖女神历史由来已久。《福鼎县志》载："雍正十二年（1734）奉文，各府州县一体建庙奉祀。乾隆三年（1738）又奉文，通行春、秋二祭。"据有关资料和渔民口述，渔井渔民信奉妈祖神从康熙年间开始。当时渔民自祖上分妈祖香火行船，船上设有供奉的神龛，有的渔民在家里也供妈祖像。渔井渔民随后在嘉庆年间正式建天后宫，并实行官方颁布的春秋两祭仪式，延续至今，拥有众多信士，香火旺盛。

　　每年两次的天后宫祭祀十分隆重，也是渔村渔井最为热闹的日子，俗语"全猪、全羊、节酒，祭祖婆"，足见祭祀妈祖慎重的态度和盛大的场景。祭祀时还邀请道士做场面，念门书，以求平风静浪，保佑渔民出海平平安安。

赤屿天后宫

允 恭

　　赤屿天后宫坐落于赤屿山脚，坐南朝北，分上、下埕，共 3 榴砖木结构建筑，其中含一个宿舍，两个庑。当中留一个天井，设戏台，上埕大厅当中供奉妈祖神像。宫内有一石香炉，正面下底长 42 厘米，上长 48 厘米，高 34 厘米，厚 31 厘米，正面镌"民国己酉年，赤屿境，信士李立孝"等字样。

　　赤屿妈祖宫墙外植有两株大榕树，面对赤屿湾内海，有一海中孤岛——马屿。1971 年，赤屿因围垦修筑海堤，其中小门海堤约 400 米，大门海堤长约 600 米，经围垦之后，设 3 个海堤闸门，围垦区辟为虾场，周边环境逐步发生变化。

　　关于赤屿天后宫，清嘉庆《福鼎县志》载："天上圣母庙，在演武厅东，康熙间，官民重建。乾隆二十年，知县萧克昌重修。一在赤屿，一在南镇上澳，一在沙埕，一在南镇中澳，一在秦屿小东门，一在流江，一在店头，一在水澳。"据此，赤屿天后宫始建历史可追溯到康熙朝，先是民间筹建，并经官方准许重建。妈祖在清朝多次受帝王加封，乾隆二十年（1755），福鼎知县萧克昌拨资重修沿海各地天后宫，除城中天后宫外，其中赤屿列于首位，可见赤屿天后宫规模之大、位置之重。

石香炉（冯文喜摄）

　　赤屿妈祖宫在 1949 年以后经历三次重修。第一次是在 1958 年台风之后，那时台风把妈祖宫瓦片掀去，击倒部分梁架，村民、信众集资出工而建。第二次是在 20 世纪 80 年代，村民嫌宫太小，在原有基址上予以扩建。第三次是 2010 年，耗资 80 多万元重建，上埕仍以面阔 3 间建制，进深 4 柱（其实左右柱依靠砖墙），下埕面阔 3

间制，左右留厢庑，设戏台，中间仍保留天井。因妈祖宫址居于山坡地，现今为扩大占地面积，下埋需灌水泥柱，以支撑平台。

赤屿妈祖巡境以历时长、历村多为特色。渔民讲，这是妈祖婆作人客。时间安排在正月初三出境，队伍前呼后拥，彩旗飘动，锣鼓喧天，场面壮观。巡境要达到一百个村（即各个自然村也算），到哪个村，由村头人接待，停留半天，全村吃斋半天，这样轮流持续到当年七八月间，待看好日子，举行"归宫"仪式，又是一次彩旗飘动，锣鼓喧天，场景壮观。归宫后又要做"圆满"，即请道师做道场三天三夜，有时延长到四五天。有的做到十月间才偃旗息鼓。此间每个月要"做福"，在三月二十三日即春祭妈祖升天日都要做"社戏"，即放在宫中开演，以答谢神明。

赤屿渔民信仰海上女神妈祖，实行春秋两祭仪式，延续至今。

硖门 "四宫"

冯文喜　钟敦畅　杨有飞

文渡保赤宫

文渡保赤宫始建于清雍正四年（1726），复建于乾隆三年（1738），原宫为木质结构，分上下两殿，共 3 榴，是文渡江姓舍地献建。后经文渡黄、郑等姓献款乐助修建。受 1958 年台风影响，大殿毁坏。"文化大革命"时，郑姓信士收拾石香炉和真仙娘娘大轿，藏于郑宅。1998 年，重建保赤宫上殿。2001 年，复建下殿。

重修门头墙开一个正门，上石牌匾镌"神恩浩荡"，下门头题"保赤宫"三字，左右柱联"神功浩荡招百福，母德巍峨纳千祥"。宫中保存碑刻 4 方，分别为《保赤宫史记》《装修保赤宫上下殿与大轿香亭碑》《保赤宫装修乐助缘金碑》和《各境弟子乐助缘金纪念碑》。大殿内供台石香炉 5 个，其中 4 个为清代文物，刻有铭文，依次置于供台前。重修后的保赤宫为 4 柱 3 间，内置上殿和天井。上殿木柱雕刻人物、花卉做工精细，留有藻井。

渠洋庆元宫

据《福鼎县乡土志·十一都》分编载："旁多岭路，上达渠洋村，宫一，为都人抗旱祷雨处。"宫一，即渠洋村庆元宫，又称"渠洋宫"。根据后殿梁架上文字记载，该宫始建于宋，清乾隆年间扩建，咸丰元年（1851）重修，2008 年秋，在原址上重建。

原宫坐东朝西，占地面积约 1000 平方米，建筑面积约 600 平方米，主体建筑为三进歇山顶式砖木结构，其布局包括前殿古戏台、天井，二进大殿，后进天井和大殿。其中二进大殿保留清代风格，面阔 3 间，进深 5 柱，抬梁式构造。梁架雕刻装饰精美，做工精致，用料粗大，饰以蝙蝠、凤凰、云彩、花卉、如意等纹饰，图案讲究对称。柱架雀替则饰以树林、人物（单个、多个组合）图案，以镂雕和透雕相结合，多个人物组合表达一定的场景。二进正殿前左右两房各安置一个木构神龛，其中底座面宽 1.05 米，高 0.98 米，当中雕刻装饰异常精致，以透雕为主，体现垂钓、耕读、搏斗和对弈等古装场景，饰以水纹、花卉、竹木、蝙蝠、松柏，营造自然景观，达到一定的雕刻艺术水平。正殿保存一石香炉，长 0.38 米，深 0.3 米，高 0.28 米，耳长 0.15 米。炉面中层镌"庆元宫"三字；上层镌"光绪元年（1875），十都职廪生江正章、正葆喜舍"。

后进观音大殿面宽 11 米，基座保留原样石块构筑，高 1.3 米，左右台阶 5 级，天井当中仍保留三合土构筑台阶一个，长 1.6 米，宽 1.5 米，高 1.3 米。渠洋位于葛染和柏洋之间，现隶属于柏洋行政村。庆元宫位于渠洋之中，山面群山环抱，对面有马头山，山之西处建马头山宫，山之北处建岩洞寺。

岭坪回龙宫

回龙宫修建在岭坪进村口大路一个土墩上，有一条山路从宫前通过。据清嘉庆《福鼎县志·疆域》载，岭坪是福宁州望海里八都 19 个村之一，现隶属于柏洋行政村，位于金山之东，北（柏）洋之西。回龙宫规模不大，四墙以糙石叠砌，门头围墙高 2.2 米，设大门宽 1.43 米，高 2.1 米，门头歇山式木构。宫横墙长 6.6 米，墙内设天井，从大门到大厅留三合土通道长 3.8 米。大厅深 6.6 米，面阔 3 间 4 柱。大厅当中建供台，上供奉神明，置石香炉一个，高 2.30 米，宽 0.31 米，厚 0.1 米。石面镌："道光四年（1824）八月立，荆山爷，福。"大厅梁架文字记"时道光□□年十月廿四日壬午□辰时上梁，本宫坐卯向西"。大门顶坊写"回龙宫"三字。

葫芦墩七圣宫

七圣宫在瑞云村葫芦墩至瑞云寺路旁，坐落于凤山山麓。据清嘉庆《福鼎县志·坛庙》载："七圣庙，在（县）城南关外泰宁社。《州志》：'神名赵昱，宋开庆元年（1259），县令李姓者自蜀奉香火至，人为立祠。称七圣者，盖同七人入水斩蛟除害。'又一在潋城东麓社，一在峡（硖）门毬墩。"民国《福鼎县志》载："七圣宫，在治南关外宁泰里。《府志》：'神为隋嘉州守赵昱，蜀之青城山人。七圣其号。盖同七人入水斩蛟除害者。'"可见瑞云七圣宫始建年代至少在清嘉庆年间。现为重建单体砖木结构，设门头一个，门坊覆山式结构，题"七圣宫"三字。内布局为天井和大厅，供台设神龛，祀奉神明。

262

当然，硖门不止这"四宫"。清嘉庆《福鼎县志》载："福生寺，在十一都。宋开宝八年（975）建。"民国《福鼎县志》载："岩洞庵，在渠阳，清光绪间屏冈王尊相建。隐静堂，在渠阳，清光绪间王尊相女秀馨建。兹福堂，在湖头，清光绪间玳瑁冈王有兰建。"另外，还有金盘庵、湖头寺、福塘莲花宫、北岸宫等。因资料不足，这些暂未录入，有待后来者补上。

石兰泗洲文佛庙

邓其祥　邓加密

　　泗洲文佛庙位于石兰古城门内侧，紧贴城墙而建。现存庙为今人重修，主体建筑长约6米，宽8米，高4米。为砖木结构，在原址予以扩建，内设供台。前方有两个香炉，高约2米。

　　泗洲文佛庙坐东朝西，庙左为石兰城门头，保留数十米长的明代抗倭城墙，周边树木丛生。庙之后是一个小山包，有大枫树等百年古木。庙前有从城门头到村落的一条石道横穿而过。在庙右边开有分岔道到石兰下池，上有摩崖石刻"石韵兰幽"四字。庙正面对"松柏岗"，肖黄蛇形，庙居"龟"地，故此地为"蛇龟相会"。石兰邓氏

石兰泗洲文佛庙（冯文喜摄）

族人安排老人看护庙宇，称为"宫公"。为香客解答签诗，目前已知经历 3 届宫公，第一届邓其贡（已故），第二届为邓其泽、邓代票（均已故），第三届为邓其立、邓代另。

内供奉有泗洲文佛石浮雕跌坐造像一尊，单体花岗岩石块雕凿而成，30 厘米见方，厚度因石被嵌于墙体无法测量。石刻造像浮雕于石面中央，佛像头部裹巾，只露出面孔，头巾雕琢光滑圆润，轮廓清晰。因风化，佛像面孔的眼、鼻、嘴等线条淡化，轮廓不明显。巾裹两耳过肩，左右对称，巾褶层次分明。身穿宽袖僧衣，左右两坎肩对称，衣褶层次突出。双臂自然下垂，双手叠放在胸前。

泗洲佛一般自选股不入殿，多在村头路边设亭或筑小屋供奉，属于佛教的造像。清人施鸿保《闽杂记·泗洲文佛》说："或作小龛，或凿为龛，以供泗洲文佛。"据资料说明，泗洲文佛原型是唐时僧人释僧伽，从西域而来，多次受到历代皇帝的赐封，至五代后周时为全民所崇拜，主要履祈雨、护航、降妖、平乱、治病等职能，扎根民间。

仁寿堂

允 恭

　　仁寿堂，即道由和尚墓园，坐落于瑞云寺后凤山岗，建于清光绪二十三年（1897）。

　　道由和尚，名果就，字天成，福鼎管阳广化人。9岁时，随翁礼重开禅师于管阳象山寺出家。越20载，禀戒鼓山复受法于净空和尚。与高徒碧嵩、碧岳，于光绪丙戌秋，集资恢复新建象山寺，重修殿宇，兴建大雄宝殿、三官厅、祖师祠、报恩堂，焕然一新。其人事迹见载于林士恭撰《重兴象山禅寺碑记》载："于光绪丙戌（1886）秋，集赀诹吉，鸠工庀材，施旧址而恢鼎革焉。某年某月大雄殿、三宫厅竣事，某年某月祖师祠、报恩堂落成。凡几寒暑而宝相莲台、龙蛇狮象，焕然重新。"道由又于光绪年间，在硖门乡瑞云禅寺重建千秋堂、准提阁、弥勒龛，道风远播。有王作宾（贯岭人，清贡生）撰《道由禅师重兴雏山瑞云寺碑记》，记载他到瑞云后所做之事。

　　瑞云寺智水于光绪二十三年（1897）在凤山建道由墓葬。该墓坐北朝南，面前视野开阔，层峦拱秀。墓地面阔14米，总深长15米，占地面积约210平方米，为"凤"形三合土建制，由墓丘、案台、墓碑、墓坪、墓屏等部分组成，保存完好，墓丘龟背形，上置"卍"。案台长1.05米，宽4米，设3圹，墓坪5埕，深8.2米，墓屏3项。屏柱阴刻，二字式的有"鸾岭"等；三字式的有"守道所"等；四字式的有"道德为师""山林作伴""渊停岳峙""延寿养善""结罗汉果""积菩提因"等；五字式的有"云气蒸香界，霞光藏化城""奇峰蟠鸟道，深林簇鸡园"等联句；长句式的如"丛林之东印有寿塔，虎踞龙盘祥云绕匝"。墓碑宽0.66米，高0.88米，青石质，碑额篆书"志寿堂"，中扁形宋体书："清重兴瑞云道由大和尚，首座月台，监院秀崧，嵩、岳二禅师之寿塔。"右上款"光绪二十有三年丁酉孟秋之月吉旦造"，左下款"本山首癸趾丁加子午分金正向丙子午"。清福鼎名士江本侃撰《道由和尚仁寿堂志录》，由林士恭书写，并刻石于墓碑两侧。

　　《道由和尚仁寿堂志录》全文如下：

　　　　和尚道由，名果就，字天成，鼎之广化人也。九龄随若翁礼重开禅师于象山，甚器之。祝发侍巾瓶，越二十载，禀戒鼓山，复受法于净空和尚，命掌书记，比归席象山数稔，旋迁棋盘及国华诸刹。洎咸丰八年，都人士以有道行，延主寺。时寺剥蚀久矣，僧徒四散，遗业一空。师独慨然，逞身恢复重修殿宇，广赎斋田。不数年，百废俱举，徒日以众。于时领监院而充首座者，长乐南乡碧嵩也。嗣监院而同力赞襄者，则有樟岐碧岳、碧仪，其人者，类皆卓卓，相与建梵堂，装佛像，铸洪钟，严戒律，旧者新之，缺者补之，向为鼪鼯蛇虺之所穴，今则高台广榭焉；向为萧艾荆棘之所丛，今则禅床经案焉。徒孙石水、智水皆生有慧性，允绍祖席而振宗风，虽卯角圆顶，便能丕宣净业，是以道风远播，而徒众云从。猗欤！非师与徒愿力坚深，曷克臻此，独惜石不克永其年，与仪师先后圆寂，而莲界之兴，则固未之有艾也。顷智等建塔寺之东隅，砌石累土，中则为诸长老寿藏，报有功也。左右葬仪、石二师，而以先圆后化，诸灵附义也。深林葱郁，列岫回环，望之不啻鹫岭。然工成乞铭，因考释氏有寿塔之例，不揣固陋，谨述而书之于石，俾后之览者，知兹寺得以不坠而光大之者，皆师之力也。铭曰："卓卓宗风，凤山之东。巍巍寿塔，于林之丛。斯是吉壤，足安其躬。唯师道行，振聩开蒙。不生不灭，智德独隆。经营缔造，厥绩靡穷。垂之片石，式炳其功。道风千古，表正山中。"

光绪二十有七年仲冬吉旦，江本侃顿首拜撰并书，林士恭顿首拜篆并隶，住山徒孙智水率合山大众仝勒石。

周忠魁故居和墓园

冯文喜　郭芳娜　马英杰

周忠魁故居

周忠魁故居（周忠魁纪念室）位于硖门乡东稼村，始建于清代，1998 年重建，现为一层混凝土、砖结构瓦房，坐东向西。通面阔 7.6 米、通进深 6.6 米，面积 50.16 平方米。由大门、天井及展览室组成，门前是一口水塘，大门门楣上嵌着一块青石板，上面刻着福建省委组织部原副部长游嘉瑞亲笔题写的"周忠魁故居"五个大字，门两边书有对联："国强教育为本，民富科学领先。"庭院正中立有石碑，正面刻周忠魁生平事迹简介。正厅入口是一圆形拱门，两边墙上书有对联："缅怀先驱挺立脊梁，大显民族气概；统一祖国振兴华夏，高扬民族精神。"

故居主体部分包括：

前言碑文　碑刻宽 0.86 米，高 1.23 米，底座长 1.20 米，宽 0.42 米，厚 0.45 米，碑文小楷隶，碑文如下：

周公忠魁故居，原系木构明楼，经二百年风雨，已成危房，其孙文南以砖混重修之，作为周公纪念室。

公生于贫苦农家，三岁丧父，幼承慈训，年少有志，勤学文武。十七岁入仕，曾任福宁、泉州、福州巡捕官、千总、管带、游击等军职。辛亥革命前夕，加入同盟会。1911 年，在福州率部起义，攻占于山，光复榕城有功，孙中山颁予开国银质奖章。在讨袁护国斗争中，被袁死党拘禁入狱，袁败出狱。公痛恨军阀混战，引退热衷于

周忠魁故居旧貌（周文南 供图）

教育事业，先在霞浦任教，继在福鼎创办女校，是闽东提倡官话和动员女子入学第一人。倭寇入侵，公请缨杀敌，不遗余力宣传抗日直至胜利。新中国成立后，公身为福鼎县政协委员和福建省文史馆馆员，切盼祖国统一，以和平协商解决为善。1966年，公仙逝于此屋，享年102岁。公之一生勤学、正直、爱国、守德、重教、清廉，其高风亮节，实可永励后人。

海内外爱国人士为缅怀这位辛亥革命世纪老人的高尚品德，惠赠丹青墨宝近两百件。今选部分名作于屋，以期对世人有所启迪。

福鼎市硖门畲族乡人民政府

一九九八年十一月八日

隶书：江源昆

镌石：林允霞

周公石刻像　　在纪念室正中，有周忠魁的照片、国画像、石刻像。在纪念室正中墙上，嵌有石刻像。周公白发苍苍，双目如炬，在伏案奋笔疾书，让人感受到他胸中仍有一团爱国的烈火在纵横。石像下端以国画"太姥情"衬之，寓意深远。东稼隶属太姥山脉，以山之博大，得育人杰。国画像两侧悬挂对联"榕驱鞑虏宁坐杏坛文武才全勤效国，话倡普通校创女学智仁心热毅移风"，概括了周忠魁的风雨一生和赤子之心。

展览室　　周忠魁故居正厅是展览室，其中有《人民日报》原社长邵华泽、福建省原省委书记项南、福建省人大常委会原主任袁启彤等人的题词、字画200余件。另外，还有与周公同时代、当时仍健在的一些民主人士发表的回忆纪念文章，在各大报纸刊登，一律用照片和复印件展示。1962年，中国新闻社记者步行130华里到东稼村采访周公后，《中国新闻》刊出《百岁老人周忠魁》的报道，香港《文汇报》和《大公报》及缅甸、柬埔寨、越南等国的报刊亦在显著位置转载此文。2003年6月，原福鼎莲池女子学校学生纷纷畅谈周公办学和爱国思想，辑成《岁月有痕》在《福鼎报》《闽东侨乡报》发表。以上复印件均在纪念室中展出。

在纪念室正中大厅内还布设一个大型的方桌，玻璃板下夹存着周公的图片和材料，形象地勾勒了周公一个世纪的足迹。

周忠魁墓园　　周忠魁墓位于东稼村湖头山下，由两个部分组成。一个是墓地，是周公安息之所，建于1990年，坐北向南偏东，墓呈"风"字形，三合土构成。通面阔7.5米，通进深12米，占地面积90平方米。墓碑宽0.5米，高0.7米，供台宽3.3米，高1.2米，墓坪宽4.4米，深2.3米，墓坪二面阔65米，深29米。墓碑为青石质地，碑文"汝南郡，周公讳开湖暨妣苏太夫人玉琴墓，祔男应杰字子俊，祔媳张孺人企平。共和庚午十月初六，本山坐寅向申加艮坤分金"。另一个是纪念碑，刻有《周公忠魁传略》一文，由周公生前至交、黑龙江师范大学教授、古文字学家和书法家游寿撰写碑文如下：

公讳开湖，字忠魁，号诚卿，同治四年出生东稼。髫龄失怙，母教熏陶，自习文武。年十七中试，历任福宁、泉州、福州巡捕官、汛官、千总、管带、游击等职。乙酉进讲武堂，入同盟会，就福建陆军第十镇。辛亥军兴，参战于山，推翻帝制，受孙大总统银质勋章。袁氏窃国，愤起护法，身陷囹圄，获释回郡。偕夫人事教育，创女学，拯溺女，救党人，禁烟毒，众望咸孚。日寇侵华，公以耄耋之年，请缨出征，誉载报章。晚岁居乡，安贫乐道，为县政协委员、省文史馆员，力襄两岸统一。百岁大庆，省馆长陈培锟题帧"盛世人瑞"，乡人献匾"德邵期颐"，海外刊文，声誉远播。桃李峥嵘，爪瓞拔萃。共和丙午秋仙逝，百有二龄。五代同堂，德高望重，雄风是式，永耀千秋。

道由禅师重兴雏山瑞云禅寺碑

🍃 冯文喜

　　《道由禅师重兴雏山瑞云禅寺碑记》现立于瑞云寺大雄宝殿后通廊处，与《重兴凤山瑞云寺碑记》（1991）、《瑞云寺乐助芳名碑》（1999）等碑刻并立，以上三碑自右而左，其中《道由禅师重兴雏山瑞云禅寺碑记》所制规格最大，艺术价值最高。碑文如下：

道由禅师重兴雏山瑞云禅寺碑记

　　瑞云寺，古福宁八都地，群山环合，林树蓊郁，幽胜甲一郡。寺建于晋天福元年，阅数朝，碑碣断剥，其间兴替无考。其可知者，则经我 朝，行智、秀怀二禅师先后重修，保有遗址。咸丰三年，大风倾殿宇，寺产尽散，积逋至千余缗，僧众远去，过者伤之。其八年，有道由禅师者居象山久，高足碧嵩、碧岳、碧仪等皆具大愿力。郡人以师法门宿望，造请主席，师遂率徒众捐资赎回被占之田，力加恳治。不数年，遗产悉复，昉修大雄殿，亲桷一新。越同治四年，增造弥勒龛、韦驮厅及两厢钟鼓楼，并于硖门增筑福田庄，于是尽复旧观，僧众云集。光绪辛巳岁，复于寺东翔准提阁、千秋堂两进，左右翼以祖祠、报恩堂，规模甚敞，乃以余储重葺象山祖庭，不忘始也。计经始迄今，垂数十年，百废俱举，费亦不赀，师之功顾伟哉！光绪十八年，道由禅师老而退院，以徒孙石水、智水气度不凡，足膺法席，遂传衣钵。郡之人咸额手称得人，谓足张佛道。余与师交最久，尤悉颠末，爰书崖略，贞诸石，用垂不朽云。郡人岁贡生雁秋王作宾谨撰。

　　清光绪十九年癸巳四月浴佛日，嗣祖住持石、智

《道由禅师重兴雏山瑞云禅寺碑记》碑刻（冯文喜摄）

水领阄山大众同勒石。

其碑通高 1.8 米，宽 0.7 米，顶部圭状，当中阳刻一圆状，寓日月，左右两侧上下云纹饰各三，对称。碑刻与圭部间留深横线条，文字部分碑的规格为 0.7×0.62 米。碑身高至圭部为 1.62 米，圭部高 0.18 米。底座高 0.6 米，上宽 0.7 米，下宽 0.73 米，上厚 0.25 米，下厚 0.42 米。碑座正面梯形为 0.7×0.73×0.6 米。座面阴刻一瑞兽，正回头张开大嘴，像是仰天长啸。浑身绒毛流水线和云纹饰，尾部张扬，给人一种威风凛凛之感。

该碑由福鼎清贡生王作宾撰文，瑞云住持石水、智水和尚领阄山大众勒石。碑立于清光绪十九年（1893）癸巳四月浴佛日，即农历四月初八。全碑共近

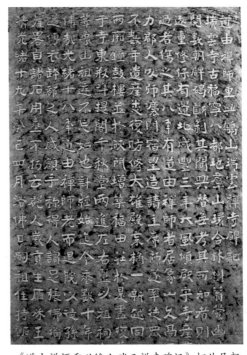

《道由禅师重兴雏山瑞云禅寺碑记》拓片局部
（冯文喜摄）

470 字，竖写 14 列，字体介于隶楷之间，是现今福鼎寺院保存最为完好碑刻之一。通篇文字神形兼备，体成气足。仪表万方，从容不迫，似有仙姿。其用笔圆润婉转，方圆兼用，俊爽稳健，而又雍容大度，包融篆隶而妙化为楷。笔不厌繁，精不赘多，致中极和，超然豪迈。结体舒展，内藉钟灵毓秀，宽阔壮健，得雄浑古穆之相，为南方清季碑刻之精品，有较高的碑刻书法艺术欣赏价值。

凤山碑刻的艺术

罗一鸣

凤山碑刻，又称"雏山碑刻""瑞云寺碑"，全称《道由禅师重兴雏山瑞云禅寺碑记》，因硖门瑞云坐落于太姥山西南麓的凤山而得名。

1993年，我第一次见到该碑刻，其碑为青石，字口刻得很深，保存完整。碑通高180厘米，宽70厘米，全碑近470字，竖写14列，碑刻末尾有个印章"阿碧补书"，是其碑的书者。我查了本地清末的一些书家资料，并没有一个叫"阿碧"或者跟这相关的笔名。我专门请教了界诠法师，他亦不知"阿碧"为何许人也。我想碑文中有提到道由禅师高足碧嵩、碧岳、碧仪，或许是他们其中一人写的，但不得而知。

福鼎碑刻不少，就书法艺术而言，凤山碑刻是很有代表性的。目前我们发现福鼎有两个碑刻具有很高的艺术价值，一个是伊秉绶撰文并书的《王协山墓表》，另一个就是凤山碑刻，这两个碑，无论从书法的角度，还是刻工，都达到很高的艺术水准。两个都是清代的碑刻，伊秉绶的这方立于嘉庆十七年（1812），书写时间更早一些。凤山碑刻立于光绪十九年（1893），另配有一方白文印章"丁酉再勒"，说明在丁酉年即光绪二十三年（1897），重新再刻了这个碑记。但文字书写的时间是不是会更早一点，这个也说不定。碑是在四月初八即传统浴佛节立的，对佛教徒来说是具有特殊意义的。

凤山碑刻的书法介于隶书与楷书之间，与北齐书风非常接近。北齐时期最著名的书法遗迹是佛教刻经。因北齐统治者笃信佛教，所以在境内广建佛寺，大规模刻经，因此留下了许多摩崖刻经遗迹，最著名的有河北邯郸南北响堂山刻经、山东泰安域内的经石峪金刚经、新泰祖徕山刻经、山东邹城四山（葛山、尖山、铁山、岗山）摩崖石刻等。

北齐的书法对后世影响比较大，其在魏碑体

凤山碑刻拓印（冯文喜 摄）

楷书向隋唐楷书的发展过程中起着承前启后的作用。清乾嘉年间，碑学兴起，形成了以碑刻为取法对象的创作风气，许多书家从碑刻中汲取艺术养分，并创造出新的面貌，其中，就有不少书家是取法北齐书风。

凤山碑刻书法承袭了北齐这一脉风格。楷、隶杂糅，楷书气息偏浓一些，且具篆隶笔法，凝重含蓄，结字方整宽博，略呈扁形，气韵则静穆醇和，雍容大度，艺术与宗教相得益彰，别有逸趣。能将楷书写到这种水平，是当代书法家难以望其项背的高度，在清末也是十分罕见的！我曾参与编辑《福鼎历代书画选》，当时没有编入凤山碑刻，甚感遗憾。

凤山碑刻可当范本来临习。学习此碑前，最好要具备有一定的篆书、隶书与魏碑的学习实践。临习此碑，我觉得可以医唐楷的一些刻板呆滞、了无生气的习气，求一些古拙天趣。碑中笔画，除捺、戈钩、卧钩、竖钩及部分横画外，纯用楷法，已颇具隋碑面目。故学书者，若以北齐书为根基，后习魏碑或唐楷，或习隶，都能很快登堂入室，撷其奥妙。

做拓片可以推广碑刻。凤山碑刻虽历经百年，但碑石依然保存得很好。它的碑面比较平整，不像摩崖石刻凹凸不平，要两层的纸张，重在一起拓。这个碑刻用普通的白宣纸就可以，不用洒金宣。从这个碑石的刻工上看，基本上能把书写者的笔意表达出来，字口也挺深，适合做拓片，也可以做朱拓，做起来会更美观。拓的时候，要注意字凹进去的部位，在打纸时，要稍微深一点点，不然拓完以后，跟原碑一比较，发现笔画粗了。初拓本的笔画粗细往往与原碑有所不同，要拓几十遍之后笔画粗细才会与原碑接近，但拓的次数也不能太多，西安的傅嘉仪先生，曾经跟我讲过，西安碑林的《怀仁集王羲之书圣教序》，自宋以后不断被翻拓，随着捶拓日久，笔画由肥渐瘦，字迹损泐逐渐增多。

东稼禁乞碑

✿ 贯　之

　　东稼禁乞碑，立于东稼洋村古道上。碑刻于 1923 年，字体为行楷。碑外宽 0.78 米，通高 1.58 米，外厚 0.11 米，碑亭为石质结构，制成"山"形，顶高 0.43 米，外厚 0.32 米。亭内立碑通高 1.16 米，宽 0.56 米。碑亭与碑均为青石质构。碑文竖写 10 列。碑所立处路面现保持原样，由小石铺碇。四周为山间番薯地，种植农作物，古道为过往行人出入村庄的主要通道之一。

　　该碑保存完好，碑文记民国时，东稼村民周维新等人不堪乞丐在村行霸攘扰，上书福鼎知事，强烈要求禁乞之事，后得福鼎知事批示而立碑告示。据上一辈老人讲，民国年间东稼洋方围十余里之内，乞丐横行，到村民家中行乞往往要叫价，容不得村民拿多拿少，如果米、钱不能满足要求，乞丐会叫上十余人来村打闹，甚至行抢闹事。更不可理喻的是，有的乞丐死后要叫村里埋葬，闹上数日方才罢了。这一相传，与碑文所载内容相符。碑文内容除记录禁乞之事外，对东稼村当时所辖区域、风土民情、环境治安等状况都略有所述，具有一定的史料价值。碑文如下：

　　　　福鼎县知事吴，为出示严禁事案。据农民周维新等禀称，伊等位居十一都东稼洋西陇里、瓦窑头、顶家楼、甘山、翁家洋、湖头、白叶坑、山腰、大淇头、柳家山、鲤鱼岗、邱厝里、上洋、小洋岗、金山、潭头门，各村安分务农。缘地处乡僻，村落星散，近有恶丐三五成群，换户强乞，几无虚日。遇有人家喜庆丧葬，则率众登门坐索酒食，任意滋扰，藉端赖诈，甚至自称丐首，散给丐票，敲敛民财，多少不等。且有设筵结会，暗中引盗偷窃牛猪、五谷蔬菜、树木竹笋，为害不堪，言状佥请示禁拿办等情。据此除禀批示并责成地保，协同驱逐外，为此示仰该乡人民诸邑人等知悉，嗣后上列各村如遇乞丐登门，文钱盏米，随意施给。倘有逞横强讨，以及结党成群，藉端索扰，以及引盗偷窃，种种不法行为，准即邀同地保驱逐出乡，或禀送来署，以凭尽法重惩，决不宽贷。其各禀遵勿违，特示。

　　　　中华民国十二年八月廿七日发帖。

274

瑞云寺题刻文物拾掇

☙ 冯文喜

瑞云寺始建于后晋天福元年，至今已逾千余载，曾留有不少石质文物，然大都毁坏、遗失。现存部分石质、木质题刻见证了古寺的历史，弥足珍贵，拾掇如下：

石槽　　宋宣和辛丑年（1121）的石槽1个，放置于瑞云寺探花府天井，长3.75米，宽0.87米，高0.66米。石身铭文阴刻"凫山境弟子□舍宣和辛丑五月日显□当僧永信仲曦维那道初住持密印大师冲题"（铭文风化严重，部分文字待核实），铭文9行，凡35字。这是目前见到瑞云寺最早有确切记载年代的石刻文物，是瑞云寺历史沿革的佐证。

临济正宗墓碑　　青石质构，长0.8米，宽0.56米，厚0.04米。碑面正中上横镌"临济正宗"四字，竖镌五行，铭文为"本山坐戌向辰加辛巳分金，道光四年（1824）岁次甲申仲秋吉旦立。本寺住持登仕郎秀怀真公、前住持兴发苑公暨徒空隐、有之墓"。碑四边加花卉图案，碑顶正中镌加镌云纹和太阳。此石碑说明了瑞云寺的法派出自临济宗。

天成和尚的石药臼　　青石质构，口径0.2米，高0.2米，原有石槌。石药臼底座长0.54米，宽0.29米，厚0.07米。石身刻"清同治九年（1870）四月立，瑞云寺主持僧天成献"。据相关文献记载，林士恭于光绪年间在硖门观海楼教学，瑞云智水从学，林士恭向天成举荐石水、智水住持瑞云古刹。此方文物，可见清末瑞云寺主持源流。

石钟鼓　　花岗岩石质构，上大下小状，上边长0.66米，高0.52米。石面镌"瑞云寺福田庄记"。王作宾在《道由禅师重兴凤山瑞云寺碑记》中载："越同治四年，增造弥勒龛、韦驮厅及两厢钟鼓楼，刓于硖门增筑福田

石槽（冯文喜 摄）

庄，于是尽复旧观，僧众云集。"此二方石质文物的题刻可互相佐证寺当年的兴盛未艾。

探花府寺门联　寺正门石构，宽 1.6 米，高 2.6 米，门悬"瑞云寺" 3 个正书繁体大字。门联正书阴刻，上联为"心存至德须至善"，下联为"法本修要则修神"。相传这副联书法是硖门詹姓一个老先生所题，可惜并没有落款，但也说明了寺与民众的良好关系。

寺门联板　该联为朱熹的对联："地辟九重天，碧水丹山青世界；门当三益友，苍松翠竹白梅花。"联板长约 2.3 米，宽 0.3 米，篆书，边款小字"岁在壬申年仲春，霞邑牙城镇信士林心潘敬献"。据传，绍熙年间，朱熹流寓长溪，游太姥山，路经瑞云寺，爱其山水秀丽，冈峦迭嶂，题一联于寺山门。此联成为瑞云派法系辈分，沿传至今，说明该寺人文气脉旺盛。

道由和尚志寿堂题刻　墓居于瑞云寺后凤山岗，为墓屏屏柱有阴刻，二字式的有"鸾岭"等，三字式的有"守道所"等，四字式的有"道德为师""山林作伴""渊停岳峙"等；五字式的有："云气蒸香界，霞光藏化城""奇峰蟠鸟道，深林簇鸡园"等联句。字体为清代风格的隶书、楷书，字径大者过尺。

幡状石质文物　由上下两部分构成，下部断开，残余部分石镌"民国甲子愿一切南无大若人欲了知神咒加持愿皆饱口皈依三宝功德无边"。

护墙"晋代古刹"题字　护墙为土加白石灰构，墙黄色漆，与水池同长，24.3 米 4 个楷体打字，书于墙上。

水定物照　水池南面立土墙，墙内有"水定物照"四字，书于墙上，种花草，倒映池中，五彩斑斓，与池中红、白、黑鲤鱼相映成趣。

"匡扶法化""冰桃雪藕"匾额　朱红的底色褪得雪白，匾没有款，年月和作者都没有按下，字点画婉转圆润，写得冰清玉洁。读匾，给人一种温和恬静的感觉。

碑刻　《道由和尚仁寿堂志录》在道由和尚墓屏上，江本侃撰，林士恭书，智水率合山大众同勒石。

另有三块分别是《道由禅师重兴雒山瑞云禅寺碑记》（1893 年立）、《重兴凤山瑞云寺碑记》（1991 年立）和《瑞云寺乐助芳名碑》（1999 年立），现自右而左立于瑞云寺大雄宝殿后通廊处，其中《道由禅师重兴雒山瑞云禅寺碑记》所制规格最大，书法艺术价值最高。

浅谈东稼洋出土古钱币的历史价值

谢兴国

1982 年 8 月间，在硖门东稼洋村出土了一批古钱币，无论从钱币本身的历史价值还是数量看，都是一次极有价值的发现。兹将调查情况和整理结果，做出初步的探讨如下。

东稼洋是硖门的一个自然村，距硖门镇 10 余华里，与霞浦县毗连，属沿海地区。全村原有一道土围墙，接连背山成半弧形。农民周仁榕在他的住宅附近，靠南边围墙基座处挖粪窖，当深挖到一米时，即发现有古钱一堆，数量不清楚，他用麻包装起，作为废铜烂铁处理，由县文化馆收买。挖掘地点的周围，围墙外是一条石子路，围墙内是若干民房和一口鱼塘，别无其他迹象。

经县文化馆整理，除发现有"汉半两"钱 1 枚，"五铢钱" 4 枚，新莽钱"货泉" 1枚外，其余币面铸钱年号、币形大小，共分为唐钱 3 种、宋钱 37 种，元钱 1 种，另有前蜀、西夏、西辽、北辽、金国的铸钱各 1 种，总数约 27000 枚。这大批古钱自唐玄宗开元（713）算起，直至元武宗至大（1305）止，前后共历时 592 年，经历过 18个王朝，46 个年号。如再上溯至"汉半两"钱（前 186 年左右）及新莽钱"货泉"（9年左右）的时间计算，则其历史价值远非寻常的一般发现所能比拟。

现在，拟作如下分析——

第一，从古钱币的数量上看，占多数的是下列五种：

（1）北宋徽宗朝的圣宋、政和、宣和、大观等 4 种钱共 5627 枚。

（2）北宋神宗朝的熙宁、元丰 2 种钱共 3076 枚。

（3）北宋仁宗朝的天圣、明道、景佑、皇宋等 4 种钱共 2948 枚。

（4）北宋真宗朝的咸平、景德、祥符、天禧等 4 种钱共 1770 枚。

（5）唐玄宗朝的开元通宝钱共 1469 枚。

第二，从古钱币的价值上看，它几乎包括了我国货币史上几个重要的钱币变革的线索，首先是汉仍秦制，初行"汉半两"，至建武十六年（40）始改行"五铢钱"。当时五铢钱共分 4 品（即依据钱币面文的字体和钱孔大小的而定为 4 个类型），同时并行。而我们这里所收的，恰恰是 4 品俱全，实为难得。其次，新莽朝的币制，是在秦统一币制以来 2000 年间最紊乱的时期，王莽在篡汉的几年内，即进行了 4 次的币制大改革，共先后铸行莽钱达 37 种之多，而这次所收的"货泉"就是其中的一种。王莽覆灭后，莽钱逐渐销毁，今"货泉"的发现，亦可算片羽足珍。"汉半两"钱虽仅有一枚，但在 1984 年 11 月间全省文物会议在我县召开时，福建省博物馆陈存洗馆长参观这批古钱后，特别对"汉半两"这枚古钱做出鉴定，认为是福建全省范围内最先出土的第一枚"汉半两"钱。

关于这批古钱的窖藏年代的考据问题，虽然找不到确凿年代，但在全部古钱中，除了唐宋元钱及部分是西夏、辽等的铸钱外，根本未发现杂有明代制钱，因此，可以肯定其埋藏时间当在明王朝正式建立之前，距今已有约 700 年的历史了。

此次出土的古钱，按大批量分析，拿铸钱的朝代来排列，是始于唐玄宗的开元通宝，迄于元代武宗朝的至大通宝。中间共历 19 个王朝，共有 46 种不同的面文名陈。特别是有两点值得注意：（1）宋代各个时期，自北宋太祖起至南宋度宗止，所有各种铸钱均几完整无缺，这是难能可贵的。（2）除正统王朝的铸钱外，还发现有前蜀王的光天元宝、辽仁宗的绍兴元宝、西夏惠宗的乾道元宝、辽德宗的康国通宝、金国海陵王的正隆元宝 5 种，都是十分珍贵的。

拿地点论，福建——在春秋时属越，战国时属楚，秦称闽中郡，汉初属闽越地，后改隶扬州，唐属江南东道，后来改置福建观察使才正式确定福建名称，宋沿唐制置福建路，元称福建道，隶江浙行中书省。福鼎建县迟，在清乾隆四年始由霞浦柝出。早在公元 750 年，福建就成为海上对外贸易的国际通道，沿海港口北起温麻、台湾、福州，南迄泉州都成为对外贸易的商业基地，特别是泉州的东石港，当时已算是南中国对外贸易的要港，造船业相当发达。据宋人吴自牧著的《梦粱录》记载："夷商凡在福建泉州港停泊者，尝将商品转运到台（台湾）温（温麻）福（福州）一带买卖。"可知在宋代福建的社会经济，特别是沿海地区的经济状况，已开始由封闭型的农业经济，向开发型的商业经济转化。温麻县地处福宁湾海域，当时所属的对外贸易港口，据志书记载计有赤岸、三都、三沙、秦川等处，特别是赤岸（今属霞浦）在唐贞元二十年（804）间，除了作为一个对外贸易的重要港口外，还发展成为外交上的国际使节通道，当时日本第十六次遣唐使就是在赤岸登陆，然后再循陆路北上长安。

由于海上对外贸易发达，商业经济逐渐抬头，民间金融流转肯定活跃，硖门背山面海，社会经济结构，历来都以农业生产为主，兼及航海、渔业；且北邻秦屿、嵛山，南接三沙、牙城、地理条件优越，自来人民勤劳力作，素称富庶之区。以今视昔，我们可以推断硖门东稼洋这次出土的古钱，是跟当时社会的经济历史背景分不开的，我们绝不能把它孤立地看作是一次偶然的意外事件。

特别值得注意的，即这批古钱在出土时，并未发现是用陶器封贮或砌石窖藏，而只是用麻类贯串堆埋的，且距地表深度只及1米左右，更足以说明它在当时的持有者心目中，并不作为一种珍贵金属看待而加以重视和保存。或是出于因地方突然发生事乱，钱币持有人以事起仓促，不得不临时草草掩埋，事后又未及作正式处理，致使这批古钱就这样埋没于沙砾野草之下。

附：

1982年硖门东稼洋出土的古铸币一览表

铸钱时间（公元）	铸钱朝代	年号	钱文	出土数量（枚）		备考
				大	小	
713	唐玄宗	开元	开元通宝		1469	
758	唐肃宗	乾元	乾元重宝		71	
847	唐宣宗	大中	大中通宝	1		
960	宋太祖	建隆	宋元通宝	1		
990	宋太宗	淳化	淳化元宝	1		
976	宋太宗	太平兴国	太平通宝	1		
995	宋太宗	至道	至道元宝		308	
999	宋真宗	咸平	咸平元宝		133	
1004	宋真宗	景德	景德元宝		372	
1008	宋真宗	大中祥符	祥符元宝		796	
1017	宋真宗	天禧	天禧通宝		454	
1023	宋仁宗	天圣	天圣元宝		816	
1032	宋仁宗	明道（士）	明道元宝	1		
1034	宋仁宗	景祐	景佑元宝	1		背（士）
1039	宋仁宗		皇宋元宝	181	1841	
1054	宋仁宗	至和（三）	至和元宝		1	背（三）
1056	宋仁宗	嘉佑（九）	嘉佑元宝		299	背（九）
1064	宋英宗	治平	治平通宝	1		
1068	宋神宗	熙宁	熙宁重宝	900		
1078	宋神宗	元丰	元丰通宝		2176	
1086	宋哲宗	元祐	元佑通宝	540	721	
1094	宋哲宗		元符通宝	83	291	
1098	宋哲宗	绍圣	绍圣元宝	774	244	
1101	宋徽宗	建中靖国	圣宋元宝	656	384	
1107	宋徽宗		大观通宝		281	
1111	宋徽宗	政和	政和通宝	975	729	
1119	宋徽宗	嘉和	宣和通宝	875	1727	

铸钱时间（公元）	铸钱朝代	年号	钱文	出土数量（枚）		备考
				大	小	
1127	宋高宗	建炎	建炎通宝	552	3	
1151	宋高宗	绍兴	绍兴元宝	532	328	
1174	宋孝宗	淳熙	淳熙元宝	913		
1190	宋光宗	绍熙	绍熙元宝	495	51	
1195	宋宁宗	庆元	庆元通宝	550	48	
1201	宋宁宗	嘉泰	嘉泰元宝	316	27	
1205	宋宁宗	开禧	开禧通宝	239	20	
1208	宋宁宗	嘉定	嘉定通宝	700	115	
1225	宋理宗		大宋元宝	96		背二、三、元
1228	宋理宗	绍定	绍定通宝	1534	30	
1241	宋理宗	淳祐	淳佑元宝	431	18	
1260	宋理宗	景定	景定元宝	192	14	
1265	宋度宗	咸淳	咸淳元宝	36	2	
1305	元武宗	至大	至大通宝	1		
918	前蜀王	光天	光天元宝	1		
1068	西夏惠宗	乾道	乾道元宝	1		
1134	西辽德宗	康国	康国通宝	1		
1151	北辽仁宗	绍兴	绍兴元宝	1		
1156	金海陵王正隆（二）		正隆元宝		26	

宗族聚落

邱厝里邱氏

陈启西

　　邱厝里是瑞云下辖的一个自然村，是一个不大引人注目的小山村，但却见证早期入迁福鼎的邱氏发展历程。

　　当地邱氏族谱始创于北宋淳化五年（994）。一般而言，一个新入迁氏族到创立族谱，需经传数世，族群繁衍到一定规模。固由此可推测，邱厝里邱氏入迁时间远在宋代之前，邱氏可以算得上福鼎域内最早的入迁氏族之一。

　　族群除靠自然而然的血缘关系外，能把他们紧紧地维系在一起的就是祖庙和族谱。邱氏祖厅，由始祖邱日旺所创。邱厝里邱氏之源，因文献缺失已不可考，据现有资料来看，始祖邱日旺于明嘉靖年间由福安塘边迁福宁州八都邱厝里。邱日旺开基创业，却子嗣不多，仅生一子。为谋子孙繁昌，他积德行仁，首创祖厅，以求子孙繁衍，敬祀祖宗香火。

　　邱氏祖厅，面阔7间，面前大埕照墙。迄万历年间，有族人邱国宝重修祠厅，后又重修族谱，这两件事在古代是极为重要的事情，诚如古语云："族之有公厅与谱，犹木之有本，水之有源也。"

邱厝里（冯文喜摄）

2006 年，邱氏祖厅遭"桑美"台风破坏后，族间叔伯、兄弟共同再出大力重新修建。祖厅整体地形规格依旧制，而且规模远胜前代。祖厅入口保留三曲模式，正前再建高大门楼，上书"万派朝宗"，预示着邱氏从此进入一个新的发展历程。

至于族谱修撰，邱氏创谱较早，但从其现有旧版谱牒看，邱氏前代宗谱资料遗失相当严重，清代之前，世系及生卒、行第、墓葬记录都极为简单。清光绪七年（1881）福鼎松山赖春谋（字庆帛）重修《邱氏族谱》时写道："始祖霖公，于宋淳化五年始创，宋末元初续之。明时日旺公修录，清初元桂公手录家乘，至天述有志再录家乘。"千百年来，邱氏修谱仅五六次，资料不全。绵绵千年的氏族，谱牒未能传承下来，甚为可惜。

千余年间，瑞云邱厝里邱氏历代族人，自守一方土地，与世无争，安贫乐道，虽有些清苦与平淡，但过得也不失为一种和谐的生活。

邱厝里邱氏计今传 30 余世，现有人口百余人，主要从事农业，近年也有部分族人外迁经营生意，兴业兴家，改善生活，前景可期。

硖门

文渡江氏

⌒ 江源昆

文渡里乃江姓聚族之地，位于福鼎东南部，背靠国家级风景名胜区太姥山脉，面向碧波荡漾的东海，北接牛郎岗度假村，南通杨家溪风景区。村前有一片广阔滩涂，系水产养殖之地，先辈在此从事"探艋"水产作业。传有民谣"潮涨文渡滩，鱼虾堆成山"。海滩之内则是一片广阔沿海小平原，添一条长堤，海滩变成千顷良田，自此称"鱼米之乡"。如今三条大道（沙吕公路、福宁高速公路、福温铁路）横卧于大门之前，车辆穿梭而过，热闹非凡。真可谓风光秀丽、人杰地灵、交通方便、物产丰富之宝地。

文渡江氏宗族源出济阳郡（今湖北省兰考之北），始祖江和（内名江横），系湖广竹栏下之人士。因明季海氛不靖，为避干戈，于明永乐元年（1403）长途跋涉来到福建福宁府文渡落脚。先被蔡氏雇为长工，由于勤劳节俭，吃苦耐劳，囊有积蓄，买下蔡氏住宅（今文渡里祖厅，明朝建筑），由此开基创业，繁衍子孙。

明末清初，倭寇猖獗，屡犯我国东南沿海，时而进村掠夺烧杀，鸡犬不宁，民不聊生。天之让房第七世江日葵，平生好仗义，为人善智英勇，目睹时局，挺身而出，团练乡民，与陈氏兄弟相处，时常与倭寇交锋，抵御外患。为方便交通，江日葵曾在龟山与蛇山之间架设一虹桥，名曰"锁桥"，属抗倭平寇之军事设施，至今完好尚在。

清朝乾隆至嘉庆年间，乃是文渡江氏宗族经济文化鼎盛时期。当年，文渡江氏的确有"万三三"家产，真所谓"探艋鱼虾晒满埤，稻田谷米堆满仓"。从现有遗址即可推测当年文渡里房屋建筑规模之大。四周筑有高墙，墙高墙厚可与小城堡相比。其周长约有二里多路，西至东家井交界、东至海埕、南至下村、北至永加岗山脚。北面围墙之内小山坡上有两株大榕树，平坡而下与对面山形成小谷，先人称之"绿榕谷"。从下底园起至下坪园，上坪园皆为宅基地。据先辈所云，当时建有七幢明楼加七星卫，称之"榕谷斋"。屋前竖有两根旗杆，旗杆夹至今尚在，足以说明当时族人官衔之高、家产之富。南面与下村交界处围墙内有片洼地，建有高楼，名曰"翠竹楼"，至今留下石板栏杆为证，可证实当时建筑面积之大。当年文渡里文人甚多，南面吟诗北面和，北面出句南面对，充满着文明昌盛之氛围。

清季，第十一世江维登（江从如）、曾毓梅，例贡生，参加过嘉庆《福鼎县志》南路采集与编纂工作，江维翰（江怀古），郡廪生，候委训导议叙纪录二次。其三兄弟俱进入州、府、县名人行列。续后，江淑垣（江道三）诰奉直大夫五品衔，江肇乾（榜名分九）道光丁酉科拔贡，江肇赐（江少达）以廪生官封议叙五品衔。

清咸丰之后，朝廷腐败，经济落后，我族经济随之滑坡。贫户逐步出现，人才相对减少，但未至没落。本族"系"字行第就出现不少人才，尤其是江系亮（江本侃）和江系玉（江本栋）兄弟之才学，当时扬名于世，皆工书善画（有作品收入 2001 年版《福鼎历代书画选》）。江本侃（1859—1925），字髦臣，清岁贡，终生执教，曾任县劝学所第一任视学，县第一高等小学（桐山）校长，晚年执教于凤山瑞云寺，工诗文，学问渊博，书法作品为世所重，在福鼎文坛深有影响，著有《寄庐吟草》等诗文。江本栋（1862—1929），字碧塘，清俊生，终生执教，工山水、兰花，擅治印，亦通诗文。

抗日战争爆发后，文渡江氏宗族日趋没落。老房屋年久失修，破损拆毁，仅留下祖厅正屋和南北廊庑数十间房屋。由于贫困所致，族丁体质尚差，失丁严重，田园荒芜，村落萧条。在文坛上，仅有江衍邦（清彦）公一人稍有名气，毕业于省立福州师范，历任福鼎县第二高级小学校长，县督学以及行政科级官衔。

1949 年以后，江氏各房族亲发奋图强，勤劳耕种，纷纷走上富裕道路。

秦阳谢氏

冯文喜　谢石祖

秦阳，原村名叫秦家洋，又称秦洋，民国《福鼎县志》作"秦家阳"，大概因"阳"与"洋"谐音而通用。清《福鼎县乡土志·十一都分编》载："村十有九，北洋、硖门、石兰、月屿、赤屿凡五村，傍岸而居；若渠洋，葛染、南埕、金山、秦家洋、岭后、甘山、岭坪、南尖、上洋、汤家洋、张家洋、上宅、湖头等处，率以渔樵种植为生。"可见"秦家洋"村名已列入其中，说明秦家洋村发祥较早。现今隶属于秦石村，其地居于福鼎与霞浦交界处的棋盘岭、界牌岗，为滨海山区低丘陵地貌。村谷中形成一个开阔地，开辟成山田，种植稻谷。村前有横山环抱，右有"地母"峰拱秀，左有"眠虎"峰耸立，有一小溪从山后流过村前。

最早到秦家洋落户的是谢姓家族，整个村庄最早以谢氏单姓聚居发迹。秦阳谢氏为陈留郡，根据其宗谱世系图载：谢氏五十七世有谢太万，字万真，唐咸通间，遭世乱，携家眷从原籍南京而入闽。首迁福州南台，后带家眷4人转迁福安穆阳，数载之后，

秦阳村貌（冯文喜摄）

又移居长溪凤山瓜模坪（今瑞云凤山岗脚下），谢太万为迁居硖门第一始祖。他与孺人何氏的合葬墓也建在迁居地瓜模坪。谢太万生有二子，长子谢天益，字明智，平生"在家持斋"，即信佛"吃菜（即做和尚）"。相传由他始建的凤山寺院，即后来发展成规模庞大的瑞云寺。次子谢地利，字景明，因大哥"吃菜"，他成家后与兄分开居住，把瓜模坪老房子给了家兄做寺院，至五代后晋时，把原房宅寺院改为凤山瑞云寺，谢地利携妻带子徙居凤城，即今牙城。后因靠海太近，遭受海盗和土匪攘扰，及自然灾害和战乱的影响，又改迁长溪十一都马头岗（又名马鞍山）。兄弟两人墓地仍建在硖门凤山岗内。至南宋高宗时，有谢庄书为秦家洋肇基始祖。他以看牛为生，在其居住地马头岗放牧，因牛群失散，为找牛而到秦阳，认为其地群山环抱，土地丰饶，更宜于生活，遂迁居于此。

据《谢氏宗谱》记载，元代时，因社会动荡，谢氏有批族人出走迁移霞浦的经历。到明代，有部分族人回乡，明洪武二年（1369），村编"一甲"。至清代，"有甲之地任职为地保"。清咸丰三年（1853），发生了山体滑坡，谢姓住房被泥石流冲毁，造成人员、财产损失无计。1934 年，秦阳成立苏维埃政府，组建工农红军肃反队，受到国民党反动派的多次"围剿"，村民四处逃难，背井离乡。当时牺牲的族人有谢立香、谢立河、谢立瓢、谢维贤等多人。随后有霞浦和福鼎谢氏宗亲不忍祖上基业被毁，返乡重整家业。1967 年 8 月 13 日，秦阳发生火灾，房屋、牛棚、猪栏毁焚殆尽。1971 年，又遭火灾，秦阳 42 户人家盖草棚而居。1976、1977 两年，42 户人家重新构建平房，遂以安居乐业。

谢姓在秦阳繁衍创造了不少的基业。棋盘岭是福鼎硖门与霞浦牙城的"分水岭"，其地名来历，相传与谢姓有关。大概在明代时期，秦阳谢氏逐渐发迹，有财主在此地立棋收租，遂号为"棋盘岭"。谢姓还在距牙城 6 里之处建亭，俗称"长冈亭"，方便行人歇脚，后经风雨毁损无存。

渠洋湛氏

陈启西　湛睦晃

据1998年《湛氏宗谱》载，渠洋湛氏源自江西南昌，于宋代入迁福建汀州府宁化县，子孙昌盛后开枝散叶，有一支由宁化县移永定县笔架山番里乡开基，传至七世又分迁永定县玉树乡。至康熙年间，玉树湛氏家族人丁繁盛，而土地狭隘，有十六世湛达和，独自从汀州府迁往浙江平阳县，后娶妻生子三，长子湛卿伍、次子湛相伍、三子湛信伍。数年后，湛达和偕三男又迁往福鼎十一都东溪八斗岗。清嘉庆九年（1804），湛达和的孙子湛萃轩，再移十一都渠洋五斗山（今隶属柏洋村）。

湛达和入迁硖门后，父子四人齐心协力，勤劳刻苦，刚入迁，以替人灌园浇菜为生。湛达和为人乐观，与人相处和睦，一家人暂时虽温饱无忧，但家无余财。

清康熙二十一年（1682），福鼎当地遇天灾闹饥荒，湛达和一家人生活极度困难，不得已把次子湛相伍出绍他姓。康熙二十四年（1685），湛达和病逝，时长子湛卿伍年仅18岁。两年后，湛达和之妻也病逝。湛家是外来独户，一下子父母两亡，湛卿伍倍感生活压力。

湛卿伍，讳煌，名官印，号敦斋。父母双亡后，湛卿伍与弟湛信伍转迁溱上新丰，以经营为业。湛卿伍历艰辛意志弥坚，勤力耕作，自食其力，生活渐好。

湛卿伍秉承乐善好义族风，生活富裕后，广置田园，兴建房屋，待人热情宽厚，重义轻财，兄弟友善无间。乡间但凡有人因争执之事，准备到官府起诉，湛卿伍得悉主动前往化解纠纷，为人排忧解难；倘若有人遇到急难的事，他都会伸出援助之手，极力帮助周全。嘉庆年间，福鼎县令潘木盛闻其贤，奉福宁府令，推举湛卿伍为耆宾，额其堂"淳朴遐龄"。湛卿伍感念国恩，以冠带荣身，官府给匾流芳。清道光二十九年（1849），湛卿伍神位请入福鼎县文昌宫，享春秋二祭典。民国《福鼎县志·义行传》载其事迹："官印，力耕作，益致富。自奉极薄，待人不计铢锱，中年好善尤力。里有争讼辄排解之，危急辄救济之，远近咸称善人。"

湛卿伍之子湛萃轩，太学生，字梅生。为人守正刚直，勤俭朴实，教家严格有方，兴建大厝荫护子孙，首事倡议建宗祠、修家谱，整齐一家。湛萃轩秉承湛氏乐善之风，急人所急，周济乡邻，为乡人所称道。清嘉庆十五年（1810），湛萃轩护理台湾水师，官邸经题"鸿案齐年"匾，悬挂于大堂。

湛萃轩生二子，以好义闻名一时。长子湛桂洪，乳名凌，字宜之。清道光二十九年（1849），福鼎县令张元祥奏请八品滥功，议叙分县八品衔，额其堂曰"急功好义"。次子湛圭，字树云，号宜兰，从九品。清同治元年（1862），福鼎县令周懋均题匾"年齐双庆"，两年后，福鼎县令陈培桂为湛圭议请九品，为其题匾"众志成城"。另外，渠洋湛姓显达人物还有湛尔根、湛佳根、湛茂良为冠带，湛品根从六品。

清道光二十五年（1845），福鼎县中绅富捐集田亩，年收其课金，以供士子乡、会试之用，俗称"宾兴"。湛凌和湛圭兄弟以祖父湛官印的名义，捐田五石。官府对百姓积极劝捐"宾兴"的，在县城内立文昌宫一座，祀参与劝捐助学的各姓祖宗香位，湛官印入祀乡贤祠。湛凌、湛圭兄弟以祖父名义捐题苗田：一号坐十都山头田二箩二斗，又一号坐十一都北洋大岭塆田一箩五斗，后墩岚内田五斗，又港边田八斗，共田五箩正。这些田地的租价用于"宾兴"，供本县举人参加科举上京途中的费用。至今，这些田地仍由湛氏子孙种作。另外，湛氏家族每年另外集一些课金，称之为"自储"，都用于地方兴学之用。

永加岗黄氏

林发前

硖门柏洋村永加岗自然村位于太姥山南麓，依山面海，视野开阔。北与东加井、文渡自然村接壤，南临斗门头自然村，西连柏洋亭下自然村。往东可直眺备湾内海，直至东海。永加岗自古为周边交通要道，系连福鼎与霞浦。如今桐松线和福宁高速公路从永加岗村东西两侧南北方向贯穿而过，交通更加方便，区位优势更加明显。

永加岗原名阮家岗，村民大多姓黄，清乾隆年间从福清迁入。1990年《重修阮家岗黄氏族谱序》载："吾宗之先为光州固始人，为晋时'八大姓入闽'之一，唐肃宗时，吾祖岸公任桂州刺史，谢事归，见蒲之涵江延寿山山水之胜，遂家焉。考其予同宗祥舍为刺史岸公之第十一世孙恕公分支而来，至廿一世孙绵生公生子高山公，为肇迁祥舍之始祖，而自祥舍派衍支分历序有……东支世系……则吾祖系续东支世系于乾隆间，有三十二世祖圣交公移迁福鼎十都王渡阮家岗居焉。"又载："先祖圣交公，讳维信，原名圣交。公行十三，公于乾隆廿五年（1736）自兴化石厝（今福清县界下乡祥厝自然村）迁来福鼎十都文渡阮家岗居焉。"开基祖阮圣交，看中永加岗背靠太姥山，青湾半岛、东埕山备湾半岛左右相抱，并且前有案山明堂，便在此开疆拓土，辛勤劳作，繁衍生息，有3子，长子人魁、二子人绪、三子人玟，分别为福、禄、寿三房，繁衍至今41世。

《福鼎县乡土志·十一都分编》载："村十有九，北洋……傍岸而居；若渠洋、葛染……率以渔樵种植为生。"结合家谱记载可知，第一，历史上"永嘉之乱，衣冠南渡"，黄姓是八姓之一，由河南光州固始迁出，历史悠久，人丁兴旺。第二，永加岗黄氏从福清迁来至今285年，应是自海上而来。硖门渔井村、清湾村有9个不同姓氏村民，"逐水而居"来到硖门永加岗黄氏应不例外。第三，永加岗依山面海，马屿山、赤屿海堤围垦之前，海水可直达永加岗沿线一带，村东东面是宽阔的海滩地，村民从事"讨小海"和耕田种地的职业。

永加岗黄氏村民，还大量从事种蛏和晒盐工作。文渡蛏历来出名，就出自文渡及永加岗等村。据老人回忆，1949年后蛏埕有100多亩，除了鲜售之外，好的人家还会年产二三担蛏干。至于晒盐，1931年，就有人在秦屿文渡建圃制盐，先用木板晒盐，量少质次，后聘请浙江师傅传授制盐技艺，整滩造埕、扬卤晒盐。20世纪50年代，福鼎盐区改革制盐工艺，建设纳潮工程，充裕卤盐，并扩建结晶池与卤水蒸发池提高盐产量。70年代后期，改变露天卤井为砌加盖卤井。1973年文渡围垦竣工，形成文渡沿海小平原，一部分滩涂蛏埕成为晒盐场，永加岗村民参与晒盐。80年代兴起对虾养殖，海堤内滩圈筑一口口很大的对虾养殖池，村民参与养殖。此时利用养殖池内的养料，在虾池内套养文渡蛏，成为很好的产业。2004年始，文渡盐场停办，场地用于建设文渡工业园区，园区二三期不断扩大，征用了大量养殖池和田地。从国家办盐场到园区建设，永加岗村在耕地征用上做了有力的支持。

永加岗黄氏历来以"孝悌纯笃"著称，1960年建有宗厅，后毁于火灾，宗亲合议建宗祠。村对面山中，本有牛喜宫、土地庙和杨府圣王宫等3座宫庙，始建于清乾隆年间，建筑简朴，香火不断。由于高速公路过境拆迁，2004年，黄氏子孙及村民合议重建，三宫合一，命名"永和宫"。该宫占地面积2500多平方米，建筑面积500多平方米，有行政村的老人协会设于此。

1997年起，柏洋村实行"造福工程"，2000年在永加岗村附近兴建移民住宅小区，形成新的村居——永和新村。2005年，柏洋村被评为"全国小康建设明新村"。得益于改革开放的政策，永加岗村民就业结构产生巨大变化，过上了生活小康生活。

石兰邓氏

🍃 冯文喜

　　据 1979 年版《石兰邓氏宗谱》载："惟千一郎公由宋初从江西乔迁而徙福鼎硖门长溪石兰，创业垂统，其派下散居各处，难以尽叙。而居石兰者近三百年，传十四世，至元末因遭寇乱，全村数百余人逃避他方，皆莫稽考。是地房屋杂物，被贼焚毁殆尽，仅存石门楼一屋耳。越三十年，赵五公复来居焉。厥后以生以育，传四世，故有三甲、七甲之分。"说明邓氏有两次迁徙经历，第一次是邓千一郎，第二次则是邓赵五。

　　石兰迁徙始祖邓赵五（1390—1421）。生平见载于宗族谱牒，并留下古墓葬和墓志铭。清光绪二十九年（1903）腊月，林士恭（1852—1911）在《修石兰邓氏族谱序》记载："发祥赵五公，不数传，丁财骏发，甲第蝉联，岂不盛哉。"邓赵五墓在硖门畲族乡硖门村半岭，人称"邓公墓位"。墓坐东向西，墓呈"凤"字形花岗岩石构。通面阔 4.6 米，通进深 14 米，面积为 64.4 平方米，由 2 个墓坪、供台、墓碑、墓丘及围栏组成。第一进墓坪宽 4.6 米，深 3.7 米；第二进墓坪宽 4 米，深 6.1 米；墓碑宽

石兰邓氏宗祠（冯文喜摄）

2.15 米，高 9 米。墓造型简易，墓室上方一块拱形花岗石碑，碑正中刻"邓公墓"三个大字，是保护完好的明代古墓。

《石兰邓公信讳斯礼墓志铭》为明天顺元年（1457）碑刻，立于兰溪宫祠大门之前。石碑高 1.2 米，宽 0.62 米，厚 0.06 米，由碑和底座构成，存 370 多字，楷书，部分字迹因年代久远，模糊不可辨识。记云："先君邓公讳信，字斯礼，诞于洪武庚午九月十七日子时，娶妣□□澳底叶氏，讳琪娘，诞于□年□月二十二日戌时。"墓志铭文是墓主三子邓恒所撰。

屏山王氏

林发前

　　福鼎王氏，据福鼎王氏文化研究会王亦鸣先生《福鼎王氏源流与宗祠初探》一文考究，主要有三大派：赤岸务琨支派、开闽支派和三槐支派。文中列举的硖门福长王氏、瑞云王氏、渔井上下宅王氏都是开闽王氏，但遗漏了硖门著名的渠洋王氏和岭坪王氏。

　　渠洋王氏和岭坪王氏属于三槐王氏。三槐王氏是王姓太子晋系一分支，属太原王氏的分支。在《中国家谱综合目录》的"王氏家谱"目录中，冠以"三槐堂"堂号的家谱目录，占有堂号的王氏家谱总数的40%左右。《王氏宗谱·福鼎县硖门岭坪》中莆阳陈简于雍正二年（1724）撰《屏山王氏旧谱序》写道："闲尝遐想，三槐遗风，其世代簪缨济美袍笏蝉联……繁其枝叶，瓜瓞祚绵，迄今六百余载，令人称颂。"当时已600余载，延续到今日应1000多年了。

屏山回龙宫（冯文喜摄）

在《王氏宗谱》"福鼎县硖门岭坪南峰山太原郡王氏世系图"中记载，先祖王荆之前，周灵王太子晋封太原郡受姓以来，已历"秦汉六朝隋唐五季宋代一千六百余载"，"传至荆公五十有五世"，"荆公所自出太平州宝印山，即今江南繁昌县，汉中兴时肇基于河乡"。"荆公初为北平太守，后弃官不仕，迁于浙东道温州临凹住，越数年遭大水，漂流无所安居，遂于淳化元年（990）来闽卜迁，偕兄弟四人，一住桐山，一住赤岸，一住福安廉村，公创居南峰山阳头，分汉、江、河、海四房，再分梅、楼、禄、堂四房，岭坪又分，上阳、樟岐、秦屿、霞浦东门头等处皆其裔也"。清光绪《福鼎县志·山川》载，南峰山，在美人峰西，南为锦屏峰。又载，美人峰，在秦屿西。孤峰耸秀，可望闽越诸岛。北曰虎头山、纱帽山、双髻山。

由上可知南峰山在秦屿西部的仙梅村。先祖王荆属太原王氏的分支，到此开创了南峰世系，屏山王氏属南峰世系的一个支派。又据《福鼎县志·山川》载："插屏山，在渠洋，南有三台山，一名笔架山，前有玉几山，下有金山。"这里的插屏山就是屏山，是一座山的大名称。在《岭坪王氏族谱》中，清光绪二十二年（1896），贤士林仕恭作《屏山祖居形胜图》记载，距鼎治南柏20余里许，曰屏山者，崇岗峻岭，肥区沃壤，又有层峦叠嶂，修竹茂林，交荫左右，一峰若屏，翳然摩天直立。屏山因之而得名。《屏山祖居形胜图》又载，屏山"下二里许豁然粤旷，古之名所谓岭坪，因岭中山得兹平敞而得其名"。

在屏山王氏的发展过程中，不得不提到王荆、王宠景这二人。林仕恭《重修屏山太原王氏宗谱序》记载："王氏自北平太守荆公由东瓯临凹卜胜于南峰山洋头爰处爰居"，"十九传景宠公于嘉靖辛亥岁（1551）迁屏山即岭坪也"，"明嘉靖王氏景宠公于辛亥间由渠乡（即今之渠洋）卜胜徙居于此结"。阅南峰山世系图可知，王荆偕二子王肇和王启来南峰山，后王肇留在南峰山，王启迁到渠洋，十九世孙王景宠再迁岭坪。南峰山——渠洋——岭坪，一脉相承。王景宠生于明弘治癸亥年（1503），是岭坪王氏的开基祖。

渠洋、岭坪王氏，是入住硖门最早的姓氏之一，明清时期在周边相当有名，有"前街林尚书，后街王文斗"俗语。岭坪王氏还有"十八把笔"之称，有前街后街之说，可见渠洋当时村居聚落有相当规模。文斗，乃文魁之誉，可见文名倾世。"十八把笔"，更体现了岭坪王氏儿孙耕读的情况，重德养教，家风世泽，文风兴盛，人人成才。家谱载录，岭坪王门陈氏六十大寿，有林士芳、林士苹、林士恭、林畅、林逢吉、周仲濂等人题诗庆贺，八十大寿时有王帮怀、游学诚、孔昭湘、江本侃、周梦虞、周梦兴、朱彦瀛、何继英、张玉润、僧智水等人题诗庆贺。这些人都是当时的名流，如王帮怀是霞浦二任知事，游学诚是著名历史学家、教授游寿之父，周梦虞兄弟是桐山书院的山长，林士恭是清代郡廪膳生，江本侃是清贡生、桐山书院山长，智水是一代名僧，由此可见清末民初岭坪王氏在当地有相当的声望。

岭坪王氏家谱载录的王山香等人的传记，无不体现优秀的家族教育和家风传承。王香山，少敏勤俭，9岁父逝母别，投靠伯父，课以桑麻，家贫只以盐豆下饭。后从堂伯学进匮玉函及天花麻疹诸秘方，习得真传行医救人，名益噪乡，登门造请其门者日无虚辙，力应不懈。后家业渐隆，购置田宅，仍勤俭仁慈，刻苦持家，乐善好施，济世于人，并把这一家风传给后世子孙，广为人称颂。"王尊仁少务农，性练达敦厚，人称为善人。凡族有贫穷者辄解囊相助，地方务亦极喜尽心竭力，至于筑坟茔葬孝报双亲女嫁男婚愿了向平者，皆出于先生一己之力。然先生辛勤处己礼让待人，其饮食有节衣服无侈"，与妻子"眉齐鸿案相敬如宾，其三从四德亦人啧啧所赞"。

时序轮转到了现代，岭坪王氏族人把族训家风的传承化作推动社会发展的动力。岭坪为革命老区，1934年5月，岭坪成立赤卫队有30多人，配合贫农团开展"五抗"（抗租、抗捐、抗税、抗债）斗争，开展得轰轰烈烈。王氏家族中，王日培是少尉，王日育、王日魁是烈士。

王氏第三十二世孙王周齐，带领族人走出山区，实行易地扶贫搬迁建设"永和新村"，过上小康生活。王周齐致富不忘本，努力做传统文化传承者和践行者。他充分挖掘本地的勤、孝、畲、廉文化资源，把优秀传统文化与新时代社会主义核心价值观融合在一起，建设省内首个集孝德教育、敬老养老示范为一体的孝文化主题公园，先后举办了7届柏洋村孝文化节，打造柏洋孝文化品牌，弘扬太姥文化。

渔井林氏

🍃 林发前

渔井村2000多人,有林、郭、施、陈、张、魏等姓氏百姓,各姓大体自成一个自然村,人数最多的是林氏,有1000多人。林氏主要在上渔井的门楼里和下渔井的渔井里。当地流行一种说法:上下林不一样,上片林要打直写,下片林要打钩定写。意思是说,渔井里的"林",第二个"木"那一竖是竖钩,以示区别。

上渔井门楼里林氏,称福鼎十一都渔井黄螺潭林氏。据族谱记载,渔井黄螺潭林氏,与前岐彩澳林氏同宗,先祖在福建泉州安溪县湖丘里涂塘赤岭,第六世时林元泗迁浙江平阳县蒲门招顺乡五十三都登科中魁,为在蒲第一世。在蒲第五世林文赞昆仲三人于明末从浙江蒲门迁居福建二都前岐彩澳宫边,林文赞后迁居霞浦七都牙城。林文赞子林公臣由于霞浦牙城迁居福鼎硖门渔井黄螺潭。林公臣生二子,天房林应裕,地房林应俗,从此黄螺潭林氏家族按天地二房繁衍至今,已传18世。林文赞葬于牙城,林公臣葬于渔井。从林公臣的生卒时间来看,黄螺潭林氏大约有300年历史,家谱字行为元、启、继、伯、文、公、应、天、君、子、大、朝、秀、发、忠、魁,与浙江马站中魁和前岐彩澳是同族同谱的,字行也完全相同。

硖门人均称道,门楼里的后辈都吃国家饭。其实,是黄螺潭林氏守族规,重教育,通过读书谋得职业。统计起来,至目前止,门楼里20多户人家就出16个大学生,实在值得称道。门楼里林氏,2009年在门楼里重修族祠。

渔井里林氏系唐"九牧"林藻之后裔。家谱记载十七世林宽毅迁徙渔井,系福建安溪赤山岭迁鼎邑渔井第一世。林宽毅,生于1643年,卒于1707年。2008年,闽林五十二世裔孙林传榜渔井里人在《桐松林氏家谱》中,著《新序》一文,写道:"访祖历经三十载,因有祖先遗嘱,吾祖是由安溪四角井地方迁出","据查确有祖先厝基,四角井祠堂存在,并均照片留存","宽毅公迁鼎至今有三百余年,此次赤岭宗亲协助下,终于实现愿望,寻到根源"。渔井里林氏家谱字行为其、品、希、贤、圣、传、家、守、善、良。2008年桐(福鼎桐山)松(霞浦松山)林氏在霞浦牙城西岭共建大宗祠,同修大宗谱。

可见,黄螺潭林氏和渔井里林业都是从安溪迁来,只是支派不同。

东稼周氏

🍃 陈启西

东稼隶属福鼎硖门乡，距福鼎城关约 30 千米，旧为福宁八都地，建县后隶属福鼎县十一都地，民国时期硖门乡十五堡设在东稼，辛亥革命老人周忠魁生卒于此。

东稼地处山区窝地，山间丘陵交错，溪流纵横．东稼周氏源自江西临川，始祖周启祥（讳丑仔）原籍江西道抚州府临川县（今江西省临川市）十四都招贤乡车田吴。明永乐元年（1403），周启祥随军，在福建道建宁府建宁右卫所赵百户麾下效力。"靖难之役"结束，周启祥奉命解甲归田，拨落福宁州八都东稼洋耕种屯田，娶妻生子，繁衍后代，是为东稼周氏肇基始祖。

据传，有一年周启祥子周仲广依令回江西取讨军装，依例归至广济院。是夜见毫光灼地，周仲广甚奇异，遂掘土得白金千余两，行装而归，为歹人窥见。歹人先是诱盗入家不成，遂明火抢劫，周仲广尽囊与之。从这件事，多少可以看出周广仲为人朴实，不屑于意外之财。后周仲广回到东稼，与二男子买置本处山地，广积财帛，开垦盖屋安居。

周氏世代务农，文教不昌，是为地理环境所局限。《东稼洋周氏族谱・祖居记》曰："夫人生其所，必居其所，不知生其所，居其所者，是飞走之类也，今吾祖克艰创立鸿基，诒燕子孙，左与岭后黄比邻，右与西垅里比邻，各有界至，并无相侵，宜画山川图境，屋宇形势，以示后代子孙志之。"文中还对东稼地理环境进行描述，诗曰：

东稼周氏祖屋（冯文喜 摄）

此地先朝所未开，龙盘虎踞石巉崖。

一涧流水从中逝，三叠峰峦镇后来。

正脉钟灵生瑞物，鸿基毓秀屋高才。

文经武纬诒来裔，谩建勋劳上帝阶。

又曰：

铁马金戈拥鼓旗，英雄夹辅帝王基。

山河一统千年在，屯土封疆万载遗。

卖剑有钱频买犊，看韬无用再吟诗。

愿天不改朱天子，与国同休世有依。

现保留下来的巍峨周氏宗厅，足以说明历代周氏先人，为振家声所做的积极努力。东稼周氏宗厅分作上下二厝，北靠南峰，土名水山顶，山清水秀，古木参天，郁郁葱葱。周氏宗厅有确切文字记载始建于明中叶，宗厅旧基地名"郑芜坪"，坐南向北，首创乃四世祖周钦。

现保留下来的宗厅为1924年之建筑，建设风格基本按清代风格新建，面阔4柱，深8柱。按旧谱载："三丈六尺四阔，五丈六尺深。"厅柱直径约30厘米，为一层结构，正厅及两庑，含下水天井，四围条石，正前无门楼。正厅上悬"德邵期颐""年齐钓渭""彤管扬芬"等牌匾，经岁月铅华，这些旧牌匾多已褪色龟裂，俱显古朴。

东稼周氏世代勤力耕种，与世无争，举族和睦，与人和善，也不乏显耀腾达之人，如同治间例贡生周开弦，军功六品周文质、周开永等人。最具显名的当属辛亥世纪老人周忠魁，他曾追随孙中山先生参加辛亥革命，功勋卓著，彪炳史册。

岁月匆匆600年，风雨沧桑，东稼周氏子孙依然绵绵繁昌，俱显氏族生命力。

硖门郑氏

✍ 陈启西

福塘尾，即今福长，旧为福鼎十一都地，现归硖门畲族乡辖，依山傍海，东与文渡连，南与牙城邻，背山面海而踞。门前有硖门溪绕前而过，旧时溪流湍急，溪岸屋宇鳞鳞。《福鼎县乡土志》载："硖门有小市，鱼、虾、蜃之属悉聚，早晨答箸往来，络绎不绝。傍晚则罄竭耳，通路多为山路。硖门溪流出海口处，有桥曰登春。立于桥上望之，海天无际，桥外港路屈曲，商船停泊无虚日，装载粮食为一大关键也。"

福塘尾郑氏世居莆田涵江哆头乡，清康熙四十年（1701）除夕夜，因倭寇作乱莆田，势有灭族之虞，有郑瑞祉、郑瑞禧兄弟举家连夜出逃，长途跋涉，行至第五日，即康熙四十一年正月初五才停留旅店暂时过年，随后继续北上，大约二月间行至福鼎硖门岐尾，见此地滩涂辽阔，土产丰裕，暂此定居，后又再迁福塘尾。

郑瑞祉（1658—1737），字天佑，号敦朴。少敏达，素有大志，虽徙居时地旷人稀，却能辟草莱而创大厝。而同时迁福鼎的郑瑞禧先住于十一都岐尾，迨郑瑞祉迁福塘尾后，复迁于点头之湾后居。郑瑞祉刚入迁硖门福塘尾时，此地为海疆新辟。入迁居民鲜少，沿海一带半属芜荒，蛏蛤遍生于泽畔，蟹螯之类充厥水滨。郑瑞祉见之欣然曰："此诚所谓乐土也，得其地，足以广族居；得其利，足以给日用。地属海滨而人烟稀少，不为外人争，以海为田颇擅其利，真我子孙聚族之所也！"

郑瑞祉生子6人，长大后又再分迁各处，长子和第六子迁福塘，次子仍住岐尾，三子居长岗，四子居东家井。

硖门郑氏世代敦朴，勤力业农。至第四世有郑子焯（1783—1856），独自择师访友，以教弟侄，督课学习，毫不怠倦，并萤声庠序。仅清季，先后近20余郑氏子弟中贡生、太学生、庠生，授五品至九品衔者不乏其人。硖门郑氏世代乐善好施，修桥铺路，施粥平粜，急人所难尤其乐事，如倡建登春桥的郑锡祺、郑春亭等人，创"观海楼"书馆的郑春亭，治兵训练、联丁保境的郑文岗、郑宁川。在文学方面深有造诣的有郑锡祺、郑瀛洲等人。

郑樵与硖门郑氏谱序文化

冯文喜

　　硖门地处东南沿海，西南与霞浦牙城交界，东北与秦屿接壤。清康熙四十一年（1702），硖门郑姓先祖郑瑞祉（1658—1737）与他的胞弟郑瑞禧二人，携一家老少，从福建莆田一路北上，至岐尾安居下来。这个地方隶属于硖门，也是靠山面海，背后是一个小山包，可以枕山而居，前面是一片滩涂地，有利于耕海牧渔。岐尾的生活条件好，生活资源丰富，人们得以安居乐业。

　　岐尾郑姓家业逐渐发达，人丁也兴旺起来。郑瑞祉生育有6个孩子，枝繁叶茂，除了仍住岐尾外，一部分分迁于硖门长岗、东家井、福塘等地。像福塘，即今福长，在20世纪70年代，因围垦造田、兴建海堤，改变了村落的地理面貌，依靠海堤的斗门，形成一个小码头，村民可经驾小船"讨小海"。海堤之内，形成良田，也是硖门早期的粮仓。其中，第五个孩子郑开时（生卒年失考）还返回祖居地莆田去。

　　硖门保留有丰厚的郑氏族姓文化。考硖门《郑氏宗谱》中的《荥阳郡郑氏修谱目录》《荥阳郑氏谱引》《荥阳郡郑氏本纪支图》等篇幅可见，郑氏郡望为荥阳郡，《迁鼎增修家谱序》载："及庠公渡江，继至露、庄、淑三公入莆，迄于瑞祉、瑞禧两公。"郑庠，字文序，少有敏，为晋吴军骑长史，是渡江至莆田迁居始祖。由此看来，时间虽然久远，但硖门郑氏的源流可追溯，历代迁移路线和时间节点为：河南荥阳（汉代）—福建莆田（唐代）—福宁福鼎（清代）。

　　族谱中的《目录名次》表明，硖门郑姓重视修谱族务，在同治五年（1866）、1919年，

民国版《编修夹漈公谱序》（冯文喜摄）

1950 年、1979 年、1994 年、2011 年共 6 次修谱。其中民国的荥阳郡《郑氏宗谱》封面为绢布线帧，灰色，规格 24×38 厘米，其他为纸质版本，规格 21×32 厘米。现保存荥阳郡硖门《郑氏族谱》民国刻本一卷，其他纸质版本《郑氏宗谱》三卷，历次都录有历史学家郑樵的《编修夹漈公谱序》，此外，还录有郑樵《莆阳荥阳谱后序》。郑东老于乾道四年（1168）所作《续夹漈族谱序》，郑寅《题夹漈草堂》，郑侨《题夹漈公草堂》《题夹漈公墓》等作，对于研究郑樵的史料价值较大。

郑樵（1104—1162），字渔仲，自号溪西遗民，兴化军莆田县（今福建莆田）人，学者称"夹漈先生"，宋代史学家。他隐居于夹漈山中，刻苦钻研经学、礼乐学、文字学、天文学、地理学、动植物学，著述有《通志》《夹漈遗稿》《尔雅注》等数种。除了同宗关系外，郑樵早年还曾游历长溪，来到福鼎讲学。《兴化县志》："先生尝教授于福、温之间，从游者号之夹漈弟子，而史部杨兴宗为高第，至今后学思而仰之。"郑樵教授于福、温之间，时间大概在绍兴十九年（1149）。明朱衡《道南源委》卷二："杨公兴宗……少师郑夹漈……登绍兴三十年进士。"《福安县志》卷二十五："郑樵……授学长溪，提举杨兴宗从之游，人称夹漈先生。"民国《福鼎县志》在附录朱熹人物时，还补充了一笔："原稿朱熹后缺一页，据卷前所列作，当为郑樵、叶适。"可见郑樵来到长溪的史实。

南宋绍兴三十年（1160），是时郑樵 56 岁，弟子杨兴宗中进士。杨兴宗是长溪潋村杨惇礼的孙子，字似之，号小筑，是年，他与长溪赤岸人林湜同时登进士，著有《自观文集》，修撰《四朝会要》。史学家郑樵来潋村讲学时，杨兴宗负笈从学。民国《福鼎县志》也有记载，他"少师事郑夹漈，后执经林光朝之门，登绍兴庚辰（1160）进士，调沿山簿。"孝宗皇帝很赏识杨兴宗，除武学博士，迁校书郎，曾调沿山主簿，出守处州，除知温州、改严州，终于湖南提举。郑樵游历长溪期间，还留下诗文稿，主要有《福宁州蓝溪寺前濛井》诗："静涵寒碧色，泻自翠微巅。品题当第一，不让惠山泉。"《灵峰》诗："游兴依然似昔年，芒鞋岂怯踏秋烟。鲤鱼风起吹江艇，犊背阳斜返稻田。三啸客从蓝水渡，六朝僧抱白云眠。抚碑尚认宣和字，感慨沧桑事变迁。"濛井即潋村灵峰寺的蒙井，民国《福鼎县志》载，灵峰寺在潋村，宋编修莆田郑樵曾授徒于此。

《编修夹漈公谱序》即著名的《荥阳家谱前序》，是郑樵于宋高宗绍兴九年（1139）所作，是年郑樵 36 岁。郑樵在《荥阳家谱前序》一文中称："吾祖实出荥阳，过江入闽，皆有源流。"郑樵本人就是属于庄公支系，联系前文所述，可见硖门郑姓与郑樵同为荥阳郡，同是入莆一世祖郑庠公渡江后的支脉。

硖门郑氏《编修夹漈公谱序》与《荥阳家谱前序》刻本除了个别地方有所出入以外，余者全同。《郑樵诗文集》中的《荥阳谱序》，又称为《前序》，为郑樵早期著作之一，是他结茅夹漈山，专心攻读的时候所作。《前序》的写作动机，是在他看到了唐人撰的郑氏《荥阳家谱》以后开始的。他说："绍兴八年秋，得宣教郎蒙菴揆公出《荥阳家谱》以示，实虫篆之余篇，观其楮墨之灭，与卷帙差互之余，知非近代物也。又其文字有缺避者，皆为唐讳也。复于其篇之后，有吕氏墨迹，详考之，乃知唐四库中文字，系乙部第十二类，所谓《荥阳家谱》一卷，即此书也……樵从兄履之所藏一二本，多鄙俚不经，无足取也。观此谱，派别宗系，疏著婚姻，谶悉备矣。如近代固无此等文字，兼近人亦不能为此书。"因此，他欣然命笔为之序，此即《荥阳家谱前序》，后此谱失而不传，其序则辑录于后人修的郑氏谱牒之内，而硖门荥阳郡郑氏则在同治年间就已录入《编修夹漈公谱序》，印证其族对于宗脉传承的时间久远。

厦门大学郑樵历史调查组于1963年4月在《厦门大学学报》发表《新发现的郑樵历史调查报告》，认为《前序》着重谈了几个有关氏族之学的问题，同时也兼及郑氏世系源出的正误，从中发现的郑樵对氏族学的一些看法，是有独到之处的。首先，郑樵认为氏族之学的盛衰是和取士制度的改变有密切关系的。其次，郑樵虽然对谱牒的编纂十分推重，但又斥责谱牒之不可靠，认为修史不可以谱牒为据。郑樵根据《荥阳家谱》，断定入闽居莆郑氏源出荥阳而不是光州固始。总之，郑樵在《荥阳家谱前序》一文中，阐述了他的修谱牒、别贵贱的主张，并对于氏族之学的盛衰、圆谱私记之弊端、郑氏族祖之源出等问题，提出自己的见解，可为研究郑樵者参考。

石兰放烟花祈福习俗

邓其样　邓加密

　　石兰邓氏有做"福"与放烟花的民间习俗，相传是为了祭村中的树神。到时村里会选出一名头人，组织全村人吃斋 3 天，期间还做道场、燃放烟花，以答谢神明。

　　石兰放烟花习俗，载于清代贡生林士恭于 1902 年撰写的《修石兰邓氏谱序》，记录了当时放烟花情景，可谓蔚为壮观："余燕于硖门郑氏，越十日，闻此间大放烟火，乘兴与宗侄勉斋，门人存顺、存灿秉烛夜游。见一柱擎天，百花巧放，有百鸟，有双鲤，有连灯，有联文，有猴子戏蜂，仙人倾盖，诸奇难以睹缕，纯从烟火中幻出奇观，海市蜃楼不过是也。"

　　石兰每年做三次福，一是元宵福，时间在正月十五；二是保苗福，在立夏前（五、六月间）；三是谢冬福，在冬至前。在元宵时作福，是族人祈求一年良好开端。做保苗福，祈求上天能保护庄稼长势好，五谷丰登。谢冬福是答谢上天、神明给了庄稼人好收成，同时保佑村里平安。

　　做福时，按一定的规矩和程序。首先定福头，要在前一届福头中抓阄产生。每个福户都会争着去找阄，产生 8—10 个人的福头，组成新一届福头理事，再选出总理事。接着福头挨家挨户登记名单，只要是邓姓都要出钱参加做福。有时其他姓氏的也吸收到做福中来。结余多出的钱可以用来参与聚餐。聚餐是宗亲会聚一堂，回顾一年来邓氏家族农忙丰收成

石兰放烟花习俗（冯文喜摄）

果，讨论下一年的家族有关事情。如果不打算会餐的人，又属于"石兰邓"，都要拿"贴福"钱。这个钱拿来做道场，祈求神明保护。到做福时，就要做道场，也要聚餐。在清晨时，杀猪，宰鸡羊，备好牲礼，作为供品（用福户和贴福的钱，拿来村中购买）。重要的是请民间道师到村宫祠中做道场，时间是在早上一点到五六点天明时。其中道场要念"门书"，并请周边各路神明到宫祠，相当于一次聚会。"念门书"是把每家户主姓名上"门书"，一般由男户主上，祈求保护一年平安、风调雨顺。门书念完后，就"化门书"，即用火烧掉门书，酬谢神明。

烟花一般请泰顺三魁镇的师父。相传某年做福请戏时，有一泰顺放花师父不请自来。族人感觉奇怪，师父说："你们邓氏有七位姓章的老人到我家里请我们。是你们村中老人来请，我们才来的。"族人似有所悟，应是村中六棵大樟树和一棵大榕树神化所为，现在村中仍有两棵樟树在。这个传说流传至今成一句顺口溜："樟（樟树）家美女，榕（榕树）家招赘。白（白芽树）家总管世业，吴（吴藤根）家管理田园。"

烟花以浙南平阳、泰顺民间传统风格为主，放烟花时间定在晚上六七点，地点在兰溪宫祠。20世纪最后一次举办烟花活动是在1989年，后因财力所限而停办。2011年恢复了这一传统习俗，石兰邓氏不惜花巨资重修兰溪宫祠，并邀请泰顺雅阳民间烟花艺人到宫祠放烟花，一时观者如潮，蜂拥而来，成为当地一大盛会。

石兰放烟花由族人邀请艺人（民间称为师父），族头先去付定金定做。在日子前三天，师父事先做好烟花，带过来放在宫中，叫"等日子"。放烟花师父要3—4人才能忙得过来。所制烟花由花盘、花担、流星盘等部分组成。花炮扎成盘状，分两种方式盘扎，一种是花炮"平扎"，即炮口平行朝外，燃放时，炮花向外四周射出；另一种则是"上扎"，即炮口排列成圆状朝上，燃放时，炮花向上四周射出。所扎"花盘"直径约在1米，一盘的炮花在16—32根不等。扎好的盘花要安置在一根长竹竿上（长约12米），除竹竿头部需留约6米作为立竿时捆扎用，其余部分则用于捆盘花。事先在竹竿上凿出"十"字开的方孔，每隔0.5米左右凿一处，需凿15处，长约1米的竹条可穿插其中，以便盘花捆在"十"字的竹条上，这样共做15盘花，叫"花树"。燃放一次，一般需要两个花树。其中花树的尾部做成"流星盘"，实为边长约0.6米的方体竹框，边上凿孔，流星炮插在孔中，一边插上14根，共53根。"流星盘"顶上做一模具，叫"凤凰"，起装饰、点缀作用。花树上的"柳花""李花""桃花"和人物、对联等花炮则由长约2米的竹竿挑起，称为"花担"。

烟花燃放，火线从上到下接到最底层，然后由最低一层开始放起，依次而上。燃放的花团五颜六色，出现"狮子摘桃""老鼠穿梁""八仙过海""李三娘推磨"等场景，着实精彩。

人物春秋

硖门乡耆

⬠ 钟维兵

硖门畲族长久秉承忠勇精神，世代恪守。在新民主主义革命时期再度升华。1934 年，福鼎的第一个民族乡苏维埃政府——硖门瑞云畲族乡苏维埃政府诞生，主席钟炳星（又名钟学环）。1949 年后，硖门畲族乡更是涌现出一大批优秀的畲族党员干部，他们坚定地将人民对美好生活的向往作为奋斗目标，砥砺前行获佳绩。先辈景行，光前裕后。后昆励之，源远流长。

传说中的畲族始祖为盘瓠，其忠于朝廷、勇敢杀敌而被尊为"忠勇王"。因此，"忠勇"自古以来就是畲族人民引以为豪的人生取向和孜孜追求的人格魅力。忠勇精神始终贯穿于畲族的发展史，在硖门畲族宗谱的记载中，有忠于朝廷而受朝廷恩赏者，有勇于杀敌战功卓越而授军功者。

在中国的封建社会，有一种特有的治理中国传统乡村的中坚力量——乡绅，主要由科举及第未仕或落第士子、当地较有文化的中小地主、宗族元老第一批在乡村社会有影响的人物构成。是传统农业社会政治结构在其乡村社会组织运作中的典型体现，他们在感动闾阎、救济乡民、抑恶扬善、扶危济困、乐善好施、调解纠纷等方面发挥了重要的作用，甚至承担了某些村务自治事务，成为朝廷治理乡村所倚重的对象，以至于"地方公事官不能无绅士而有为"。他们有以德行称者，有以风节闻者，有以文学著者，有以事功显者，成为百姓楷模。乡绅在传统文献中常以"乡耆""耆老"相称，在族群中具有相当高的威望与号召力。硖门畲族群体中亦人才辈出，在硖门畲族宗谱均有详细记载，例如，在丹桥钟氏宗祠钟良贤派下，主要居住硖门老鸦湾、油坑、渠洋、后樟、长岗、马头岗、长园、蕉坑等自然村。在翠郊蓝氏宗祠蓝百六公派下，主要居住硖门瑞云水尾自然村。现将他们的英名加以整理，以供参考。如下：

钟朝禄　　生活于清康熙至雍正年间，被推举为硖门乡耆，祖父钟孔耀系佳阳丹桥宗祠始祖钟良贤之次子，其父为钟奇达。

钟朝显　　生活于清雍正至乾隆年间，被推举为硖门乡耆，其祖父钟孔荣（1669—1745）系佳阳丹桥宗祠始祖钟良贤之三子，其父为钟奇宗（1700—1755）。

钟朝举　　生活于清雍正至嘉庆年间，被推举为硖门乡耆，祖父钟孔荣（1669

—1745）系佳阳丹桥宗祠始祖钟良贤之三子，其父为钟奇政（1702—1779）。

钟世永　生活于清乾隆至道光年间，被推举为硖门乡耆，居硖门老鸦湾，高祖钟孔父系佳阳丹桥宗祠始祖钟良贤之长子，其父为钟廷闻（1759—1813）。

钟世钦　生活于清乾隆至光绪年间，被推举为硖门乡耆，居三资门油坑，高祖钟孔文系佳阳丹桥宗祠始祖钟良贤之长子，其父为钟延集。

钟声朝　生活于清嘉庆至光绪年间，居硖门油坑，被推举为硖门乡耆，其父钟世钦（1787—1876）系硖门乡耆。

钟声族　生活于清道光至中华民国间，居硖门朗腰，受恩赏，其父为钟世畔（1811—1850）。

钟鸣顺　生活于清道光至光绪年间，居硖门老鸦湾，荣授军功，祖父钟世永（1780—1844）系硖门乡耆，其父为钟声加（1808—1846）。

蓝守歆　生活于清道光至光绪年间（1824—1875），居硖门水尾，被推举为乡耆，祖父蓝长桂（1751—1838）系翠郊洋里蓝氏宗祠第八世，其父为蓝积魁（1811—1881）。

蓝守利　生活于清道光至中华民国年间（1844—1921）居硖门乡水尾，被推举为乡耆，祖父蓝长锦公系翠郊洋里蓝氏宗祠第八世，其父为蓝祖标（1811—1883）。

蓝承杰　生活于清嘉庆至光绪年间（1818—1899），居滚岐，受恩赏九品，祖父蓝振会（1771—1835），系浮柳蓝氏宗祠蓝意清的派下第八世，其父为蓝景宗（1794—1854）。

硖门人物传记选

📎 冯文喜

古代人物传记有许多记载在家谱中，有的约请有世交名望人士来写，有的是本族中的晚辈给前辈撰写。在人物传记的文末，署有先生的姓名、字号、出身（身份）及撰写的年月等，具有史料、文学价值。硖门人物传记大多也保留在各家族的宗谱里，传记内容丰富、人物众多，是不可多得的地方历史文献资料。现遴选几篇如下：

王香山公传

（清）林士恭

香山王公讳为锦，字进绣，有义公子也（公讳世勇）。少敏勤俭，九龄失怙，孤苦伶仃，家罄悬，而母氏陈恐无以为养，竟别□。公呫哀厉志益愤自植立。伯父有祥公器而怜之，召侍左右，课以桑麻，业三余之暇，辄令就传嗣，稍解悟兼勖师事，堂伯东轩公汎涉方技诸书。洎夫弱冠，为聘本乡金山吴朝炎女为室，伉俪谐甚，逾年举一丈夫子曰师国，才试周，而孺人即溘然逝矣。时公内顾，呱呱无母，安鞠不已，因续娶陈氏（秦川陈碧水女）为慈字焉。厥后，伯父祥公家口渐繁，叠遭岁歉，以君已知稼穑，因析一箸，使之自衣食其力，釜榻耒锄之外，别无长物。公痛自刻苦，日食只以盐豆下饭，每私语陈氏曰："家有数口，一锄安济，我二人黾勉同心，以勤补拙，亦只取给口腹已耳。而欲颇立基址，承先启后，将来不忧忧乎难。"陈曰："唯唯否否，夫男子志在四方，达而济世，穷而酬世，匪异人任，夫君巍然丈夫也，前程远之，久大之图，妾及今方拭目以竢，胡一身一家之斤斤为。盖持家之术，莫不从济世之术来也。君前业方书凤矣，今而加精究焉，以之应世，当代术者何多让焉。"公曰："然，是吾志也。"因慨然复力从堂伯东轩公游，日夜取难经脉学、全匮玉函及天花麻疹家诸秘传方，循而习之。数年，罄衣砵焉。世有求者辄出应之，效如响。逾年，里之十都江君蔓秋乃郎病麻疹痘剧甚，诸君宿皆束手，延公一诊，一二剂回天。江君呫再造之恩，曰："我当乌图所以报德以志不忘乎？"乃请余邑尊褒而额曰："秘探金匮。"（邑尊讳澍千，同洽十一年以赐进士出身，来知福鼎县事，其额叙辞曰：为锦先生世居鼎之十一都岭坪，祖传麻疹到处知名，余下车即耳闻之。兹蔓秋江先生来请额叙，余喜其请且矣，其意亦以见先生之生平，活人无数也）且卜吉备，旃帜金鼓，遍迎闾里，亲赍额拜于堂中，由是名益噪，年来，远迩造请其门者，日无虚辙。公力应不懈，其起死肉骨不胜馈缕，家业以是渐隆。隆起十许年，计所置膏腴田宅之繁甲乡族焉。夫人有活世之善术，即有振家之宏模，乃翁勤俭慈惠，日遑遑济世，即风雨星霜，毫无辛葸，其济世名世，治家起家，公诚人杰矣哉。若夫嗣君（讳师国）刻苦以承之令孙（讳尊相），乐善以绍之贞妇（儿媳池氏、孙媳陆氏），孝节以守之文孙（名曰章，癸巳邑庠生），成名以显之其荣扬食报，皆公生平之济世积累，有以诏之也。牒成之日，因约略其素行列而传之，禅后世贤子孙时称颂之以为法。

光绪二十二年（1896）岁次丙申小春，莲城跃鲤郡茂才林士恭拜撰。

郑先生雨槎传

（清）江本侃

先生姓郑氏，讳腾元，字有超，一字雨槎，国学生。父宣德公，有子五人，先生其仲也。出为叔父其涣公后，生而颖异，读书得大略，不屑屑于章句。先世由莆迁福塘尾居焉，迨先生己阅六世，始徙硖门。硖门故濒海地，鱼盐之利甲一方。初时，人烟寥落，而往来懋迁者，踵日相接。先生以家贫辍学，遂与溪旁隙地结茅，以权子母藉给升斗需。越数年，贸易称盛，沿溪一带，屋宇鳞比，宛然一市镇也。噫！非先生之力不为功铺之前，溪声振汤，日与潮汐相进退，行者多病涉，虽有雁齿星列，一经暴雨，涨溢高过人，先生患之，倡建一桥名登春。又于溪源续成小桥三，曰五斗，曰虎坑，其一则在下竹洋山麓也，自是人无厉，揭忧。山之巅为相宅，旧乃宫址，久荒秽，先生辟而亭之，以为行人憩息之所。前构广被坛，置田以祀远近乏嗣者。生平好行其德，率类是。内则庇厦屋，置膏腴，筑先茔，谋婚嫁，费不下数万缗，然储积之厚，日益增长，或疑其长于算术，尝见口与人言，手不释子，而亦无毫厘之差，坐是得巨富。余曰否否。夫人之能大其家者，虽有定数，亦视其人之能自立与否，区区算术胡为者。今先生门间丕振，上光堂构，下衍弓裘，尤能敦故道，凡诸睦邻、礼士、恤寡、怜孤，与夫为人通缓急，平曲直，善善从长，又岂徒使危者、安绝者、续困者舒之，藉甚人口也。乃天不假年，竟于甲申又五月旋返道山，识者惜之，时年四十有三。尝于临卒诫其子以诗书，

硖门

且后以通达世情，劝其子毋存计较，以伤厥孝心。挽之读等身书而明大义者，或未能先焉。襄余馆其家观海楼，而先生久已物故。每授徒之暇，倚栏纵览，洪潮溪涨，一望无垠，有令人景其风徽而叹其发祥之未有艾也。先生昆季五，后先生卒。德配林孺人，未婚逝，再聘阮孺人，婉娩淑慎，不愧内助贤，举丈夫子三，长志□，早逝；次志笃，邑庠生，候选中书科中书；三志致，例贡生；女一，适李姓。孙五。

郑虞琴先生家传

卓剑舟

先生姓郑氏，讳志炫，字虞琴，福鼎硖门人也。曾祖讳德辉，字春亭，精医术，以活人为己任。道光间，海盗登岸肆掠，乡民患之，春亭公编联保甲，亲率丁壮往，杀贼数十。事闻，邑令包公巽权旌之曰"一乡善士"。祖讳梦兰，字见斋，国学生，平日好施舍，建登春桥、相宅亭，以便行旅。筑广被坛，以祀里之无嗣者。父讳献元，字文冈，尤能扩先志。逊清末，邑并办学校，文冈公以其弟秋元茂才名义捐金五百两，为乡人倡，可谓世有令德矣。

先生为文冈公长子，以孝友称，性聪敏，善读书。然羁于家政，遂辍业，例入成均，非其志也。家故以赀雄而俭约自奉，日督耕佣稼事，不敢稍自暇逸。从弟衡石早逝，继室吴氏守志，先生为之摒挡外政，以存遄为之后。郑氏祖厅毁于火，得以重建者，先生之力居多。其笃于一本之谊如此。喜治岐黄家言，深得其旨，岁活人甚多。然未尝受人一钱，其贫者且馈以药饵，族属亲故有不能自赡，与夫婚嫁丧葬之不克举者，周恤之，无吝色。

光绪戊戌，登春桥圮一部，先生仰体父意，出赀修筑其全长，且围以铁栏。己亥大饥，乡民嗷嗷待哺，先生躬往连江采谷平粜，硖门以安。顾为人刚肠劲气，不可一世，尝为里中严禁赌博，或为人释纷，人多折服焉。晚年以筑父坟积劳成疾，遂至大故，以民国辛酉年十月廿一日亥时卒，享寿六十岁。配黄安人，霞邑龙亭处士仁贤公长女，多贤行。子男四人：长存顺；次存规，字旋洲，庠生，能诗，出为道跃后；三存猷；四存遄，字旭初，出为衡石后，亦好善慕义，克绍先人之志。女三人：长适贡生王景澄长子希焦，次适王宜恒，三适黄开文。孙十四人：广修、骥，广诞、驭，存规出；广明、广聆，广驷、施，广华、咸，存猷出；广标、孚，广朋、南，存遄出。孙女六人。曾孙男五人。曾孙女四人。

卓剑舟曰：予与硖门郑氏为姻亲，因得详知先生之为人，每过登春桥上，相宅亭畔，辄慨念郑氏当年缔造之精神，而于先生克承先志，兴废修坠之功，尤为不可没也。庚寅郑氏重修族谱告成，旭初亲家乞为之传，乃传其行谊荦大者如此，俾后人无忘世德焉。

前南洋西婆罗洲华侨驻京第一任代表、福鼎县文献委员会首席委员、县修志局总纂、姻晚生卓剑舟敬撰。

曾祖嘉寿公传

詹光枢

公讳汝联，官章守忠，字作寿，号嘉寿。少聪颖，好读书，兼习拳棒。父为坤公，乐守田园，命辍业务农，未就试，天性爱，从兄汝言公弃世，遗孤十周龄，嫂居孀，公抚其成立。其为人也，疏财仗义，乡有公益，族有要举，必倡于众而成之。遇荒必济，逢危必拯，凡有婚嫁丧葬之不能克举者，均周恤之。清同治间，邑城垣圮，邑令出示募修，公突然具捐认状呈案，独资修八丈。幸甘县主肃慎廉明，计及其家必倾，当堂批改为五丈，功成果荡产，而公慨然以为乐哉。旋蒙甘老爷详情上陈，恩赐正八品顶戴候选县丞，以荣其身，而彰其行。谚云："福缘善庆。"未几年，重振家声，不但复其旧业，而且增置田产，高构屋宇，多倍于前。公心正性直，邻舍邓姓饲邪神，常偷里人物帛，公果以正胜邪，用鸟枪打中其腹部，灭宗遁迹，咸乡感德称奇。其身材雄伟高而大，时人绰号之曰："门丞。"生平以勤能补拙、俭可养廉为守则，安不忘劳，富而弥俭，食惟粗粝，衣不奢华，谦以待人，严以教子，享寿六十有八。德配冯氏孺人，谥淑惠，有懿德，事翁姑孝，处妯娌和，志在勤俭相夫，义方教子，享寿七十六岁。子男四，长耀城，精通拳棒，时称六薄磅；次耀胙，市场卖酒米；三耀松，务农；四耀森，守父业，兼善研轩岐，每着手成春。女三，皆适名门。孙八，曾孙林立，兹略之以为传云。赞曰：风雨硖江边，平生志力田。正心能伏怪，创业以光前。济世咸称善，持躬皆曰贤。桂兰夸绕膝，四代乐陶然。

曾孙光枢盥手百拜。

314

悟园先生传

王聘三

距福鼎县治南行百里，而外有高原曰东稼洋，人家错杂，鸡犬相闻者，乃吾宗周姓族居其中而成村也。地僻风古，人多业农，有仁锐先生者，系良敬公之长子，字臣进，号悟园，乃其族中杰出之才，为人忠厚而有达志，少读书，弱冠弃而从戎，初职于本县警察队巡官，嗣毕业于南京首都警察所之警官班，历供江宁自治实验县警务诸要职。数年后假归省亲，适家乡遭匪，洗劫一空。先生遂以饔飧累重不能复出，乡居数阅月。邑宰闻其名，强其出为地方服务，值兹矮寇暴行，构成世界二次大战，吾国上下一致抗战。于是先生有鉴及此，始出任硖门镇壮丁干部队队长，旋继历供邑之硖门、秦屿、蒋吴、翠郊各乡镇联保主任并乡镇长之职，辄著政声，嗣先生以抗战胜利后，厌于逢迎，有怀高蹈，乃解组归农，复因民选，被举为乡之农会理事长暨县参议员诸义务职。吁！贤哉，先生出则为国家服务，归则为桑梓宣劳，家居而又声望之孚于里党若此，盖其才能卓荦，德性优纯，有以致之也。是为传。

"一乡善士"郑春亭

 陈启西

郑春亭（1783—1856），讳得辉，谱名子焯，乡饮耆宾，硖门福塘人。父郑菊坡，为善一方，为人颂扬。郑春亭少颖异，精医术，以活人为己任。为人和善，里有鼠雀相争，得其一言悉平。洪学师嘉其品坤，举为八品正宾，赐宴福鼎县城明伦堂。福鼎县令包巽权旌之曰"一乡善士"，福建提督学政徐树铭给匾额"康强逢吉"。

郑春亭兄弟六人，排行第三。平生跨迈流俗，才艺胆识过人。记性及领悟力过于常人，继承祖传岐黄之术，对祖传《经脉》《药石》等医书，过目不忘，意会于心。阴阳、射箭、御马之术，习而竟其功。为人慷慨，乐善好施，名重乡里。郑氏在硖门街所开药堂，郑春亭怀抱济世之心，怜悯乡民苦痛，但凡遇人疾病必为之诊视；凡有乡民为事起争端，他都站出来，为双方化解矛盾。

清道光年间，蛮夷劫掠沿海，海寇尤为猖獗，沿海居民惨遭其害，苦不堪言。为一方百姓安居乐业，郑春亭挺身而出，联合乡绅中胆识之士，齐心协力，举倡联乡保境。有一年，海贼突然登岸，劫掠硖门福塘尾及邻村，郑春亭敢于担当，亲率联丁前往截杀，当场杀死海贼数十人，四乡为之振奋，事闻于官。此后，海贼再也不敢对硖门各村有所图谋，于是乡境遂安，乡人称赞。

郑春亭先世迁居硖门福塘尾，一向安贫乐道，世守耕种。传至第四世郑春亭，率先倡兴教育。在过去，族群兴家不外乎耕读两途，福塘郑氏自春亭首创"观海楼"书馆，择名师，遍访友，坐馆家塾，以教弟侄。据有关资料载，先后有王赞臣、吴念祖、周梦虞、江本侃等人坐馆"观海楼"讲学。为弟侄勤力学业，郑春亭还亲自督课，尤为严格。"观海楼"一时远近闻名，邻村乡绅争相将子弟寄读于此。

郑春亭以慈孝传家，父慈子孝。郑春亭之子郑梦兰，字见斋，国学生，平日好施舍，老而弥笃。尝命其子郑鐏元、郑腾元、郑献元、郑秋元、郑搏元倡建登春桥于硖门溪。工既竣，又建四小桥于其里之虎坑、五斗、下竹阳、长澳里诸要路。又建亭于上宅岭巅，并于亭右筑广被坛，以祀乡里无嗣之人。

地方后学江正章（1831—1877，文渡人，廪生）有诗文赞曰：

君少迈众，矫矫不群。多材丰艺，强记洽闻。

术宗杨郭，方匹桐君。和睦乡里，排难解纷。

捍患御侮，独静海氛。延师督课，倡首斯文。

亹亹令闻，实维德薰。一乡善士，不愧所云。

福塘尾郑氏后起之秀，郑春亭嫡堂侄，"三乡硕望"郑锡祺亦有诗赞曰：

平原莽千里，长松撑白丈。

伯父春亭公，才高复意广。

家政劳经营，世务揆指掌。

门多长者车，交情慨且慷。

春暖花萼楼，芸香赖培养。

寸舌化鼠牙，钦服遍乡党。

肘后有奇方，活人心浩荡。

圣世重英贤，隆恩特褒奖。

琴瑟宴嘉宾，明伦堂高敞。

官吏前奉觞，儿孙随扶杖。

月旦评达尊，闻誉非标榜。

公逝十余年，□欸如畴曩。

嗟予蒙爱恤，念之倍怅惘。

云去不复归，山高长景仰。

硖门"三詹"

📖 冯文喜

据《硖门河涧郡詹氏族谱源流》载，肇基始祖詹铁，在明万历年间由泉州府安溪县迁出。当时福建沿海深受倭患侵害，詹铁带着孩子背井离乡逃到嵛山，因该岛环境险恶而移居硖门福塘（今福长），又因福塘靠海太近怕海盗而再搬迁到硖门南片。那时这个地方未有人烟，荆棘丛生，詹铁父子靠自己勤劳的双手创基立业。其后代在地方上较有名望人物如詹汝联、詹耀森、詹星国等，是爷孙三代人，合称"三詹"。

詹汝联（1815—1883），字作寿，号嘉寿，身材高大，被人称为"门丞"，平生以"勤能补拙、俭可养廉"作为立身处世的守则。年少时，喜好读书，平时习武，善于拳棒。他疏财仗义，乐善好施。有一件事最能说明他的义举，在清同治年间，福鼎城垣倾倒，他拿了捐认状到县衙，说要独资修垣八丈。甘知县一合算，他个人如果出资这么多，必然倾家荡产，就改批为五丈。果然，城垣修复后，他家产荡然无存，但他仍以慷慨施舍为乐事。甘老爷禀报了他的事迹，得恩赐正八品顶戴候选县丞。

詹耀森（1861—1912），字朝茂，别号菁林，詹汝联第四个孩子。他是一个地地道道的农民，从事农活，勤俭持家，同时兼职民间医生，精究医学，"日勤稼穑，夜研轩岐"。因为他的好学，对岐黄之术颇有研究，掌握不少秘方，向他寻医问药的人很多。在《祖菁林公传述》中载："每有求诊，不避风雨，或牛在身前，或秧捏手中，莫不停耕罢插而往治之，活人难以数计。"但他从来没有收受过病人的钱物，遇上家庭贫困的病人，还免费送药，他的良好医德，名闻遐迩。庚戌（1910）春，在他五十寿时，地方绅耆制锦祝寿，锦文"有岐伯风"。其妻郑氏，因"多贤孝，助内政，人皆仰慕"。1925年春，六十寿辰时，省长萨镇冰题匾"淑德延龄"相赠。

詹星图（1892—1944），字长辉，号筱微，詹耀森次子。少年时便聪颖过人，且善于言论，得到诸长辈的器重。他热衷于族中和地方公益之事，1928年，海盗猖獗，民心惶惶，硖门筹款团练予以自卫。詹星图被众人推举为团总，但他不图名分，只尽力做事，推荐别人来担任。1929年，重修见龙宫和家祠。1932年，县里令硖门成立镇公所，全民投票选举，詹星团当选镇长，他却托病不出，后来只承担镇上一个副职。高县长喟然长叹，说他为人世所罕见。1942年，山洪冲毁横塘五六丈，他募资修建。他在地方上的名望很高，向县提议之事尽数得到办理，为地方做了不少公益事业。

"三乡硕望"郑锡祺

◈ 陈启西

郑锡祺（1826—1876），名其春，字舜柯，别号寿，硖门福塘人，同治间恩贡生，乡闱屡试不中。少与福建福州人尤溪训导王鸿卿（字外翰）、江西人台南知府罗谷臣（同治十年进士）相友善，诗酒过从，相交甚欢。为人仗义敢当，名重三乡。为文有豪气，诗笔尤雄迈，为当世名流所激赏。民国《福鼎县志》称其"文名噪于士林"。

年少聪颖，落落异常

郑锡祺少慧颖，读书过目不忘，落落异常。少时因家里穷，未能入塾就读，进富家做书童。郑锡祺记性尤好，常在旁人诵咏之间，已默记在心，了然领会。

经几年的伴读岁月，富家子踏上科举之路，接连参加多次的县试均未能前进一步。富家主人感叹："勤力耕种易，博一功名何其难耶！"有那么难吗？某年，在陪富家子应考时，郑锡祺自己也偷偷报了名。放榜后，富家子弟依旧落第，作为书童的郑锡祺却一举高中。中秀才后，郑锡祺只好回到自家了，因为秀才不可能给童生做书童。

说来也怪，此后他每次应试皆不中。有次郑锡祺甚恼，就故意写成别人名字，却一举中的。据说，郑锡祺先后替叶士模等人考中举人，名噪一时。因其连替别人考中举人，自己却未能中第，而得"半边举"之名。

绘采芝图，名噪士林

随着相知好友多人先后学成出仕，郑锡祺内心倍受煎熬，为施展平生抱负，提高学业，增长见识，中年后一度外出，四处游学，尤善诗文、丹青。曾绘《仙山采芝图》小影以志与挚友王鸿卿契合，闻名一时。郑锡祺与王鸿卿共同完成新画后，郑锡祺还觉不够，又作《自题仙山采芝图》：

嘻于戏奇矣幻哉！神仙世界豁然开。白云深处丹山麓，琼宫贝阙金银台。奇花琼树相掩映，洞门幽敞溪潆洄。疑是蓬莱，还认天台。当年刘阮托鸿爪，自有仙骨，非凡材。怪汝尘容兼俗态，此间安得日徘徊。谁为汝换骨，谁为

汝夺胎？琼芝谁种，碧桃谁栽？伊何人兮！荷锄步后尘兮，踏苍苔。彼仙姝
兮绰约，尚与汝兮欢追陪。胡麻饭兮玉液醅，仙乡行乐能几回？壶里寄身原
是幻，棋中历劫已成灰。漫笑长生，飞升皆虚妄也，当梦中，游仙来，游仙来，
君莫猜。

　　郑锡祺所作《自题仙山采芝图》，通篇文辞绝俗，足见其才情，融情于景，<u>丝丝</u>
<u>入扣</u>，似有李白《梦游天姥吟留别》之感。缘于郑锡祺与王鸿卿作《仙山采芝图》，
曾在福鼎文坛中掀起一次诗文大唱和。清季王渡人岁贡生江本侃作《寿卿、鸿卿两前
辈采芝图小照》："尺幅之中无所有，但写两人同心友。同心人自有同情，聊托丹青
结不朽。或曰是乃采芝图，谁其知之都在手。一篮一锄且指且走，不俗不仙天然良偶。
道是商山信与否，即今尘海乱如麻，我愿从之迹其后。"秀才林绍新作《寿卿、鸿卿
两前辈采芝图小照》："景仰羊求三十年，披图今始晤前贤。采芝若遇商山叟，为道
风云日变迁。"

　　时光流逝百余年，先贤当日就《仙山采芝图》而作的诗赋，至今读来情意满满。
当时文人齐聚硖门福塘尾诗酒唱和的热闹非凡场面如在眼前。

训练乡勇，一方以安

　　咸丰年间，广西金田暴发太平天国起义，一时四方震动。这边战火未息，英法联
军溯海而上，迅速攻占天津、北京，咸丰皇帝从圆明园逃往承德避暑山庄。福建东海
各要塞口深受其害，海盗尤为猖獗，沿边乡民多被骚扰劫掠。为一方百姓安宁，郑锡
祺挺身而出，积极治兵训练，组织乡勇严阵以待。据民国《福鼎县志》载，郑锡祺带
领乡勇曾击退海寇于硖门渔井村，后又率子弟兵追捕海盗于硖门青屿村，抓获海寇十
余人。郑锡祺还将抓获的海盗押解地方管府，福鼎县令广东高要举人陈培桂（字香根）
将郑锡祺捕盗之功上报福建总督。适逢同治中兴名臣左宗棠在福州马尾办船厂，并创
办求是堂艺局，培养海军人才，对于沿边海防安危尤为关注，对于协助地方政府安境
的地方乡绅特为赞赏。左宗棠特具文表彰了郑锡祺捕盗功绩，并将其功绩上报朝廷，
朝廷赏其五品衔。

　　但郑锡祺不屑于这种方式得来的功名，遂辞清廷褒奖的五品衔虚职。这对于胸藏
天下心怀大志的郑锡祺来说，只想通过科举证明自己，便继续赴乡闱，可惜固有冲天
豪情，终不能百尺竿头更进一步，五赴顺天乡闱，屡试不中。

　　虽然科举之路未能如愿，郑锡祺晚年依然手不释卷，作文豪气依然，诗笔尤为雄迈，
为当时名流叶士模（江西人，同治间举人）、王鸿卿、王赞臣、陈琦等所赏识。

320

游学思进，塞北题留

郑锡祺为人豪爽，曾慕古圣贤豪杰之事，结交四方名流。郑锡祺的活动范围很广，据其在《感怀》中提到，自同治九年（1870）庚午外出多年，未得奉双亲，游学到了关外的绥远。据载，绥远新城至今保留一古碑，原在新城西门瓮城内，高7尺，宽3尺，额篆8个大字"绥远城浚壕种树记"，为郑锡祺所书。碑的背面是捐资官兵的名字，落款时间为清同治十年（1871）。从中可知，郑锡祺曾到过边疆，且其书法在边疆小有名气。

据《郑氏族谱》载，郑锡祺在这六七年的游学回来之后，不久就与世长辞。郑锡祺再也不得奉双亲，身后只留下让后人读来颇为感触的《感怀》："曩岁茅檐事，簧灯午夜余。母寒犹恤纬，儿照读残书。"

仗义执言，为民请命

至于为地方利益事，郑锡祺不愧为"三乡硕望"。只要是对地方有益的事，他知无不言，言无不尽。乡民有冤情，郑锡祺必为他们奔走呼号。

大嵛山向来是福鼎的门户，地理位置之重要不言而喻，孙中山先生曾把嵛山列入《建国方略》中。据《中国古今地名大辞典》载："嵛山在福建省霞浦县东海中……周六十余里……明初居民颇繁盛，后周德兴以其孤悬海中，徙其民而荒之。自后遂为禁山。清时人民屡请开垦不许，成为海盗出没之地。"清咸丰、同治间，有部分心怀叵测的人，假借开垦大嵛山而有心长期占有大嵛山，与海盗勾结，近而劫掠沿海百姓，乡民远近惧疑。郑锡祺首察其害，秉笔上书历陈利害。

不久，有海盗劫掠渔井村，村民有备，海盗被杀。当时，清政府对海禁管理非常严厉，部分与海盗有勾结的乡党劣绅乘村民正常出海捕鱼，反诬为盗，将出海渔民稽拿送到三沙巡检。三沙巡检一来不明就里，二来受劣绅贿赂，就将渔民按盗捕定罪。郑锡祺听到这个消息，十分气愤，专门为这事具书向福宁知府上陈。福宁知府细察缘由，专门下府文过问此事。三沙巡检害怕事情闹大不好收场，遂将羁押所有无辜渔民无罪释放，乡民无不拍手称快。

郑锡祺祖籍兴化府莆田县。旧籍父老旧有"兴化会馆"建在福宁郡城（今霞浦城关），天长日久，疏于管理，渐为地方豪家痞子所占据。怎奈族群离家太远，鞭长莫及，父老告知于硖门郑氏族亲。硖门郑氏族亲长老讨论再三，终惧豪家难以应付，怕起讼不成，反受其害。族人束手无策，幸郑锡祺力排众议，讼之官府，出尽大力，终获胜讼，"兴化会馆"复归原主。

凡诸善举，郑锡祺无不乐赞其成。硖门溪之登春桥建设，他也尽了很大的努力。

郑氏昆仲

～ 陈启西

碛门郑氏，地方巨族也。郑氏自清康熙间由莆田入迁福塘尾，世守耕种，族群敦朴，乐善好施。其中，清同治间郑腾元、郑献元昆仲为善乡里，可谓善士典范。

郑腾元（1842—1884），一字雨槎，国学生，晋赠征士郎，中书科中书。父郑梦兰，字见斋，国学生。兄弟五人，雨槎排行第二，过嗣给他的叔叔郑其涣。郑雨槎毕生因修桥、平粜粮食以安一方民众，被乡人称为大善士。

郑雨槎生而颖异，读书得大略，不拘泥于章句。碛门旧濒海地，鱼盐之利甲一方。清初，碛门之地人烟稀少，而往来懋迁者终日相接。郑雨槎先世业农，生活相对艰辛，读书识字是一件相当不容易的事。虽然父辈竭力遣其入馆就学，但不久郑雨槎还是因家贫不堪负担，不得已辍学。遂于碛门溪傍空地结茅草屋，父子兄弟齐心协力，辛勤劳动，但收获粮食也仅仅够糊口而已，时日为艰可见一斑。

十余年后，经大清政府的全力经营，东南政局得到进一步稳固，福建百姓得到休养生息。地处沿海一隅的碛门，也迎来了发展春天，地方贸易渐渐兴盛，沿碛门溪一带，屋宇鳞次栉比，市场交易繁盛，来往客商日渐熙攘，宛然一市镇也。碛门街市的兴起、发展，得益于郑雨槎的付出。郑雨槎自家商铺的前溪，溪流声振荡日，与潮汐相进退。行人涉水过溪虽有碇步星列，但因时有暴雨涨溢，人畜受损时有发生。当时百姓生活不富裕，集资建桥很不容易，郑雨槎就自己先拿出很大一笔钱出来，周边商家深受感动，纷纷解囊，遂将碇步改建成桥，取名登春。为了便利乡民，彻底解决后患，雨槎后又于碛门溪源头续建成小桥三座，其中二座为五斗桥、虎坑桥。

碛门山顶有一宫庙旧址，因年代久远破败，杂草丛生。郑雨槎独自花钱请人平整并开辟这片旧地，建成亭子，作为行人上山憩息之所。在亭子前建设广被坛，并置田产，用于续千秋香火之祀。

郑雨槎精通珠算，民间传他能一边与人交谈，一边手中算子不释，竟无毫厘之差，令人叹服。许多人笑说他是坐着而得巨富，但跟其有深交的人都知道并不是这么回事。郑雨槎至交江本侃说："夫人之能大其家者，虽有定数，亦视其人之能自立与否。区区算术，胡为者？"

郑雨槎平生极力创业，志在振兴郑氏家声，尤为睦邻礼士，恤寡怜孤，为人分辨是非曲直。但很遗憾，乃天不假年，郑雨槎于光绪十年（1884）五月逝于家，时年仅43岁，乡里认识他的人都说可惜。郑雨槎临死前，还不忘告诫他的孩子，以诗书传家，毋存计较。

郑献元亦为一方善士，为里人称颂。郑献元（1844—1918），字文冈，例贡生，兄弟五人排行三，性纯孝秉。光绪二十年（1898），突发大雨，洪水暴涨，硖门溪上登春桥圮于水，两溪往来乡民、客商举步维艰。郑献元发动族间力量，命其子侄出赀重修登春桥。光绪二十六年（1900）夏大旱，赤地千里，福鼎大饥，哀鸿遍野，谷价昂贵。郑献元胸怀怜悯之心，寝食难安，命其子速往邻境连江等县，采谷平粜，境赖以安。

清末科举废，福鼎县创办新学，经费不足，地方有识之士踊跃捐资。郑献元犹仰体祖父郑春亭（字德辉亦为一方善士）遗意，以其弟郑秋元（字茂才）之名，义捐金500两，可谓世有令德。

郑献元社交之广，令人叹服。1913年，郑献元年届古稀，闽浙两地社会名流纷纷题诗吟诵祝寿，先后有吴家驹、张鼎钟、周克耀、王邦怀、邹家焯、蔡钟灵、周梦虞、王翼谋、许葆昭、周梦庄、施得奎、吴念祖、林大璋、林步蟾、陈琦、郭传昌、陈海鳌、高向瀛、林则铭、翁浩、智水、江本侃等几十人题留，存《福塘尾郑氏族谱》的祝寿诗词就有几十首，可见郑献元先生人缘之好，结交之广。如王邦怀写《文冈先生七十寿诗》："十载曾登观海楼，旧痕鸿爪尚勾留。投桃醉我离筵酒，插菊逢君杖国秋。矍铄精神瞻鹤健，风尘潦倒愧鸥浮。忙来欲问神仙福，何似先生第一俦。"吴念祖《前题》："手创门楣光氏族，业勤稼穑重农耕。醴泉芝草人称瑞，不藉根源自涌生。"

革命斗士周忠魁

林校生

周忠魁，号诚卿，乳名开湖，生于 1865 年，卒于 1966 年，享年 102 岁。生前系福建省文史馆员，福鼎县政协委员。

周忠魁出生于太姥山麓东稼村的贫困农家，3 岁丧父，幼承慈训，7 岁入塾，仅 3 月馆停，然好学之心不辍，常步行 30 华里至秦屿求师问学。

16 岁别母到福宁府为人灌园，兼习文武。翌年应镇台曹汝忠召考，名列前茅，从此步入仕途，历任巡捕官、汛官、千总、管带、游击等军职。曾奉巡抚岑毓英之命赴台湾考察防务，在新竹、漳化交界处，率军民修筑大甲溪防洪长堤，经年竣工。

辛亥革命前夕，周忠魁考入福建陆军讲武堂军官班，秘密参加同盟会，带头剪辫子，发展同盟会员。1911 年 11 月 8 日，随协统许崇智在福州率部起义，任作战指挥部参事，并首夺于山制高点。针对当时敌我形势，提出"三面围攻、网开一面"的驱逐清兵之策，并身先士卒，率部在水埠、津门、高节里与清军展开激烈巷战。周忠魁光复榕城著有勋劳，临时大总统孙中山授予开国银质勋章和二等勋章执照。

二次革命，周忠魁任革命军第十四师师部副官兼军法官，痛心革命果实沦入贼手，在福州联络福宁志士林栋、朱馨梓、郭公木等人积极开展护国斗争。在返回闽东发动各界人士讨袁时，遭袁死党拘禁入狱，在狱中大义凛然，高声朗诵文天祥《正气歌》，激励难友坚持斗争，表现出视死如归的大义大勇。各界人士鼎力营救，革命党人许世英入闽为巡按使，在他干预下，周忠魁遂获释出狱。

出狱后，周忠魁痛感军阀混战，国无宁日，无意仕途。一度任福建学生军旗语教官，学生军并入黄埔军校后，周忠魁引退，举家迁回霞浦。先后担任霞浦县近圣小学、圣教小学、汉兴中学和省立第三中学国语和体育委员，在闽东首倡和推广官话，开展体育运动，贡献突出。"五四"爱国运动后，经常组织师生奔走于福宁五县，积极宣传救国、戒烟毒、禁赌博、解放妇女、反对缠足。周公深知要砸碎封建枷锁，首先要使妇女有受教育的机会，于是毅然辞去省立三中等教职归返故里，创办福鼎县第一所女子学校——莲池女子小学，连青年尼姑也在动员之列，至今仍传为佳话。此外，周公还节衣缩食筹措资金，济助贫困农家，杜绝弃溺女婴陋习，被拯救者无以数计。

寿匾"德邵期颐"（冯文喜摄）

1926年冬，军阀孙传芳败北，所部周荫人兵马由榕经霞、鼎往浙，而两县长闻风逃遁，周忠魁时为桐城一介教员，却义无反顾赶往霞浦，动员松城士绅给安排食宿诈迎败军，自己则利用军勋身份游说北军头目，计诱兵马翌日从僻壤小道转浙，使霞、鼎两县免遭一场兵灾。邑人欲勒碑纪念，周忠魁明言谢之。

土地革命期间，周忠魁解救了不少老区被捕的群众。1936年，贯岭文洋部分农民被国民党民团关押，周忠魁利用陈培玉团长的夫人来莲池女校的机会，即致函托请团长予以释放。翌日瑞云、渔井、石兰、东稼等地，有十几个农民被海军陆战队逮捕，周忠魁闻讯即找县长评理，并为担保取释。

抗日战争爆发，周忠魁已年过70，仍然以一个老军人英雄气概，上书抗日军事委员会，请缨赴前线杀敌。这一壮举轰动全国，当局以公年老劝留后方，委任闽省军事顾问，从事抗日宣传工作。抗战期间，周公以超于常人的爱国热忱，不畏严寒酷暑，奔走于霞、鼎及浙江平阳城乡的大街小巷，手摇铜铃，呼吁民众积极参加抗日救国，深受邑人钦敬与赞颂。

周忠魁晚年颐养于东稼村，种薯栽菜，过清贫日子。1949年后，当选为福鼎市政协委员，受聘为福建省文史馆馆员。周忠魁热心国事，为两岸和平统一大业，曾上书宋庆龄云："攻城易，攻心难，两岸不睦，不必炮击，以和平协商解决为善。"这体现了他政治上的远见与卓识。1962年，中国新闻社记者步行130华里到东稼村采访周公。老人耳不聋、眼不花，用标准的官话与记者交谈了一个多小时。1962年5月14日，《中国新闻报》刊出《百岁老人周忠魁》的报道，香港《文汇报》和《大公报》及缅甸、柬埔寨、越南等的报刊都在显著位置转载此文。

1966年10月3日下午4时30分，世纪老人周忠魁寿终于东稼故居，临终弥留之际还嘱咐晚辈要力襄两岸和平统一。

百岁老人周忠魁

王汾树　罗文富

记者最近在闽东福鼎县东稼村，访问了参加过辛亥革命的百岁老人——周忠魁。

刚跨进一幢五柱厅大厝的门口，见到走廊上迎面走来一位老人，白发银鬓，脸上找不到一般老人所常有的斑点，身穿一件深灰色长袍，步履相当稳健。向导说："他就是周忠魁，前几天才做过百寿。"

"你们跑这么远来看我，我真高兴。来，先进屋里歇一歇。"周忠魁老人知道我们特地从福州道前来拜访，便拉我们进屋里坐，我们听他操着很标准的官话，语音是那么清晰、响亮，就是隔一重墙也可以听得见。如果只闻其声未见其人，谁会相信这是牙齿全部脱落了的百岁老人说的呢！

坐定寒暄之后，老人便谈起辛亥革命的故事来，并叫家里人从箱子里，拿出一把长剑和一枚勋章，给我们观赏，剑长三尺许，还很锋利，勋章上有"大总统孙奖"的字样。他自豪地说："这是孙中山先生奖给我的，已经保藏五十来年了。"接着，又津津有味地谈到当年在福州讲武堂时，如何带头剪掉辫子，听孙中山先生的演说；辛亥革命时如何派部下参加革命先锋队，割下清朝将军的头颅示众；袁世凯称帝时又如何被捕入狱，险些断送生命；等等。说得有声有色，风趣横生。话题转到解放后的生活时，老人最难忘的是两件事：一是被聘为福鼎县政协委员，县里派轿子抬他进城开会，共商全县大事，并参观了许多新建设；一是被福建省文史研究馆聘为馆员，受到尊敬。这时，这位出生于前清同治年初的老人，呷了一口香茶，笑声爽朗地说："我经历了多少朝代，记也记不清了，

中国新闻社记者采访时拍摄的周忠魁（周文南 供图）

硤门

惟有毛主席领导的社会最好！"

周忠魁老人十分健谈，一股劲说了个把钟头，甚至使记者感到很难插问。我们怕他累了，多次请他歇息片刻，都被他拒绝。他的儿子周应杰解释说："没关系，他平常都这样，晚饭后同左邻右舍聊天好几小时，夜里也睡得很香。高兴的时候，还自拉起胡琴唱京戏呢。"

主人还告诉记者，长寿的人最受人敬重。逢年过节，总有许多人前来问安、送礼，有时还收到不相识的人寄来的诗、信。福鼎、霞浦以至于浙江平阳等地，上太姥山游览的客人，路过东稼时，都喜欢来周家看看老寿星。今年4月1日，周忠魁老人做百寿，备办了二十几桌酒席，来了两百多位客人，在福州、永安等地工作、学习的儿孙们，都赶回来为老人拜寿，四代同堂，乐得老人心花怒放。

（本文作者为中国新闻社记者，原文发于 1962 年 5 月 14 日的《中国新闻报》）

忆周忠魁先生

✏ 游 寿

　　周忠魁，原籍福鼎桐山，来游霞浦。后从戎，参加孙中山先生领导的革命。后退役，又归霞浦。当时霞浦有小学及数所中学，另有基督教所办之作元学校。

　　余先君游悟庵，幼时跌伤门牙，又有扬雄口吃之恨，缺语言之才。周忠魁先生时来家，以齿舍唇音之形示先君发音，常尽一日，留中饭。吾家先君不留客，亦不交游，唯周先生例外。余忆周忠魁诚朴之情，久不忘怀。后余入学福州，不闻周忠魁矣。及余师范毕业归，而先君逝世，余接任女子小学。一日，周忠魁来校，见小学整齐，三个教室，一借中学，一办高小二班，一小学自用，均复式教学，甚喜，嘱可以向省申请办学之模范，以经费少而办优秀学班。余笑谢之。

　　先生从劳动而从戎，而教育，终身不怠。为人质朴，当时社会人多诈伪，先生合家醇醇然。

　　余记一日，有女教师携四女来吾家，知为苏先生，盖周忠魁之配。长曰荫莲，次曰爱莲，三曰珊莲，幼曰秀莲，总角在怀抱。长女在女学，其余尚稚。苏先生时亦聘在女学，教官话，时余尚在小学也。稍后，知有应杰者，在三中。先君称其文质朴，能用实事作文，常称之。娶女学同事吴先生之女张人权，盖与荫莲同在福州陶淑女学读书也。

　　余去乡久无所知。访者，家乡来客，自云周文南，为周忠魁先生长孙。云：周先生年102岁。见新时代，贤者必有后代，而周先生享高龄，其为人之朴厚，可以为乡里之模范。

　　（本文为游寿应周文南之约而作的回忆录，原载《闽东文史资料》第1辑。游寿，女，字介眉，1906年生于霞浦县城一书香世家，卒于1994年，享年88岁。14岁就读福州女子师范时，深得老师邓仪中先生邓拓之父的赞赏。1925年，父亲逝世，游寿继任父亲的校长之职。周忠魁当时在游寿父亲学校任教员，周忠魁之儿媳与游寿为同学）

开湖公传

> 周应杰

公（周忠魁）天性仁智，身长一百七十厘米，立如常人，坐高侪辈，体貌健美。为人客观好学，不入窠臼，廉正不染，守身如玉，以直报怨，不计旧恶。办事是非一决即行，善说知兵，能操方言一二十种。

三岁失怙，母教熏陶。七岁入塾读书，仅三月，村中无塾，然而好学之心不已，先学观小说，每往返六十余里间问字。十二学农，旋思求名，向神求籤，籤诗曰："锦上添花色更鲜，运逢禄马喜双全。时人莫道功名晚，一举名教四海传。"乃自暗示曰："当晚至十七八岁可矣。"

周忠魁抗战时期像（周文南 供图）

往三沙参观水师，见军容不甚满意。闻福宁镇有陆军可以考入，十七入郡城至南门外，寓友人家，帮忙灌园，亦耕亦读。时福宁镇总兵将招考守兵一名，乃乘机学习各般兵器剑术，参加考试，录取第一名。因识字召为镇署号房摘由编号，接近大官文人。廿四而仕，升额外之职，兼福宁镇署巡捕官，任周墩汛官，为民除害。编练保甲，亲擒酋首，纵使自新，匪氛竟绝，为民听讼断狱如神，大畏民志。为长门各营台总稽查、泉州提督署巡捕官，赴长乐顺昌、江西大干及台湾剿匪防倭，均有功列授福宁右营中营千总、定海营哨官、定海旗管带。考入闽口水雷学堂，肄业常备军随营学堂，毕业充改编福建陆军第十镇营司务长、排长等职。

初，由司务长考入陆军部福建陆军讲武堂军官班为学员，由导师许崇智介绍参加孙文革命运动。母殁奔丧，毕业后光复闽土，榕沪各新闻报章辄表扬其勋绩，闽都督孙奖三等勋章执照，同盟会转给二等勋章执照，孙先生为临时大总统，颁开国纪念奖章一面，补授厦门水提游击。闽都督孙静山以其知兵略，孙先生谓其善宣传，合往安溪剿匪，匪平，国务院电慰劳嘉奖，调升诏安游击。二次革命回福州，与许导师从事倒袁护国，回福鼎办理禁烟，被袁贼走狗目为孙文叛党入狱。许世英入主闽政，乃得脱险回郡，为中学及汉英专校教员，创办福鼎县立第一女子小学等学校，首先实行国音教授。许导师入闽打倒军阀，创办学生军于南台，聘为旗语教员。学生军迁为黄浦军官学校，乃接受福鼎绅商学各界推荐回鼎，为警备队队长。捐廉倡救溺女，呈请通饬全国，严行抢擒。蒋委员长誓师北伐，军阀退败，北兵过境，乃往返于霞鼎游说官民，设计约束军队，使各地民众免受无谓牺牲。

时省政朝更暮变，乃专办学校事业。国府定都南京，兼任蒋委员长行营政训处宣传联络员。抗战军兴，奔走赋诗宣传，不惮舌敝唇焦，贡献兵法二篇，呈饬全国军队参考。请缨出征长沙，全国报章风动一时。胜利后，居乡灌园种菊以自娱，安贫履道，不以时俗所羁。

婆苏鸣石女士读书明义，教育子女皆成才，曾任霞浦培德女学县立女子高等小学等学校教员，及本乡东稼初级小学校长，今年七十有四，公八十有四，均精神矍铄，工作自如。盖天之相，吉人有以厚斯民也。本冬值族中修谱索传，公爱自述生平事实，命其子约而传之。时中华民国三十七年十二月十五日，男应杰仅识。

（本文选自东稼《周氏宗谱》）

周忠魁先生的几件事

周瑞光

周忠魁先生襟怀坦荡，光明磊落，急公好义。奉行的为善至乐，童叟无欺的宗旨。以下略举其几件事：

轮船触礁事件

闽省光复之后不久，周忠魁先生忽遭母丧，星夜由福州赶回东稼洋。料理后事甫毕，又匆匆启程前往省城任所。岂料，由三都乘轮船途中，骤遇风浪袭击，航至罗星塔外，船身触礁，顷刻即翻，全船人心惶惶，哀哭不断。此时，周忠魁先生巍然屹立于甲板上，劝令众人安定情绪，并催促水手在船头把整箱洋油点燃，以作呼救信号。霎时火光烛天，照亮海面，果然引来一艘渔船。周忠魁先生指挥若定，速令大家一律抛投行李辎重，命妇女、小孩、老人先下渔船，其余人有次序地撤离。忽然间，一老人在渔船上哭喊道："我的小孙女还丢失在破船下舱内。"周忠魁先生复带水手在船上寻找，终于救出该女，然后最后一个登上渔船。一会儿，轮船即沉没海底。众人转危为安，欣喜感激之状自不待言。此时，周忠魁先生又建议：全体乘客倾囊捐款，答谢渔船唐生利父子（连江琯头人）的救命之恩，唯船老大悲痛万分，深恐虽然死里逃生，回到省城难免官厅追查肇事责任，得坐几年牢狱。周忠魁先生眉头一皱，生出一计：嘱全体乘客出具证明并盖上手印，说该轮船是在狂风巨浪猛烈袭来的黑夜里碰在以前未起出的沉船上，才发生意外事故，这样就减轻了船老大的罪过。

当周忠魁先生最后一个登上马尾埠头时，身边只剩一只枕头箱，里头仅装一部《盛世危言》，别无他物，空无一文，幸亏校长许崇智

周忠魁（右一）参加福鼎政协时的照片（周文南 供图）

接济其十块大洋才渡过难关。

北兵过境

1926年冬，军阀孙传芳败北，所部周萌人的兵马由福州经霞、鼎逃窜北上浙江。福鼎新驻县长黄若柏闻风而逃，幸好前任县长陈廷衡尚能关心民瘼，挺身而出，化险为夷，城赖以安。事后，城公众载歌载舞，感恩戴德，赠万民伞，建去思碑以纪念陈县长之功绩。斯时，周忠魁先生在桐山执教，恐败军过境，百姓遭殃，即催促家眷避居东稼故里，随后只身由旱路赶往霞浦。此时，霞浦县长亦不知去向，周忠魁先生只好找地方头人孙义武商谈，认为败军之燹于吾邑，后果难以预料，遂派人到盐田官路打听虚实。二公效古郑国弦高之高义，率民众出廓30里，诈迎大军进城，并以优礼设宴接风。周忠魁先生善操北方口音，畅谈兵法，"抚慰"北军头目曰："胜败乃兵家常事也。"席间询及往福鼎路径，周先生得知大军将分四路过鼎，则途经各乡当受害匪浅。乃虚与周旋，佯为之设计行军路线方案"霞浦大桥头—抚坪—杨家溪—龙亭—白琳—桐山"，路坦而捷（龙亭地僻人稀，白琳茶市已过，可减少损失），北军欣然采纳。周、孙二公托辞拜归，先行返鼎以迎接大军过境。二公偕出，即密商敦促北军速离霞浦，以免城乡百姓遭殃。

翌日凌晨，周忠魁先生乘舆赶回福鼎。至大桥头，写封密信，内云："闻炮声隆隆，疑是追兵赶到，速往旅部呈报。"北军旅长蒋启凤获接义武先生送来的火烧信，惊慌失措，下令部队即刻拔寨启程。周忠魁先生则先行督促沿途各站，火速准备饭菜，让败军食饱以免骚扰。到了桐山，已是深夜，马上与县商会头人及地方士绅商讨，坚请陈廷衡老县长率公众出廓迎接北军。北军到了桐山城内，心有余悸，不敢久驻，只待一夜即离鼎转浙。

尔后，霞、鼎两邑特别是牙城、秦屿、桐山等地公众因周、孙二先生之驱虎豹之良策而免却一场浩劫，无不额手称庆，感激万分！

扶危救贫

1937年左右，硖门乡瑞云、渔井、石兰等村因"赤化"嫌疑被海军陆战队逮捕十多人，其中有个阿存公，东稼人，也无辜被关押。周忠魁先生闻讯，赶至县政府，找县太爷谈判，并申辩曰："这些人犯我全都认识，都是脱赤脚、扛锄头的做田人，安分守己，何罪之有？我敢全部担保。"县太爷拗不过，慑于同盟会老前辈的资望、影响，只好释放。还有一位流落街头的江北客人，无法回乡与家人团聚，沿街乞讨，落魄不堪。周忠魁先生见状，慷慨资助其盘川。

宣传抗日救国

1937年卢沟桥事变发生后，各界公众义愤填膺，纷纷投入抗日救亡运动。值长沙失守，国军张皇失措之际，周忠魁先生身为老军人，不顾年迈，上书重庆中央抗日军事委员会，请缨北上抗日，愿为捍卫祖国而捐躯沙场。上峰以先生年老劝留在后方工作，委为福建省军官区兵役顾问，专事抗日宣传。

全面抗战期间，周忠魁先生活跃在全县各乡镇，时常携带交椅，摇着铜铃，穿大街，走小巷，热心宣传"团结抗日，中国必胜"。不管听众多少，哪怕是一群小孩子，照旧滔滔不绝。每逢县府大小集会，他有会必到，有到必讲，耐心反复地发表演说。此外，还带领师生进行街头宣传，以文艺形式——"街头剧"四处公演，不收分文，旨在唤醒民众一致抗日，保家卫国。

周忠魁先生不论在何时何地面对何人，言必爱国，拳拳赤子之心至老未泯。有一次，乘海轮由沙埕赴福州，恰与老门生温简兴同轮，两人侃侃交谈。当船开抵长门炮台附近时，老先生精神抖擞，又摇起铜铃，召集船上旅客，即兴发挥，做了一场关于"中法战争经过"的历史报告，并指着炮台，对着大海道："此处就是马江战斗时法国侵略者头目孤拔的葬身之所……"顿时，群情激昂，振臂高呼"抗日必胜""还我河山"等口号。

不失庄稼人本色

周忠魁出生于贫困农家，因幼年丧父，从小参加劳动，放牛、灌园、割草、种田，样样都行。12岁时，在东稼南山盾开荒种茶，每日自早至晚辟园四五畦，还栽了番薯、果树，他所亲植的茶、桑、杨梅等树木至今犹存。他在福州、霞浦、福鼎及秦屿等大小城镇都住过，晚年仍回山乡。虽已是90高龄，还常利用屋前厝后种些瓜菜豆和菊花，聊以自娱。每逢村中乡亲歇工时，依然滔滔不绝地宣传"耕着有其田"，宣扬保护山林，爱护益虫益鸟，发动群众大力开荒种茶、养猪、养羊、放鸭，农副并举，勤俭致富，劝导村人爱惜五谷，不要赌博、酗酒、暴殄天物。

一生清廉

周忠魁先生少年投军，献身于中华民族的解放事业，是辛亥革命之元老。但他毫不居功，更不以权势欺人，同情劳苦大众，急人之困，助人为乐。他平生仰慕孙中山，力主"天下为公"，追怀汉代东莱太守杨震"暮夜人馈献，不受四知金"的廉洁作风。一生行善，劝善，常书写"但存方寸地，留与子孙耕""平生不作皱眉事，世上应无切齿人"。他安贫乐道，视富贵如浮云，视黄金如粪土。他无烟酒之嗜，只爱看书、演说、拉二胡、唱京剧。他平生不懂得敛财、钻营，不肯向官僚富豪哈腰谄媚，不肯与恶势力同流合污，不戚戚于贫贱，不汲汲于富贵。至老不置一亩田，不盖一幢房，依然蜗居在东稼的百年老屋中。每日粗饭咸菜，甘之如饴。

周忠魁先生以"莲"字作为四个爱女之名——荫莲、爱莲、珊莲、秀莲。时常为子女后生们解说周敦颐的《爱莲说》，教育后代要学习"出淤泥而不染"的高洁品格。

周忠魁先生从革命而事教育，桃李满天下，门生遍海内。可庆幸的是，其门生后徒俱能克绍乃师事业，大多成为学有专长的科技教育人才，为国家做出贡献，正是：

濂溪门第清如水，积善人家庆有余。

（本文节选自周瑞光《田田皆俊秀　久久自芬芳——纪念辛亥革命老人周忠魁先生》一文，题目为编者所加）

周应杰：福建推广官话的先行者

✍ 陈海亮

20 世纪初叶，只有官场、商场中人会讲官话（时称国语，相当于今天的普通话）老百姓大多说方言。直到 30 年代，鼎邑讲官话的才逐渐多起来。追本溯源，功在周忠魁先生与其子女们的热心倡授。周忠魁先生重教兴学的事迹，报章多有刊载，不赘。其子周应杰是福建省推广官话的先行者，今人知之不多，本文作些介绍。

周应杰（1898—1964）字子俊，福鼎硖门东稼人。幼时，其父即用官话与他谈话并教他识字，故他在 3 周岁多就认得 600 多个汉字的读音与字义。童年就读于福鼎秦屿小学，后入省立霞浦三中。其父任三中体育教员，时常与外地友人会面，用各自的方言交谈，以手比画如演哑剧。因此，强烈促进他向父亲学习官

周应杰像（周文南 供图）

话的兴趣。五四运动后，他更是极力宣传白话文，努力推广官话。

周应杰自省立三中毕业，即受聘于霞浦私立汉英学校。笔者是时在该校附小就读，得有机会亲聆他讲课。当时全校教员中用官话授课者仅他一人。他教国文课，口齿清楚，发音准确。在他的教授下，学生们的官话才颇有长进。迨我们毕业离校不久，他亦回福鼎为其父创办的莲池女校教高小课。至此他即以莲校为据点，大力向社会推广官话与白话文。

施教白话文和官话，是当时教育界的新课题，周应杰师回鼎就成为福鼎教授官话的启蒙之师。他为教好课，将注音符号的 36 个字母，分声母、韵母、拼音、声调绘成图表，在课堂示范发音，使学生们产生兴趣，从而掌握学好讲好官话的窍门。

周应杰师在鼎任教二年，教授官话成绩昭著，为上峰所赏识。乃被选拔调往南京，参加彭灵先导师所领导的"全国国语促进会"，并任该会组织的南京国语传习会的导师。常与陆定一先生等研讨国语统一的方案，协同编辑以北京语音为标准的字典，努力促

进全国国语的普及。

20 世纪 30 年代起，全国普及国语蔚为热潮，福建广播电台也应时开辟国语节目讲座。周应杰师回闽，任省广播电台首任讲师，向全省大众播音教学官话。不久，省教育厅亦开办全省小学教员轮训班，周应杰师受聘兼任主讲注音符号的导师，是省教授官话的先行者，日寇侵华，福州沦陷，省广播电台内迁永安。

记我的母亲张人权

⌇ 周文南

我的母亲姓张名人权，字企平，霞浦城关人，生于 1901 年，卒于 1974 年。

出身书香门第的淑女

我外曾祖父曾是中国海军元老萨镇冰的授业师，原籍在福清，父母双亡后，投亲霞浦上万姑母家当牧童，常放牧于书馆周围，借此在窗外听课。塾师听他窗外应声朗诵，感其才，动员让他来书馆读书并免收学费，由此得以完成学业，后成了名噪一时的博学名士，被延聘到福州鳌峰书院讲学授业。我的外祖父张少如是霞浦第一位剪去辫子、拥护孙中山推翻帝制的进步人士。我外婆吴碧如，是民国初期霞浦官衙首批选送省城福州读书的女子之一，学成回来协助游学诚先生创办女子学校并任教员。

张人权像（周文南 供图）

母亲出身于书香门第，曾和游寿、邱碧珍、苏雪清、潘玉珂等人同去省城念书。那时女子能读书寥若晨星，她们求学的生活很是艰苦，早餐经常以盐橄榄下稀饭。

母亲在榕教会办的陶淑女子学校毕业后，23 岁和家父周应杰结婚。张家信基督教，周家敬佛更崇儒教，两人真心相爱，双方家长也未因宗教信仰不同予以干涉，而是成全了这桩亲事，在松城成为一段佳话。

短暂的团聚日子

我的祖父周忠魁在福鼎创办莲池女校时，聘请我的母亲担任第二任校长。周秀莲回忆她在莲池女校读书时，我母亲既是她的嫂子又是启蒙老师。姑母说我母亲的教学方法呆板，但很认真执着，务必使学生们都能达到读、诵、写、仿的水平。她对姑母放学了仍然督促复习，完成作业后会给两个铜板，姑母就飞也似的去买茴香豆或甘蔗，吃得不亦乐乎！姑母说，在她的印象中，我的母亲衣着很俭朴，留有很长的辫子，要提着走路，否则会碰着门槛。

我的父亲周应杰对推广国语很有研究。他在莲池女校任教时，被选拔到南京担任国语传习会的导师，后来分配回到福建，在福州广播电台任首席讲师，因此母亲不久也到福州与父亲团聚。1936年生我于福州南台。

但全家团圆的好景不长，随着日寇发动全面侵华战争，母亲带着尚在襁褓中的我回到福鼎硖门东稼村，住进祖遗的老木屋，进了祖父1915年创办的东稼小学任教。不久福州电台被炸，父亲随电台人员内迁永安，直至抗战胜利后才回东稼，那时我已9岁，是第一次见到爸爸。

山乡教师生涯

我从小跟着母亲长大，在她任教的学校里读书。胞姐也是靠母亲的收入去念的简易师范。父亲那时不但无分文寄回，就连音信也杳然！母亲的月薪入不敷出，却并无怨言，沉默节约，紧缩着过日子。

东稼地处霞鼎交界的太姥山麓，僻壤且贫穷，祖父教导母亲：山乡人渴求文化，投身于乡村教育事业，是我们家义不容辞的事。母亲遵从祖父的话，一直在山乡的公办、民办校里教书育人，东稼周围的文洋、后山、牙城、石兰、鱼井、硖门、柏洋、北岸、瑞云、大贝头、墓下及柳家山等，都留下了她的足迹。那时的山乡居住条件极差，她却无怨无悔，吃苦耐劳，一心为山乡人传授知识。

当时办学的条件，连课堂和宿舍都没有，母亲就利用神庙、祠堂作课堂，夜晚就睡在庙堂的阁楼或借宿在农家的暗楼里，用晒谷席一围就是卧室。母亲在硖门中心小学任教时，利用见龙宫两边走廊作教室，教师们就睡在两廊的楼上。年轻的老师常常开玩笑搞恶作剧来吓唬我和母亲，说夜晚能听见庙堂里可怕的怪声响动等等。母亲不介意，我受母亲的影响也从不当一回事。长大后，时常想起那时晚间在阴森恐怖的庙堂里，要与龇牙咧嘴的神鬼塑像相伴入眠，真是不一般的恐惧！

那时教师的待遇非常低，因为金圆券贬值，只能以糙米代薪，每月90斤左右。母亲并不因此而稍有懈怠，仍常和老师们到各村去做家访，农忙还为掉课的学生补课，按照自然村将学生组成若干个学习小组，邀请村民家长协助督促，促成勤奋学习的风气。此举深得村民们赞好。

母亲深得福州陶淑女校育人要领，注重学生的品德教育，教导他们长大后要发挥学识与才干，为社会多做奉献，做一个受人尊重的人。在她的言传身教下，学生们学有所成，许多人成为中华人民共和国成立后的乡村骨干，如：莲池女校学生施绮霞，曾任福鼎一小校长，作为模范教师参加全国表彰会；瑞云校的学生王天海，曾任福鼎市老干局局长；渔井校的学生刘起斑，曾任福鼎桑园水库会计师。

孝顺的儿媳和女儿

母亲是个很孝顺的人，在外面任教每逢休息日，都会回东稼看望年迈的翁婆。进门第一件事就为二老倒马桶，接着刷洗衣物、打扫房间、烧菜煮饭，还陪老人拉家常，汇报自己工作和生活。翌日大清早，准时返校上课，从未因此而耽误过教务，也没因工作繁忙而影响探视年迈的翁婆。在那段岁月里，她坚持带着我往返奔波于学校和祖屋之间羊肠小道上，不管刮风下雨与泥尘飞扬……

暑假，母亲会回霞浦省亲，陪伴我的外公、外婆。据细姑母回忆："有一年春季，你祖母还在游学诚创办的霞浦女校任教，放暑假就和你的母亲同坐一顶轿回松城，我那时只有7岁，个子小，用祖父的长腰带捆在两边轿杠上，防下坡不致将人抛下来。从桐城到松城要走两天多路程，一路山山水水尽收眼底，轿夫甚好，不时介绍风光典故，在杨家溪落轿过渡看瀑布，到半岭亭稍歇吃糍粑汤……"

小时我是坐在竹箩里由族人挑着，母亲在后面步行，遇上平坦路我也下来跟着走。从东稼到霞浦要一天路途，因此，多在杨家溪、抚坪或水门的客栈住一宿，次日中午才到松城。记得有一次过渡口，摆渡要收每人一毛钱，族人为省钱，宁可多走几里路，从碇步过河。抵达松城后，母亲便拿出一毛钱要他收下，说劳累你辛苦了，多走几里路。这件小事留给我难忘的印记：做人要勤劳、节约、不吝啬。

外公外婆也是很厚道的人，他们对山乡人很热情，招待山乡人吃饭都是用大碗，生怕乡下人饭量大没吃饱，并且还会学着福鼎腔和族人拉家常。

我母亲日常生活非常朴素。据文山姐回忆，母亲都是穿着平阳布自裁的衣服，自制布底鞋，袜子是补了又补。母亲离家在外任教，每日的收支都有记账的习惯，放假回家还拿出账单给祖母看。

题安法师

△ 周瑞光

曾任福建省佛教协会理事、福鼎县佛教协会副会长、福鼎县人大代表、福鼎县政协委员、厦门鸿山寺住持的题安法师，于1995年11月13日辛时圆寂于福鼎桐城深云禅寺，寿享80，僧腊64年。

题安法师俗姓郑，福鼎硖门斗门头村人，1916年农历二月十八日子时生，幼失怙，家贫。16岁时与小弟（妙华法师，新加坡知归佛院住持）随母出家于硖门渠阳庵。事母至孝，兄恭弟友甚笃。后礼太姥山上叠石庵品提法师披剃为僧。19岁往温州头陀寺依源龙老法师受具足戒。同年赴国清寺从静权老法师习天台教旨。尔后复往上海法藏寺佛学院参学，成为兴慈大和尚之高足。抗战胜利后返回闽东，于福鼎居士林讲经说法，继而创建霞浦三沙留云寺，以之为开山道场，广纳徒众。先后住持太姥山白云寺、一片瓦寺、栖林寺、资国寺，居住过宁德天王寺、祝寿庵、金莲寺、灵峰寺等。其一生精研《地藏》《法华》二经，随缘说法，广宣教义，律己利人，勤修喜施。1994年夏，题安法师于福鼎城郊烟墩山下新辟道场（今深云禅寺）。1995年10月初，法师应家乡广大徒众之坚请，由厦门返回桐山，欢度80寿诞。一个月前，预知时至，对侍者云："吾将出游矣，众为师赠佛！"农历十一月十三日午后浣洗毕，面西而归，脸色红润。

遵依老法师遗嘱：后事一切从简，不收财礼，惟望大家为彼赠佛并免费招待素菜便饭，将平生积蓄，悉用以接济贫困和放生，并尽速火化。

恭录题安法师《重返太姥山诗》："名山自古话尧封，万丈摩霄气象雄。云掩峰巅拥罗汉，水深潭底藏蛟龙。浮生到此俗缘淡，故地重游往事浓。叠石庵中清寂夜，禅心皓月两相通。"

（本文选自《福鼎文史资料》第14辑，原题为《释题安老法师圆寂》）

民间匠师

冯文喜　邓加密

裁缝师

裁缝师也叫作"做衣裳师"。20 世纪 80 年代中期以前，农村人穿的衣裳都会请村里的裁缝师来制作。尤其是娶媳妇的时候，都会叫裁缝师过来给家里的孩子、媳妇做衣裳，用我们现在的话来说，就是做新郎、新娘装。裁缝师给准新郎、准新娘进行"量身定裁"，后到供销社去剪回来做衣裳的布料。做衣裳的裁缝师备有脚踩的缝纫机一架、熨斗一个、剪刀一把、尺子一个等。一般要做两三天，如果做的衣裳件数多，可能三五天。进入 90 年代，服装行业市场化，人们穿的衣服可在市场上购买，乡村裁缝这个行业也就淡出了人们的视野。当时人们熟悉的裁缝师，有硖门街道的郑大金、福长的郑大火、青屿头的王贤锡、渔井的施茂连。

厨师

厨师民间叫"调碗师"。红白喜事要办酒席，就要叫调碗师来"做菜"。结婚的时候，以前都要请族人、邻居，甚至全村人都要来喝酒，办几桌、十几桌，甚至二三十桌，这就得厨师来煮。厨师根据东家的要求，开出所需菜品，然后配合东家到集市购买菜料。厨师配有菜刀、舀子以及围巾等行当。日子的前一天，厨师就要到东家家里开始做准备。以前乡村每家每户都有灶台，每个灶台一般有两口锅，右边一口比较小用来煮饭，左边一口比较大用来烧水，厨师就是在灶台上施展他的功夫，将十几桌甚至二三十桌的菜做出来。宴席所使用的桌子、碗碟、筷子，都要从村里各家各户那里借来，早年没有专门租赁饭桌、碗筷的。厨师也需要人帮忙，东家的家里人，或者亲戚、朋友，都叫来帮忙洗菜、端菜、洗碗，还有到灶台烧火，等于厨师把家里搞得热火朝天了。其中硖门南片的詹姓、邓姓，以家族的"传帮代"，出地方名厨人员最多，被称为"厨师村"。

做木师

建房子的师傅，我们平常叫作"做木师"。是做大木的。除了建房子，还有做小木，比如做家具、橱柜、桌子、凳子，一般也称"做木师"。如廖宝玉师傅，在硖门当地是一把好手。因建造房屋规模大、历时长，需要做木工的师傅也要很多。做木靠师徒传承，师傅带他的徒弟或者伙计，少则三五人，多则十来人，一起参与建造房子。从取材、凿孔、搭架、扶扇等一整套工序，要有木工师傅来主导完成。徒弟跟师傅一般要三年。一个师傅带徒弟两三人，或者三五人。

做瓦师

在生产队的时候，每个村都有一个窑，用来烧砖烧瓦。村里面都会带出一两个从事砖瓦的师傅。硖门做瓦师有石兰的邓其铸、青屿头的细妹等人。这是一项泥工的活，砖瓦工都自制一套"砖模"，一套"瓦模"，用于做砖瓦坯。做砖坯靠的是手臂的力气，几十斤重的泥料高举过头，重重摔在三五个叠加的砖模上，然后用"线割"依次切出成坯。制瓦的时候则手脚并用，泥料经脚踩于瓦模上，也要用线割切成一片片。坯子都要放到草棚里阴干，之后再放到土窑里烧制。20世纪80年代，农村的砖瓦房都是村里面的砖瓦师烧制出来的。

打石师

工地上所要用到的石块，建造房子所用到的石条，都经打石师傅开凿岩石并打磨一番后制成的。青屿头、渔井、新村等地都有人从事打石，较有名气的是卢成来师傅。这个行当是一项体力活，也是一个技术活。沿海地带，主要是花岗岩石，相对较硬，是建筑的好石材。山区石头房所用石料也是花岗石。石工备有锤子、杆枪等工具。石块打出来之后，还要进行采平、磨平。打石师傅也是砌墙师傅，像沿海村庄的石头厝，墙体造砌的平整、稳固，扛得住台风、暴雨，说明造砌的技艺水平相当高。在山区的房子，院子前面往往要砌矮墙，造石头路，都出自石头师傅之手。

做篾师

20世纪70年代末80年代初，分产到户之后，各家各户有水田种水稻，需要用到箩筐、篾箪之类的竹具，都要请做篾师傅制作。竹具容易坏掉，一般用上两到三年就要换新，或者修补。农村种双季水稻，夏季收割，立即插播，称"双抢"，这些竹器就要在收割稻谷之前修补完毕，以便一开镰即可用上。竹子各家都有，师傅采两年

做篾师（冯文喜摄）

生的竹材，在厅堂、或院子上裁取、劈开、去节、薄篾之后，开始制作一件件新的篾篓、箩筐等竹器。春末夏初，师傅来一家一户地做，做完一家，接着做下一家。青屿头、太焕、秦阳、唱诗岩等地都有人从事做篾，其中数上官坦师傅比较出众。

剃头师

村里面有理发师傅，一个村甚至几个村往往都由同一个师傅来剃头。青屿头浮坑的邓代金是专业的剃头师。剃头师有一个木制的手提箱或手提包，里面放的是一个手动的、外形看上去像剪刀那样子的理发机，一把刮胡子刀（也叫剃须刀），一个梳子。师傅轮流到每一个村。一般半个月到一个月就会来村里面一次，挨家挨户地叫来人剃头。当天的用餐也是分摊到户，轮流下去，轮到哪家了，事先说一下，吃的也是家常便饭。有收剃头金，早年用稻谷粮食顶替即可。遇到满月、周岁、婚嫁，也都要请剃头师傅进行剃头，讨个吉利。

青草师

以往乡村医疗条件比较差，主要靠采集山上的一些青草入药。像月屿的蓝清益，瑞云的王天洲、陈成规等人，从事青草行业多年。乡村青草药师，并将采集回来的药材，放置到庭院风干、收藏，以备不时之需。有的晒干之后要进行裁剪，有的要制成粉末或药丸，但主要是以熬成汤的方法服用。青草药师上山采集青草比较辛苦，有时要下乡一整天甚至过夜。在当年那种缺医少药的情况下，青草药师为民众抗病用药发挥了重要的作用。

打铁师

铁师就是铁匠，较大的村落一般都有打铁铺，铁匠大都来自温州、平阳、苍南（灵溪）一带。他们来到村中租用民房，作为打铁及生活场所，一般由1—2个师傅开家打铁铺。那时农民家家户户每年都需要添补一些农具，大到犁田用的犁、耙，小到割稻割草用的镰刀、砍柴刀、田刀等。生产队时，由集体统一定制购买，每年春耕生产前，损坏的农具就要拿到打铁铺修补，需要新添农具也要到打铁铺定制购买。家里已损坏无法修补的铁具可交由铁匠重新打制，这样会减少工钱成本。家庭困难的农户，可以向铁匠赊欠到年终还。铁匠也会挑着较小的农具走村串户叫卖，随着现代化农业生产，这些农具很少被利用，打铁铺也逐渐消失。

阉猪师傅杨竹波

✎ 郑斯汉

在硖门街道，我常遇到一个精神矍铄、步履稳健的老人前往老人活动中心打牌，他就是硖门当地无人不知、无人不晓的阉猪师傅杨竹波。

一次遇到他，我问："老人家您今年80几了？"他笑笑："你猜猜。""85了吧？"他摆摆手。"88？"他看我猜不对，就告诉我92岁了。顿时，一种敬仰之情油然而生。他和他哥杨竹虎的阉猪手艺都是他父亲传授的。这一行很有规矩，他先祖传下来，一代接一代，从不传给外人。

阉猪，也叫劁猪，顾名思义，就是阉割掉猪的睾丸或卵巢。这行当历史悠久，据著名学者闻一多等的考证，商代甲骨文中已经有了阉割猪的记载。

杨竹波15岁时就跟着父亲来往于山区海边的各个村庄，记住了村名和行走路线，16岁就开始独当一面经营这行生意了。平时他走村串户，进了村子就把哨子含在嘴里，"滴滴滴"吹响着。村里人一听到笛声，就知道阉猪师傅来了，需要阉猪的农户就在路边等候着。那时阉猪1元钱，已经是很贵了，因为别人不会做这个的，行业也就被垄断了。那时候养猪是农（渔）家庭重要的经济来源，孩子上学缴学费，年关还账，置办年货，要是栏里有着一头肥猪，心里就会宽慰许多。因此，山村、海村家家户户都养着猪。小猪崽从乡集抓回来，养到三个月左右，就要阉了，母猪割花肠，公猪割睾丸，阉完的猪才能更好地长膘。

开始阉猪了。小猪看见杨师傅已是胆怯了几分，满脸惊恐地往后退着。杨师傅一挥手，就揪住了小猪的尾巴，眼疾手快将猪崽摁倒，揪耳拽尾将它抱到圈外空地，顺势右脚一跪，膝盖压住猪脊背，小猪就再也动弹不了，只剩下哼哼的尖叫声表示抗议。一条前腿用绳绑住或叫主人抓着。如果是公猪，则右手握刀，左手一把薅住猪卵子，锋利的刀口轻轻往光亮的皮囊上划一口子，左手略一用力，像是挤嫩豆仁一样，"哧溜"一下，裹着白衣的猪卵子顺势而出。如果是母的，则在肚脐边上一小部位刮毛消毒，用刀子划个小口子，先用手指伸入肚内探明卵巢位置，再用刀的另一头的弯勾，插入肚内勾出一团"花花肠子"。之后，就是剪断并结扎精索或输卵管，缝合创口，再撒一把锅灰止血。整个过程一气呵成。

杨竹虎的生意区在柏洋、文渡、东埕、渠口、仙梅等地，杨竹波的生意区在硖门、渔井、石兰、月峤、青屿头、秦阳一带，他俩几乎天天都在外面走动着。生意好的时候，一天阉了十几头，生意差时也就四五头。下雨天没有上门邀请是不出门的。

　　据杨竹波说，"文革"期间将全县阉猪师傅集中城关，统一安排到乡镇畜牧场阉猪，每人任务80头，超时完成任务进行奖励，一下子调动了大家的积极性。他们下乡镇阉猪的数量由乡镇畜牧场统计落实，然后，负责人签字，盖上公章后到县里再盖公章拿回生产队登记工分的。

　　村里时不时地响起哨笛，似乎每个村庄的小孩都知道杨师傅。印象中，村里的小孩子都是怕杨师傅的。哪家小孩子哭闹了，大人就吓唬："再哭，再哭阉猪人就来了！"小孩子一听，立马噤若寒蝉，睁着一双害怕的眼睛。

　　虽说阉猪工钱1元，那可不是现钱的呀，一般要到年关生产队分红的时候才可收回。一次春季到下池澳收工钱（可能是过年后去要工钱），猪主人翁阿金要他自已把乌贼装一土箕当工钱。一次傍晚到渔井码头时，看到船上有很多鱼，主人说，师傅要买什么鱼自己挑，抵阉猪的工钱。不知到了哪一年，阉猪就有2元、5元工钱了。最后提到了10元。大概5年多后，就没有猪阉了。

　　我问："您这行手艺还传给谁？"他说两个儿子都会，可惜现在没猪阉了呀。杨师傅告诉我，前年硖门东稼养猪个体户张承妹还请他去阉猪崽30几只。那是杨师傅90岁的那一年。

　　文章写到这里已是下午2时了，我想又得去老人会正在打牌的他了解一下，是否还能补充些别的什么。

访畲服艺人雷朝灏

闫　晶　陈良雨

在福鼎市民族宗教事务局，见到了局领导兰新福，他介绍说，福鼎地区与霞浦地区的畲族服装样式很相似，只是刺绣不同。20 世纪 60 年代以前还有妇女日常穿着畲族传统服饰，70 年代以后就渐渐没有了。福鼎的畲族服饰曾经参加过 1996 年在云南举办的全国畲族服装展，并获得了二等奖。福鼎畲服最具特色之处是衣襟侧角上长约 50 厘米的飘带，其末端略超过下摆。传统款式畲服的飘带原本只有一条，到近代渐渐出现两条飘带的款式。另一特色是袖口的装饰，黑底上绣蓝色、红色花纹，再加两个随机择取的颜色例如水蓝和水红，一共五种颜色，代表福鼎地区雷、蓝、钟、吴和李五个畲家姓氏。其中雷姓、蓝姓和钟姓是畲族常见大姓，吴姓和李姓据说是在明末时通过招赘而加入畲族。

福鼎式畲服最为精美的是前胸衣襟"服斗"部分的刺绣，绣花需要 17 天才能完成，而且必须要用丝线来绣制。传统福鼎式绣花图案的题材来源于"状元游街""云卿探姑""祝英台""白蛇传""奶娘传""薛仁贵""钟良弼""九天贤女""乌袍记""八仙""七仙女"等民间传说和戏曲故事。与霞浦地区不同的是，福鼎畲民不看闽剧，喜看木偶戏。木偶戏是当地的一个剧种，操闽南话或本地话多是由汉族除魔收妖类小说改编的剧本，20 世纪 70 年代还有"木偶剧团"。兰新福展示了福鼎民族宗教事务局收藏的 3 件福鼎式畲女盛装，分别为 20 世纪 50 年代、60 年代和 90 年代制作。

兰新福特意介绍了福鼎式传统围裙。样式为上窄下略宽的梯形，腰头比较宽且绣有大花，腹部位置般绣两朵对称的凤穿牡丹图案；用来系扎围裙的织带比较宽，上面绣有汉字，一般为腰围的两倍长，在腰侧打蝴蝶结。织带图案有抽象的代表河流的犬牙纹样，也有"毛主席好，共产党好"等带有时代特征的标语口号，还有"一去二三里，烟村四五家。

雷朝灏在展示技艺（冯文喜 摄）

碗门畲族凤凰装制作师傅在展示技艺（冯文喜 摄）

平台六七座，八九十枝花"等诗句。

兰新福认为当代畲族传统服饰的没落主要是由于经济原因。20 世纪 90 年代，丽水师范学院学生每人都有一套畲服。到 2000 年，他向裁缝定做 10 件畲服，平均每件价格 1700 元，如果只做一件价格是 2200 元。而此时，用 100 元甚至 50 元就可以在市场上买到一整套流行服饰，所以大家自然选择穿日常服装。以他的经验，20 世纪 70 年代是个分水岭，从那时开始，大家才开始不穿传统服装。原来福安是穿着传统服饰人数最多的地区，但到了 20 世纪七八十年代也就没有了。

兰新福引荐了当地畲服艺人——碗门乡的雷朝灏师傅，我们按照他的指导来到了距离福鼎市区 40 分钟车程的他家。他给大家演示了传统的福鼎刺绣工艺，并展示了他在 2007 年福鼎瑞云四月八歌王节现场缝制畲族服装的照片。

雷师傅以前有一个叔叔和两个兄弟都从事服饰制作，但后来都陆续改为务农。雷师傅从事畲服制作已有 30 年，现在年纪大了，用其话讲"手硬了"，但是却没有徒弟可以传承。雷师傅认为现在畲族服饰制作的最大问题是绣花线和针这些重要的材料工具都很难采办。传统福鼎式畲族刺绣需要 7 种颜色的绣花线——大红、二红、水红、蓝、黄、绿、紫，现在不仅颜色很难配齐，线的质量也很差，在布面上穿插几次就会起毛断裂。目前市面上也找不到适合绣花的又短又细的针。以绣一个图案为例，原本需要 10 针，现在的针线只能容下 8 针，这样图案的细腻程度就受到了影响。雷师傅对周边地区的畲族服饰情况也很熟悉，福鼎地区早在 20 世纪七八十年代，还是有人穿畲服，现在基本上只有歌会等大型活动时，畲民才会穿传统服饰。由于很多老人去世时要将服饰陪葬，故而现存的传统服饰越来越少。

碗门乡政府工作人员钟墩畅先生提供了一些畲服老照片。据他了解的情况，1980 年以前泰顺还曾有师傅来碗门乡常驻，学习服饰技艺。在清朝末年时，如果泰顺畲民要做衣服，也是从福鼎请师傅到泰顺制作。到 20 世纪七八十年代，还有人穿传统款式的畲服，钟先生的祖母一直到 20 世纪 90 年代 80 多岁时还穿传统畲服。目前水门茶岗村还有人穿传统服饰，但已经没有人做了，主要是由于成本高，价格昂贵。20 世纪 90 年代畲民结婚还有人穿畲族盛装。福鼎式的凤冠和霞浦款式一样，银饰主要包括样式简单的手镯，但是现在没有人会做了，模具也没有了。原来的银匠兰文俊，已快 70 岁，手艺由他儿子兰光华继承，现在改为以打金器来维持生活。

钟先生说以前硖门畲族妇女主要着长裤，穿裙子的比较少，裙长一般及膝。20 世纪 60 年代还有绑腿，后来就少了。裙子的腰头一般为 1.50 米（约 5 尺）长，在腰间来回盘绕绑紧，着草鞋。畲族妇女在 15 岁以前戴胸牌，16 岁上丁（成人礼）后取下，其他服饰不变。订婚前后的服饰差异不明显，但是结婚后头饰会有变化。

福鼎的畲语有南北之分，靠北接近苍南口音，从地缘上讲，福鼎与苍南的交流较与福安容易，因此无论是语言还是服饰，都受苍南影响较大。可见畲族文化不是以行政区划为范畴，而是以城关（市区）为分界岭。同样的规律也适用于霞浦。

［本文选自中国纺织出版社 2017 年出版的《畲族服饰文化变迁信传承》，原标题《福鼎市硖门乡访雷朝灏师傅（福鼎式）》，本文题目为编者加］

草药郎中蓝清益

郑斯汉

蓝清益，秦石村水里自然村人。从小随从父亲学习看病和中草药知识，看病救人能在诊治过程的实践中加以充实和完善，使药效更为显著。

由于父亲的手把手传授，加上蓝清益的好学善悟，20来岁的他就能独当一面，在望、闻、问、切方面有着独到见解，在中草药治病方面有了自己一套方法。这样一来，既减轻了其父出诊的劳累，又增加了一些家庭的收入。

有一次，蓝清益从乡公所开会回来，路经柴路林厝里时，一户林姓人家哭天喊地的。他走进家门一了解，看到一位十来岁的少年躺在床上不省人事。他即刻把脉后，确诊为寒邪。在少年的手指尖和脚趾尖上依次扎银针，将凝固的黑血一一地挤了出来，用热水擦洗病人全身激发血脉循环，再灌些开水，少年就清醒过来。他又为病人开了几服中草药熬汤饮服，隔两日少年便痊愈了。

少年痊愈后，母亲特别的高兴，她还了解到蓝清益离婚后还尚未续弦，正好自己的女儿也离了婚，觉得是天赐良缘。于是她就请来了媒人去说媒，还叫女儿前去邀请蓝清益。到了林厝里，少年的母亲殷勤地接待他，嘘寒问暖，有意促成这段姻缘。一来二去，两位年轻人终于走到了一起。这件事，当时在十里八村成为美谈。

我是在读中学时认识他，那时他已是50来岁的人了。他的家在水里村外头，去太焕村和月屿村，来往的人都得经过他家门口。他的最大的特点是嘴上叼着香烟。他的烟瘾大，一天要抽2—3包烟，出诊时总是背着一个蓝色的大布袋，将各种青草药装入囊中，装得鼓鼓胀胀的才出门去。他最经常去的地方是渔井海边一带的村庄。渔井村大大小小都知道他的，也很喜欢他的到来。每到渔井村口，就有人等候在哪里，或是小孩积食了在等他，或是谁又患了寒邪，或是谁家大姑、小姨月经紊乱，或是谁的手腿被扭伤了，等等。他一进村里就忙得不可开交，张家还没看完病，就有李家在等候着，有的东家非请他到家里不可，煮上一碗蛋酒奉上，坐在桌旁边把病因前前后后说个周详，他也边喝蛋酒边倾听着，偶有询问东家一两句。大概一碗蛋酒吃完的工夫，他也基本了解了病人的有关病况，接着点上香烟，深吸上一口满足地吐着烟圈，开始了搭脉、看舌头、观察面部神情等，之后开始抓药了。首先把旧报纸折成4开摆在饭桌上，中草药也就是用手抓个大概，一般要抓上3服熬汤饮用3天，3天后再抓3服熬汤饮用，就基本上痊愈了。据渔井大队原书记王道乐回忆，渔井里林圣钢、林圣光分别得了伤寒，找到了蓝清益搭脉，立即给予对症下药，几贴中草药熬汤饮用后病也就好了。他还说自己得了两次寒邪，都是他开着药吃好了。我问他为何那时得寒邪的人会这么多。他说那时的人天天劳作，劳动强度大，营养跟不上，洗水后就会经常得这样的病。单斗子村刘仁水得了寒邪，家人找到了蓝清益，经过把脉后，喝了几服中草药也得到解决。他说蓝清益在渔井看病声望很高，治好的病人也不计其数。蓝清益还擅长儿科、妇科、伤科等，也都用中草药来治疗，效果很好。他大部分时间都出诊于渔井一带，傍晚时分经常出现在渔井码头，买了一些鱼货带回家去，一旦村里有人生了急病，就会请他去看病。看完病后，人家经常请他吃饭，所以他总是早出晚归的。当时还没有村级保健站，夜里有人要是得了急病，就会连夜步行山路前往蓝清益的家邀请他去看病，他从不推辞。据他的儿媳妇王秋娇回忆，有时他夜里出诊刚回来，才躺下又有人来请看病，又得起身前去。

王秋娇还告诉我，他看病主要在渔井海边一带，有一年好像是管阳、柘荣一带的人也找上门来，请他去看病，她就纳闷了，他从来没到这一带去看病，他们怎么会找到这里来呢？据来人说，是邀请他去看神经病的，因为之前有几个这样的病症让他看好了，于是便慕名而来的。临门不遇，只能在家等候先生回来了。待到天晚时蓝清益才回来，第二天拂晓他们就出发了。

据说蓝清益还惧内，平时家里的一切事务都是他的爱人说了算。说起来便成了好事，这样他没了分心，就一心扑在了为人治病和上山采药上的两件事上。岳父岳母也知道他的辛苦，就主动帮助他上山采药，将青草药剁碎晒干后一袋一袋分别装包送到了水里蓝家。岳父岳母到来，经常都遇不到他呢。

十里八乡的人经常请他去看病，他总是随叫随去，有时也忙不过来，就开始把小儿子蓝春潮带在身边使唤，也适时传授一些经验给他。他总是叮嘱儿子，做医生责任重大，不能有半点的疏忽。他还经常带儿子去山上采药，牢记草药特性、功能以及对症下药的准确性。

染布艺人谢梅弟

📎 郑斯汉

　　谢梅弟（1918—1985），原籍浙江苍南县灵溪镇，18岁那年随父逃荒到硖门。初来硖邑生活十分清苦，三餐生计难度，他们在硖门乡斗门头村桥头旁搭建一座低矮的茅草房，只容得下一家三口居住。转眼间，清苦的生活过了两年，20岁刚出头的谢梅弟还没有手艺。有一天黄昏，一个衣衫褴褛、瘦骨嶙峋的40岁开外生人，经过谢家的茅草房门口想要一口饭吃，善良的谢父留宿于他并给他饭吃。经过交谈，原来此人是福清人，经过此地时盘缠用完了，已经两天没吃饭了。此人在家是个染布的，他干染坊活已有好几年了。谢父看着旁边站着的孩子，恳求福清人收其子为徒。福清人看到谢父的认真，就爽快地答应了。经过十几天的授艺，聪慧的谢梅弟很快掌握了染色工艺。送走福清人后，谢父添置了一套染布担。从此，谢梅弟成为硖门唯一的染布艺人。

　　当时，硖门农村村落分散，村民穿衣条件差，一般男的只穿得起廉价的白布衣，女的大多穿麻丝布染成的衣服，天天穿洗，也容易褪色，一般一年中要染色1—2回。谢梅弟为了方便群众，起早贪黑地挑着染布担走村蹿户，口里还不断吆喝着："染青！染蓝！染黑啊！"在山村里，人们白天常常忙于农活，等到中午收工的时候，染衣、染布的群众特别多，有时还忙不过来呢！他也常常就餐于村民家里。他人缘好，常常染布工钱都是先赊账，农历十二月再来收工钱。于是，十里八乡都认识这个谢师傅。

　　"文革"期间，硖门就成立小工商联合社，把手工艺者组织起来，有做饼的，有做木工的，有搬运的，有理发的，当然染布也在其中。这样一来，谢就不能到各村染布了。只好早出晚归奔走于各个村庄收衣收布带回染坊操作，有时衣服、布料多了常常要连夜加班。从各村庄收回衣布染什么色是由主人决定的，怎样才能不会出错呢？他是这样做的：用竹片钻一个小洞，绑上线用别针别在衣布上，村庄、姓名、染什么色逐一记好带回染坊。染好衣布后，再进行按村庄归理好送到各村各户，从无差错。他技术好，信誉佳，生意也十分的红火。

　　联合社解体后，谢梅弟继续他的走村串户的染色行业。那时他想，干这一行硖门没有接班人不行，就收了一个徒弟。经过几十年的经营，谢梅弟也有些积蓄，于是在硖门的斗门头村盖起了两间房屋。谢梅弟在20世纪80年代初终止了染布生涯。

赤脚医生王贤孝

郑斯汉

　　王贤孝，青屿头村半山自然村人，是硖门赤脚医生的典型代表。青屿头村在"文革"期间称机轮大队，此村离公社所在地硖门20华里，交通闭塞，山路陡峭蜿蜒。村庄渔民居多，以内海捕捞作业为主，众人生活十分艰难，尤其是生病时缺医少药，许多患者因得不到治疗而亡。我青少年时代就在这里度过，目睹了一幕幕生离死别的情景。

　　1970年，机轮大队成立合作医疗站，王贤孝当上了赤脚医生。为了更好为农渔民治好病，他坚持不懈地钻研医疗技术，除了参加生产队的劳动还出诊霞鼎两县边界村庄（包括霞浦牙城公社管辖的海边10来个村庄）。他学医刻苦，内科、外科、儿科、妇科、针灸等都学。由于文化程度不高，学习的困难时时都会出现，但他不气馁，有恒心，不懂的就虚心向公社卫生院医生请教。有人对他说："老王，你这也学，那也学，还是专一科好。"他回答："我是偏僻渔村的赤脚医生，不多学，怎么能为贫下中渔（农）治好病呢？况且村民到公社卫生院看一次病往返就要一天呀！"他注重学习与实践相结合。有一次，他学习用针灸治牙疼，反复地在自己身上穴位试针，有时扎得汗珠直冒，有时扎得鲜血流出。他的母亲看了心疼地说："贤孝，谁当医生像你这样挨痛流血呢！"他毫不含糊地说："针扎得让自己挨痛流血，才能减少患病者的痛苦。"他经过刻苦学习和实践，掌握了渔村多发病和常见病的治疗，以及针灸和简易外科操作。记得有一年夏天的一个午后，中谷生产队的一个村民躺在地上不省人事，大汗淋漓，口里还吐了许多白沫，家里的人不知所措，哭喊声惊动了左邻右舍，刚好在妹妹家里的王贤孝闻声赶来，诊断是深度中暑，马上对其进行刮痧，从腋下、背上、喉咙、手指等几个部位进行处理，十分钟过去，这位村民开始有了知觉，喝了一碗开水后，没过多久便恢复了正常。

　　在夏秋季节里，村民很经常生"寒邪"。中医所谓寒邪，就是指身体血液循环不畅，瘀血在身上凝固着，全身无力，也会抽搐，这种病常常是人在夏天洗冷水引起的。王贤孝他采用扎针方法，把十只手指头和背上的瘀血排挤出来，通过2—3次的针扎手挤，病人逐渐恢复正常，一般还要口服两服清瘀活血的中草药，方可痊愈。

　　王贤孝在当赤脚医生的日子里，总是满腔热情为当地渔民防疫治病，不论是盛夏严冬还是刮风下雨，无论是近路还是远路，病家一叫就出诊，病人一到就看病。有一天深夜，牙城公社下南洋村的一个病家到医疗站敲门，出诊回来刚躺下的王贤孝，搓了搓蒙眬的睡眼，即刻下床开门。当看到病家心急火燎的样子，王贤孝也不推辞，在漆黑的夜晚沿着蜿蜒崎岖的海边山路走了一个多小时才到了病者家里。

王贤孝一心为渔村看病的事迹，还在当时的《福建日报》报道过。那时还有一部反映赤脚医生的电影《红雨》正在全国放映。"赤脚医生向阳花，贫下中农人人夸。一根银针治百病，一颗红心暖千家。赤脚医生向阳花，广阔天地把根扎，千朵万朵红似火，革命路上映彩霞……"当年轻人传唱着《红雨》里的插曲时，王贤孝总是心里甜滋滋的，脸上荡漾着幸福的笑容。

随着岁月的流逝，时代的变迁，机轮大队合作医疗站及王贤孝本人都成为记忆。

文教卫生

朱熹题联与临济宗法号渊源

允 恭

瑞云寺所处之地系太姥山麓，据文献记载和当地沿袭称为"凤山"，又称"雏山"，环境优美，有曲径通幽之境。

相传朱熹曾来到瑞云寺，并题一山门联，至今其事迹在民间口耳相传，并见于瑞云寺收集的《瑞云寺历史诗文》之《凤山瑞云寺山门联古事》中："南宋朱晦翁，闽之尤溪人，曾隐居武夷山，筑精舍读书其中。绍熙中，晦翁游福鼎太姥山，路经瑞云寺，爱其山水秀丽，冈峦雄伟，乃题一联于寺山门，其联曰：地辟九重天，碧水丹山青世界；门当三益友，苍松翠竹白梅花。联极雅致工整，后来寺僧作为剃度僧人的法号字辈，一直流传到现在，继往开来，和凡俗一样。"

朱熹所题原山门联笔迹，随时间推移，已泯没于历史。现今山门联板为今人重新制作，文句仍为朱熹之句，挂在瑞云寺探花府大厅正堂上。门联板为木制，作弧形状，便于挂在圆柱上，木板底色上黑漆，字上金色，为小篆书写，联板长约2.3米，宽0.3米，边款小字"岁在壬申年仲春，霞邑牙城镇信士林心潘敬献"，是施主作为礼物献给三宝的。

朱熹所作的山门联后来成为临济宗瑞云寺一脉的法号，见诸许多历史文献，摘要如下：

其一，载于《福鼎佛教志·宗派源流》"临济宗宁德支提系瑞云寺"："本系源流于宁德支提寺十八房中之三房。初分至宁德支提山碧支岩洞，由重空和尚入室弟子天成老和尚主福鼎象山寺和法传瑞云寺，继后由碧岳下传弟子如水，水传秦丹，秦丹传华山，山传青涵。智水传蕴丹，丹传笃山，笃山传青芝、青朗、青仓。清末至民国时期，本系以智水、笃山等人为代表人物。中华人民共和国成立后，以青芝、青涵、青意为代表。现本系主要代表有青芝、青涵、青萱、世行、世孝、界诠等。本系外字沿：'地辟九重天，碧水丹山青世界；门当三益友，苍松翠竹白梅花。'现已传'当'字辈。"

其二，载于《霞浦县佛教志·霞浦县佛教宗派源流及字号、标志》"临济宗支提寺系"："本系源流于宁德支提寺十八房中之三房。初分至宁德支提山碧支岩洞，即碧支堂上昭云正祖入室弟子五位，灵石堂上性灵我祖主霞浦目莲寺，昭念戒祖主福鼎象山寺，其瑞太祖主霞浦宝轮寺，一重佳祖主霞浦法华寺；能由禧祖主福鼎国华寺。继后由瑞云寺弟子碧嵩、碧岳下传弟子，经智水、石水，至锦丹和尚主霞浦大云峰寺；另由地净、别哲主霞浦河山寺；天全、裕水等回接霞浦法华寺法席而续演至今。本系外字沿：'地辟九重天，碧水丹山青世界；门当三益友，苍松翠竹白梅花。'"

其三，载于界诠所撰《瑞云宗谱·序》："瑞云一系，远承普陀山碧峰性金禅师，近由宁德支提系传演而来，于象山寺、瑞云寺开化……瑞云法脉本依临济，其门人依瑞云寺大雄宝殿一偈而取名号，俗字既多，难为法脉取名之依。近年来，诸师遂各依自意，为其徒取名，混乱难从。故考偈中各字之意，适当调整，希诸师能顺此法。"

其四，载于《瑞云宗谱》中《关于瑞云派法名、法号的几点倡议》："因瑞云之法系辈分，乃出自朱熹为瑞云寺所撰对联，而下联中'门当三益友，苍松翠竹白梅花'，皆世俗之字，无佛法之意蕴，依此难以取名。而瑞云门下已出现'门''当'之辈分。为使佛法久住，法脉不绝，故倡议将此法系取名作以下变通。"

咏瑞云之诗

🍃 冯文喜

瑞云寺历史悠久，文人骚客游兴于此多有题咏。然除了智水《凤山十六景诗》流传外，其余多散失。

诗作者中有林士恭、林士英、江本侃、智水、陈寿康、陈翔藻、邱善元、陈海亮等。

现在该寺小册子《瑞云寺历史诗文集》基础上，予以收集整理，有的难以考其出处和姓名，以无题和佚名补之；有的存字有误，以□代之，以望后来者补拙。如下：

无题

佚名

余馆瑞云寺，适梵阙涂既，□甫落成完整。寺师嘱余题赠，余不揣谫劣，因搦管漫赋四十字，令往来名贤，开多读之，应□□西竹先生作拈花一葫芦也。

金阙骇云翚，华宫入紫微。

千林空色相，万象发清机。

绿树随风舞，宵蝉水月辉。

幽兹绝尘境，应是世间稀。

无题（四首）

佚名

甲午年，清（单称，指谁不详）和予（佚名，亦不详，待考）过硖门，唔楞根和尚。二人欲观海齐中，约为山水游。因邀楞根，钓璜偕其高弟子黄兄昌玉，族弟梅，先登瑞云寺，见乎山谷幽寂，景物移情，不觉清净地，□有禅悦心，因即悦成五律四首以志游。并以造漱霞、楞根二上人清谈，此结方外缘可乎。

瑞云寺（张晋 摄）

其一

遥指林开处，山门尚几时。

白云何处寺，紫竹认前山。

寺密平为堵，堂高绿作寰。

梵宫春昼永，无事日长关。

其二

夏日当窗暖，浑如欲暑天。

炷香僧入定，午饭客初眠。

桎梏名和利，邪魔酒与烟。

何能一了俗，半榻共谈禅。

其三

有酒莫糊涂，梅花认故吾。

长途回骏马，后事问童乌。

庄子梦蝴蝶，青莲唱鹧鸪。

神仙非不欲，举世待来苏。

其四

万籁此俱寂，幽鸟时一鸣。

雨声刚入夜，云拨已初更。

小院僧长话，高楼月自明。

来朝携手去，三笑虎溪行。

题瑞云寺探花府门壁（二首）

佚名

其一

一抹残红日已斜，束担就道便还家。

高歌度岭穿林过，踏破空山谷口霞。

其二

夕照千林树影斜，芒鞋踏破谷口霞。

已拼身世老岩壑，带月归来兴更赊。

（注：本篇题目为编者所加）

题瑞云寺华表

林士英

迥峦耸翠接天青，法雨盘空霄汉亭。

画栋翚飞翻落日，垂檐弄彩挂流星。

幽禽阆吹晨扬梵，熠耀燃光夜烛经。

最是瑞云趣寥寂，无穷净悟入清泠。

游瑞云（五首）

江本侃

其一

不到名山十七年，芒鞋重上白云巅。

老僧相见还相识，欢上香台话旧缘。

其二

胜游争借佛光来，天气阴晴已熟梅。

却喜今晨刚沐佛，香云浓霭雨花台。

其三

冈峦一节绿云绸，石径沿流入望幽。

更爱断桥斜照里，泉声清谷磬声悠。

其四

绀殿深藏一谷幽，年来曾把赏心留。

偷闲挈伴追鸿爪，满眼风光胜旧游。

其五

平生惯作入山游，到处禅关屐迹留。
又将上方聊雅会，十分天趣胜瀛洲。

无题（四首）

林士恭

其一

摄屐沿溪去，溪湾复岭塆。
烟痕炊出刹，鸟语瓮空山。
林暗云归谷，天低月下寰。
老僧欣止步，我客叩禅关。

其二

环林晨气润，为报梦秋天。
一鸟枝头叫，诸君楼上眠，
诗敲残夜雨，画贴暮春烟。
得性形骸外，尘心都化禅。

其三

逸兴学鸦涂，乾坤老却吾。
一鞭春走马，几曲夜啼乌。
那日从龙虎，逢君唱鹧鸪。
一声钟落日，何处觅髯苏。

其四

春色苍茫至，梵宫钟又鸣。
谈玄云半榻，旧话月三更。
隔院僧沉睡，东方天欲明。
山光悦鸟性，唤起客行行。

谢寺僧赠绣球（五首）

陈寿康

其一

爱尔清修自有情，种花事业悟时新。
圆光顶上分余荫，十里灯球照等伦。

其二

灵山世界绝红尘，又得花光满眼新。
移赠却令微笑悟，雪团香送一林春。

其三

挈伴重登物外天，老僧识旧喜相延。
一灯未磬经年愫，便向人前宗锦笺。

其四

矫首名山却有情，入门我佛笑相迎。
探囊自愧无投赠，好句聊将本色呈。

其五

晓起云房听诵经，深林霜叶乱飘零。
推窗乍展朦胧眼，错认桃花落满庭。

无题

陈翔藻

瑞云闻说更清幽，十里相邀蹑屐游。
沿路溪山忘我倦，到门花木倩人留。
堂阶有月新成社，潭水无波淡入秋。
啖罢茶烟语衲子，风尘换得一丹丘。

无题

邱善元

瑞云寺在山之北，闻君未曾经游陟。
我今何幸为君来，乃能整衣登斯域。
一入山门便豁然，古树交柯云影黑。
池有鱼兮庭有花，花中惟有梅超特。
梅空色相鱼吐经，清闲之福消受极。
且喜上人意殷勤，乍见真如逢旧识。
愧予都为名利荣，不如抽身安乐国。
无端山童促行踪，良朋美景难再得。

咏鼓山凡圣庵

智水

最深幽处无凡响，偏有蛙声绕草庵。
便与名山添古篆，几筐蝌蚪布清潭。

咏仰山公五秩寿

智水

三千世界沸狼烟，四海疮痍向孰怜。
我佛能仁开觉路，如君好施着先鞭。
繁华过眼都成幻，俗虑忘心即是仙。
天寿百龄刚得半，头陀顶祝九如篇。

重游瑞云有感

陈海亮

卅四年前此驻骝，牡丹竞放似迎游。
风云几变花王杳，岁序频更经籍丘。
寺旧尚存僧尽逝，楼新重饰景还幽。
漫游忘却沧桑感，乐伴诗朋托唱酬。

硖门

题咏硖门郑氏诗选录

⊗ 贯 之

　　硖门郑姓为当地一大望族，民国版《郑氏宗谱》中辑"寿诗"十余首，多为祝寿诗，主要是给东家文冈先生七十拜寿时即兴而作。原诗多数没有诗题，以《前题》为之。另外收编族人其他古诗，其中不乏佳作。郑文冈（1844—1918），讳献元，为人有志向，热心于地方和族中公益，并乐善好施。清末，福鼎创办学校，文冈捐金五百两，颇有声誉。

　　诗作者中有周梦虞，字桐崖，光绪间副贡，首任桐山书院山长，他写的寿诗前四句是："黄酒未熟菊初黄，有客速我作重阳。我愧题糕无妙笔，试笔先赋祝釐章。"周梦庄，字肇诚，号敬生，廪生，他的诗中有这样四句话："先生居里曰硖门，洪流经过万马奔。长虹绵亘驾十丈，巍峨碑碣终古蹲。"句中"长虹十丈"指文冈先生造桥之事。蔡钟灵，他的诗中前两句："名园九月菊花鲜，含笑欣开七秩筵。"许葆昭（1878—1948），字岳勤，号穆臣，他写道："九月秋高天宇浩，黄菊傲霜标晚节。"这两人诗中都出现"菊花"一词，概文冈先生在九月做寿，以黄菊喻之高洁。吴念祖，字铭训，翠郊人，诸生，他的诗中有两句："手创门楣光氏族，业勤稼穑重农耕。"林步蟾，字寿卿，诸生，他的诗中有两句："弟兄堂构开丕基，勤俭成家无猜忌。"王翼谋（1850—1911），号于燕，桐山人，他写道："先生高义等衡嵩，雅好行仁与急公。"林大璋，他的诗中有："忆曾浪迹硖门游，所恨未识韩荆州。"施得奎，他写有："杰阁危楼气象雄，云屯畎亩偏南东。"周克耀，他写有："犹忆吾闽光复时，倡办乡团力独支。"以上诗作者，为晚清至民国时期地方名流。作为贺寿之诗，主要写出寿星一生所做的善事，诗行之中充满赞誉、称美之意。

　　另外还有江本侃所作《文冈先生小照》共三首，诗中没有直接写祝寿，而是撷取某些生活场景或片段，体现老寿翁晚年的幽趣与沧桑。邹家焯的诗有特色，他写道："登春桥下迢迢水，流到千秋总有声。"诗行读来朗朗上口，亦成名句。郑锡祺写有《登业师吴夫子堂三首》《寄寿邑叶士模先生》《感怀》等诗作，其中不乏对仗工整之句。王邦怀，字瑾卿，曾任清谘议局议员、霞浦县知县、教育会会长、清商会会长，民国《霞浦县志》中有他作序。林则铭、翁浩等二人的诗行中提到"观海楼"和"登春桥"，皆是硖门郑姓当时重要建筑，现楼已为陈迹，唯桥仍屹立于硖水。智水和尚也有一首录入其中，这也是他在瑞云《凤山十六景诗》外，落入民间的又一首诗作。

皆选录部分诗人作品如下：

前题（二首）

邹家焯

其一

十丈长虹一再成，当年不惜力经营。

登春桥下迢迢水，流到千秋总有声。

其二

拯饥满载曾移粟，广被三椽又筑坛。

吾邑凤称施贡士，芳名今日独专难。

文冈先生小照（三首）

江本侃

其一

梧桐院落画楼东，渔箫遥传出暮空。

莫问沧浪何处是，数声吹彻夕阳红。

其二

休把忘机笑钓翁，名花过雨簇芳丛。

南华一卷饶清兴，坐看空庭试小红。

其三

远山排闼水浮空，幽趣偏宜白雪翁。

更羡芝兰香绕彻，秀含书带碧玲珑。

登业师吴夫子堂（三首）

郑锡祺

其一

昔年高卧竹梧斋，红药浓开小院西。

今日重来花径里，入门唯见乱莺啼。

其二

鼠啮虫残几架书，先生旧日抚摩余。

丹铅一世今归去，空忆窗前草不除。

其三

梅花纸帐旧清居，今日尘封总不如。
犹见中庭好图画，一泓水墨是匡庐。

前题
智水

楞伽座上酴哦诗，偏叩禅扉索蝦词。
我佛曾传无量寿，先生更有古须眉。

寄寿邑叶士模先生（二首）
郑锡祺

其一

曾记追随陌巷中，花明鸟语度春风。
琴书静处乾坤大，杯酒酗时宇宙空。
龙首俯临茅舍绿，凤池遥映夕阳红。
于今犹是当年景，高榻长悬待我公。

其二

梅花欲折寄春风，消息年来了不同。
世事经多豪气少，交情阅尽古人空。
浮踪共欢萍无定，老节端推柏最雄。
培植蕙兰知畅茂，一樽犹可作贫东。

前题
王邦怀

十载曾登观海楼，旧痕鸿爪尚勾留。
投桃醉我离筵酒，插菊逢君杖国秋。
矍铄精神瞻鹤健，风尘潦倒愧鸥浮。
忙来欲问神仙福，何似先生第一俦。

前题

林则铭

七十无求一老翁，菊花醉酒又秋风。

健如矫矫云间鹤，苏似嗷嗷泽畔鸿，

通德门高绵爱日，登春桥古卧长虹。

最难妇孺知名遍，卖药韩康市隐同。

感怀

郑锡祺

自庚午外出教读，不得奉亲者七年，能无恨于心乎？

膝下多年别，孤怀倍感亲。空为书剑士，不及草田人。

菽水朝初奉，蔬羹暮更新。那堪游子痛，几度怅溪滨。

近年出外久，归里奉亲稀。一见一回老，苍颜满鬓丝。

曩岁茅檐事，篝灯午夜余。母寒犹恤纬，儿照读残书。

捧檄怀毛义，非为爵禄驰。斗升聊养志，白发未衰时。

智水与《凤山十六景诗》

冯文喜

　　智水（1876—1937），号楞根，自称了幻头陀，法号心源，福建福鼎县西阳马洋村人，是佛教临济宗派一支在福建怡山长庆寺（即西禅寺）第五十八代传人，福建名僧之一。智水重视戒律，尤精研于天台宗，擅长诗词、书法。著有《凤山十六景诗》《佛陀救世精义》及《华藏楼诗集》传世。《福鼎佛教志》有传。

　　本文转载硖门《瑞云寺历史诗文集》中的《智水和尚传略》《凤山十六景诗并序》。因原稿部分文字有误，现予以适当更正，如仍有部分文字有误，望后来者补拙。另外，民国《福鼎县志》辑录有县令周赓慈《层峦烟雨》《寿塔眠云》《花井掬泉》《蕉园赏菊》诗四首，为凤山之景诗同题诗，而硖门籍诗家黄劲松亦唱和同题诗《次凤山十六景诗》，故一并附后。

智水和尚传略

　　智祖老人号楞根，自称幻头。生清光绪丙子年（1876）七月初六日戌时。其母见老僧入室而诞生，刚周岁，有象山寺主持道由和尚见之曰："法器也！"其父闻之，遂送寺抚养。年五岁，得瑞云寺秀松老人剃度。七岁读书，十五岁，浙瓯锦屏山常宁寺依晓柔大律师，受具足三坛大戒，遂研毗尼律学。十八岁任瑞云寺住持，二十岁游参诸山，得法于福州怡山长庆寺妙湛禅师。

　　民国元年（1912），宁波天童寺寄禅大和尚创中华佛教总会，智老当时有写《佛陀救世精义》一书行世，见者乃称为至词。又写《华藏楼诗集》和《太姥钟诗集》，现失掉无从寻找。民国二年（1913），值中央政府颁谕要，启大雄普利盛会，号召国内各省名山大寺高僧硕德参加。当时智老亦系代表之一。因上要各僧写一表文呈览，惟智老一堪称上意，遂获魁选，由是名扬中外，引人崇敬。至法会圆蒲旋归，受赐玉如意一把和频伽藏经一藏，乃一直珍存于瑞云寺华藏楼。现在藏经和玉如意都失于"文革"之中。智老于民国十七年（1928），承榕中董请后主怡山，本不思复任，以聘帖迭至而固不可，遂默允重振，以绍前徽。而作后辈，凡昔所来施者，将次第施之。

而兼任福建省佛教会长，民国二十六年（1937）丁丑夏，应鼓山圆瑛老法师弘传寺戒，请为教授，事毕而回，微觉神疲，四月三十日夜，突然发寒，五月初三日辰时，端坐示寂，享世寿六十有二，僧腊六十稔。骨分二，一葬进怡山无量光塔，二进瑞云寺塔坟。又于佛历五百十七年癸丑，即1973年农历八月十三日，其灵骨转葬于管阳观世庵右边山麓。

智老生平重视戒律，尤精研于天台宗说，兼擅长诗词、书法，写景抒情，极具宋人风格，间寓禅意，以吟咏赏。游鼓山凡圣庵闻蛙声，吟云："最深幽处无凡响，偏有蛙声绕草庵。便与名山添古篆，几筐蝌蚪布清潭。"句看平常，甚有禅意，忆当年圆瑛老法师抵怡山时，在两序大众师前称智老之才之德之相，定堪为人世师表也。佛历二千五百十四年。

凤山十六景诗（并序）

秦川多古刹，而凤山精居不与焉。然林壑清幽，颇堪游览，层峦耸翠，古木萧森，孤亭幽坞，曲径清泉，其种种幽致。晨钟夕梵，与涧谷琤淙之声相应，游者迄无虚日，而流连题咏，珠玉纷披，足称一时之盛。衲闽峤远山，之明年，偶挚旧侣，更搜佳处，徘徊周览，恍然有昨，爰成十六景名，并系以诗，权当抛砖引玉，惭兹击钵，唯冀骚人逸士，策杖寻源，对山色溪声，具正观慧舌，敢迦陵钟鼓，存竹林此日之妙音，实知南岳伟箫，续莲社当年之雅唱。庚戌春三月初，了幻头陀智水草。

一、层峦烟雨

层峦耸翠郁葱葱，烟雨迷离罨梵宫。

一杵晓钟云外立，千重树色认朦胧。

二、平岗松涛

振衣岗上福平台，天际余霞傍晚开。

虎啸一声山月白，万松谡谡鼓涛来。

三、陇头晚笛

残阳蘸水不生波，远望归牛践绿莎。

三两笛声刚向晚，梅花吹落陇头多。

四、峇门归樵

石凳烂斑碧藓封，步虚时上翠微东。

相逢樵担归来客，话到山间已暮钟。

五、院前望耕

柴门早启晓烟浓，石壁岚光翠九重。
门外有人耕绿野，一犁膏雨唤扶筇。

六、葫芦沽酒

几人挈伴上方游，醉倒闲云一壑幽。
谩道此间唯学佛，也教依样筑糟邱。

七、月湖垂钓

水月观心不着魔，恐将幽境付蹉跎。
滩头箕踞垂竿处，遮莫尘情逐逝波。

八、寿塔卧云

浮屠千古卧云冈，幻景真同一梦场。
觉后红尘葱岭去，长留只屐此中藏。

九、枫林夕照

开遍黄花三径香，山间扫叶逸情长。
何来一抹红如许？半是丹枫半夕阳。

十、蝉鸟秋声

松堂阒寂夜凉生，月色流光景界清。
何处寒蝉频聒耳？觉来大地尽秋声。

十一、竹院迎风

竹影玲珑映画檐，清阴拂地涤朱炎。
推窗逗得凉千斛，翻引吟魂到黑甜。

十二、钟楼啸月

几杵疏钟敲将时，倚楼人到月先知。
一声长啸震林叶，贪看清光睡较迟。

十三、梅亭放鹤

当年处士有真机，迓客湖中返棹归。
我亦结亭梅树下，闲来也放鹤亭飞。

十四、花井掬泉

水气青涵花气薰，丹光出井晓成云。
擎瓢一掬心源在，应似曹溪一派分。

十五、蕉园赏菊

一夕秋声作雨寒，满篱素艳待人看。

高情留得清阴护，蕉鹿纷纷梦已残。

十六、雪岭寻梅

谁将高格傍云栽，蜡屐冲寒冒雪来。

试问几生修到此，偏随六出一齐开。

凤山同题诗四首

周赓慈

层峦烟雨

千重佳气郁葱葱，雨护烟笼失梵宫。

是色是空浑不辨，并教顽石也朦胧。

寿塔眠云

流云暖礎宿高冈，此地真成选佛场。

曾否归来留只履，千重霭霭共深藏。

花井掬泉

绕砌名花覆井芬，倒涵冰鉴幻香云。

煎茶试取军持汲，好似枝头晓露分。

蕉园赏菊

旗影摇空绿未删，金英好乞护阑干。

书成怀素何人赏，合共黄花着意看。

（注：作者是民国时期福鼎县长，标题为编者所加）

次凤山十六景诗

黄劲松

一、层峦烟雨

烟笼十万绿菁葱，四壁云山拥雪宫。

罗汉临池莲映水，无边钟晚望朦胧。

二、平岗松涛

山花飞曳与云台，茶色烟峦青字开。

添得松声万千响，门庭独立看峰来。

三、陇头晚笛

流泉山壑是鸥波，陇笛声声起碧莎。

梅蕊吹开游野外，一天风露梦中多。

四、岔门归樵

无语青苔自在封，雀呼婉转寺门东。

归樵岭下秋风梦，映月荷花伴晚钟。

五、院前望耕

碧叶层层烟雨浓，院前山水化千重。

一溪野水过花底，清望前头自杖筇。

六、葫芦沽酒

闲饮葫芦境外游，一般清寂一般幽。

倘如醉里能飞忆，直把青旗作故邱。

七、月湖垂钓

半夜垂钓入梦魇，年华倚剑已蹉跎。

寄言湖水沧浪意，柳树桐花与碧波。

八、寿塔卧云

幽花绿柏满山冈，何处相逢酒一场。

觉后红尘归万里，只余心事可逃藏。

九、枫林夕照

徘徊林径菊花香，秋野丹枫日脚长。

游子浮云都去了，霜钟空对冷斜阳。

十、禅鸟秋声

两三银桂故山生，月色如流分外清。

寂寂青灯黄卷外，禅窗一诵尽蛙声。

十一、竹院迎风

清风竹荫到阶檐，雨过新花压暑炎。

莲叶凉堂棋一局，谁人不觉入酣甜。

十二、钟楼啸月

山光溪色鼓钟时，寺上花开人未知。

为看林间明月好，不辞夜半雪霜迟。

十三、梅亭放鹤

西湖每到必寻机，一拜孤山处士回。

此地相逢谁放鹤，梅园我亦学辽归。

十四、花井掬泉

到晓云堂花气熏，烟岚缭绕若成云。

天香好似寒晶底，付与人间一缕分。

十五、蕉园赏菊

清阴篱畔雨霜寒，老菊山枫一处看。

昨夜精心开望满，茫茫蕉鹿梦初残。

十六、雪岭寻梅

一树梅花雪岭栽，孤亭百里冒寒来。

殷勤我寄头陀语，十六景诗重又开。

硖门

石兰邓氏拳术棍术与抗倭习武渊源

冯文喜

　　硖门石兰至今保持的传统武术分为拳术与棍术，属于南拳的一种，村庄习武之风传承已久。

　　元末明初，倭寇侵扰福建沿海村庄，邓氏族人弃家奔走。石兰《邓氏宗谱》记载这一事有三处——

　　其一，案水人张烈在乾隆三十九年（1774）《邓治轩绕泉二公合传》中提道："余考兰溪邓氏，自孙五公产二子，长李二次李三，始分三甲、七甲两大房，延余创制二谱，兹按：三甲一房宗派明晰，而七甲分日、月、星，日、星两支不无残缺之憾，盖由明末遭倭寇，各房奔走逃窜，支派散失，名讳莫知，生卒莫书。续又厄于甲寅之变，寸帙无存。"

　　其二，1923年，浙江苍南苔溪吴荣《重新石兰邓氏族谱序》载："福鼎十一都有地曰石兰，至硖门五里许，峰峦环抱，泉池澄映，其居有邓氏服农力稿，朴愿守法，不染恶习，盖劳则思善，亦其先世质慤之家风所贻者远，故子孙能守而不变也……及考牒中始祖赵五公，有明初叶迁居是地，传四世李二公分居七甲，李三公分居三甲，而李三公之支派，皆昭晰无遗，毋庸繁赘，独是七甲李二公生三子曰周一、周四、周五，分为日、月、星三房。按乾隆三十九年旧序载，日、星两房不无残缺之憾，盖始遭倭寇之沦，继厄甲寅之变，寸帙无存……石兰为山海膏壤之区，其间灵秀，必有所钟，居是地者，惟邓氏得其

传承人展示长棍棍法（张海洲 摄）

老一辈武师向后辈教授拳法（张海洲 摄）

旺气，所以然者，岂非祖宗积累深厚所致，而人之善气，与地之灵气，融合无间，乃聚而洩于一族欤。"

其三，1979年《石兰修谱新序》载："惟千一郎公由宋初从江西乔迁而徒福鼎硖门长溪石兰，创业垂统，其派下散居各处，难以尽叙。而居石兰者近三百年，传十四世，至元末，因遭寇乱，全村数百余人逃避他方，皆莫稽考。是地房屋杂物，被贼焚毁殆尽，仅存石门楼一屋耳。越三十年，赵五公复来居焉。"

邓氏不忍祖上基业被毁，于明万历年间在村口修筑城堡，以御倭寇。随后邓氏重振家业，人丁兴旺，家富殷实，修水池、筑山塘。至今在石兰村之西1千米处的月岵，尚存养马场遗迹和山塘地基座，人称"马路头"和"龙船坑"。

在村头兰溪宫祠旁，有棵大樟树高22米，径围12米，冠幅90多米。这棵树不仅主干有洞，枝干也有洞，洞与洞相连，大樟树树干已中空，外围树壁还不到0.2米。村里的老人说，这棵古樟树树龄已超过千年，之所以形成树洞，是古代族人特意挖掘的。相传，在元代末年，倭寇入侵，族人深受其害，于是在树干挖洞，人从树洞爬到树顶，观察倭寇从渔井海上入村的动向。一旦发现匪寇入侵，立即敲锣打鼓，紧闭城门。这棵树为抗击倭寇立下了汗马功劳，村人命名它为"窥寇樟"或"瞭望樟"。

因倭寇猖獗，上岸烧杀掳掠，无恶不作。村民十分痛恨，由是奋起习武，上至古稀老人，下至儿童，都练拳弄棍。在邓氏祠堂前，怀艺在身的邓昌怀等老人打起内家拳来，还是虎虎生威。他们说，村中一直沿袭父传子、子传孙的传授方式，所练的邓氏内家棍、内家拳较少受到外界的影响，具有很强的搏击实战技能。内家棍、内家拳讲究以肘护肋，做到进攻时步伐稳健、动作紧凑、进退灵活，下如铁钉，上如车轮，手如碾盘。其中棍术实战时，讲究硬打硬拨，以力取胜，有棍扫一大片之说。

邓家拳棍术分为拳和棍两类。拳为南拳，有开四门、五枝、七步、八步、九步、十八步、三十六步招式等，有鲤鱼当冲、卷横扫、高横封、低横封、捅一枪、大四门、小四门、小手力夺棍、观音坐莲、横剑盖下、边打扫、扎马、双肢插掌、抓枝折叶、狮子张口、地下发火、双龙抢珠等，动作包括迈、掀、捌、挡、撞、捅、盖等。棍分齐眉棍（赤柠子制长7尺）、丈二棍（长3米多），有五步、六步、七步、八步、十二步、七十二步等，招式有雷公发火、抱猴骗吃、鲤鱼翻白、鲤鱼当钟、观音坐莲、土地摘茄等。

石兰武术传承被记载的人物有邓百积（1876—1960），壮年时，身强力壮，双臂可举数百斤重的石锁。民国时期，有猛虎出没村庄，糟蹋庄稼，侵害牲畜。邓百积艺高胆大，只身寻机打死猛虎，为村里除去虎患。石兰邓氏拳棍武术传承谱系，清代以上因年代久远不可考，以内传为主，现世辈分有"百—代—其—昌—加—言"，主要传承人有：邓其增，男，1929 年 10 月生，传承内家拳十六步；邓代设，男，1935 年 12 月生，传承内家拳三十六步；郭（邓）昌怀，男，1948 年 1；月生，全面掌握石兰内家拳棍术；邓加让，男，1950 年 1 月生，掌握四门对打；邓其声，男，1956 年 6 月生，掌握内家长棍；王光（其）寿，男，1949 年 4 月生，掌握四门对打；邓代钻，男，1929 年 7 月生。

石兰邓家拳棍术属于传统体育与竞技类的非物质文化遗产，2012 年被列入福鼎市级非物质文化遗产名录。

硖门 1949 年以前教育情况

周 绶

教育为政治体系中上层建筑，与当地地理环境、精神文明、物质生活等方面息息相关，在不同时代有不同表现。明清前不可考，下文只从明代说起。

明清时期

硖门为福鼎县之边境，交通不便，文化落后。封建时代科举取士，热心科名仕途的，限于少数地主阶级与官绅人家。他们聘请名师宿儒教授子弟以四书五经、八股文、诗赋。在明清两朝，硖门郑家的"观海楼书堂"（位于登春桥头，有"登春月色，观海书声"之说）、岭坪王家的"平冈书堂"等较为著名。

蒙馆时办时停，曾经开办过的村落有黄螺潭、月屿、青屿头、秦家洋、瑞云寺、柿下、邱厝里、庙店、北岸、青湾、斗门头、溪头里、文渡里、渠洋、鲤鱼岗、湖头等地，累计有学生 300 人左右。尽管如此，在广大劳动人民中，目不识丁者仍十居八九。

民国时期

自甲午战争后，民族危机空前严重，教育改革势在必行。1901 年颁布"癸卯学制"，废科举办学堂，1905 年观海楼书堂改作硖门初等小学堂，至于农村中的私塾仍原封不动。1913 年民国政府推行"癸丑学制"，硖门小学堂改作硖门初等小学校，教员 2 人，学生 20 多人。1915 年初等小学改作初级国民小学，同时先后在东稼、石兰设立初级国民小学，各有教员一两人，学生二三十人。国民小学开设国语、算术、劳作，并改修身为社会课程。初级小学四年学满及格，升到秦屿二高或桐山一高及牙城高小，但能升学的仅是富有人家子弟。三校经费，硖门校由硖门港口出口生猪捐提供，石兰、东稼两校分别由邓、周两姓族产供给。1940 年硖门国民小学改作中心国民小学，归属第二督学区。1944 年设立渔井代用（民办）初级国民小学，北斗文三保联立初级国民小学。抗战胜利后开办嵛山国民小学（抗战胜利后嵛山归属硖门），教师二人，学生 20 多人，校址设在东角。国民小学执行国民政府教育部颁发的"共通校训""礼义廉耻"。私立小学教师自聘，经费自筹。公立小学经费来自"国教基金"，教员月薪先由糙米 45 斤加若干元津贴，后改为 90 斤糙米。教师待遇微薄，地位低，教学质量不高。

碗门小学在 1935 年观海楼毁于火后，迁入见龙宫（今中心校前身）。1940 年为避乌军（嵛山蔡阿九匪徒）扰乱，一度迁竹桥头瑞云仓，后才迁回原址。1943 年校舍、教具遭到大刀会破坏，停课一学期。

1946 年由印也、晶莹二人合作一支《碗门中心小学校歌》，曾为学生传诵。词云：

碗水粼粼，绿榕荫荫。

整洁教室，琅琅书声。

亲若手足，爱比弟兄。

互勉互励，珍惜光阴。

碗水粼粼，绿榕荫荫。

读书救国，乃志乃心。

烈士流血，抗战功成。

爱我中华、奋发热忱。

碗门小学自开办至 1949 年的 40 年间，仅于 1948 年夏高小毕业班 6 人，而全乡中学毕业的累计不上 10 人。

民国时期，热心于地方教育工作、关注人才培养的，应推教育界前辈周忠魁。他早年毕业于福建讲武堂，当过军官，参加了同盟会。民国初担任省立第三中学监学。1920 年回福鼎倡办莲池女子学校，并任教员，在此之前创办过东稼小学。抗战时期奔走宣传抗战救国大义，不遗余力。晚年在碗门小学任教，家居后仍时常来校指导工作，孜孜不倦。中华人民共和国成立后，任县政协委员，省文史馆馆员。1966 年逝世，终年 102 岁。周忠魁精究国语注音，为福鼎推广官话的先行者。其子孙辈均受过良好的学校教育，并皆从事教育工作，被誉为"教育者家庭"。

附：

硖门小学历任校长名录（1905—1949）

姓名	籍贯	资历	任职时间	备注
郑存规	福鼎	清诸生	1905—？	董事
郑广骧	福鼎	省立三中毕业	？—1940.07	
郑广埏	福鼎	霞浦义教班		
陈世衡	福鼎		1940.08—1942.07	
蔡善德	福鼎	福安简师毕业	1942.08—1943.07	
李鹏飞	福鼎		1943.08—1944.07	
吴木僚	福鼎	霞浦初中毕业	1944.08—1945.01	
方兆拣	福鼎	省师范讲习班	1945.02—1945.05	
李善芳	福鼎	福鼎初中毕业	1946.06—1947.07	
谢瑞同	福鼎		1947.08—1948.07	
周应杰	福鼎	省立三中毕业	1948.08—1949.07	

1949 年以后的硖门教育简况

林发前　冯文喜

　　1949 年至 1958 年，硖门小学体制上归属秦屿。1958 年，硖门设立人民公社后，学校设在见宫龙（校址在今硖门中心小学内），首任校长夏修益。至 1965 年，增办了农中，1967 年停办，张克胜、吴洛坦等人曾任农中教师。1968 年始在中心小学内开办普通初中，属硖门学区初中班。1972 年办半年高中，地点在下里洋的硖门旧医院里。1974 年，硖门办学形成一个高峰，是年有 32 所学校（公办 11 所，民办 21 所），教师 78 名（公办 32 人，民办 46 人），小学生 1661 人，硖门各行政村均有完小。各行政村下面还有许多办学点，有渔井的下场、唱诗岩，秦石的秦阳、月屿，瑞云的邱厝里、

硖门中心小学内景（冯文喜摄）

鲤鱼岗、长园，斗门头的青湾，柏洋的岭坪等。当时全乡还举办夜小学 16 班、219 个学员，政治夜校 45 班、1348 个学员。普通初中有两个年级，一年级 40 人，二年级 35 人。全乡中小学生中，红小兵大队 1 队，红小兵中队 8 队，人数有 658 人，红卫兵 51 人，共青团 16 人。

1976—1978 年，是硖门大办初中时期。当时有硖门初中班、渔井初中班、柏洋初中班，共计 160 人。1978 年恢复高中升学录取考试，渔井、柏洋初中班毕业生最后一个月集中于硖门初中班进行考前复习，后到秦屿参加升高中考试。可能由于当时硖门有高中班，当年福鼎四中在 80 个考生中只录取了最好的 3 人。柏洋初中和渔井初中分别于 1978 年下半年、1979 年下半年停办，两所学校停办后，学生全部并入硖门初中班。

硖门也有办高中的历史，前述 1972 年办过半年的高中，在 1977—1978 年有办过的高中，设在硖门中心校内，但只一年就停办了。这一届高一学生，在停办后回初二复读，以致硖门 1979 年参加福鼎四中升高中考试有 1977 届、1978 届的复读生和 1979 届的直升生。渔井初中 1979 届直升生在福鼎四中考场发挥优异，物理、化学、数学的单科成绩名列前茅，可见当时渔井初中班的办学质量很高。

1980 年，初中班迁址到硖门庙后山，地址是硖门新村 1 号，校址用地由硖门乡政府专门划拨，李学德任负责人，但学校仍隶属硖门学区。1986 年 1 月，硖门初中班办学经费独立核算，正式成为独立初中，正名为"福鼎县硖门初级中学"。1997 年，硖门初中更名为"福鼎十一中"。当年，127 人参与中考，录取一中 18 人，录取比例为 1 比 7，轰动一时。2003 年，小学进行改制，撤原学区，实现了中心小学管理农村完小的体制。

硖门教育基础设施建设也得到不断完善，2001 年，柏洋小学整体搬迁到永和新村，瑞云民族小学福清楼落成。2003 年，福清市援建的福鼎市十一中食堂投入使用。2005 年，柏洋小学大丰楼落成（福建大丰文化基金会捐建）。2006 年，硖门中心小学胡文虎基金会捐建的综合大楼落成。2009 年，福清市援建的福鼎十一中福清楼投入使用。2009 年 12 月，硖门中心小学师生宿舍楼落成。2011 年，硖门中心小学省级农村示范图书馆建成。

硖门乡普及九年义务教育工作始于 1984 年。1984 年 3 月 29 日，硖区字（84）006 号文作出关于普九初等教育的决定，涉及机构、基金会、学校劳动用地、提高教师待遇、监督人义务、教师队伍建设、尊师重教等 10 个方面的内容，为硖门乡实现普及九年义务教育打下坚实的基础。1987 年 9 月，硖门乡政府公布实现普及义务教育，从此硖门乡小学毕业生全部升入硖门初中班就读。2003 年，小学进行了改制，撤原学区，实现了中心小学管理农村完小的体制，小学从此由五年制改为六年制。

硖门乡有过大办业余初中的举措。1985 年 8 月 27 日硖区字（85）第 12 号文，1985 年 11 月 4 日硖区字（85）第 23 号文作出"关于做好业余的初中高小学额巩固工作意见"，硖门乡政府委托学区开办业余初中、高小各一班，每班 30 人。政府要求各单位未满 30 岁，程度未达到高中的干部、职工都要报名参加学习，并对无故旷课者作出处罚规定，也对考试要求和奖励作了相关规定。当时我恰好是业余初中的语文教员，亲身感受到社会群众对文化学习的渴望。

此后，硖门教育有过几个非常重要的发展期，对硖门的教育影响重大。

1992 年的"六项"督导　　1990 年春，福鼎县政府部署"六项"督导工作。发动筹资改善小学条件，掀起"人民教育人民办"的群众性办学热潮，对各乡镇教育管理、事业发展、队伍建设、教育经费、校舍设备、德育工作等 6 项内容进行千份制测评。1991 年硖门乡顺利通过 6 项督导评估。1992 年由"督政"改为"督教"。各项督导促进了硖门中小学办学条件的进一步改善。

1998 年的"两基"验收　　经过一年的攻坚，1998 年硖门乡顺利通过省级"两基"评估验收。当时硖门学区小学生有 823 人，教师有 99 人，学校占地面积 33609 平方米，建筑面积 9879 平方米。初中在校生 1056 人，教师 50 人，学校占地面积 15870 平方米，建筑面积 4267 平方米。"两基"兴办教育，还体现在各教学点教学设施均得到加强，或修缮了校舍，或新建了学校。

2011 年的"双高普九"　　从 2003 年开始，随着城乡一体化进程的加快，硖门同其他乡镇一样，学生数逐年下降，小学进入撤点并校阶段。目前硖门完小校只有中心小学和柏洋小学，另有瑞云和渔井两个初小办学点，学生数 627 人。硖门初中也不断萎缩，目前剩下 6 个教学班，190 人。硖门乡政府在"双高普九"中投入 310 万元，多媒体、电脑室、图书馆、班班通等各类专用室配备齐全，达到省级标准，2011 年 11 月 7 日，通过省级专家评估组验收。

附：

硖门学区 1979 年基本情况登记表

制表日期：1979.12

学校数			班级数			教员数			小学学生数			幼儿班		初中学生数	扫盲班	
总数	其中		总数	其中		总数	其中		总数	其中		班数	人数		班数	学员数
	公办	民办		复式	单式		公办	民办		全日制	多种形式					
35	10	25	94	69	25	113	37	76	1916	1618	298	2	53	247	124	3097

少数民族校数	少数民族学生	党员教师	团员教师	团员学生	少先队员数	八〇年学龄数	学龄入学数	学龄入学率	小学毕业生数	初中毕业生数
3	81	2	25	4	711	1382	1262	91.2	108	/

硖门学区 1984 年基本情况登记表

制表日期：1984.12.22

学校数			班级数			教员数			小学学生数			幼儿班		初中学生数	扫盲班		集资办学		
总数	其中		总数	其中		总数	其中		总数	其中		班数	人数		班数	学员数	总数	其中	
	公办	民办		复式	单式		公办	民办		全日制	多种形式							集体集资	个人集资
41	12	29	95	57	38	146	48	98	1754	1550	204	8	238	318	27	486	30293	28173	2120

少数民族校数	少数民族学生	党员教师	团员教师	团员学生	少先队员数	学龄入学数	学龄入学率	小学毕业生数	初中毕业生数	升高中学生数	升中专学生数	升大学学生数
4	146	3	68	98	1500	1540	95%	198	48	27	7	2

绿榕谷书馆

～～ 江源昆

  清朝乾隆至嘉庆年间，乃是文渡江氏宗族经济文化鼎盛时期。文渡背山面海，山川秀丽。祖厅正屋就坐落在苍松翠竹环抱之中，远眺如一把"金交椅"，当年，文渡江氏有"万三三"家产，意思是每年有一万三千三百担谷子收入，可见其富裕，真所谓"探孟（方言，一种水产）鱼虾晒满埕，稻田谷米堆满仓"。从现有文渡留下的遗址，即可推测当年文渡里房屋建筑规模之大。四周筑有高墙，墙高墙厚可与小城堡相比。其周长约有二里路，西至东家井交界，东至海埕，南至下村为界，北至永加岗山脚为界。北面围墙之内小山坡上有两株大榕树，平坡而下与对面山体成小谷，先人称之为绿榕谷。从下底园起至下坪园、上坪园，皆为宅基地。据先辈讲述，当时建有七幢明楼加七星同（即胡同），称之为榕谷斋。屋前竖有两根旗杆，旗杆夹至今尚在说明当时族人有一定的官衔和财富。南面与下村交界处围墙内有片洼地，建有高楼，名曰"翠竹楼"。每当夜幕降临，榕谷斋与翠竹楼灯笼高悬，屋内灯火通明。当年文渡里文人甚多，南面吟诗北面和，北面出句南面对，充满着文明昌盛之氛围。

  过绿榕谷，有一条曲径而上小岭，直至大门口，门上悬有"拔贡"牌匾。进入大门是一条宽阔林荫道，第一道转弯处盖有"鼓手亭"一座，每逢喜庆之日，鼓手们在此以笛笙吹之，琴瑟乐之。经过一条不长之道，进入第二道门，所至祖厅大埕。再进一步就是祖厅正屋前面两个浅水鱼池，两池中间铺设一条通往台阶的石板路，登上高高台阶，即是宽阔走廊的正屋。祖厅正屋共5间，正中是大厅堂，中堂之上是祖宗神牌陈列处，大厅是族中喜丧事摆坛之地。两旁各两间皆是族亲居住厅房。除正屋系明朝建筑外，其余皆为清朝园林式建筑。南北各有9间两厅廊庑两幢建筑。鱼池南侧还有一座古朴典雅书房，楼东侧是小花园，内设奇石假山，种有方竹、铁树、柚树、黄连树、紫藤等树木花卉。晨曦晚晖，可聆听蛙唱鸟鸣，与书声朗朗汇成动听的交响曲。

  文渡江氏宗祖，颇有远见，重视教育，培养人才。选择榕谷斋创办"绿榕谷书馆"，与秦屿城里王"扫叶房书馆"、秦屿城外王"见山楼书馆"齐名，载入《福鼎教育志》。绿榕谷书馆专门招收本家族子孙入学深造，请本族德高望重长辈执教，造就不少出类拔萃之人才，国子监生江有御父子孙三代俱贤，凤毛济美，其子有三，长子讳子盛，太学生，赐赠修职佐郎。子盛妻郑氏，乾隆丙申年（1776）旌表节孝坊。子盛之子维泉（锦源）系太学生，其妻系张氏，享年80岁。王县令旌"节孝堪扬"。学使钱塘江雨园尝赠节母匾曰"丸熊苦操"。中宪大理寺少卿提督福建学政沈维镐为立传，莆田郭尚先书丹刻，奉旨建坊，配享节孝祠，至今牌坊尚在。次子讳子煌（官章仕峰），太学生。三子讳子炳（官章文轩），太学生。

清道光年间，第十一世江维登（江从如），曾授福州府兼理鳌峰书院（系省最高学府）监院。江维魁（江毓梅），例贡生，参加过嘉庆《福鼎县志》南路采集与编纂工作。江维翰（江怀古），郡优秀廪生。以上三兄弟俱进入州、府、县名人行列。续后，江淑垣（江道三）诰奉直大夫五品衔；江肇乾（榜名分九）道光丁酉科拔贡；江肇赐（江少达）为廪生，官封议叙五品衔。

（本文节摘编自文渡《江氏族谱》）

观海楼书堂

✑ 冯文喜

　　碳门一水通津，叫作碳水，观海楼旧址在桥之西岸。然观海楼并非只是一座观赏风景的建筑，其本质还是一座族塾传授文化知识的场所。

　　当时观海楼背靠碳水之狮子山。此山濒临海岸，常年灌木葱郁覆盖山石，肖如踞狮，因而得名。以桥头现存木构建筑比照，观海楼形制当如族人民居，作为族塾，最早是由碳门郑氏所办。郑氏先祖崇尚教育，名贤代出，早年有郑露、郑庄、郑淑等三位，致力于修学，筑别驾书舍于山之阳，相互修明儒学，时号"南湖三先生"。其后裔敦亲睦族，更是注重对子女的文化熏陶培养。在碳门传至第四世有郑子焯（1783—1856），号春亭，率先打破了世守耕种的方式，独自择师访友，以教弟侄，督课学习，毫不怠倦，并蜚声庠序。郑子注（1787—1856），号云亭，春亭族弟，更是雅爱文人，训诫儿孙敦从师友，"望芸窗而肄业，幸芹藻之生香，则乔梓胶庠，未始非公之所贻谋也"。他以此获得了当时彭咏莪学宪赠给一块匾额"积善延禧"。郑子耀（1791—1865），号珠溪，云亭族弟，例捐从九品，候选巡政厅，例赠六品衔，吴学宪赠其匾额"□性松龄"。郑子耀十分注重子孙教化，敬重文士，训子读书，必定要求穿着草鞋，背着斗笠，远行跋涉而求学。承山川之盛，风俗之醇，此时郑氏家塾开始出现，观海楼应运而生。秦屿儒士王彦钧春游到家，所见门前碧水环流，屋舍左右翠竹掩映，风动花红新簇，欣然为诗："贻谋惟在耕与读，延师督课振家塾。厥子弱年芹香草，还食廪饩荣天禄。"

　　郑氏族人在物质经济不断发达的情形下，聘请了一批名儒宿士到观海楼教学。文渡江本侃、跃鲤林士恭等人先后馆课此间多年，培植了一大批学子，多有成就。林士恭在光绪二十九年（1903）《修石兰邓氏族谱序》中说："壬寅（1902 年）小春，余燕于碳门郑氏。"在光绪三十年（1904）撰写的《重兴象山禅寺碑记》中还说："乙未（1895）余砚观海楼，法孙智水从余游。"可见观海楼当时影响很大，是一方名士聚学的宝地。江本侃在《郑先生雨槎传》中说："曩余馆其家观海楼，而（雨槎）先生久已物故，每授徒之暇，依栏纵览，洪潮溪涨，一望无垠，有令人景其风徽而欢，其发祥之未有艾也。"字里行间，令人浮想联翩，水河澹澹，洪波涌起，展现了观海楼学堂蕴藏磅礴之气势，人文之兴盛。郑雨槎是郑氏六世孙，临终遗志戒其子以诗书，复通达于世情，做一知书达理之人。他的族兄郑寿卿，生平手不释卷，作文有豪气，诗笔尤其雄迈，为当时名流所激赏。郑雨槎还深得其弟郑文冈相助，治家严而有法，教子孙以敦品力学为首务。清末，福鼎各地创办学校，郑文冈以其弟郑秋元名义，捐金五百两，为乡人倡建学堂。江本侃在《文冈先生小照》中说："梧桐院落画楼东，渔篷遥传出暮空。莫问沧浪何处是，数声吹彻夕阳红。"郑文冈长子郑志弦，字虞琴，"以孝友称，性聪敏，善读书"。其族弟郑志笃，少年时代就喜好诗书，芸窗苦读，25岁补庠生。他平日热心于地方公益事业，在乡办理团练。又捐助福鼎创办第一高等学校，为知县黄鼎翰所嘉奖。另外，有族人郑友芝学成之后，还能到其他塾堂授课，先后到过云洋卓氏、翁江萧氏授徒。后解馆归来，设塾堂于硖门濮阳。还有郑氏姻亲子弟也曾学于观海楼，学有成者如林绍新，未壮年时就馆于郑家，与子弟朝夕相从，课余谈家世，述祖德，耳熟能详。

光绪三十一年（1905），清政府废除了科举制度，乡会试停止，广设学堂，观海楼族塾改作硖门初等小学堂。郑氏第七世孙郑存规，号旋洲，庠生，郑虞琴之子，任观海楼书堂首任校长，他热心于地方公益，大家还推其为县议会议员。接其衣钵的是其子郑广骥、郑广埏。王体仁在《赠茂才郑君旋洲序》中说："光绪壬寅（1902），秦文宗绶章按试宁郡，予倖食虞廪饩，而君亦以是年掇鲁官芹，时君犹未弱冠也。以卓荦之英姿，而充以沉潜之学力，识者早知其非常器矣。"少年时代，郑存规得益于叔祖郑秋元谆谆教诲，诱掖备至。郑秋元，庠生，号石帆，不忍见龙宫毁坏，举族之力，廓而新之。至1935年，观海楼毁于大火，硖门小学迁入见龙宫，今仅存遗址为其他建筑所替代。观海楼的名字也仅存于后来者王邦怀所作的诗句中："十载曾登观海楼，旧痕鸿爪尚勾留。投桃醉我离筵酒，插菊逢君杖国秋。"硖门郑广罩先生，别名石子，曾口占一绝："忆昔吾乡观海楼，书声盈耳去悠悠。后人若问今何在？惨遭祝融七十秋。"

兴学百余年的观海楼书堂，在一炬之中化为灰烬，令后人扼腕长叹。星移物换，地理改变，并其楼前的硖水、航道、船舸，也无昨日景象。然观海楼曾点燃的文化火炬，照亮了兴文重教的一个时代，凭今吊古，人们仍可以倾听到历史长河中的阵阵书声。

硖门中心小学发展史略

蓝家言

　　1958 年以前，硖门小学体制上归属秦屿，1958 年设立人民公社后，学校管理体制归属硖门学区。1965 年增办了农中，1967 年停办。1968 年在中心小学内开办普通初中，属硖门学区初中班。1972 年在硖门旧医院办半年高中。1974 年是硖门教育办学的高峰期，有 32 所学校（公办 11 所，民办 21 所），教师 78 名（公办 32 人，民办 46 人），小学生 1661 人，各行政村均有完小校。当时全乡还举办夜小学 16 班、219 个学员，政治夜班 45 班、1348 个学员。1986 年硖门初中班独立。

　　硖门中心小学校园现占地面积 11069 平方米，U 形教学楼、教学综合楼、师生宿舍楼各一幢，建筑面积 5517.49 平方米。2019 年秋季教学班扩大至 18 个，学生 841 人，教师 56 人，大专学历 39 人，本科学历 11 人，高级教师 1 人，县级带头人培养对象 1 名，地、市级骨干教师 10 人。学校认真贯彻教育方针，牢固树立"榕树文化"的办学理念，以"像榕树一样成长"校训为指标，形成"文明、守纪、勤奋、创新"为校风，"严谨、博学、敬业、爱生"的教风和"乐学、善学、合作、探究"的学风。

　　20 世纪 90 年代以来，硖门中心小学经历 3 个重要发展期：

　　一是 1991 年的"六项督导"。根据福鼎县政府部署，全面掀起全民办学热潮，对全乡完小、初小校原有破旧校舍进行新建、改扩建，大大改善了办学条件，教育教学质量显著提高。1985 年东稼小学校舍落成，添置了电教设备，成为福鼎县率先进入

硖门中心小学课间活动

电教化的农村完小校。1987—1990年间，柏洋小学、渔井小学、瑞云小学、秦阳小学、青湾小学、斗门头小学新校舍先后落成，巨洋、后樟、福场、石兰等初小校也相继落成，学校成为村里最美的建筑。

二是1998年的"两基验收"。为实现硖门乡基本普及九年义务教育、基本扫除青壮年文盲的"两基"验收，经过多年的攻坚，各完小、教学点教学设施均得到加强，或修缮了校舍，或新建了学校，全乡基本消除现有中小学危房，投入资金稳步推进农村中小学现代远程教育。当时硖门学区小学生823人，教师99人。

三是2011年"双高普九"。由于城镇化速度不断加快，硖门乡造福工程力度逐年加大，个别行政村整体搬迁至集镇所在地，部分完小和初小学也随之生源少、规模小、选址不当、投入困难、教学条件落后等问题。2005年，柏洋小学大丰楼（福建大丰文化基金会捐建）落成。2004年11月，由胡文虎基金会出资30万元，社会捐资20万元，自筹资金120万元，建筑面积400平方米综合大楼于2006年5月竣工。2009年10月中心小学师生宿舍楼落成。从2005年秋季开始，对现有的小学、幼儿园布局、办学办园规模做出相应的调整，为了全面实施素质教育，优化教育资源，提高教育投资效率，发挥规模效益，促进教育事业协调发展。2002—2009年，撤点并校全乡只设小学4所，即硖门中心小学、柏洋小学、瑞云小学、渔井小学。新建完小1所（柏洋小学）、中心幼儿园1所，改建和扩建完小2所（瑞云小学、渔井小学）。2009年秋撤销完小4所（青屿头小学、青湾小学、秦石小学、东稼小学、斗门头小学），青湾、斗门头小学并入柏洋小学。撤点并校采取就近入学原则，青屿头、渔井、瑞云、东稼到中心校就读，青湾部分学生到中心校就读。至2010年，全乡只设小学2所，（即中心校和柏洋小学）中心幼儿园1所。通过调整，全乡学校布局趋于合理，办学条件逐步提高。硖门乡政府在"双高普九"中投入310万元，建有中心校13个多功能教室，实现"班班通"，教育教学装备按省级农村二类学校配备，2011年11月7日通过省级专家评估组验收。

站在新的历史起点上，硖门中心小学高瞻远瞩，规划发展蓝图，全力推进重点工程教学楼的建设。原教学楼建于20世纪80年代。2016年8月4日，福鼎市委常委莅临我校调研，听取了丁宗正校长学校情况汇报后，建议以全面改善义务教育薄弱学校基本办学条件工程项目新建教学楼。同年11月，通过市政府办公会议纪要，丁校长立即召开学校班子会议，由总务处牵头形成报告上报教育局基建股。因批复建筑面积1500平方米，远远不能满足学校现有的办学规模。学校着眼未来硖门教育发展，丁校长等领导通过一次又一次不厌其烦地修改报告、讨论研究、递交报告感动了上级有关部门，从原设计建筑面积1500平方米调高到3299.16平方米。因工程土地面积扩容属太姥山世界地质公园红线范围之内，报送所有材料被国土资源局否决了。后在上级领导的关心下和有关部门的支持下，学校重拟上报材料，同时将校园东面土地纳入教育用地，校园总面积扩大到31亩。2017年5月，经福建省国土资源厅批准，福鼎市发展与改革局批复（鼎发改审批〔2017〕147号），建筑面积3483.18平方米，有24个教学班，总投资878万元的硖门中心小学教学楼（一期）工程动工，于2019年6月竣工并正式投入使用。期间，中心校800多位学生分流到幼儿园、十一中、中心校综合楼3个校区学习。

硖门中心小学顺利完成操场改造。原操场处于低洼低段，积水严重；砂黄土填方，秋风吹起，黄土飞扬。2003年沈海高速公路硖门段开工建设，校长王乐余抓住时机，将工程石渣拉进学校操场填高1.2米压实铺平，低于上操场0.5米。2013年10月蔡青校长到任，首要任务操场硬化美好操场，建设篮球场1个，羽毛球场1个，铺设塑胶4道200米跑道，总投资80多万元。征地十分困难，林发源主任、陈常铁主席耐心做好群众思想工作。历经两个月后，群众同意征地6亩，操场实际使用土地1亩，5亩作为围墙外防洪、道路等使用。

2018年以来，学校持续加大基础教学设施建设，改建多媒体教室、电脑室，集远程同步课堂录播室、实验室等功能室（馆），建成福建省农村小学示范图书馆、福建省校园足球基地，配有远程同步课堂录播系统。乡贤朱坤伟、郑为铨、周益实、朱孝友、邱为碧等情牵教育，慷慨解囊，捐赠达39万元。2018年8月，投入20多万元建成远程互动录播室。

学校加强校园文化体育建设，实现校园"2341"发展规划初见雏形："2"即凝练校园两棵500多年的榕树文化；"3"即美化校园学习悦读区、活动健体区、启智润心区；"4"即开辟民族团结园、二十四气节园、种植园、笔墨园；"1"即建一所有特色的乡村学校。学校立足畲乡特色，挖掘乡村孩子发展潜能，组建畲娃舞蹈社团，吴宝珊老师指导的原创舞蹈《牛鼓醉畲乡》荣获福建省第五届中小学生艺术节现场展演二等奖、"优秀创作奖"和"精神风貌奖"，畲族舞蹈《牛角青青畲娃情》荣获第六届海峡舞蹈节儿童舞蹈大赛少儿组群舞金奖，《欢乐的银铃》登上福建"春晚"舞台……畲族文化的氛围日益浓厚。学校还推动体育教育，突出农村学校体育特色，获得"福建省青少年校园足球特色学校"荣誉。

学校紧紧围绕课题研究开展校本教研活动，推动教学教研发展，以调查数据为依据，以课堂为阵地，以解决问题为突破口，课题研究有序推进。"十三五"期间，结题课题宁德市1个，福鼎市9个，校级2个，实现了校本课题研究方面从无到有、由小做大、由大到精。在开展课题研究过程中，大胆创新，构建成长"共同体"，实现发展新突破。

2016—2021 年学校连续接受省、地义务教育质量监测，监测结果综合评估成绩名列同类学校中等水平。2019 年和 2021 年表现不俗，数学、综合单科成绩全市排名第一位和第二位，学生学业全科及格率达到 82% 及以上，全科优秀率达到 38.5% 及以上。

社会向前发展，国家日益强大，一个现代化校园，一所独具特色的乡村学校，在硖门中心小学一代又一代的校领导班子和全体老师的共同努力下，明天必将更加辉煌。

福鼎十一中21世纪以来的发展

廖诗兵

硖门中学（1997改为福鼎十一中）教育在1949年至1998年的“两基”验收间达到一个峰值，占地23亩，建筑面积4267平方米，在校教师50人，3个年段学生数超过千人。2003年，福清市对口援建福鼎十一中食堂投入使用，建筑面积达825平方米，总投资74万元；2009年援建的“福清楼”即师生宿舍楼亦投入使用，建筑面积达825平方米，总投资89.5万元。

随着教育环境的不断优化，教育改革的不断深入，福鼎十一中教育也呈现逐年发展的良好态势。2003年后，随着城乡一体化进程的加快，福鼎十一中同其他乡镇中学一样，学生数逐年下降，直到保留3个年段共6个班级的小班化教学。为了适应时局的需求，福鼎十一中提出了“打造精品式的农村校园”的办学理念，以“明德、博学、自强、创新”为办学目标，不断提高教育教学管理水平，在学生数不断减少的情况下，每年初三毕业班成绩稳中有升。2007年中考，126个考生参考，考取福鼎一中18人，考取率为7比1，其中有3人分列全市5、6、7名，优秀率列全市独立初中第一名。这期间，教学教研不断深入，打造名师名片，学校拥有福建省优秀教师一名、

福鼎十一中课间活动（蓝春莲 摄）

宁德地区骨干教师 5 名、福鼎市名师 2 名。打造特色教育走进校园，重视对畲族畲歌文化的传承。2006 年以来，学校每年参与"硖门畲族乡瑞云四月八歌会"，2009 年之后十一中多次在本校承办了歌会活动，学员定期学畲语、唱畲歌，选派学生演员参加畲歌对唱或畲语诗朗诵，参与婚嫁等民风民俗表演。学校还编写了《校园畲乡韵》特色教材，极大促进了学生对家乡的了解和畲乡文化的传承。

2010 年以来，硖门中学教育又迎来了一系列的关键发展期。首先是 2011 年福建省"双高普九"验收。十一中在短期内建成了多媒体室、电脑房、音乐室、美术室、劳技室、心理咨询室等各类专用室，理化生实验室达省一级标准，顺利通过了"双高普九"省级专家评估组验收。2013 年，在福鼎市创办"教育强市"大背景下，充分利用乡贤教育基金，购买 300 套升降式学生课桌椅，建设校园广播系统、校电动门、LED 电子显示屏、校园计算机网络，添置教学实验仪器和音体美器材，采购图书提高生均图书册数。同时对内部供水、供电、洗浴、厨房等进行改造，修建了学校操场防洪工程，完成门房和办公楼隔热建设工程，改变了学校的样貌，提升了办学水准。建设福鼎市独立初中首家集录播、直播、互动三位一体的智慧教室，并为 6 间教室配备希沃教学一体机。2018 年，环形塑胶运动场工程总造价为 147 万元，暑期开工，10 月竣工验收。当摄影航拍硖门全景时，从高空俯瞰整个畲乡，福鼎十一中的塑胶操场红绿蓝相间，色彩艳丽，尤为壮观。2019 年，十一中被福鼎市选定为福建省义务教育标准化验收学校，10 月通过福建省义务教育标准化学校验收。

伴随着"双高普九""教育强市""教育均衡""素质教育""标准化学校"等一系列评估验收，学校教育教学管理体系日趋科学，办学条件日趋完善，教学教研水准不断提升，十一中教育教学迈上了一个新的台阶。2016 届参加中考 50 人，上市一级达标校福鼎一中 10 人，录取率五比一，综合比率位列宁德市第 34 名（宁德市共有 154 所中学），进入宁德市一类校。2008 年福鼎市第 21 届中小学田径运动会，学校代表队以优异的成绩荣获独立初中组第二名，从 2010 年第 22 届至 2019 年第 31 届连续位列独立初中校前五名，在总体学生数约 200 百人的情况下，成绩名次却能与城镇千人规模学校一比高下。

在硖门中学教育发展获得各项荣誉的背后，不可不提的是众多爱心人士及单位、企业乐善好施，捐资助教，以实际行动助推畲乡教育的发展。2006 年在乡党委政府的牵头下，硖门乡成立了助学奖教基金会，之后，通过每年举办新春座谈会，外出广东、江西、漳州等地联系乡贤等形式，不断发展壮大基金会。2009 年，浙江高策律师事务所负责人江丁库律师向十一中赠捐人民币 10 万元，并成立"竞帆杯"奖学金，奖励学科竞赛获奖的学生和指导教师。2011 年，福鼎十一中名誉校长邓昌贵，心系家乡教育事业，率众乡贤捐款集资，共捐款 31 万元整，支持学校教育发展，用于当年学校大门、围墙、校园网、电子视频、学生课桌椅等建设购买。2019 年，1984 届校友邓昌维捐资 10 万元建设"书山学海校园书屋"，1992 届校友朱坤伟捐资 20 万元筹建集录播、直播、互动三位一体的智慧教室，这也是福鼎市独立初中首个录播室，同时为 6 间教室配备希沃教学一体机；硖门乡渔井村捐赠两块风景石美化校园；宁德核电资助塑胶操场灯光和人工草皮，价值 10 万多元。校友朱坤伟资助困难学生 6 人，从初一至高中毕业，每人每年 4000 元，共计 144000 元；爱心企业福鼎品茗香茶业有限公司现场拍卖福鼎白茶，助力学校困难学生"梦想起航"。在此特别提及的是，校友朱坤伟于 2021 年又捐资 100 万元成立了"硖门乡助学促进会"，用于畲乡奖教奖学、扶贫助困。这些善举，大爱无边，福泽万代，有力推动着硖门教育的发展。

据统计，自进入 2000 年以来，福鼎十一中向社会各界输送优秀毕业人才达 2359 人，这些毕业生继续深造，有考取"985""211"各名校，有在重点中学如厦门双十任教，有在国外留学谋职，有考取国家公务员，有在他乡创办企业，有回乡里社区服务人民……毕业的莘莘学子在祖国各地、各行各业贡献着自己的青春和能量。相信在党的教育方针指引下，在全乡人民的共同努力下，在所有教育同仁的辛勤耕耘下，十一中的教育会越办越好！

硤门幼儿教育发展的三个阶段

 蓝家言

学前班阶段（1958—1990）

1958年，学校管理体制归属硤门学区后，学前班兴起，村村有学校，校校办学前班。满足了入学前一年的儿童（5—6岁）入学准备教育的需要。学前班附设在小学实行校管体制，由学区统一管理，所收取经费由各校支配，用于购买幼儿教材、学具、玩具等。1979年硤门学区幼儿班2个，幼儿53人。1984年硤门学区1所中心校和8所完小校设有学前班8个，幼儿238人，没有专业幼儿教师。是年秦阳小学学前班幼儿7人，渔井小学学前班幼儿36—50人。由于受到场地、师资等因素影响，农村完小校学前幼儿与一年级同班，统一作息时间和教学活动，有的使用相同教材，不符合幼儿的发展特点，不能全面实施4—7岁幼儿学前教育。

整顿规范阶段（1991—2012）

20世纪90年代至21世纪初，社会力量办幼儿教育兴起，硤门全乡先后兴办幼儿托管机构7家，均未审批民办幼儿园，在所幼儿近两百人。2010年4—6月，由乡综治副书记和分管教育副乡长牵头，多次组织综治办、安办、派出所、学校等相关单位，

硤门幼儿园（吴维泉 摄）

对全乡民办幼儿园开展专项整治活动,其中硖门3家、柏洋村1家民办幼儿园,均属无证经营。为确保民办托儿所的幼儿安全,乡政府多次召开相关会议,对检查中发现的安全隐患发放整改通知书,限期整改,并责令要求配备专职保安员。鉴于乡里实情况,乡政府决定对集镇3个托儿所进行整合兼并,政府提供安全场所。同时,要求在办民办幼儿园立即停止活动,对不听劝阻的依法进行取缔。

1990年9月,硖门学区学前班从小学分离而成为校办幼儿园,园址在旧信用社(今硖门旧街70号附近),幼儿约80人,3个班,教师6人,园长张美仙。1995年9月—2002年8月搬迁到旧农行营业所(今硖门供电所),幼儿约80—120人,3—5个班,教师7人,没有幼儿专业教师。2001年下半年开始兴建幼儿园(现祥福路90-2号),乡镇府负责征地3亩,三通一平等,"福彩"得主王永针捐赠20万,并幼儿园楼冠名"永针楼"。2002年9月两层的"永针楼"落成,2002年秋季投入使用。幼儿专业的林爱雪老师担任园长,公办老师6人,没有保育员,临聘2人,在园幼儿126人,其中小班1班31人,中班1班32班,大班2班63人。至此,硖门中心幼儿园独立办园的雏形逐渐形成。

独立办园阶段(2013—2021)

硖门中心幼儿园创办于2002年,2017年9月园所搬迁至福鼎市永福小区58号。根据《福建省"教育强县"验收办法和评估标准》(闽政教督〔2010〕44号)及《福建省学前教育三年行动计划》(闽教基〔2011〕14号)的要求,2013年4月福鼎市人民政府同意硖门中心幼儿园独立办园(鼎政综〔2013〕106号)。由于各种因素,延期至2020年2月正式独立,现辖中心园和柏洋幼儿园。2021年秋季在园幼儿396名,9个教学班,共有14名教职工。首任园长徐咏颖、副园长薛燕燕,全园教职工共计45人,其中在编教师17人,编外人员26人,包含教师7人、保育员9人、食堂人员5人、校医1人、门卫1人、保安2人、保洁1人。

2013年柏洋村创办福鼎市柏洋永和幼儿园,是一所村级公办幼儿园,独立管理。园总占地面积为2700平方米。园负责人林涛,小、中、大班各两个班幼儿151人。全园教职工共计25人,其中,在编教师2名,编外教师10名、保育员6人、食堂人员2人、校医1名,门卫1人、保安2人、保洁1人。2020年2月归属硖门中心幼儿园统一管理。2020年11月,硖门中心幼儿园被评为福鼎市级示范性幼儿园。

硖门新中心幼儿园建设工程列为2015年福建省公办幼儿园工程建设项目。建设用地6666平方米,建筑面积4176.9平方米,按12个班级配置,工程投资986万元。2016年1月开工,2017年5月竣工。

原幼儿园舍（永针楼）教学基础设施简陋，教学用地严重不足，且属 C 级危房，存在较大的安全隐患。2013 年宁德核电入住人员的引进，幼儿生源剧增，班额规模超标及教学用地不足等问题，给幼儿园带来巨大的压力。2014 年硖门中心小学校长蔡青心急如焚，马不停蹄地开始筹划新园建设。2014 年 7 月 7 日，福鼎市发展和改革局《关于福鼎市硖门畲族乡中心幼儿园项目建议书的批复》（鼎发改审批〔2014〕108 号）。7 月中下旬，启动中心幼儿园项目的建设，进行地质勘探和初步设计。9 月 27 日，上呈关于要求审批福鼎市硖门畲族乡中心幼儿园可行性研究报告至福鼎市发展和改革局。

建园期间，幼儿园建设占地面积偏小与幼儿班生数剧增相矛盾，工程重新计算需要 10 亩 6666 平方米；征地规划与乡城镇建设规划冲突，经三次易地等问题，该工程建设停滞不前。后经各方努力下，2015 年 3 月 24 日，福鼎市人民政府主题会议纪要，原则同意项目选址由 B-07-08 地块调整至 B-07-07 地块，最后确定现址。福鼎市发展和改革局批复《关于福鼎市硖门畲族乡中心幼儿园项目初步设计及工程概算的批复》（鼎发改审批〔2015〕98 号）同意按专家意见修改后的项目初步设计方案及工程概算。历时 600 多天的前期工作，于 2016 年 1 月 1 日开工建设。2016 年 5 月丁宗正校长接力。建设过程中由于该工程地处海滩涂软基，周边群众担心房屋地基下陷或倾斜，意见极大，经硖门村两委同志不厌其烦地反复做群众思想工作，通过沟通后工程正常进行。在挖地建消防池过程中，地下水池出现淤泥返拱。经过福鼎市设计院反复论证采用钢板拉伸支护，就此项工程多了 30 万元。该工程在建设过程中得到各级领导的关系和支持：2016 年 6 月 22 日黄颖倩副市长莅临硖门中心幼儿园工地现场指导工作；2016 年 8 月 4 日市委林常委深入硖门中心幼儿园工地调研；2016 年 11 月 13 日原福鼎市教育局局长赖思宋莅临幼儿园工地调研。2017 年 5 月 1 日，一座设计新颖美观，布局合理，童话城堡式的幼儿园工程如期竣工。

硖门中心幼儿园开展畲族文化融入幼儿教育。在园本课程的实施上，将幼儿园的文化建设融入畲族文化，园本课程融入畲族元素，形成具有畲乡气质的课程文化，实现"育人"与"文化传承"的双赢，构建"吃在畲乡""玩在畲乡""艺在畲乡""美在畲乡"特色课程，以市级课题《基于畲族文化融入幼儿园园本课程的实践研究》为载体，开展多姿多彩的畲乡文化与幼儿心理审美相契合的研究。柏洋幼儿园致力于挖掘丰富的村社区资源，以"孝文化"融入幼儿教育，将文化传承融入幼儿园的教育课程之中，根据儿童年龄特点和学习兴趣，以儿童的视角分析整合资源，链接儿童五大领域学习，通过多种方式渗透幼儿园游戏、生活之中，让儿童在日常生活中充分感知孝文化的魅力；在幼儿从小的成长之中播种，滋养传统文化的基因。

福鼎首个寄宿制民族小学

刘纪雄

　　瑞云小学创办于民国，周忠魁先生曾到瑞云，教"四书"。1949年，许怀德老师到瑞云校担任校长。随后，王孝旺、庄振乾老师先后到瑞云校任教，担任校长。20世纪80年代，王祖述老师到瑞云校任教，担任校长，创办了瑞云独立初中，一年后合并到硖门初中。接着，姚仁琴老师到瑞云校任教，担任校长。以上，校址都在瑞云寺院内。

　　1981年9月，张周机老师到瑞云校任教，担任校长。此时，瑞云寺大院归还瑞云寺建设，张校长多方筹措资金，新建校舍砖木结构一层两间、两层两间，共4个教室。教室不够，实行复式班教学，迁址于葫芦墩。当时有5个教学点——鲤鱼岗、邱厝里、前洋、后章、新厝，学生数120多人。1984年8月，学校迁址葫芦墩，校长周益练，学生100多人。1985年10月，周益慈老师到瑞云校任教，担任校长，学生120多人。1986年9月，施圣来老师到瑞云校任教，担任校长。1988年9月，刘纪程老师到瑞云校任教，担任校长。瑞云村支部书记钟油旭、村主任王天贤尊师重教，对每位老师每年发给补贴，并奖教。他划村茶园5亩给学校作为学校学农基地收入，补贴日常开支，

瑞云学校"福清楼"（冯文喜 摄）

还划村山林给学校作为学校柴火用。畲村孩子不甘示弱，毕业成绩超过中心校。1989年9月，谢祥奎老师到瑞云校任教，担任校长。1990年9月，邓昌朴老师到瑞云校任教，担任校长，开展"校际联谊"，同霞浦后山小学进行教学研讨，郑璟婷等老师的课堂教学深得后山小学领导、教师的赞赏。1995年9月，徐震骅老师任教，担任校长。

1996—2003年，刘纪雄老师在瑞云校任教，担任校长，开展"两基"验收工作，学校被评为"两基"工作先进单位。其时，创办了福鼎市第一个民族寄宿制小学，将师办公室腾出作为学生宿舍，上级也因此把校名"瑞云小学"改为"瑞云民族小学"。福鼎市教师进修学校赠送50件棉被和50件被单，硖门乡民政办赠送5件棉被。为了改善办学条件，刘纪雄校长同李圣镜书记一起去福鼎昭明寺拜访瑞云寺派系青芝法师和界诠法师，得到了他们各1000元修建校路的资助，改善了寄宿生的生活条件。此时恰逢硖门乡与福清市教育局结对子，得到了福清市教育局的大力支持与资助，1999年，在瑞云村委的大力支持下征地6亩，建起了"福清楼"，建筑面积900平方米，钢混结构，于2000年5月竣工投入使用，大大改善了办学条件。师资也逐年增强，教学质量大大提高，吸引了周边的村庄以及牙城后山管辖村落后洋、过家洋、墓湾的孩子也到瑞云校读书，使瑞云校学生数创历史最高，达285人。后创办了寄宿制学校，完成"拆点并校"。

随着硬件条件的改善，学校素质教育也得到大大提高。郑彬彬老师代表硖门中心小学教师参加福鼎市课堂教学比赛，荣获第一名。在王永滨老师精心组织下，全体教师群策群力，王永滨、郑彬彬、刘纪雄老师负责鼓号队，钟进菊老师负责畲歌、畲族竹竿舞、王永滨老师还负责武术，使瑞云校在参加硖门中心小学"六一"文艺汇演比赛，荣获硖门中各项表演比赛都得第一名，"畲族竹竿舞"还参加了福鼎市举办的太姥山"梦想剧场"汇演。瑞云民族小学与牙城学区全面铺开"校际联谊"，学校还被福鼎市教育局评为"先进工会小组"。

2003年9月，王永滨老师担任校长。2005年9月，吴相灶老师担任校长。2008年9月，魏为清老师担任校长。2010年9月，王乐仁老师担任校长。

随着社会大趋势的发展，乡村向城镇聚居，群众对孩子和学校的要求也提高了，纷纷把孩子送往城镇、中心小学就读。2017年，完成了村居小学向大校并拢，瑞云学校完成了历史使命。

青屿头学校记事

郑斯汉

青屿头地处沿海，离硖门集镇所在地20华里。20世纪六七十年代之前，村里读书的人很少，还好扫除文盲效果显著，有相当一部分人脱盲了。在相当长的一段时间里，采用单人校的复式班教学模式。大队所在地一个教学点，过家垄村一个教学点。后来机轮大队教学点增加一位老师，变成双人校，也是复式班教学，教学场所寄居在大队部楼下。

记得1974年，小学已有一至五年级。五年级学生只有一人，就是我哥。不能办成班怎么办呢？都把我妈急死了。后来就送我哥到渔井小学就读，我妈姓庄，与渔井小学的庄振乾老师攀起本家来，就寄宿在庄振乾老师处，与他同吃同睡了整整一年时间。挨到1975年夏天小学毕业，我哥就到硖门读初中。

那期间，初中毕业文化程度的学生，就有保送上师范学校就读的指标。因全大队没有初中毕业的对象，1975年度分配的一位就读师范的指标，就给了在机轮小学任民办教师的点头籍的黄祚回。1976年度分配的一个指标，给过家垄教学点的民办教师林实业。

1976年7月，我哥初中毕业，成了机轮大队的第一个初中生，安排在机轮大队担任会计。1977年，却没有保送上师范学校就读的指标了。1978年，福建省渔业公司给了硖门沿海渔村两个名额的就业指标，渔井大队保送林道松，机轮大队保送我哥，我哥就成了机轮大队走出去的第一个"读书人"。他的运气不错，原来这是享受国家保送制度的最后一年。接着，高考开始了。我和王乐仁、徐作龙、李明春是在我哥之后的机轮大队初中毕业生，我和王乐仁初中毕业后加入了民办教师队伍。徐作龙、李明春则留在硖门高中部继续读书。后来高中部没条件再办下去，要到四中读书，他们俩也就辍学了。回乡后，李明春到了他妹夫的木偶剧团学习做戏，徐作龙则选择了工艺油漆这一行。

这时候机轮小学教师增加到4人，已是有一至五年的完小。有邓其样、谢世钊两位公办教师，我和王乐仁两位民办教师，邓其样老师担任校长。学生也只有35人左右。其中还有两个班级是复式班教学。其中有一届小学毕业班，我教语文，邓昌朴教数学，毕业时双双名列全学区小学毕业班统考第一名，得到了当时学区校长王兆赠的高度赞扬。

机轮小学地处边远，家长都很重视孩子的培养和教育，把老师作为全村最值得尊重的人来对待。他们会在一两天前就预约老师，请到家里吃饭。这是孩子们觉得很有面子的事，要是老师被其他同学请去，自己会觉得很失落。有一次，李淑玲同学奉家长的旨意请邓其样老师吃饭，却提早被其他同学邀请去了，回来后哭个不停，总觉得自己没有颜面。

青屿头的家长对孩子的教育从来不放松。中谷村王贤兵有3个孩子都在读书，大儿子王良文、次子王良满、女儿王丽萍，平时他们的父亲比较忙，儿子在家学习，他们的母亲总在一旁，自始至终监督。这个村里，也就是我少年时代的村里，每天早晨6：30—7：20在各家各户门口的小凳上，都可看得到孩子们在读书，全村上下书声朗朗。这形成一种自觉，形成一种习惯，一直坚持着，从不曾间断过。

1977年开始，机轮大队落实硖门公社教革会的精神，利用学校资源开始扫除文盲办班教学任务。半山是大队所在地，由邓成法老师任教，中谷村由邓昌朴老师任教，太焕村由邓其样老师任教，过家垄由王乐仁老师任教。由于我姐嫁在下池澳村，我就安排到下池澳村任教。那时扫盲班为扫除农村文盲的确做出了努力，记得有一年，在哨所里也有办扫盲班，由我担任老师。那时的课本好像都安排农村最实用的内容做教材，有的是农活名称，有的是节日名称，有的是面积单位、数量单位、长度单位的名称。还有的是认识山上的植物、地里的庄稼、海上的鱼类、飞禽走兽及日常的称谓、礼貌用语、礼仪名称等。半山、中谷两个村落，是相当重视教育和关注自家子女培养的。中谷村出了个奇人，叫刘月英，原是秦石大队月屿村人，从来没上过学只参与过扫盲班学习，出嫁到中谷村，与林仁古结为夫妻后，同样是参加生产队劳动。那时，由于定置网捕捞鱼货过剩时，得挑出外村去出售，她很乐意去卖鱼货。她拿称、算账是一流的，客人惊奇地发现，一称完鱼货，多少钱她就算出来了，用现在的话说，比计算器还要快。后来我们对她进行面对面测试，快得出奇，而且准确率达百分百。

2000年后，青屿头村实施造福工程，举村搬迁硖门乡所在地，村民生活发生了根本性的改变，对孩子们来说，读书更方便了，享受上了优质的教育资源。

东稼小学办校简况

蓝家言

　　东稼村位于鼎霞交界处太姥山南麓，是硖门乡最偏远的一个山区小村，也是老区基点村，距硖门集镇 12 千米，总人口 1000 多人。东稼小学创建于 1905 年，2009 年秋季撤点并校。

　　学校创办之初，不得不说到热心于家乡教育事业，关心人才培养的教育界前辈周忠魁。周忠魁颇具远见卓识，深知知识可以改变一个人的命运，在家乡积极倡导教育，鼓励家长把孩子送到学校读书。1905 年，他在东稼洋周氏宗祠创立初级学校，是当时福鼎十一所国民小学之一。他还积极劝导自己的孩子周应杰回乡任教员，极力推广官话。在他们父子的努力下，东稼小学规模不断扩大。20 世纪 50 年代初期，学生数增

东稼小学课堂（黄大可供图）

加至近百人，原有的简易教室已经不够容纳。此时，晚岁居乡、安贫乐道的周公已 90 高龄，仍心系教育，再次发动村民重建校舍，扩建校园面积 200 多平方米。他经常深入课堂现身说法，教育学生努力学习文化知识，报效祖国；关心教师生活，关注学校办学质量，不遗余力。

1984—1987 年是东稼小学自创办以来最辉煌时期，时任该校校长的林发源老师回忆说："1984 年秋季公办教师 1 人，民办教师 8 人，学生 100 多人，毕业班学生 11 人。1985 年毕业班学生增至 23 人，考入硖门中学毕业生 20 人，小升初录取率达 83%。"由于教学质量显著提升，吸引了包括秦屿镇甘山村的学生前来就读，学生数达 162 人，学前班 20 人。扩建学校已迫在眉睫，东稼村党支部书记朱乾排、村主任卢成晃热心教育事业，奔走于县老区办、教育局等部门争取资金、建材、教学设备等支持。1985 年开始重建学校，1986 年 6 月盖起两层砖混结构教学楼，校园面积达 500 平方米，教育局配置了录像机 3 台、彩电 1 台、VCD 放映机 1 台、投影仪 1 台等现代化教学设备。学校以现代化手段开展教学活动，提高了教育教学质量。1986 年秋季该校被列为福鼎县第一批农村电教试点学校。学校的发展，得到了很多热心人士的支助。1997 年 5 月，邱守桐博士赠送电脑 3 台；2002 年 8 月，远在美国的曹宏生博士等人，千里迢迢来到东稼小学，送上图书 1300 多册，极大丰富了馆藏，有益于农村孩子开拓视野。

在周忠魁及其后裔，还有本村有志之士的关心支持和共同努力下，东稼小学从无到有，从小到大，为东稼村培养了一批又一批人才，有的成为教科研战线上的拔尖人才，有的是商界佼佼者，他们在祖国的各条战线上努力工作，无不为是东稼小学的学生而感到骄傲和自豪。

硖门

莲池女子小学创办经过

> 周秀莲

前言

民国初年，我父亲周忠魁转入三都中学任教，与游弢庵先生（福州籍，清末举人，为著名女教授游寿之父）素善。父亲支持游先生创办霞浦第一女子高等小学，游先生为校长，聘请家母苏玉琴女士为国语教员[当时该校女教员有3人，一为吴碧瑜女士，一为陈老师（忘其名），均霞浦人，年龄均在五十上下]。我姐荫莲、爱莲均在该校就学。父亲迫切希望，能在福鼎也办一所女子小学，回鼎与教育局长李锡庚先生商讨，得其欣然同意，每年拨款200元作为该校一切费用。设女校首先要聘请女教师，适荫莲高等小学毕业，顾不得她继续升学，就同她到福鼎创办第一女子小学，任为校长。聘请清拔贡曾仁山老先生为国文教员。浙江平阳逢春人陈女士（忘其名）为教员，又请牙洋母为校工，人事初定，设备也初具——办公桌、风琴、单人课桌椅（连在一起）四十付，在当时还算是一流的。

校名沿革

初名福鼎第一女子小学，创办于1918年，在教育局长周梦虞先生任内，改名"莲池女子小学"。到刘大玟任内，迁校址于南门外天后宫，改为"南社初级小学"。

开始办1班，后增2班，继3班。最后在节孝祠作高年级教室，学生达百余人。利用大门内院子为操场，墙角下砌一周台，栽种花木，四季常青，花香扑鼻。秋季更是菊花争艳，均为父亲栽培以美化环境。校内开展文娱活动，办过文艺晚会，演出话剧《匡衡凿壁偷光》《冯骦击剑》和舞蹈、歌咏等。夜场演出后父亲提着美孚灯，沿路送女学生回家。

动员学生入学

"女子无才便是德"，当时女子不出闺门。要打通家长思想，并劝导女孩子入学，并非易事，父亲与荫莲挨家挨户动员。李锡庚家长带头，促侄女李慕南、李娟梨和己女李雪梅入学，上至街头顶，下至南门外，还到南郊天帝宫动员女斋童陈明霞、蔡翠英入学，这时四十张课桌椅坐满一堂，朗朗的书声、悠扬的琴声和着歌声充满校园，语文课更是习字作对，课余刺绣、编织、游戏在一起，可说是福鼎首届女生走出家门，初次享受着读书的乐趣。

培养教师与发展学生数量

父亲继续动员女子入学，到各乡宣传，这时秦屿、屯头、硖门、宁洋……东稼湖头庵堂女斋人如莲姐也来入学，还劝女斋人的学生还俗。这时校内也有寄宿生数人。

学生人数增加，班级增设，教师配备就得加强，于是到霞浦聘请张人权女士（她刚由福州陶淑中学毕业回家）来校任教员，家姐爱莲在此之前也教了一个学期，家兄应杰在辞却霞浦汉兴中学教职后，也来担任高级班教员。

此后本校毕业生中的陈明霞、黄波弟、施琦霞等人相继留校为教员，周珊莲霞毕业后留校为教员一年，后到浙江温州女子中学附属师范学校升学，毕业后原在永嘉第一小学任教，后父亲为提高校长素质起见，一定要珊莲回来担任，调换周荫莲到永嘉小学。抗战开始后，周珊莲到福州南台小学任教，并参加福州邮局部分职工以话剧形式到各县乡宣传抗日的运动，以后这所小学乃由张人权、周荫莲等接替任教，改名为南社初级小学。

师生投入爱国运动行列

20世纪初期，我国处在内忧外患，军阀割据，列强步步紧逼，企图并吞我国的局面，"五卅""五三"惨案，接二连三地发生，国耻笼罩在人们心中，初见曙光的女子们，又渗透了国运垂危的痛苦，义愤填膺加入爱国运动。她们用悲壮的歌声，唱出"五月九日，五月九日，国耻痛无极！……"她们高呼口号，游行示威，认识了自己的地位和责任，投入了爱国运动的行列。

（本文摘编自《福鼎文史资料》第4辑）

周忠魁在象山小学

李留梅

1936 年到 1937 年，我在店下象山小学（店下小学前身）念书。校长周荫莲，教员是她丈夫谢琬，辛亥革命老人周忠魁同女儿女婿住在一起。校址在店下街上街喻厝里（旗杆里），一座大院，学校占用了一大半，有操场、魁星楼、荷花池塘、乒乓球室。两厢七八间教室，后面是大礼堂，礼堂后面是大厅，挂着一把短剑，据说是孙中山赠予周忠魁老人的纪念物。小厅前面一道小围墙下面种植花草，两旁是鱼池，中间有石砌的小鱼池装饰珊瑚假山，环境优美，景致宜人。

谢琬老师，厦大毕业，教美术课，擅长国画，尤工蟹菊。传说他们爱吃猪肚，有人求画送猪肚，他就给幅蟹菊画。一个小孩，名叫阿植，比我大些，是谢的儿子，老人的外孙。老人非常疼爱他，经常教习剑。老人常坐在靠藤椅上看书，赏花观鱼，生活很自得。傍晚放学时，同学们轮流打扫教室，先喷洒地面，都到小鱼池取水。老人见到总是安详地问上一二句话，同学们也乐于行个礼。

那时我才读二年级。一年左右周校长调离，老人也随着离开象山小学。

（本文摘编自《福鼎文史资料》第 4 辑）

双门下小学与秦阳小学

✎ 吴相灶

　　硖门秦石村地域狭长，村落分散，共有14个自然村，人口较为集中的就石兰和秦洋两个自然村。为便于管理，把秦石村分为3个片区，即以秦洋为中心的上片，包含秦洋、山后、大坵田、界牌冈、双门下等5个自然村；以月屿为中心的中片，包含月屿、水里、牛栏墩、罗山、岭后、柴路等6个自然村；以石兰为中心的下片，包含石兰、上厝基、坑里门等3个自然村。20世纪50年代，秦石村教育得到一定的发展，下片的石兰村人口较为集中，建有石兰小学，中上片的学校建在较为中心的双门下村。因村落分散，路途遥远，为满足低龄孩子就学的需要，秦石村除了集中创办这两所小学外，还在山后、秦洋、月屿、柴路等自然村开设教学点。

　　双门下小学建于1958年至1959年间，谢世客老师为首任校长，他一人担任一至五年级的复式班教学，学生20多人。1963年，施守老师任校长，也是一人担任一至五年级的复式班教学。李在新老师到来后，分成两个复式班教学，学生30几人。20世纪70至80年代，双门下小学规模日益壮大，学生人数达五六十人，由原来的单人校变成规模较大的完小校。历任校长有张大华、邓承法、王乐余、刘起祥、李步延等，张雪花、李步丹、谢存权、康子堆、汪招文等一批批教师先后到这里任教。当年学校条件非常简陋，生活十分艰苦，可这些老师们依然默默坚守、无私奉献，把爱和知识播撒到山村的角角落落。

　　双门下小学的创办，除了本村辖区内的孩子受益，周边村落孩子的就学问题也得到解决。青屿头的太焕自然村和瑞云的水磨自然村以及牙城的猫垄、下亭等村的孩子都到这里读书。这些路远的学生为避免上学路途的奔波，中午都带饭到学校，学校隔壁的林家奶奶长年为这些学生免费热饭，从无怨言，给这些学子留下一段极为暖心的记忆。

　　20世纪80年代末，办学30多年的双门下小学因教学楼破败，和无法容纳日益增多的学生，于1990年春停办，搬迁到新建的秦阳小学。秦阳小学也称秦石小学，是秦石村的完小，1989年教学楼落成，1990年春季投入使用，占地面积近3亩，均由秦洋自然村无偿划拨，且建校时村民主动投工投劳，节省了不少经费。学校共7个教学班（含学前班），学生60多人。

1990年至2000年，李步延老师担任校长，邓昌朴、王乐仁、汪招文、朱成客、李步丹、谢存权、陈祥丁、吴相灶、季加斌等老师先后到该校任教。学生由20世纪90年代初的60多人发展到1998年"两基"验收时的

秦阳小学1998届毕业生留影（吴相灶 供图）

143人（含学前班）。1993年开始，学校就有办午托和寄宿，远路的学生中午带饭在学校用餐，太焕和八斗面村几个高年级男生还寄宿在学校，因无单独的学生宿舍，便与老师同吃同住。

为迎接省"两基"验收，学校主动承担扫盲班教学任务，在山后村设立扫盲班，得到当地群众的一致认可，也为"两基"验收的顺利通过做出贡献。"不等不靠，自力更生"是李步延校长的座右铭。1994年，学校建围墙经费缺口较大，李校长带领老师们利用课余时间到学校附近的废弃采石场或挑或抬，解决了围墙基础及护坡的石料问题，节省了不少资金。原学校门口与村主干道之间是一条很陡的土坡路。雨天，学生经常会在这里摔跤。这一条与村主干道相连接的几十米的斜坡路也是李校长带领老师们一锄头一锄头给挖出来的。

为增加学校收入，改善办学条件，李步延校长带领师生们勤工俭学，开茶园，种西瓜。秦石村委会划拨一片茶园给学校作为劳动教育基地，每年的春茶采摘也能为学校带来一笔收入，秦洋村集体的一片近2亩的山地也给学校种杨梅和西瓜。虽然收入不多，但感触颇多，乐趣不少。李步延校长的一生扑在教育事业上，为家乡的教育事业可谓殚心竭力、呕心沥血。1985年，他曾被评为福建省先进教育工作者。因常年劳累，积劳成疾，他于2000年3月因病昏倒在三尺讲台旁。福鼎市政府授予他"师德标兵"光荣称号，他的感人事迹也曾在《福鼎周刊》上刊登。

随着城镇化建设进程加快，秦阳小学的学生人数逐年锐减。2000年9月至2003年7月，由吴相灶担任校长，任教老师有季加斌、林寿细、谢存权、李步丹等，学生人数剩四十几人。2003年9月至2004年7月，季加斌老师任校长，学生十几人。2004年秋季撤点并校。2006年，学校原址作为秦石村五保户对象安置点。

渔井小学

✍ 林发前

    渔井小学的前身是明清时期的蒙馆，但时办时停，地点在黄螺潭。1944 年，国民政府设立代用（民办）渔井初级国民小学。

    渔井初级国民小学的建立，与一段故事有关。乡人林平川父亲林祖元在渔井天后宫对面建了"同心社"，砖木结构的大院，中有大厅和天井。时大刀会在福鼎风起云涌，同心社成为大刀会的据点。有一个晚上，大刀会成员把驻扎的天后宫的国民党兵一个排全部杀掉，之后准备进攻秦屿，但在永加岗遭国民党军队伏击，死伤多人。国民党要血洗渔井村，火烧同心社，大人小孩便逃到牛母坑、大岗头深山中。林氏族人林实秋、林实华等人出面与政府谈判，促进息事宁人，保一方平安；同时恳求协商，保住同心社作办教育场所使用。之后，国民政府在 1944 年设立了渔井初级国民小学。

    渔井初级国民小学首任校长是周绶，学生有林秀梨、林美英、林秋英、林阿栏、林圣建、陈永干。当时是初级小学，只到 1—4 年级，高小要到秦屿读。渔井初小初办就出成绩，培养的干部林秀梨、林美英、陈永干目前还健在。林秀梨在秦屿小学毕业，升初中考试，成绩优异获第一名被福鼎一中录取。林秀梨初中毕业后回乡，因上级到乡政府办事的干部都讲官话（相当于今之"普通话"），当时像林秀梨这样有学历又会官话的人凤毛麟角，他就被叫去当"官话翻译"，从此走上仕途。

    1949 年后，人民政府接管了学校，学校成为硖门学区渔井小学。学校北面的菜园改建为操场。校长是陈秋生（桐山人），教导主任教数学，张兴成（硖门柏洋人）教语文。张兴成有个姐姐也在学校教书。

    1971 年，为了扩大办学，把天后宫也做学校用，学校在天后宫前平整出上操场。原戏台安排的是高年级，通廊和大厅安排给低年级。戏台左边有小阁楼，作为教师的宿舍。这一时期教师有吴洛坦、刘本确、唐赵雨、曾美云、谢旺弟、潘必贤。

    1974 年渔井小学扩建，学校便从天后宫迁出。新扩建教学楼在操场东侧，占地面积 350 平方米，二层砖木结构，小学 1—4 年级在楼下，小学毕业班和初中在楼上。原旧校区同心社为教工宿舍使用。同心社前的下操场较大，跑一圈大约有 50 米，偶尔在这里举办运动会。

1974 年硖门办学形成一个高峰，各行政村下还有办学点，渔井有唱诗岩和下场二各教学点，还办过夜小学。

1976—1978 年硖门大办初中，此时渔井初中有初一初二，小学教师有施世守、施茂枝、郑大聚，初中教师有方钰祖，洪冠华、甘欲蒸、林待业、罗顺来。这里面有的是硖门高中毕业回乡青年来代课的。他们在 1978、1979 年国家招生考试中，均以优异成绩被师范等学校录取，足见他们学业基础扎实。这些人当中，有的师范毕业后，分配回硖门学区，后都成为教学骨干，走上领导岗位。当时学校还接受了秦阳大队石兰村、月峁村和青峁头大队的小学高年级和初中学生。

渔井初中班教育质量相当突出。1978 年恢复高中升学考试。渔井初中班考前一个月，因有的科目没有教师教，就临时合并到硖门初中复习。可能由于硖门当时有个高中，当年福鼎四中在 80 个硖门初中毕业考生中择优正式录取 2 人皆出自渔井初中班。1979 年高中升学考试中，福鼎四中考场，物理、化学、数学的单科成绩第一名者，均出自渔井初中班。这一届学生高中毕业时考上高一级学校，占整个福鼎四中被录取学生的三分之二多，名噪一时。1979 年宁德地区教育工作会议，小学校长施世守受表彰做典型发言。渔井初中至 1980 年春，因初中改为三年制而缺教师，合并到硖门初中。最后一届学生中的林发岁，福鼎四中高中毕业考取福建师大，又分配福鼎四中，后调到福鼎一中高中部任教。

1985 年后，渔井小学学生数达 300 人，学校教学设备设施无法满足教学的需要。1988 年渔井边防所搬到硖门，渔井小学搬到边防所，并盖了 400 平方米教学兼办公楼，学校发展进入新的时期。

陈常铁是这一时期的亲历者，他自 1979 年到渔井小学教书，1985—1995 年当校长，1995 年调到硖门学区，在家乡服务教育 16 年。1989、1990 两年学生数最多达 370 人，教师 15 人。1991 年"六项督导"，学校加大投入，大力改善办学条件，修建了校门、运动场、二图、旗台。1992 年，督政督教并举，各项督导促进了学校办学件的进一步改善。1995—1999 年，校长是施圣来，学生稳定在 300 个左右。1998 年"两基验收"，学校投入 20 万，在原一层教学楼上增建二层，面积 410 平方米，做办公场所和教师宿舍，办学条件得到进一步加强。施校长力荐刘美英、林本岁两位教师参评省优秀农村教师并获取。这之后还有蒋传同、邓昌御、朱成客 3 位校长。2003 年开始，随着城乡一体化进程的加快，渔井小学学生数逐年下降。2009—2011 年最后站岗的是朱成客和魏亨明两位教师，当时学生只 20 人，保留 1—3 年级。2011 年 12 月，硖门学区拆点并校，渔井小学撤掉，走完历史进程。

渔井小学是一个村级小学，通过一辈辈教育人的努力，培养了大量人才。有林发余、林加乡、林忠玉、陈昌泽、陈维云、林丹枫、林秀梨、林圣孵、刘起祥、刘起生、刘起南、王乐安等处局级干部12人，施茂枝、林道寿、陈维仁专家、教授等高级知识分子12人，还有大批本地籍中小学教师，以及大量社会建设的生力军。在此，要感谢历史以来，把所有青春和精力奉献给渔井教育事业的所有教师，以及所有关心支持渔井教育事业发展的热心人士。

（本文参考了林秀梨、陈常铁、施圣来、刘纪雄、林发岁、魏亨明等人提供的资料）

石兰学校发展简述

蓝家言

　　1915 年，设立石兰初级国民小学，学生在兰溪宫就读。辛亥革命者周忠魁晚年曾任名誉校长，教员周先武（秦屿人）、张人权（周忠魁儿媳），学生 30 多人，分别来自石兰和周边的上屑基、月屿、岭后、坑门里、猫古栏、浮坑等村。开设国语、《幼学琼林》算术、劳作和社会课程，学制四年，学满及格后，升到秦屿二高、桐山一高或牙城高小继续学习。

　　1949 年后，石兰教育得到一定的发展。20 世纪 50 年代，霞浦后山周密先生担任一至四年级的语文、数学、劳动等学科教学，学生四五十人，采用复式班教学，学生在兰溪宫就读。60 年代，有李世亮、纪孔耀、游国宝老师等教师担任课程，教室借用邓氏旧宗祠。70 年代，先后有李在新、唐照宇、谢海燕、侯娇妹、邓其样、邓其盘等教师来教学，教室由旧宗祠移至兵房，并一直延续到 90 年代。

　　1972 年 9 月至 1973 年 7 月，侯娇妹老师任石兰小学校长。她是福安师范附属小学教师，丈夫李云清是硖门乡农技站干部，同是前岐人。但她为了丈夫和孩子，毅然离开福安城关，来到偏远的福鼎硖门石兰，既相夫教子，又奉献山区教育，成为当时的一段佳话。

　　1975 年 9 月，庄振乾校长调离后，由民办教师邓其盘继任校长，直至 1980 年 8 月。就在这几年，石兰学校扫盲班办得有声有色，规模也不断扩大，每学期县里组织扫盲测试、考核，成绩优秀，远近闻名。扫盲班的学员来自当地村民和民兵，有 40 多人，每晚两节课，主要学习《速成识字》《音乐》等课程。学员邓昌开参军入伍后，因会写 100 多个汉字而受部队重用，当了上勤务兵。他退伍后，

石兰小学 1994 届毕业班师生留影（冯文喜 供图）

被安排在福鼎澳里电站工作，现已退休。1979 年，邓其盘被评为宁德地区先进教师。1980—1981 年，他担任福场小学校长。1982 年，任硖门学区副教导并负责扫盲工作，同年转为公办教师。1984—1998 年，任硖门学区副校长，先后负责扫盲、技术学校、中心校工作。1996 年，他主持硖门学区工作，2018 年 9 月退休。

石兰小学新校舍建于 20 世纪 80 年代，扩建于 90 年代，学校两次建设都出自邓其样老师之手。当时教师七八人，学生有六七十人。1985 年，原有兵房坍塌，兴建学校迫在眉睫。校长邓其样争取硖门学区建校启动资金，发动村民投工投劳，挑砂石，灌平台，经过一个多月的努力，在原兵房旧址上兴建单层教室"4 大 2 小"，为石兰实现普及九年义务教育奠定了基础。邓其样校长为了节约建设资金，他亲自跑福鼎城关购买建材。有一次，在运回木材的途中，不幸翻车而摔成重伤。

20 世纪 90 年代，由于增加了一个学前班，生源增至百来人，老师增加至 10 多人，同时还要解决外来教师住宿问题，原有教室已远远不够。冯文喜老师回忆说，他于 1993 年至 1994 年秋季在石兰小学任教，所任的毕业班教室是借用的生产队仓库，宿舍是由一间 15 平方米的教室用三合板隔成两间，一间是有家属带孩子的老师住，另一间再用三合板隔成两小间，由两个单身老师住，足见当时学校条件之简陋。当时公办教师只有两三人，先后还有邓加密、邓宗亮、王玉春、邓爱凤、魏为清、范雪娇、谢尚书、朱成客、王乐仁等人在石兰任过民办教师。

1995 年秋季，青屿头小学校长的邓其样，又被村民请回石兰小学，进入第二次扩建校舍的忙碌中。新建单层 4 间，学校占地 1112 平方米，校舍建筑面积达 282 平方米，解决了教室和老师宿舍的问题，顺利通过省级"两基"评估验收。邓其样老师还先后被宁德地区行署、福鼎县人民政府授予"教育先进工作者""优秀教师"等荣誉称号。

由于城镇化建设进程加快，村民外出打工逐年增多，教师和学生数逐年减少，撤点并校势在必行。1995 年至 2008 年秋季，王乐仁担任石兰小学校长，他说，2007 年秋季，学生 11 人，其中留守儿童 5 人，分别是一年级 4 人（留守儿童 2 人）、二年级 3 人（留守儿童 1 人）、五年级 4 人（留守儿童 2 人），教师 2 人。到了 2008 年秋季，学生仅剩 3 人，学校征求村委会和学生家长意见，同意这几个学生并入硖门中心小学就读。现校舍作为低保户安置点。

20世纪90年代以前硖门医疗卫生发展情况

冯文喜　巫友信

清乾隆四年（1739）福鼎置县后，硖门医疗卫生开始发展，有不少中医人物见载于家族谱牒。如：郑子焯（1783—1856），号春亭，讳得辉，硖门福塘人，在硖门街开药堂，世承祖传岐黄，对医书颇有研究；邓代任（1885—1939），字怀重，石兰人，有志于岐黄研究，暇时遍考张仲景《金匮》等医学书籍，颇知表里、寒热、虚实、四时、气运之法，不少病患者请他医治；邓百钦（1892—1966），硖门石兰人，精岐黄术，诊病救人，并精研蛇伤之术，福鼎、霞浦两县远近有被蛇伤害者请诊治，轻伤者只用葆敷，重伤者兼用道术咒语，伤者大多痊愈，且从不计报酬。

清末至民国时期，硖门医疗卫生仍以中医为主，较为落后。有文字记载，瑞云大坪村在国民党统治时期流行天花，发病30多人，因请不起医生，死18人。

1949年后，硖门卫生事业有了变化。1958年，创办硖门卫生院，分别在东稼、瑞云、柏洋、渔井、秦石共设5个保健站。全乡中医中药医务人员30多人，西医西药医务人员4人，在国家没有经费补助下，担任起防疫、保健、医疗等中心任务。随后创办官昌兰药场，种植了元参、白芍、泽泻、沙参、红花、菊花、白术等十几种药材，缓解了药材供应的不足，还炮制出丸、散、丹、胶等中成药品。

"文革"期间，硖门整个公社只设3个保健站，1个保健院，14名医务人员。1968年全社发病1489人，占总人口16%。上洋、水磨生产队发疟疾者很多。1969年，遵照毛主席"把医疗卫生工作的重点放到农村去"的号召，福鼎县推行农村合作医疗制度。1970年春，硖门公社实现全社合作医疗，惠及全社8个大队、109个生产队，总人口11735人。硖门公社为巩固和发展合作医疗，采取"抓典型，树榜样，表先进"的方法，把全社分为沿海、山区、平原大队等类型，总结经验，表扬好人好事，涌现出像机轮大队（属于沿海大队）赤脚医生王贤孝热心为社员服务的合作医疗先进典型，号召大家向机轮大队学习。另外，赤脚医生陈登泉、邱阿灿等人全心全意为社员治病服务的先进事迹，也得到社员们的赞扬。

硖门公社为支持合作医疗，采用各种形式培训赤脚医生，1970—1974年，公社卫生院办了长短期培训班55期，受训赤脚医生、卫生员579人。硖门大队赤脚医生王日居在培训中掌握中西结合治疗要领后，用"一把草、一根针"治好雷必妹宫外孕等症状。公社总结机轮大队合作医疗经验，在秦石、瑞云、柏洋合作医疗站召开赤脚医生"医术讲座"，并通过"传帮带"形式，让柏洋大队王治雨等赤脚医生临床学习。此外，还交流民间单方、验方200条，编印医方小册子，提高赤脚医生医治水平。合作医疗成立后，大抓防疫工作，采取"春季抗复发，夏季服药"的方式，连续两年，动员赤脚医生、生产队不脱产。公社卫生院抽出人员分片包干，"做到分药到手，看服到口，不吃不走"。全年全社发病只36例，占总人口千分之三，"乙脑""流脑"大幅度下降，年仅1—2例。

1970年12月，福鼎县革命委员会生产处卫生局贯彻毛主席"备战、备荒、为人民"方针等，下拨硖门公社卫生补助费1500元，用于充实药品基金和补助部分医务人员的工资。1971年至1973年，福鼎县革委员生产指挥处卫生局为持续贯彻毛主席关于"把医疗卫生工作的重点放到农村去"的指示，多次下拨给基层卫生补助款，其中，1971年，7月下拨给硖门公社卫生院1100元，10月下拨卫生防疫经费400元，12月下拨卫生补助费600元；1973年7月，硖门公社为巩固合作医疗，下拨机轮大队、渔井大队、瑞云大队和硖门大队补助费分别为80元、220元、200元和260元。

1974年之前，硖门合作医疗站有8个。据硖门公社卫生院《基层核实人口变动情况登记表》统计，1976年卫生院人数14人，1977年人数18人，1978年人数19人。1976—1979年，合作医疗进行整顿，1980年后解体，大队医疗站和赤脚医生分别改称村卫生所和乡村医生（卫生员）。1982年，硖门公社卫生院全年麻疹发病290人，防疫注射2890人次，口服小麻糖丸2400人次，建卫生自来水村达17个自然村，受益人数2839人。

1980年后，硖门在医疗卫生机构整顿和管理改革的基础上，促进防病治病、妇幼保健和计划生育技术指导等各项卫生事业发展。医疗业务年门诊达12000多人次，接收住院250多人次。同时贯彻"以防为主"方针，抓好卫生防疫，全区各种疾病防疫达4900多人次。1983年10月，福鼎县人民政府下发《关于更改原公社卫生院名称的批复》（鼎政〔1983〕综177号），硖门公社卫生院改名为福鼎县硖门卫生院，并由县卫生局按规定的规格制发新印章，硖门卫生医疗事业翻开新篇章。

"青草医"

钟维兵

　　硖门畲族乡地处鼎霞交界，素有"福鼎南大门"之称，背倚国家级名胜景区太姥山。由于多居住于山区，交通、经济、文化、卫生等水平低下，硖门乡畲民在长期的生息、耕作、繁衍进程中，顽强地与疾病作斗争，广尝百草识药效，并吸收了中医理论，逐步形成了独具本民族特色的畲族医药，俗称"青草医"。

　　在硖门畲族乡的山谷沟壑田间地头，蕴藏着丰富的青草药资源。据不完整统计，目前常用的青草药有 300 多种。畲医常用鲜药，除部分一年生的青草药要在枯萎前采集晒干备用，一般均无严格的采集时间，而是临症而需、随采随用。

　　畲民对青草药多根据其外表颜色、形态、气味、功效，以畲语命名。如："细叶鼠曲草"的叶子阳面青色阴面白色，故取名"天青地白"；"马蹄金"的叶子像田螺子上的靥，故取名"田螺盂"；"山鸡椒"的植株有种若香若臭的气味，故取名"臭桑"；"海金沙"的藤枝呈古铜色，故取名"铜丝藤"。还有直接以青草药的生长地取名的，如"白花蛇舌草"喜生于种植芋头的田间，故取名"芋头草"。凡此种种，不胜枚举。

　　畲族有语言而没有文字，畲医只能通过口耳相传来传承医术一些则巧化为童谣的形式传承。如"脚痹痹叫李四，李四没在寮叫李嫂，李嫂跳坑沟拔把草，贴着鼻头就叫好"，讲的就是手脚麻痹的疗法，只需到坑沟随手采把草叶往鼻头尖一粘，立马见效。

　　在硖门畲村，几乎每位畲民或多或少都会知晓一些常见疾病的疗法，每个畲村至少会有一名精通医术的畲医，除了重大疾病外，基本能做到小病不出村。若患小病，基本都是自行采一把青草药，或向本村畲医讨个药方，自己就能解决。如风寒感冒，只需采若干紫苏鲜叶同葱白煎服，蒙被发汗，汗出而愈；若野外耕作遇刀伤出血，便随手采些小飞蓬或芒萁草的嫩叶，嚼烂敷伤口而血立止，等等。这些疗法简易、疗效显著而广为流传。

　　在硖门畲村，几乎每位畲民或多或少都会知晓一些常见疾病的疗法，每个畲村至少会有一名精通医术的畲医，除了重大疾病外，基本能做到小病不出村。若患小病，基本都是自行采一把青草药，或向本村畲医讨个药方，自己就能解决。如：风寒感冒，只需采若干紫苏鲜叶同葱白煎服，蒙被发汗，汗出而愈；若野外耕作遇刀伤出血，便随手采些小飞蓬或芒萁草的嫩叶，嚼烂敷伤口而血立止。这些疗法简易、疗效显著的方法而广为流传。

硖门畲医对专科专病的医治，多有独到之处。畲医在用药方面，以善用鲜品而著称。其施治方法除常用的煎汤内服外，亦开创了许多独特的施治方法。如："熏蒸法"，痔疮肿痛以无花果根叶煎汤熏蒸患处；"堵塞法"，龋齿牙痛以鲜酢浆草捣盐塞蛀孔；"外敷法"，疔疮肿痛用鲜野菊花叶或鲜蒲公英叶捣烂敷患处；"刷涂法"，毒蜂蜇伤用童尿调黄土成糊状刷涂患处。

畲民重视和提倡未病先防。每逢立春，各家各户于庭堂之内 梵烧樟木，取芳香之气涤荡家中污秽疫气，杀除藏匿于瓦沟墙缝之毒虫；立夏时节， 畲民采集积雪草、鱼腥草、山苍根等十数味青草药， 煎汤煲成猪肚汤， 全家老少服食， 以预防夏季暑热发痧；端午日，各家门庭皆嵌插菖蒲、艾叶以辟秽邪，并用雄黄酒喷 洒室内外犄角旯旮，杀蚁除虫拒蛇；立冬时节，采挖狗脊、土木香等十数味补益的青 草药，炖猪蹄、龙骨服之，以祛风湿、强腰膝、益精血、补肾阳，得以安度寒冬。

畲族民间历来重视食物的补益作用，广泛流传着"九药不如一补"的说法。如：心悸、烦躁、失眠，取鲜养心草炖猪心服食；头痛或偏头痛， 用羊头炖苍耳籽服食；因风湿或外伤引起的脚痛，以猪脚配祛风除湿或通经活络的青草药炖服。这些药食功能兼备的汤方，我们可以称之为"畲族青草药膳"，亦在硖门传承。

由于畲族只有语言而无文字，畲族医药的传承难度大，现有畲医大多年事已高，部分名畲医已去世，而年轻畲民学习畲医甚少， 导致畲医畲药传承事业后继乏人。国家对畲族医药还缺乏法规扶持，畲医难以取得执业医师资格，对畲药的保护力度不够，破坏较为严重，造成畲药资源日益减少，同时，对畲族医药研究和保护的保障机制还不够健全，缺乏必要的财政投入。

令人欣喜的是，近年来，国家出台了众多政策，不遗余力地支持民族传统中 医药发展，特别是在"十四五"纲要中，明确提出要大力发展中医药事业。在国家政策的保驾护航下，畲族医药定会更好地传承和发展，并行稳致远。

山珍海味

硖门海产古早味

唐　颐

　　两山对峙如门，一水通津入海，此地别有洞天，谓之"硖门"。硖门扼守福鼎东南门户，与霞浦牙城交界，面临浩瀚东海，坐拥绵长海岸线与山海川岛，海洋生物繁多，是舌尖上的天堂。福鼎古民谣赞誉全县十大特产，硖门占三样："石兰紫菜丈把长，文渡蛏有猪仔大，东魁杨梅似簸箩。"更令人难以忘怀的是，硖门海产品的古早味，留给你的不只是舌尖上的体验，还有渐行渐远的岁月沉淀。

石兰紫菜

　　"石兰紫菜"是个特定名词，特指硖门一段名曰大岗头的海岸岩礁上生长的一种野生坛紫菜。相传邓氏先祖定居石兰，以谷壳撒海，谷壳漂到哪里，其海域就划到哪里。

硖门海域（吴维泉）

谷壳漂到了大岗头，发现这一带岩礁野生坛紫菜，品质佳、味道好、奇货可居，理所当然据为己有。所以，大岗头海岸岩礁几百年前就成了石兰人的祖上产业，一直继承至今，稀有的野生坛紫菜被名正言顺地冠名"石兰紫菜"。

20世纪初的一个春季，曾与朋友徒步大岗头。大岗头飞峙大海边，跃上葱茏，视野开阔，尽览山海大观，山坡上一望无际的红竹林与红杜鹃交相辉映，赏心悦目；山脚海岸线形状极似一只巨大苍鹰，滑翔于海面，眼睛犀利，双翅孔武，令人惊叹不已。当地朋友告知，那只苍鹰辖区，正是孕育石兰紫菜之地。大家披荆斩棘穿越红竹林，手脚并用空降海岸岩礁，终于品尝到原生态的坛紫菜。

野生紫菜完全贴附于礁石上，一绺绺疏密有致，礁石像披了件紫亦暗红的毛衣。石兰紫菜的质地显然比海中养殖的紫菜长且厚，潮水已经将它梳洗得十分洁净，揭下一片放入口中，顿觉一股特有的海腥香气弥漫口鼻，越嚼越觉得香，韧性十足。当地朋友说，紫菜的烹饪特简单、随意，怎么调教都可口，还乐于当配菜，但最宜生吃，细咬慢嚼方能品出真谛。据说每年产量只达几百斤的石兰紫菜，如今越来越成稀罕物了。

硋门飞蚶

蚶的种类很多，皆是滩涂产物。记得20世纪70年代末，福州市场毛蚶量多、价贱，一斤几分钱。买一脸盆，在学校食堂洗碗池洗净，端到供应开水处的龙头冲上两遍，同学们便可快乐饕餮。但不久盛传毛蚶是肝炎病的元凶，年段辅导员还认真劝阻学生别吃毛蚶，吓得饕餮客心中发毛。所以，毛蚶声誉在吾辈心目中至今没有恢复过来。

但硋门飞蚶与毛蚶不可同日而语。毛蚶虽然颗粒大，肉质却粗糙硬实，飞蚶颗粒小巧玲珑，不及毛蚶一半，肉质鲜嫩甜爽，无论白酌、刺生、腌制，皆为上品。硋门最常见制作法，乃将飞蚶洗净，倒入笊篱中，待锅中水滚开，迅速连笊篱放入烫制，不得超过10秒钟，否则，肉质不嫩。而后将熟蚶撬开，弃一瓣壳，另一瓣壳含肉依次摆入盘中，重重叠叠，蚶肉鲜红水灵，颤颤巍巍，蚶壳雪白透亮，红白相间，色香味俱全，是一道高大上的下酒菜。

闽东沿海盛产不少名蚶，有二都蚶、泥蚶、珠蚶等，皆备受推崇，但飞蚶除了味美，更有它的神秘感。硋门飞蚶如何"飞"，传说各异。有人说，它是运用自身喷水刹那间飞跃起来；有人说，它是运用两瓣闭合产生力量跳跃。我虽未亲眼所见，但以为硋门乡贤林发前先生描述最为准确："夏季是泥蚶产卵期，泥蚶的卵袋长在外壳上，像小羽毛球拍一样，又像古代官员的帽耳，卵袋像塑料膜一样晶莹剔透。细看，里面有卵，如果已生产，袋是空的。当受到外界干扰刺激时，泥蚶的卵袋急速振动，有如蜻蜓扇动的翅膀，每粒成熟飞蚶重达 30 多克，这翅膀薄如蝉翼，却能把几百倍重于翅膀的蚶身带动飞跃起来。"看来品尝硖门飞蚶，应该怀揣一颗恭敬之心，不可太随意。

墨鱼干与墨鱼枣

20 世纪 60 年代末 70 年代初，闽东沿海盛产墨鱼（乌贼），硖门青屿头一带出奇得多，每年清明前后，是捕捞的最佳季节，当地渔民称"拖墨鱼"，顾名思义，因为所用工具定置网、拖网、竹笼、拖斗、长竹竿绑上网具等，都离不开动作"拖"。据说用长竹竿绑上网具，站在海岸边"拖"墨鱼的方法，是当地孩子们发明的，有时一个孩子一天会"拖"上几十斤。

当年没有冰箱，储藏办法主要两种，白晒墨鱼干和腌制墨鱼枣。闽东山区人特别看重墨鱼干，将之列入"食补"珍品，比如你劳碌了一季秋收，挑稻谷"脱力"，最通用的治疗方案；宰一只全番鸭，用"山黄竹"等青草药熬制，但必须用墨鱼干当药引子，最好 2 两以上，这配料至关重要，只有加入了墨鱼干，"食补"才有效。我当知青几年，母亲为我"食补"多次，令我至今犹喜墨鱼干熬汤的香味，视为一道珍贵的传统美食。后来上调到沿海县当工人，插队所在地的一位老农嘱托代购墨鱼干，我特地到鱼货市场挑选，记得一斤 5 元钱，属高档食品，老农收到后甚为满意。如今，墨鱼干熬排骨汤、猪蹄汤、鸭汤、鸡汤等，不止硖门可吃到，许多地方都有。

至于墨鱼枣，我是 20 世纪 90 年代初到福鼎工作后才听说这道美食，方知晓是来自渔民大获丰收，面对泛滥成灾的墨鱼采取的措施——腌制。有一定年纪的沿海人都知道操作程序：先将墨鱼背上一片骨头挖掉，将粗盐塞入，再将墨鱼头塞入肚子，同时塞入粗盐，而后将一个个圆滚滚的像"枣"形状的墨鱼竖立缸或瓮里，一圈圈排列，满缸后再洒一层盐，盖紧。墨鱼与粗盐比例为 1 比 0.3。腌制五六天，待到出太阳日子，一个个取出摆在竹匾上晒，至少晒 3 天，再装入干净缸瓮，便大功告成。

食用墨鱼枣方法简单，即将之切片蒸熟，最多佐以料酒。这道腌制菜有如山区农妇餐桌上的咸菜与萝卜干，一年四季常吃，吃到讨厌无比，当然，那时也令山区人感叹海边人："身在福中不知福。"但如今，即使硖门老一辈渔民，也只能津津乐道曾经多么绰阔过，回味那奇香无比、挥之不去的滋味。

海蜇几道菜

硖门乡贤郑斯汉先生回忆，20 世纪六七十年代，硖门海面到处可见海蜇，有时在海岸上用竹竿绑上竹钩，即可钩捕到海蜇。海蜇头与皮极易保存，用盐与明矾水浸泡或用盐直接腌制即可，也可晒海蜇干。小时候上学时，常在路旁抓一把村民晒在石壁上海蜇干吃，很有嚼头，但大人总是吩咐要少吃，太阳底下的海蜇干吃多了会胀肚子。

海蜇皮这道菜也如山区主妇当家的咸菜与萝卜干，每天餐桌上都摆它，切成条状或丝状，醮着虾油配地瓜米饭。经年累月，千篇一律，能不生厌？

凉拌海蜇皮，如今也算一道雅菜，属常规凉菜，但硖门的爆炒海蜇皮更受食客青睐。这道菜火候掌握至关重要，爆炒过头，海蜇皮缩得几乎找不到，爆炒不够，则达不到又脆又香的口感。

海蜇血则属高档菜。它其实是海蜇内脏表层黏膜，刮下后投入沸水煮熟，形成褐黑色固体，晾干后香气四溢，很遭老鼠偷窃，当年渔民常把它挂在阁楼梁下。烹制通常先将芹菜炒香后海蜇血再下锅，起锅后趁热吃，绵软香爽，口感极佳。据说温州人特好这一口，市场价格一斤达一两千元。海蜇内脏脑肠之类皆是一道好菜，如今只能可遇不可求了。

闽东海域不时还可遇见海蜇踪影，这又称水母的腔肠动物，在水中游走犹如美女起舞，飘逸妩媚，风情万种，但如果被她亲密接触可不是好事。前些年的一个夏季，到高罗海滨浴场游泳，忽然，那厮如惊鸿一现，撞入怀中，令四肢触电般地亢奋又迅速萎靡。当地友人颇有经验，用烧酒为我冲洗患处。只是那天备下的海鲜美酒全无口福了，脸红脖子粗地打道回府，误被人以为饕餮所致。

渔井大排档

渔井的村名据说因礁石上有两口井通往大海而得名，悠久美丽的传说，让你开口呼两声"渔井、渔井"，仿佛舌尖就有了浓浓海产古早味。

古老的渔井村坐落于礁岩之上，清一色花岗石垒砌的房屋一律面朝大海，每一幢房屋都可以看到一幅奇景：一座礁屿酷似一条鳄鱼，值守在渔井村的海面上，乘风破浪，忠心耿耿，天长日久。每逢十五之夜，海上生明月，无数发着幽蓝色光芒的浮游生物随着浪花冲上沙滩，形成亮晶晶的"蓝眼泪"，如梦如幻。

某年冬日，我再度造访这个小渔村，发现前些年破落的石头屋如今青春焕发，成了"观海""听海"的民宿客栈。硖门乡朋友陈君告诉我，游客前往中国十大美丽海岛大嵛山，大都来到渔井码头搭乘快艇，渔井村不仅有美景还有美食，近些年海鲜大排档声名鹊起，特别在夏季之夜，沐海风、听海涛、赏海景、品海鲜，成了硖门旅游的一张新名片。

做 "粔"

⌇ 林发前

　　硤门有一种糯米做的食品，吃起来软糯清香，回味无穷。因为以糯米为主要原料，有补虚、补血、健脾暖胃等作用，是一种具有药理价值的美食。这种食品在硤门很流行，并且形成以它为主要食品的节日风俗。其实它是米饺的一种，硤门人大多叫"粔"（方言拟字，读第二声），有部分人叫"菜巴"。

　　它是如何制作的呢？

　　首先要磨浆。优质糯米和大米八二开，在水中浸泡 1 天。推磨人一边推磨，一边单手用调羹舀浸泡的米。下磨盘边上有一个连带石槽，米浆溢出流到石槽，再流到引入口，注入铺好布袋的水桶等容器中。如果是打磨成半干粉状，做法一样，只是浸泡的水少要一点。若是浆，磨完后要用布袋装好，重压沥干水分。以前农村多是手工石磨，现在多用机器。制作时，根据需要将糯米粉取一定量放入盆中，像擀面一样，先加热水，一边搅拌，水温在 80℃左右，里边要有一些半熟的糍团才可。这采用的是传统糕点制作的"泡心法"。待到水粉完全黏融在一起，拿得起来，要软，不能太硬，也不能太稀，否则会影响菜巴的光泽度。然后做成一个个小圆团备用。

　　它的馅料有甜咸二种。甜馅，用猪油或植物油和芝麻、花生粉、白糖一起炒。咸馅，用萝卜丝、香菇、芹菜、瘦猪肉和油类炒成，芹菜的比例要少些。除了粉和馅之外，还要备好香叶。香叶生长在海边山坡石缝上，形似芭蕉叶，大的有巴掌宽，半米长。香叶用水洗净，光滑油亮，剪成 20 厘米（连用）或 5 厘米（单用）的两种。这种香叶学名叫"艳山姜"，通过蒸制散发出一种清香。

　　"粔"对浸泡时间，搅拌水温，蒸制过程都有严格规定，而且是凉后食用。制作时，把小粉团搓压成圆厚饼状，把馅置于中间，两边对称捏封，中间大，两边小，成岛屿状，小心放在香叶上，然后把香叶和菜巴放在带孔的蒸盘上，大火烧蒸，蒸汽出来后，改为小火，要开盖三次，切不可一次蒸烧到位。每次开盖时，要观察膨化程度，到了饱满有光亮为止。这样蒸出来的粔不黏扁，很松蓬。现在有冰箱冰柜，可以摆盘冷冻，装袋储存。用时不需解冻，可直接蒸炊。若是甜的，也可像煮汤圆一样煮，味道清甜，可作甜点招待客人。甜或咸的两种，各有特点，各人所好。不过，要品尝出其中的美味，蒸完出锅后，要等降温凉下来后，油光鉴人，细嫩滑润，甜者透心，咸者清爽，香气扑鼻，回味无穷。这时候才能吃出香糯和嚼劲。

"粞"一般在农历冬至过"冬节"制作。在硖门传统中，冬至是过小年。大人对小孩说，过了冬至，又长一岁了。小孩子特别喜欢过冬至，冬至前一晚，围在桌边或围在灶头，帮着父母压粉揉团，等着"粞"出锅。冬至这一天家家户户早起晨扫，不喧闹，做到清洁清净，然后蒸"粞"、解放包（地瓜粉做的）、下汤圆。小孩子吃完之后，还拿几个"粞"、解放包放在书包高高兴兴上学去。冬至这一天吃"粞"、解放包、汤圆，是一种民俗，有团圆、庆丰之意，也有盼来春、寓希望之托。

对于生活工作在外地的硖门人，"粞"永远是热腾腾，香喷喷的回忆，是一种无尽的乡思和眷恋。

百合粉

冯文喜

往年的经验是，在山地上的番薯密藤时，百合也逐渐开花，长茎。此时已是年中六七月了。百合有几个品类，暂且不提，我们只把山地常见的开白色花的叫"野百合"。山地土质比较干燥，端午前后，经过农人翻耕，土层深厚、肥沃疏松的沙质壤土中，就暗暗孕育着野百合。

百合叶片青翠娟秀，花姿雅致，花色素洁、淡雅、清新。百合茎秆直立，使得它有亭亭玉立的风姿。虽长于荒山，却显贵。

至盛夏，山地草木葱郁，许多农作物开始熟了，有百合花自然而然地在垅间独立地盛开，或就一株两三朵，或有两三株五六朵，点缀了渐渐火热的季节。百合花如漏斗、喇叭，因此我们还叫它"喇叭花"，花蕊偏黄，散发出淡淡的香味。

百合除了花具有观赏性之外，更重要的是它的块茎还具有药用价值。百合长球形鳞茎，体积较小，一般只有小孩拳头大小，如莲座状，肉质肥厚、色泽洁白。

20世纪七八十年代，农村还依靠番薯作为口粮，还要采挖蕨、笋、菇等富含纤维作物作为一日三餐配料。百合块茎富含纤维，更是可采挖作成食品。我们那时直接将采挖回来的百合，用清水洗去泥土后，或稍稍晾干，或立即拿到厨房灶台的锅里蒸煮。煮番薯干饭，放入些许百合，待揭开锅盖，热气带出淳厚的味道，是一道至今犹忆的美食。

再简单不过的，就是将百合洗净，掰开片状后，给予清蒸。熟后，抓一把放在手上就吃将起来，味道好极了。现在人们比较讲究，多制成百合粥，以百合粉加粳米煮烂，或在百合粥内加入银耳、绿豆，有较强的滋阴润肺、清热解毒之效。

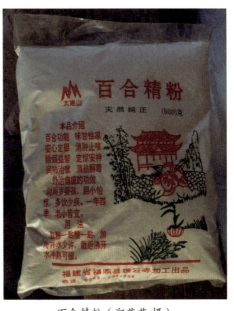

百合精粉（郑燕燕 摄）

瑞云村的百合粉较有名气，乡里做了妈妈的人都曾给小儿服用过。婴儿高烧不退，取百合粉两三匙，以热水冲泡服用，退烧效果极好。20多年前，瑞云还大面积种植百合，此中土壤优良，适宜百合种植，所制百合粉也是远近闻名。每年3月上旬是比较适合种植百合花的，从每年的8月到9月都可以进行种植。这个时段气温非常适宜，一般处于15℃—20℃之间，不会很冷也不会很热。2009年，我到瑞云做文化遗产调查时，发现已经没有栽培种植了。只有当地寺院中的老尼还在销售百合粉，经雇人加工，以塑料袋包装，数量不多，成为贵重特产了。

百合粉是从野生或人工栽培的百合鳞茎中加工提取的，其地下鳞茎含淀粉量70%以上。百合粉主要是用新鲜的百合风干、碾压制作而成的一种粉末。制作方法如下：

一是取料。将采收回来的百合头，剥开瓣片，使边瓣和心瓣分开，或用快刀在近鳞茎部位的基处，横刀一切，鳞片则自然分开。然后放入锅中加上清水和适量的草木灰，旺火猛烧开后即捞起，放入清水中洗净散热。

二是磨浆。将百合头置于打浆机或石臼内捣碎，再加清水过磨，磨得越细出粉率越高。然后将磨出的东西盛入布袋，置于缸中，用清水往布袋内冲洗，边冲水边搅动，直至将浆液滤出，冲洗到渣中无白汁、滤液成清水时即可。

三是漂淀。百合粉要得到纯净、美观，就必须把握好漂浆、沉淀这一关。操作时，将冲洗出来的浆液，用清水漂1—2次。每天搅动一次，澄清后撇掉浮面粉渣，除去底层泥沙，中间的粉浆放在另一容器中，再用清水搅稀后沉淀，如此反复1—2次，至粉色洁白，即可结束沉淀这一环节。

四是干燥。经过漂洗沉淀后的百合粉，用清洁的布袋装好，用绳索吊起来，经12小时沥干水分。也可用布袋隔层放干净的草木灰，把水吸干，再将淀粉取出，掰成一块块粉团，置于竹席上晒至半干，再掰成许多小块，削成薄片状。晒场应防止风沙杂质飞入，以免影响品质。也可以采用烤干。成品先用塑料袋包装后，装入纸盒，即可上市供应。

硖
门

渔井后九饭

刘纪雄

农历正月廿九是民俗"拗九节"，俗称"后九节""孝顺节"。在这一天，渔井村民家家户户都要采办芥菜、五花肉、葱等原料，煮成"芥菜饭"，俗称"后九饭"。渔井人还有一句俗语：吃了后九饭，全年不生疖。

煮后九饭，先把采来的原料都洗净，在锅里加入水烧沸，把芥菜叶放入锅中焯软捞起切细，再把五花肉切细放入锅中熬出油，把切细的葱花放入锅中炒香，接着把切细的芥菜倒入锅中撒适量盐一起爆炒。而后，把洗净的大米倒入同芥菜等一起炒搅均匀，加入水煮熟，就可了。

拗九饭（刘纪雄 供图）

拗九节原本是福州地区的民俗节日，大概渔井村民不少是从福州地区平潭、福清等地迁居而来的吧，经过历代先辈们的演化以及本地风俗元素的影响，就形成了渔井的拗九节。

在渔井人中，"九"是凶之象，是不好过的，凡是岁数逢九（虚岁）的人，如九岁、十九岁、二十九岁（称"明九"），或是九的倍数，如十八岁、二十七岁、三十六岁（称"暗九"），也要像过生日一样，吃一碗饺子或一碗"太平面"，以求长长久久平安、健康。

硖门 "解放包"

林发前

　　以番薯地瓜为主原料做成的包子，福鼎民间称为"九稳包""解放包"。

　　硖门乡渔井村，海边沙地出产优质地瓜。"解放包"最初由于用的是地瓜粉，在渔井就叫"厚粉包"。受霞浦米饺影响，渔井人做的厚粉包形状与米饺一样，又像岛屿形状一样安稳不受影响。特别是女孩子，都要学会这种手艺。"厚粉包做得好不好，就看像不像跳尾岛"，渔井湾上的跳尾岛，挡住了太平洋上来的风浪，保证湾内渔民一帆风顺，这增添食品的文化内涵。在渔井，厚粉包还有正三角形状的，叫"三角叶"，现在很少有人做。厚粉包是渔井先人从平潭、福清一带学过来的，在平潭当地叫"时来运转"。

　　厚粉包在福鼎沿海一带传开后，民间给它起了一个更有文化内涵的名字，叫"九稳包"，寓意十拿九稳，万事顺利，心想事成。

　　在硖门，"九稳包"还另有一个美称——解放包，这与一段故事有关。在 20 世纪 30 年代，叶飞领导的闽东工农红军独立团，进驻福鼎硖门的瑞云、柏洋、秦洋等地，建立苏维埃革命政权。当时革命环境十分险恶，物资匮乏。老区革命基点村秦阳村在"五抗"（抗租、抗粮、抗捐、抗税、抗清）斗争中惨遭国民党的屠杀。当地盛产的番薯有效解决了红军吃饭问题，百姓将番薯制作的九稳包（有的称蚯蚓包）招待客人。叶飞经青屿头村下池澳往嵛山岛，秦洋根据地还派村民带上九稳包护送。红军离开时，百姓又制作九稳包给红军当干粮，希望红军再次回来，推翻旧政权，让劳苦大众翻身作主人。从那时开始，九稳包就被硖门人称为"解放包"，这是有特殊感情的。

畲族番薯饺

⬙ 陈善施

　　番薯饺是温州至福州一带沿海县市的一道名小吃，家家户户都会在不同时节制作品尝，以祈求平安。

　　"番薯饺"在福鼎是很少有人知晓的，如果说是"九稳包""蚯蚓包"，则是男女老少都能聊上一两句名小吃。"九稳包"什么时候在福鼎开始制作的呢？根据畲歌《乌袍记》载，早在唐朝时期，外番造反，派唐细英平乱却被困番边，粮草断绝，刚好来春，满山遍野番薯发芽抽心，就令军士挖回试食甚好，平乱后引回中原。番薯生命力非常强，只要有藤枝，放在土壤里就会生薯。畲族过去迁徙路线繁杂，走的都是山路，甚至走夜路，番薯就是最好食物。畲家九稳包传承历史久远，有独特制作方法，长期以来，被畲族民众奉为最好食粮佳品。

　　畲族畲家九稳包，制作选料十分讲究，精选红牡丹红心番薯洗净、削皮，对半块切，放蒸笼蒸 30 分钟后取出冷却，接着将冷却的地瓜用锅勺搅揉成泥糊状，在搅拌过程中视地瓜糊的情况加入适量的生地瓜粉。再将地瓜糊揪成 10 克小块团，并搓成圆形，用面杖敲扁，最后将调好的馅料（馅料一般为红糖、白糖、生仁、芝麻、桂花、葱头油）包起，捏成饺子形状，垫上健砂仁叶片，放入水已经烧开的蒸笼里蒸 15 分钟（蒸气上来时揭开锅盖透气两次），待见九稳包膨大起来，即可出锅。

　　瑞云村是畲民聚集村，位于硖门畲族乡西南方向，距乡政府约 6 千米，距福鼎市区约 40 千米，全村有李家墓、水尾、笋九、蛤蟆洋、胡炉墩、马头岗、后樟等 23 个自然村，共有 413 户、1752 人，其中 52% 是畲族人口，居住着蓝、雷、李、钟等姓。在畲村，人人都会做九稳包，逢过年过节家家户户摆出各自不一的九稳包，真是让人见了就馋起劲来。

　　相传明朝初年，由闽南迁移到川石的渔民，在正月二十九这一天于海上遇险，天地昏黑，风浪大作。开船的船老大，感到凶多吉少，便跪在船头带领全船男女老少向神明祈求平安，并许愿今后每年在这一天做供品祭神明以抱恩。说也奇怪，即刻天渐明朗，风浪渐渐平息，渔船平安到达川石。上岸后人们就用地瓜做包祭船神；称这包为"九隐包"，从此川石渔民也将这一天称为"过九节"。"九隐包"寄托人们希望一年平安的美好心愿。

随着改革开放以后生活水平的提高，人们对食品追求精细化，"九稳包"慢慢淡出福鼎视线，只有在节日时才能见到。而随城镇化进程加速，纯手工制作"九稳包"的技艺也慢慢缺乏继承人。

作为"九稳包"技艺制作传承人的钟丽娟，回到瑞云村挖掘"九稳包"的文化价值。她了解到，在 20 世纪 30 年代，叶飞领导的闽东工农红军独立团，进驻福鼎硖门的瑞云、柏洋、秦洋等地，建立苏维埃革命政权，当时物资匮乏，饥一顿、饱一顿，当地盛产的番薯有效应对了饥饿。当地百姓将番薯制作的九稳包招待客人。当秦洋根据地派村民护送叶飞，经青屿头村下里澳往嵛山岛时，百姓又制作九稳包给叶飞当干粮，希望红军再次回来，推翻旧政权，让劳苦大众翻身做主人。从那时开始，硖门人又称"九稳包"为"解放包"。工农红军在硖门沿海活动时，畲族群众做了"九稳包"给战士们吃，说去端炮楼十拿九稳。不平凡的经历，让畲族"九稳包"具有深刻的红色文化内涵，更使她下定决心要将"九稳包"这一美食制作好、推广号、传承好。

2017 年，钟丽娟开始制作"九稳包"，请大家品尝，寻找"九稳包"市场滞销的原因。她不辞辛劳，虚心请教，在继承的基础上不断创新，反复试验，终于制作出软糯自然有弹劲的"九稳包"包皮，调制出荤素两种系列和咸、甜两种口味的馅料。创新后的"九稳包"一推到市场，就广受欢迎。2018 年，钟丽娟成立福鼎市钟丽娟"九稳包"加工坊，开始规模化生产。在 2019 年"太姥山杯"福鼎市地方风味小吃职业技能竞赛中，钟丽娟的九稳包广受好评，她个人还获得中级中式烹调师职业资格证。2020 年 8 月，钟丽娟参加宁德市烹饪职业技能竞赛，获得高级面点师职业资格证。

在钟丽娟的努力推动下，畲家"九稳包"越来越被世人所知晓、所喜欢。

水菊粿

🌿 冯文喜

　　水菊粿是硖门颇有特色的一道米食。20世纪七八十年代，乡村普遍制作水菊粿，逢年过节，更是作为招待客人的一道美食。清嘉庆《福鼎县志》中，有"鼠曲杂米粉作糕，食之香美"的记载。

　　水菊粿各地叫法不一，因它的主要配料是鼠曲草，人们又叫它"鼠曲粿"。我们乡村则叫鼠曲草为"水菊草"，与糯米相交，以石臼捶软后，即作糍印，叫"水菊糍"或"水菊粿"。

　　若问福鼎哪里水菊粿好？还是数磻溪、前岐、管阳和硖门。前岐的鼠曲粿是制成条状的，磻溪的多制成饼状的，管阳、硖门鼠曲粿形状不一，口味略有区别，但都一

水菊粿（郑镇摄）

个味——好吃！硖门乡有个自然村叫"福长"，旧称"福塘"，以前以产制水菊粿而闻名。

水菊并不是四季都有，而是受节令影响。秋季水稻收割完毕，水田留下稻茬，过了个把月后，茬上会抽出嫩绿嫩绿的新稻叶。这时，鼠曲草也开始长了，占满了整个田塍边。

临近小寒、大寒节气，逼近年关，乡村田间、墩地的草丛降了露水，或下霜，旷野里看上去白茫茫的一片。鼠曲草那针形的叶片也越加变得霜白霜白的。它在冬季里就开始长出，起初是伏在地上，伸出三五张青嫩狭小的叶片，呈星散分布。田垅水沟，在秋冬干燥的天气里，水慢慢地排干，直到没有什么积水，只微微地有些潮湿。人们去田野上干"冬忙"，可以不用脱鞋，踩在田地上。脚下就是一片又一片即将形成群落的鼠曲草，从一丘田连到另一丘田，满过田塍，满过田坑，直到层层梯田都是鼠曲草。

随着时间的推移，冬去春回，天气也逐渐暖和起来，雨水也多起来。春雨绵绵，鼠曲草也和田地上的其他植物一样，茎突然长高了三五厘米，颜色由嫩绿变成草绿，白毛添了不少，带上点草黄色。最显著的变化则是从无花到长出淡黄色花蕊，到集成一束花序，像伞状那样占了中心部位，显得格外显眼。远远看过去，野地像秋后山坡上的野菊开着一片片淡黄的花。人们知道了，这就是春天，是鼠曲草的春天了！

成熟的鼠曲，只采它的顶部，并两三瓣嫩绿的叶片，用拇指与食指相压，借住指甲的锋刃，只稍轻轻一轧，黄色的花与白色的叶子就一整个落到手心窝里。指随草动，手心里的鼠曲即将一整把，便可投放到随身的篾篮里。走进乡野，春天带给人们的总是满满的收获，令人不能不心生感恩与知足！

制作水菊粿是民间流传的一项手工活，鲜嫩的水菊草采摘回来后经过水井里的清水洗干净，倒入锅里焯十来分钟，捞上来待凉后，用手挤干，或用纱袋紧压以滤掉汁水。再用菜刀切细碎，放到太阳底下晒干。另一边则需备好粳米，不同质量的粳米也会影响水菊粿的口感，过去乡村多选用稻谷熟透晒干碾出的粳米。村厝下厅边都备有石臼，俗叫"捶鼓"，这是用来制作粿食的工具，年节的糍粿也就是在石臼中捶出的。水菊草倒入臼窠里，经过石杵捶打，捣烂后，再与粳米按三七或四六比例拌和好，放在竹笼或木笼再蒸熟。木笼就是炊簦，也叫蒸笼，是蒸米的用具，出簦的米食有一种与众不同的香味，那会直叫人馋口水的。

蒸水菊粿也是精细活，经石臼里捣打后，一般要进行3次操作：先是捶打粳米，如果第一次粳米捣得到烂，这时黏性还不是很多，就得将水菊米掰成块状，再放入蒸笼里，用慢火蒸半个小时左右，待见黏性后取出。其次，将水菊米再放入石臼里，捶到又烂又黏，用手去摘取，感觉有弹性，且达到粿呈鲜翠绿色、伴有糍香的程度。最后将整块水菊粿取出来放到竹箩，三五人开始用手分摘糍粿，搓上菜油，将粿撇到圆

434

饼状的粿模里，这样一块水菊粿就做成了。成型的水菊粿印面大都有"福、禄、寿"字，或牡丹、梅花的花卉图案。

水菊粿还是清明时节祭祖时不可或缺的一份祭品，清《福建台湾府志》载："三月三日，采鼠曲草合米粉为粿，以祀祖先，谓之三月节。"

水菊粿以炒吃为好，有白糖炒和红糖炒两种，属于甜食。过去的菊粿做成糍印是圆饼状，可直接放到锅里炒，待到七八分熟，变得软了，可将调好的红糖水倒到锅里和水菊粿一起炒，动作要轻，以让糖水给粿充分吸收。炒二三分钟后，继续往锅里倒糖水，如是反复三五次，直到粿里透出青绿的水菊，伴有阵阵的甜香，一道新鲜的水菊粿则做成功了。

除了制作"过年糍""清明粿"外，鼠曲草焯后可直接食用，亦可将鼠曲草与糯米放在炊笼中蒸食。鼠曲草的茎叶亦可入青草药，中药称"白头翁"，常食可清热解毒、止咳除痰。山村的青草药师对鼠曲草情有独钟，采来放在埕院阴干，或放置通风处，待到来年即药用。

对于长久在外的人来说，忽然想到家乡的水菊粿，回味在餐桌上可口的美味时，顿时有久违的感觉。出门在外的游子们哈，水菊粿就是他们刻骨铭心的乡愁。

福长春菊粿

 郑斯汉

　　福长村是硖门郑氏的主要聚居地，也是春菊粿的起源地。春菊粿是硖门一道颇有特色的美食，以福长村（旧称福塘）所制最为著名。福长村地处沿海，旧时村前有"硖门塘"，故名。因"塘"与"长""糖"谐音，取五谷丰稔、百福长寿之意，寓生活如糖一样甜美，故人称"福长春菊粿"。

　　"郑氏祖先爱吃草，害了子孙满山跑。"这是一句硖门他姓对福长村民一句调侃的口头禅。所谓的"草"是指每年立春过后，生长在田间地头的野春菊，每年的清明节前夕，正是野春菊最葱郁的时候，一株株绿茸茸的、银灰色的小叶片上耷拉着一只只"小耳朵"——矮矮的肉质茎端开出一朵朵金黄色的小花，发出一股奇异的清香。据村里老人说，郑氏先人清明节祭祖时的祭品不能缺少的就是春菊粿了。何谓春菊粿？清明前三五天，家长就会发动全家男女老少挎着茶篮上荒山下田园，采摘野春菊，当地村民管它叫"狗耳菜"，挖它不用工具，全凭指甲去掐其最鲜嫩的部分。掐回家后用清水洗干净，等铁锅的水烧开后，再把春菊倒下。大火大约烧10分钟后，捞上来等凉，用手把水分挤干后，用菜刀切碎，在太阳底下晒干。一两天采摘量不够，常常要采摘三四天后才够量，笔者常看到上山采摘春菊的妇女携带干粮、冷饭出门，有的还到霞浦后山、水门等地采摘。采摘够量后，放入石臼里捣烂，粳米（粿米）与春菊的比例按三七或四六拌好，放在竹笼或木笼蒸熟。一般要进行两次操作：第一次捣到粳米烂掉，还没多大的黏性，用手掰成一块一块地再放入蒸笼里用大火蒸20—30分钟，用手一捏很黏后，再放入石臼舂捣到又烂又黏，还有一定的弹性，呈翠绿色的，取出来放入簸箕里，倒入少许菜油，就开始用木头做成的粿印印成"福"字、"寿"字或各种花卉的图案。在印春菊粿的过程中常常围着一圈小孩，有的小孩想吃都流出了口水，大人们都能给小孩们每人一个没印的圆圆的粿团，孩子们吃得津津有味。经过一两天舂春菊粿后，家家都有或多或少的春菊粿，留一些在清明节祭祀后，大人们就会发动家里的小孩走村串户送给亲戚和朋友各一些，人人都可以品尝到又甜又软的春菊粿，这期间小孩常常为送春菊粿而忙碌着。

　　春菊粿有许多吃法，或炒或煎或炸，其中被大多数人喜爱的是红糖炒春菊粿。炒

硖门

时先将春菊粿切成小片，然后放到锅里倒一些油，炒至微微发黄时将准备好的红糖水倒入，再小火焖上一会儿直到糖水被全部吸收，最后一道里面青翠碧绿，外表闪着红铜般光泽的春菊粿被装盘上桌，再洒一些炒过的黑芝麻。这时空气中散发着糖的香甜夹杂着淡淡的青草香扑鼻而来，诱惑也从这一刻开始，人们禁不住伸出筷子夹住春菊粿往嘴里送，糯糊糊的、甜滋滋的、香喷喷的、一口下去，满嘴生香。

瑞云牛角粽

 林发前　朱如培

　　瑞云村是国家级非物质文化遗产——瑞云"四月八"歌会（牛歇节）的原生地。这里的畲民沿袭"牛歇四月八，人歇五月节"的传统习俗。为酬谢耕牛，畲家给耕牛过节，这一天牛不准下田劳动，不准鞭打，并用上等食料制成"牛酒"专供牛食。畲民还把自己的耕牛身体洗干净，在头角上佩红布，以显得喜庆，因此四月初八被畲民称为"爱牛节""牛歇节"。这一天畲民还要做畲饭，设席招待亲朋好友，叫作"做四月八"。其中的"牛角粽"是最有特色的畲族美食，味香淳厚。牛角粽，因其形同牛角而得其名。

　　在包粽子前，要采摘足够量的箬叶，洗净、晒干后，放到铁锅里经沸水烫过，故使质地柔韧，不容易脆裂，便于裹粽。

　　畲家人在裹粽的前几天，还要上山砍回畲山特有的一种野生灌木——黄碱紫，烧成草木灰，制造黄碱水。把精选的优质糯米倒进黄碱水中，泡数小时后，捞起放到缸盆里。有的人用为了操作方便，用一定量的小苏打代替黄碱水。拿三片竹叶卷在手中，其中一片叶子披在槽底。而后舀泡糯米一勺，置于叶槽中，用一根筷子往糯米中间捅实，装成"一捏"，形同三角式，约20厘米长。并由披底的一片叶子折过来，盖住糯米，再把糯米黏住以上的叶折过去，包成一条如同牛角似的粽子，用棕榈丝（或红线）捆实，剪掉多出的叶壳，牛角粽算是包成了。过后，成串的粽子放在铁锅里，经过数小时的清煮，即发出一种特有的山珍味。煮熟的牛角粽既有黏性又不含糊。要是在糯米中掺少许的花生或红枣或豌豆，裹成的粽子更是芳香而不腻口，即悦目又别有风味。

包制牛角粽（冯文喜摄）

　　为什么有这个特殊的风俗，并与牛角粽联系在一起呢？畲族最早发祥于广东潮州凤凰山，据有关文献记载，最迟在 7 世纪，畲族就已定居在福建、广东、江西三省的交界区。历史以来，畲族人自称"山哈"，居于山区，过着刀耕火种的生活。农耕与狩猎是畲族早期的一个生产特点，在农耕社会，牛的农耕作用是不可替代的。牛的地位很高，常要用最好的饲料来饲养，以确保牛能在农忙时好好表现。为使牛能更加卖力劳作，在农忙时节，还要让牛喝酒，祈求牛温顺，强壮有力，好为养家的农事做贡献。而粽子由来久远，最初是用来祭祀祖先神灵的贡品，古时候称"角黍"。畲民对牛的尊敬，与粽子的祭祀作用，很好地结合在一起，因而就有了牛角粽和用牛角粽祭祀的风俗。蓝、钟、雷、李四氏畲民，传承包牛角粽和用牛角粽祭祀这一风俗，并加以发展和创新，结合"唱山歌"等习俗升华为瑞云独有的"牛歇节"。"牛角生来扁扁势，身上负者千斤犁，水牛做饭给人食，四月初八歇一歇。"农历四月初八"牛歇节"是畲族的爱牛节，是畲族同胞在生活中创造的一道极为质朴的民俗风景，而牛和牛角粽是其中的一大亮点。

　　瑞云牛角粽，与汉人包粽子寓意不同，是纪念"牛生日"，并非为诗人屈原而纪念。畲民制粽子，米亦糯而碱，性独佳，故质柔韧，较寻常四角式者亦可口，俗称"畲婆粽"。畲民除纪念节日外，还常将这具有独特风味的节日食品，放到精致的竹篮里，用小扁担悠悠地挑到邻村，作为厚礼赠送汉族亲友，来自各地的歌手，亦互相馈遗如常仪。

　　如今虽然耕作方式转变，耕牛数量大量减少，但畲族民间对耕牛的保护却从未减弱，而且家家户户还模仿牛角制作牛角粽，以表达对耕牛的感恩之情。小小牛角粽，不仅表现了对耕牛的感恩之情，更折射出畲族人民对劳动和美好生活的赞颂和憧憬，是其民族优秀文化传统代代传承的体现。

二月二吃芥菜饭

林发前

"饭吃了吗？"饭点时碰到熟人，这是一句很温馨的问候语。如果农历二月二前后在硖门，就会改为"吃芥菜饭了吗"，二月二吃芥菜饭，是这里的风俗。

历史以来，各地各种二月二民俗活动多有记载，但各地风俗有所不同。有吃饼者谓之龙鳞饼；有食面者谓之龙须面；有引水入厨，施绕水缸，叫"引龙回"；有熏床炕熏虫，引龙虫（古人把蛇之类称龙虫）出来。

在《福宁府志·物产》中记载："芥菜有二种，一种青味甘，一种紫味辣。农书云：气辛烈，菜中之介然者。"太守李拔云："两早烟苗织翠塘，清风来厌广州尝。最怜淡泊堪明志，胆似瑶池碧海琅。"陆佃云："望梅生津，食芥坠泪。"

对于"二月二"，民间百姓心怀敬重虔诚，有对"龙"的崇拜，和对美好生活的祈盼，从其愿望来说是好的。浙南、闽东一带，这一天则是煮芥菜饭吃。在福鼎硖门农村，平时也有做芥菜饭，但这一天，家家户户都要吃芥菜饭，不在这一天吃，似乎就没有意义。

硖门芥菜饭一般采用芥菜叶而不用芥菜梗和心，煮法分三个部分。第一，用新鲜芥菜，把嫩叶部分从菜梗上剥下来，洗净切成细，在沸水中焯一下，沥干备用；第二，米饭用糯米，普通的用优质的粳米也可。米要经水浸泡后炊熟，要求炊出来的米饭颗粒分明，又不夹生；第三，五花肉切细，水发香菇均切丁、小葱切细，虾米用料酒浸泡。热锅下油，放入五花肉、香菇芥菜加适量盐，料酒，翻炒入味至熟，拌入米饭、再放入虾米、葱花，加味精、鸡精，翻炒均匀即可。一碗精制芥菜饭，外观上菜与饭绿白相间，点缀着粉红的虾米和黑褐的香菇。口感上，香嫩爽口，油而不腻。

"二月二"时节，硖门山区或海边，菜园里，最多的就是芥菜。一畦畦，一片片满是芥菜绿。传统种植的是一种叶色较深颈梗较长的叫"血里红"芥菜，近年也有叶色较青浅的阔边的新品种。芥菜不但爽口好吃，还含有大量的叶绿素及维生素C，经常食用富含叶绿素及维生素C的蔬菜，能提高自身免疫能力，增强抵抗力，并能利肠开胃，解表利尿，宽肺化痰，治疮去痢，对人的皮肤确有好处。旧时，老百姓生活贫困，卫生意识淡薄，再加上缺医少药，皮肤病（如疥疮）患者多，且易传染。"吃了芥菜饭不生疥疮"的说法，是有一定科学依据的。

硖门

石兰紫菜

喻足衡　邓加密　朱如培　冯文喜

　　石兰紫菜是海边岩礁上的一种野生坛紫菜，其品质佳、味道好，而受到人们的青睐。石兰紫菜生长在硖门大岗头这片海岸岩石和峭壁上。每年仅有几百公斤的鲜紫菜产出，供不应求，每公斤售价高达千元，相传在清代石兰紫菜还是向朝廷进献的贡品，显示它的贵重。

　　"石兰紫菜"并非其真正的学名，是它与石兰这个村庄的名字相加而成，石兰全村都姓邓，相传，他们的先祖来到硖门时，以谷壳撒海，谷壳漂到哪里，其海域就划到哪里，包括大岗头脚下的天然野生紫菜，就属于邓氏宗族所有。村民就石兰天然紫菜挑到邻县霞浦、柘荣、福安等地销售，为家庭添加一笔可观的收入。随着支脉繁衍，作为祖上产业的天然紫菜进行分配，从宗族产业走向私有家产，每户都得到份额，靠自己养护，自己收割，一直继承至今。

　　石兰紫菜与普通坛紫菜一样，分为叶状体和丝状体两个生长发育阶段。人们肉眼能见到的部分是叶状体阶段。叶状体为薄膜状，大体上分为叶片、基部和固着器3部分。叶片呈披针形，长的能达35厘米以上，宽2厘米，颜色呈紫红色，有光泽，脱水后呈深紫色。叶片比普通紫菜厚，弹性强，营养高，味道浓。石兰紫菜独有特性与石兰村海域环境紧密相关。该海区面朝东方，潮水落差大，干潮线与满潮线之间距离在5米以上，风浪大，海水清，沉积物和悬浮物少，潮流畅通，没有工业污水，符合紫菜生长发育条件。

　　石兰紫菜附着基质是石头。在自然状态下，不是所有海边岩礁都能生长紫菜的。因此，岩礁好坏关系到紫菜养殖成败。只有在风浪较大，潮流畅通，海水清，

石兰紫菜收获（冯文喜摄）

海面上的养殖紫菜（陈昌平 摄）

沉积物少，石头表面风化好，有小孔的，具有一定保水功能，便于紫菜壳孢子和吸器附着的花岗岩，才会适合紫菜生长。生产上，选择已有石藻生长的，坡度小便于人工收获的岩礁。当白露季节来临冷空气开始南下时，对岩礁火烧处理。具体做法是：在岩礁潮间带中央约3米宽的地方，铺上一层30厘米厚干草，点火燃烧，杀死石藻、青苔等杂藻和其他生物，又保存好附着基质。如果放草过多，燃烧过头，就会损坏岩礁表层基质，不利紫菜生长。试验表明，不用火烧处理的，杂藻多，一般的岩礁不能生长紫菜；用石灰水处理的，虽然能杀死杂藻，但也会杀死紫菜苗，不能生长紫菜。

石兰紫菜营养来自海水和岩石，基本满足生长需要，一般不施肥。但是，为了提高养殖产量，在每次采收后，可以用0.2%尿素根外追肥。石兰紫菜不发生病害，生产上主要敌害生物是石藻、硅藻、青苔等杂藻，其次是鱼类和野鸭。经过4个月生长，紫菜叶片长度达25厘米以上时，可以采收。采收时间是固定的，农历大雪、冬至、小寒、大寒等节气，适逢小潮，风浪小，便于攀岩采收。采收间隔时间为15天收一次。采收方法分拔收和剪收。拔收要求紫菜经过充分露干，叶片部分失水、变色，手拔紫菜不易打滑时进行。剪收要求一手拉起紫菜叶片，另一手用剪刀剪去大部分叶片，留下2—3厘米长度继续生长。石兰紫菜不需要淡水清洗、太阳曝晒或烘干，只要在清洁海水中清洗、滤干，放在簸箕类竹制品中晾干，装入袋子低温保藏。

落潮的海水把天然紫菜梳洗得整洁、干净，它完全依附并紧贴于石壁上。紫菜水分还没有被阳光晒干，一缕缕地叠压着，排列得疏密有致，整座石壁像是披着件毛衣。等到晒半干后，紫菜色泽青乌，亮中含着暗红。它比海中养殖的紫菜质地来得厚些，线带状呈现出白边。用手触摸，可感湿润、柔软、细腻、滑溜。渔民都没有特意去晒干它，取来竹篮平铺着可风干，只要晾过就可以食用。佐料不可太多，清淡最好。干后也可以直接吃，放在唇齿间轻嚼可感韧性，越嚼越脆，越甜越香。

讨岐与石晒

郑斯汉

　　沿海地区几乎人人都会"讨岐"。何谓"讨岐"？就是农历每月初一、十五的后两三天大潮里，人们在海边岩石上挖海蛎、藤壶、石鳖、壁锅、岐乳、鬼见怕、观音手，在岐缝里捡螺、捉石蟹，在滩涂上捡泥螺、摸蚶、捉海蜈蚣，等等，都属于讨岐范畴。

　　我从小生活在海边的青屿头，俗话说：住山吃山，住海吃海。当时海边人的日常生活源头来自海上、岐头和滩涂，除了大人出海捕鱼，在家的妇女、小孩甚至老人都是会讨岐的。大潮里，一般在午饭后去讨岐，到了五六点回家。大潮时，不但青屿头村妇女们去讨岐，也常常看到与青屿头交界的霞浦牙城的梅花村妇女、第一层村妇女成群结队地来讨岐，傍晚时分，一个个妇女"岐头货"满担而归。虽然她们很辛苦，身负重荷，翻山越岭，还要走很长的一段路，但收获了惬意与满足，那份喜悦，在夕阳的映照下全写在脸上呢。

　　在海边，水涨螺是常见的，炒着、煮着吃都相当的美味。它通常会在晚上的退潮时，一齐爬上海边岩壁吸露水，享受月光下的清凉。晚上八、九点后，邀上一两个伙伴，拿着手电筒、扫把和畚斗以及蛇皮袋来到海边石壁上一看，密密麻麻的全是水涨螺。于是一个拿手电筒，一个拿扫把和畚斗，一个张开袋口，不一会儿工夫一个袋子就满了。回家后，接下来就是把螺尾巴敲掉，由你炒着吃，煮着吃，再弄壶糯米酒来喝，好生快哉！说起吃了的，发小李明春他就是个吃货呢！他说水涨螺怎么煮就取决于喝的是什么酒。喝的是糯米酒，那就要得炒着吃，下些姜蒜，少许辣椒，下些白酒，大火炒3分钟即可。筷子夹起，送入嘴里，"咻"的一声，螺肉出来了，顺势螺壳也吐了出来，带点微辣的螺肉在舌尖上停留片刻，在一口糯米酒的"冲浪"中，吞没在肚子里了。要是喝烧酒呢，就得清水煮汤，一定要和清水一起下锅，下一些蒜末，不下油哦，水一开就可以了。千万不可水开后下螺，这样就吸不出来了。这汤虽然煮法简单，但是它是相当有味道的，称得上美食。

　　"岐棘"可算得上最美的食材之一了，它营养丰富，价格昂贵，常出现在大饭店、酒家里。它身上有两个部分，上半部分长得像笔架，肉的颜色是褐色的；下部分越长越好，价格高低就看下部分的长短了的。这部分肉质细腻、洁白，是最让人垂涎的！

　　"敲罟"被禁止后，机轮大队渔业社开始了定置网捕捞作业，海域就在家门口不远的地方，虽然近些，但这种作业一天收网就要三回。尤其是夏天季节，鱼料多，挑到家里走的是上坡路，而且数量多，根本就处理不过来呢。于是就把这些小鱼虾全部晒在海边大石壁上，夏天晒鱼干干得快，晒干以后再进行分类，有鱼干、虾干、小虾苗等等，这样的鱼货都是"石晒"出来的，"海头人"通常叫"白晒"。现在回忆起来，那种"白晒"的软壳红虾，要是和丝瓜、面条一起煮，非常美味，"白晒"中还有挑出来一些小鱿鱼干，作为煮米粉、煮面的调料也是很棒的。还有"白晒"的龙头鱼干，煮米粉、面条也是相当不错的。

　　"石晒"既减轻了劳动强度，又方便了操作程序。这活儿一推广，倒是引来了山里客，牙城后山、赤溪、磻溪、管阳、柘荣等地的客人都来晒鱼干。他们买来鲜鱼后，直接就晒在石壁上，然后再进行分类，一般住了两三天后回家。鱼货多了就几个人合雇船运到硖门或牙城码头，再雇人挑回去出售。牙城后山的老郑他就住在我家里，一般是两三天回去一趟。牙城的老丁也是住在我家。这些人来来去去，促进了鱼货的销路。

渔井里晒盐

黄金铿

渔井里晒盐源于 20 世纪 50 年代初期，兴盛于 70 年代。渔井里曾经有两处晒盐地，一处在稠后，一处在平后弄。

这两处晒盐的方法方式不同。泼盐潭又叫"泼盐槽"，稠后的槽前边嵌有光滑宽阔倾斜岩壁，咸水能到的面积大，倾斜角大于 45 度，泼到岩壁上的海水能迅速下流，水分蒸发比较快，可以增多泼水的次数，使溶剂不断减少。海水逐渐变成盐的饱和溶液，泼附在岩壁上的盐花也越来越多，几经冲刷溶质的质量增大，一直泼到岩槽内的盐大量堆积，用长柄竹织篱捞起打包。这种方法我们称其为"泼盐法"，具备海水—斜岩壁—凹槽粗盐和苦卤，泼盐方法也简单，但这个的"稠后泼盐潭"距海边较近，每个月有两次大潮水的浪头会冲到此潭，就要停止泼晒，只有等到小潮才能作业。平后弄的顶部有多个平浅盐槽，下沿有 3 个"泼盐槽"，缺点是能泼到的岩壁面积不够大，光滑度不够好，泼到岩壁上的咸水蒸发不快，故只用于泼到"咸卤"即可，再将"咸卤"倒入平浅盐槽，晒一天就能收盐。

每年农历六月到八月是晒盐的旺季，晒盐前需做好准备工作，选择浅平凹槽（盐槽），冲洗干净，若遇到盐槽有缺角处，用黄土泥巴（现用水泥）补上，盐槽的周围

海边晒盐（黄金锵 供图）

也要打扫冲洗干净。每年炎热的夏天，取清澈的海水倒满"泼盐槽"，再泼往倾斜岩壁，几经泼流，冲洗岩壁不断附着浓重的盐花，当槽内咸水的盐度达到放下生鸡蛋，或生的树技能上浮时，海水就成为食盐的饱和溶液即"咸卤"（简称"卤"）。用海里的咸水泼成"卤"的过程，要蒸发掉大量水分，一般仅剩五分之一左右。遇到小潮水，取海边小槽里，被太阳晒了几天的咸水，含盐度比较高，用此水泼成卤会剩下三分之一，但这种咸水要从各个小槽收集，得之不容易。泼卤也有技术含量，太阳炙烤岩壁，泼完一次，过多久再泼呢？太早泼无效，太迟了泼的次数少，不易成卤，要把握好火候，拿捏到岩壁微干或有盐花析出来再泼。第二天取"卤"倒入事先冲洗干净的浅平盐槽中，倒入量也有讲究，取决于盐槽的深浅度，较浅的要倒满，偏深的倒入六七分，否则，晒不出高产量的盐。中午高温过后，便有细小白粒析出，漂浮在"卤"的上方，叫漂白晶体。此时不要去搅动，让其不断蔓延成片，然后会在阳光下逐渐沉淀。晒到傍晚，慢慢析出晶盐，用有柄勺子爬铲，即可收获雪白剔透的细粒盐，也叫精盐，其数量的多少取决于盐槽的大小深浅。这种方法我们称其为"晒析法"，借助天然岩壁，其过程为洗盐槽—取海水—泼斜壁—流凹槽—装咸卤—倒咸卤—析晶体—收精盐—剩母液。在平后弄晒盐也要有一定的技术水平，但再好的专业师傅，受场地的局限制约，收获的产量还是有限。当然，也可用锅煮海水的"蒸析法"，这种方法古老，耗费柴草量大，析出盐粒细小，产量低。

我在十一二岁时，跟着大人学晒盐。每年端午节过后，就要到我家对面平后弄上着手清洗占领盐槽。这山头上顶多能晒 3 户人家。前奏工作，常有我妈来帮忙，等到农历六月初，温度在 30℃ 以上开始晒盐，这时担子落在我身上，提海水到泼盐潭虽仅10 来米远，但对年龄不大的我来说，还是有困难的。首先是遇到涨潮时提海水，拖鞋和裤脚会常被海水冲湿，湿裤脚经常在不知不觉中被晒干，拖鞋湿了拎着一桶海水，走在凹凸不平的斜壁上会打滑。拖鞋夹根钉常被扭上来，干脆打赤脚吧，会让你脚底下烫得起泡，一天下来，就穿在脚下拖鞋的夹根钉，拔上了再挤下，再拔上再挤下，不知要轮换多少回。夹根钉特别容易坏，断了就用火烧接上。到了晌午，太阳直晒，温度最高，越是高温，海水蒸发越快，岩壁干得越快，盐越容易析出。续泼的间隔短，又无处躲藏，弱小的我不懂得"武装"自己，皮肤被灼晒得黝黑发亮。接近傍晚，太阳有了倾斜，阳光自然不那么烈了。续泼时间延长，我便在峭壁下躲晒一会，或在井边玩钓一抛，或在井里轻游一圈。老话说得好，"人晒得越黑，盐晒得越白"。晒盐不但要头顶烈日，还要看老天脸色，我最害怕的是老天爷落泪，海边时有高空晴蓝，疾速变脸成乌云密布，那便是我手忙脚乱时，务必要在降雨前，将每个槽里的"卤"和盐，全部舀尽装桶。否则，被雨淋了，"盐卤"就泡汤了。

渔井里曾流传一俗语："吃渔井的鱼聪明，吃渔井的盐精明。"小时候，村里人自己晒的，生活上的用盐量不大，大部分的盐用于腌制食物。海边有较大、较深的凹槽可以替代大水缸用于腌菜，可用海水加些少量盐泡腌，但远离海边要腌菜，就要大量用盐。渔村小鱼小虾多，贝螺也不少，海边常刮大风大浪，恶劣天气船难出海，为防止缺乏海货做菜，村里人要常备腌几大罐带柳、小白金、海蜇、虾苗、海螺、藤浮等，腌这些货用盐量很大，我们晒的盐很派得上用场。小时候，有时盐制品一吃就是好几天，我很害怕吃海盐腌制货，因为在盐场常用手指头沾"卤"来品含盐度，尝得满嘴苦涩咸麻，饭桌再看到腌海货，顿生咸麻感。曾记得我家的盐常用来送人，特别是山里头的舅舅、表兄们送来了菜，我们回给他们的是白花花的盐，和盐腌的海货，我也特别高兴。

海钓 "水古"

 郑斯汉

　　20 世纪 70 年代末，内海的 "水古"（白姑鱼）特多。它属群聚类鱼种，盛产在嵊山岛以内海域。机轮大队渔民利用定置网捕捞的小虾作钓饵，往往在闲暇的时间里开始海钓水古。海钓最主要有以下两种方式。

　　一个是 "矶钓"。选择码头外侧、石坝或礁石一侧，水流流速每秒 1—1.5 米，海底系沙地、泥地或泥沙混合型地貌的地方，用 3 米以上的海竿，抛 30 米以外，绕线轮上装 80—100 米直径 0.5 毫米主线，主线穿一通心活坠，坠以锥形为好，可加速沉底且减少海流阻力不致饵钩偏位，坠重 100—200 克。主线下端边装一转环，转环下端边是 50 厘米、60 厘米两条直径 0.4 毫米脑线，脑线上各拴一钩，钩以伊势尼 11—13 号为宜，钩尖越锋利越好。矶钓白姑鱼的饵料最好是虾仁，其次是沙蚕。矶钓白姑鱼的最佳时机是潮涨落三分前后各 1 小时左右。垂钓时，将装好钓饵的饵钩甩至钓点，待坠子沉海底，摇动钓线稍绷紧。有时竿尖突然抖动，有时钓线猛地松弛下来，有时钓线突然抖动一下，这些都是白姑鱼咬钩的信号，均应立即提竿，但动作不要太大，以免将鱼嘴拉豁。矶钓的人因没有小船，只在岸上钓，机动性自己可掌握，走动性大，可以随时调换位置。岸边的鱼类有水古，也有海七、红头鱼，甚至还可以钓到名贵的石斑鱼。

　　一个 "船钓"。水古盛产期主要是在每年农历的五至八月份。海钓先是要选好钓位。定置网周围的海域鱼群较多。白姑鱼的鱼路、鱼窝一般在海岛石礁避开急流，也有在急流与静水交汇处，在流速一般每秒 1—2 米的地方。找准流速适当的海域，还要与潮汐结合起来，在小潮汛、落潮满、涨潮满情况下，相对无潮时，就要适当靠近急流处，大潮汛和落三分以上、涨三分以上相对流急时，就要适时避开急流，但船位移动的距离都不要过大，一般移动 10—30 米即可，使钓位始终处于最佳状态。船钓的钓具可以用海竿钓，钓具匹配与矶钓相似，也可以拽线钓，用直径 0.5 毫米主线穿一通心坠，下以转环连续，转环下拴双钩，钩脑线长一钩 50—60 厘米，一钩 30—40 厘米。垂钓时，将船停至钓点，将钓饵装于钩上，顺船边下沉至水底，鱼吃饵时提拉饵钩，白姑鱼口裂大，咬钩迅速，当手感沉重时要迅速提竿。

当时出了好几个海钓能手，中谷村的王良忠就是其中一个，他钓的水古多，一般用桶挑回来。暑假里，他有两个儿子也到船上学艺，钓回来的水古挑了一两担。半山村的林宗伙、邓其宝等也是海钓能手，水古钓多了，家里晒的鱼干也多了，常常是晒在竹柄上和岩壁上，晒干后作为礼物送亲戚、送朋友。

打蛎仔

林发前

峡门地处海边，因海而渔。渔民除捕鱼外，还从事一种"讨岐"生活。蛎子、海蛎、笔架、淡菜等类生物附着在礁石上，被渔民称之为"岐"，用各种工具将它们采收回来，就叫"讨岐"。这类产品肉汤非常鲜美，渔民用来补贴家用或外售。"讨岐"生活中，又以"打蛎仔"为最。

本文所讲的蛎子，是圆锥形的，外壳看上去像座火山缩小版。蛎仔会分泌出一种胶质，使本身牢牢黏附在硬物上。

蛎仔肉好吃，含有大量优质蛋白、维生素、矿物质、氨基酸等营养成分。蛎仔"打"回来，用小铁锥子往蛎子上尖口一捅一转，蛎仔肉连同内壳就脱离下来。每年三月或六七月蛎子成熟，这时蛎仔肉如蟹肉饼一样，白里透着微黄。嵌在锥形小内壳里边，煮熟时舌齿并用，把肉吮吸出来，鲜美极了。蛎仔有三种煮法：一是清汤煮法，葱、蒜、姜少许油锅炒熟，下水烧开，再下蛎子，烧开即可，其汤肉清鲜爽口；二是清炖法，

海边打蛎仔（冯文喜摄）

敲二个鸡蛋打碎，泼在碗里的蛎仔上，炖熟，两种食材味道互相渗透，蛎仔海鲜味增色许多，美不可言；三是炊粉法，蛎仔肉黏上少许地瓜粉末，放在香叶上，在置蒸垫上于蒸锅蒸熟，肉质感强，可单独煮食，但大多是晾干取下保存日后使用。还有一种腌制法，普通做法是用食盐腌制，作为"咸配"使用，用水洗淡，配以料酒、醋、味精、糖料即可。另有"醉蛎仔"法，把肉洗干净，放在玻璃瓶中，倒入黄酒，再加少量白糖和盐密封数日后食用。

蛎仔味美，可收采不易，这从称呼上就可体会到。蛎仔一整年都可以收采，一般选择每月初一或十五大潮前后几天。讨蛎人得穿上草鞋，踩在滑溜或布满尖锥附着物的礁石上，拿着铲子，下到潮水线下，与潮水抢时间。有时海浪冲过来，一铲一取，立即退回，麻利迅捷。潮水涨了，就要收工。手脚被礁石划得鲜血淋淋，那是常有的事。下雨天，更加困难，要穿蓑衣，戴斗笠，顶风冒雨，不能躲避，还要负重挑着蛎仔走几里路回来，非常辛苦。因为蛎仔保鲜时短，回到家里要马上组织人员一个一个抠肉，很费工时。

硖门飞蚶

 林发前

　　在福鼎硖门青湾与福长之间的海滩上，出产一种野生泥蚶，到了夏季会长出一双翅膀，具有飞跃的本领，人们把这种泥蚶称之为"飞蚶"，甚是奇特。

　　原来，夏季是泥蚶的产卵期，泥蚶的卵袋长在外壳上，像小羽毛球拍一样，又像古代状元帽的帽耳，卵袋像塑料膜一样晶莹剔透。细看，里面有卵，如果已生产，袋是空的。当受到外界干扰刺激时，泥蚶的卵袋急速振动，有如蜻蜓扇动的翅膀，每粒成熟飞蚶重达30多克，这翅膀薄如蝉翼，却能把几百倍重于翅膀的蚶身带动飞跃起来。夏季中下潮水线一带，海水冲滩，成群泥蚶呈抛物线状飞跃起来，如冰雹般纷坠，不愧是一大奇观。

　　硖门位于福鼎南端，与霞浦接壤，东面临海，滩涂广阔，历来海产品丰富。青湾、福场村民常在海水退潮时下滩涂采集，叫"摸蚶"。有经验的高手，熟悉滩面状况，能辨别发现泥蚶细小的洞穴，单手一插一捏即准。多者一个潮水能摸到七八斤。如果你是初学者，那就要先交学费，你可能会空手而归。采集回来，常用小竹篮盛着，如果没有用网兜之类罩着，飞蚶们就会飞到地上。为什么离开滩涂还会飞呢？因为蚶瓣打开后，快速收缩，产生动力，就飞跳到地上。

　　出于对硖门飞蚶的好奇，很多人到硖门品尝海鲜必点硖门飞蚶。硖门飞蚶肉质非常鲜美，肉含大量蛋白质和维生素，血液

硖门飞蚶（张冬英 供图）

中含有血红素、呈红色，因而又称"血蚶"。在食疗方面，飞蚶肉味甘咸、性温、入脾、胃、肝经，具有补益气血健脾、益胃、散结消痰之功效。三国时《临海异物志》载泥蚶具有"益血色"之功效，清朝《食疗本草》载蚶可"润五脏、治消渴，开关节"。硖门飞蚶蚶肉特别鲜红、血红素高、其营养价值和药用价值远在其他蚶之上。人们经常把硖门飞蚶作为礼品赠送，外地人到硖门必买飞蚶。

如果你买飞蚶，最好选在大潮期，如每月初一、十五前后。这几天村民一大早就会把采集到的飞蚶拿到集市上出售。这时，买者众多，有宾馆来买做招牌菜的，有外地游客慕名而来捎带一些回去，也有人专门收购运到外地出售。有一户在外地办轧纲的硖门人曾自豪地说，这几年起码买了几百斤飞蚶寄到产里。

飞蚶的几种美食制作其实很简单。有清煮蚶，即水快烧开时放入飞蚶，水沸后不久拿出，即可使用，不加调料，咸淡自宜，香甜可口，大多数人用作下酒菜，简单方便，边吃蚶边聊天。有拌煮蚶，清水烧沸，放入蚶略烫，并翻动几下，在蚶壳欲开时捞出，剥去半边壳，探入盘中，撒上葱末、姜末、胡椒粉、淋入酱油、香油、料酒即成。有炖酒蚶，即红米酒代水、入蚶、炖熟，据说这种做法，能发挥飞蚶最大的食疗作用。有卤制蚶，即把飞蚶放在卤水中浸渍，一周后即可使用，清香生津，另有一番风味。

说到吃法，一般是用手掰嘴吮，硖门常吃飞蚶的人，有一种吃法令人叹为观止：把蚶含在嘴里，用舌头顶住，使壳横向然后用牙齿在壳顶内曲处一磕，使两壳自然分开，再牙舌并用，吐出蚶壳，吃到蚶肉。若没有亲眼看到，你不敢相信，整个过程不用手掰，瞬间完成，就像啃瓜子一样。如果有吃蚶吉尼斯比赛，那速度最快的可能是硖门人了。

福鼎海岸线很长，有广阔的海滩，为什么独有硖门这一片滩涂出产野生飞蚶呢。这与硖门的地理位置、自然条件及飞蚶的生长习性有关。正如一方山水养育一方人一样，硖门之外别处滩涂就没有这样的飞蚶。渔井湾与崳山到之间的海底，有船拖网拖到的泥蚶，看似一样，但个头大，外纹深，颜色味道也不一样，可以辨别出来。

随着渔井湾北面核电站的建立，这一片滩涂的地质泥层受到影响，硖门飞蚶产量逐年减少，越来越稀贵。这种奇特的野生飞蚶，有朝一日会消失吗？

拖乌贼

郑斯汉

20 世纪 60 年代末 70 年代初，福鼎市沿海乌贼出奇得多。硖门青屿头村（机轮大队）是硖门主要的乌贼捕捞区之一。

何谓拖乌贼？它是用捕捞工具捕捉乌贼的一种作业形式。当时沿海渔民捕捞乌贼的方式有五种：其一，用"拖"具捕捞；其二，用定置网和鱼虾一起捕捞；其三，用"斗"在海岸上捕捞；其四，用长竹竿绑上捞具在海面上捕捉；其五，用竹笼放进一只活乌贼为诱伴捕捉。每年的谷雨前后是捕乌贼的黄金时候。在这之前，渔民们 3—4 人在一起准备好拖具，这拖具又是如何做的呢？先是用纱线（当时没有乙烯线）编织成一定间距的网，将山上一种俗名叫"狗骨头"的类荆棘类植物的块根挖回来，用柴刀剁成片放入大锅里煎煮 2—3 个钟头后，汤就变成了浓褐色，将水倒入大木桶里，把网放入染色。据说用这种植物染色后，渔网耐用，能经海水浸泡不腐烂。太阳晒干后，网的四个边缘绑上晒干的花竹，形成"拖网"，开始"拖"乌贼时，一个人摇橹，

补网（冯文喜摄）

两人捉住绑在横竹两端的绳索，船靠着海边向前，经过 10 多分钟就起一次网把乌贼捞上来，放入船舱。

定置网捕捞，其实不仅是捕捞乌贼，更主要的是捕鱼虾，一般的定置网都是在内海中央部位(指嵛山岛内)作业，当然乌贼也会进入定置网，这种网一天内可以捕捉 3 次，也就是说，固定的渔网随着潮汐的变化，就会转变方向的，网口能从三个方向进鱼类的，当时捕捞的小鱼小虾是重新倒入海里的。我父亲回忆，有一次乌贼多的都把网挤破了，还有一次船差点装沉下去，船上的几个人拼命往海里倒乌贼，减轻船的压重力。

用"斗"捕捞，村民们称"甩斗"，就把网绳子绑好，穿在铁线上成为正方形，四周的绳子上同时穿上瓷卷，人站在海边的岩石上，一头绳抓在手上，把"斗"甩了出去，停留片刻后，再轻轻地沿着岩壁把"斗"收上来。经常有乌贼在岩石上觅食、休息或产卵，把"斗"拉上来，"斗"网里可能有十几只乌贼。这种捕捞形式大多由妇女和老人来操作的，虽然捕捞量少些，一天也能捕捞几十斤。

用长竹绑上捞具捞乌贼。这可是孩子们发明的。因为乌贼它是利用海水的反推力而后退的，当时乌贼多，常常在海面上都能看到乌贼呢。孩子们常常手拿起捕具站在礁石上捞乌贼，别看这工具简陋，有时一天也能捞几十斤呢！要是遇到海涛大的天气，孩子们就不会去海边的，到了第二天风平浪静的天气，歧头上都是孩子，被昨天浪涛打的半死半活的乌贼到处都是，孩子们的"收入"就增加了。记得有一次，大海涛的天气过后，北风转南风的海上，退潮后我在一个海边的岩石缝里一次就拾到十几只死着的乌贼。还记得有一回在海边的一个凹地类似小池里的地方，乌贼来不及随海潮而退，就在这个"池"里，被我捞了 10 只。

备竹笼捕捉乌贼。当时每年清明时节，村民们就着手准备成熟的麻竹，一般是生产队派人到磻溪九鲤、七溪一带购买后，架起竹排从上游的九鲤溪下水，顺流而下到杨家溪的渡头村用船运回来后，生产队安排擅长编竹笼的人手编织（当时一天按 12 分计算）。竹笼长 1 米左右，直径 0.3 米左右，是个圆柱形的，左右两侧再编成竹斗笠状的盖子，渔民称"鳍"，是乌贼能进不能出的硬竹片，套在两侧。谷雨时节，这些竹笼就挑到海岸上，妇女、老人帮着挑。在歧头中每个笼子的中间都绑上一块长方形的石块。（帮助竹笼下沉），再把竹笼的中央绑上藤。开始放竹笼前用一只活的乌贼放入竹笼里做引伴，人站在歧头上向海里使劲一抛，然后一头藤条固定绑在歧头的岩石头上。第二天退潮时就有几个固定安排的社员，前来收乌贼笼，笼中不但有许多乌贼，有时也捕到石斑鱼、海七等名贵的鱼类。

随着现在海洋捕捞的先进技术的发展和改良，海洋渔业资源的逐渐匮乏，乌贼的产量已经很少很少了，昔日的捞具也消失在人们的视野里。

海蜇相伴

🌿 郑斯汉

少年时代，硖门内海盛产海蜇，海面上到处可见海蜇，有时在海岸上用竹竿绑上竹钩还可以捕到海蜇。小时候，一日三餐中最常见的是海蜇皮，我们都吃厌了。其实，海蜇最好吃的部分是海蜇肠，海蜇杀死后，把肠取出用刀剖开肠内杂物洗干净，放入滚开水，大火烧5—6分钟后捞上来，水分滤干后，用刀切碎，锅里放入少量油、葱、姜、卤、米酒、辣椒爆炒，味道可真美呀！小时候这样的吃法较少有，一般的家庭只把海蜇肠蘸卤、醋吃，也是相当美味了。40多年过去了，一直没有条件再吃到当年的海蜇肠，除了常常叨念着海蜇肠，再也不敢奢望品尝到它了。

海蜇血的味道也好。海蜇血长在海蜇背上，杀死了海蜇后，从它背上削下来一块一块的血，用清水洗干净后，放入沸腾的开水煮4—5分钟即可捞上来，晾好放在石壁上或竹匾上晒干。因为太多了，村庄里晒海蜇血的石壁总是被抢占着，随处可见。晒干后，装了布袋挂在凉台或楼上，海蜇干我们家常常和芹菜一起煮，吃起来带有一

硖门滩涂（冯文喜 摄）

定的韧性，香醇可口。大人们喝酒时常常用来配酒，餐桌上每天都有，虽然很好吃，吃多了也就开始讨厌了。那时我们上学时，常常在路边石壁上抓一把海蜇干边吃边走，从不算偷。大人们总会嘱咐我们，太阳底下的海蜇干吃多了容易涨肚子，要我们少吃。要是外村的亲戚好友到来，就会送他一大捆（袋）呢！吃海蜇皮的日子离我们远去了，但人们时常会回忆当年捕海蜇、挑海蜇、腌海蜇皮（肠）、晒海蜇血的忙碌情景。

　　童年的海边生活十分的穷苦，但三餐中海蜇皮、海蜇肠、海蜇干这些配饭的菜却是十分充足的。

水古鲝

✍ 郑斯汉

20 世纪 80 年代硖门沿海白姑鱼（水古）特多，它属群聚类鱼种，盛产在嵛山岛以内的浅海区域，盛产期主要是每年的 5—8 月间。捕捞方式主要有定置网、镰捞、海钓等。渔井海边石壁多、海风大是晒水古鲝的先天条件，几乎每家每户都有一两块相对固定的石壁。水古鲝多的时候，就得用上竹柄（晒地瓜米用的），选择向阳海风大的地方搭上架，正面朝着风口将水古鲝一排排列摆在竹柄上，让海风吹日头晒。

渔井晒水古鲝的渔民家属，通常把晒干的鱼鲝挑到硖门街上去卖。随着白姑鱼产量的增多，也就出现了水古鲝贱价的现象。这时在渔井里居住的陈细妹（岭口妹）首先捕捉到的是浙南一带对水古鲝相当热销信息，于是就和女儿林月香联手大量收购白姑鱼制作鱼鲝，专门供销于浙南一带，生意相当红火。正在硖门初中就读的儿子林寿细，也在暑假期间参与收购白姑鱼，和她母亲、大姐一起做起水古鲝的生意来。

据林寿细回忆，小水古当时在渔井海边人是不吃的，渔村几乎每家都有养一些建昌鸭和北京鸭，它们的主要食物就是小水古鱼和水古鱼的内脏，鸭吃这些东西是很有营养的，将鸭养得又大又肥，面红额赤，遇到陌生的人还会追赶着，啄他的腿呢。让人忙得是在渔船归来时候，一般都是在下午四五点，当船靠近码头时一篮篮白姑鱼，黄澄澄，金灿灿，十分耀眼。必须抢在白姑鱼特鲜时挑回家里，动员家里所有人和邻居一起动手破开水古鱼身，把内脏、鱼鳍取出，将已刨开水古最大限度张开放入大缸或木桶里摆放平坦，按 1 比 0.2 的比例层层撒下粗盐，腌制一晚。第二天清晨将鱼鲝拿出来放在另一个大桶里，打来井水浸泡十来分钟后洗净捞上来放入鱼篮里，将水沥干后依次摆放在竹柄上或是石壁上吹风晒太阳，期间，还要几次翻翻鱼鲝，让太阳晒个均匀。经过两天的工夫，鱼鲝晒到八成干，即可放在家里干燥处，用塑料密封袋包装好，谨防刮南风时鱼鲝的潮湿。要是好天气，五六天下来的囤积的水古鲝就可以运出去销售了。

林寿细还说，腌制水古鲝的鱼一定要新鲜这是最主要的。要是鱼不新鲜，晒出来的鱼鲝的肉里面是腐的，很容易引来苍蝇和蚂蚁。由于林家母子对水古鱼新鲜度的苛刻把关和破鲝腌制方面的严格要求，鱼鲝的品质一直都是上乘的，吸引来了浙南的老板上门主动要求合作经营。林家母子负责扩大海边范围收购水古鲞，主要是到霞浦海边捕鱼区域的牙城梅花、下南洋，三沙的青官司、古镇、小皓，霞浦长春、下浒、沙江等地收购鱼鲞，除了收购水古鲞外，还收购白金干（一种在海边生活的群聚小鱼，捕捞工具主要是定置网和手缯），这样一来，收购上来的鱼鲞就逐渐多了起来，一般三四天就可以运一趟温州等地销售。

晒水古鲞的最佳季节是白露过后，天气转凉了为好，海风吹来带着寒意，这样不但水古鲞干得快，也没有苍蝇，鱼鲞晒得香喷喷的，不管是蒸着吃，还是煮着吃都很棒的。

水古鲞的储藏，对现在人来说特简单，就是放入冰箱急冻，已经晒干的水古鲞，营养已被锁住了，不用担心营养流失，要吃时从冰箱拿出来，经水龙头一冲，就可以煮了，方便得很。

附录：

大事记

五代十国

后晋天福元年（936）建瑞云寺。

清

同治十二年（1872）七月，大旱，溪涧尽涸。石兰池中自燃，烈火历4个时辰方熄。

光绪三十二年（1906）四月，沙埕、秦屿设立邮政代办所，点头、白琳、硖门设立邮政信柜。

中华民国

1930年，湄洲海寇窜到渔井，毁民房40间，杀死妇女2人。

1934年7月，范式人率闽东工农红军在硖门和牙城一带打击地方反动民团，王勤聪在瑞云村领导建立了福鼎县第一个畲族苏维埃政府。

中华人民共和国

1949年11月，硖门成立乡人民政府。

1958年9月，中央民族调查组到瑞云调查，发现畲族歌唱时罕见的"双音"，称为"福鼎调"，这是畲歌重要的一次调查发现。

1960年8月，以硖门刘修茂和磻溪后坪林申亮为首的两起大刀会反动组织被破获。

1962年8月23日，硖门区瑞云公社山腰村发生首例EL-tor弧菌引起的霍乱病，至11月波及全县11个区164个大队，大病384例，死亡52人。

1962年10月13日至1963年5月31日，冬春旱241天，水源枯竭，硖门乡渔井村群众到15千米外挑水吃，全县水稻受灾11万亩。

1963年，瑞云歌手蓝进俊上北京参加全国青年业余文学创作大会，被评为全国青年业余创作积极分子。

1964年3月，中共福鼎县委在点头、秦屿、硖门3个区开展社会主义教育运动。

1964年10月，硖门围垦工程动工，1970年5月竣工，围垦面积1800亩。

1964年10月25日，硖门秦洋村因小孩玩火酿成火灾，毁屋11座74榴，受灾35户。

1966年9月3—4日，台风暴雨袭击，加上海潮顶托，硖门集镇在海潮、洪水包围之中，硖门区公所水满2米高。

1969年1月，文渡围垦工程动工，1973年10月竣工，围垦面积4948亩，其中用作盐埕（晒盐）3100亩。

1969年硖门码头修建竣工，投产使用。

1972年5月1日，围垦文渡盐场基建工程的40米山坡，因久雨土质松动崩塌，推倒20米远，压死6人，伤2人。

1973年1月，硖石瑞云水库工程动工，1986年1月竣工，总容库164万立方米，灌溉面积2700亩，防洪面积5000亩，发电装机1040千瓦，饮水工程供水6000人。

1974年9月，白琳—硖门公路改线动工修建。

1979年9月15日，福鼎硖门与霞浦牙城公路通车，全长9.9千米。

1980年，陈广岸从外地引进尝试养殖紫菜获得成功，并创办闽东最大的紫菜育苗场。

1982年8月11日，硖门东稼村出土古钱币2.7万枚，为研究福鼎的政治、经济提供了重要的实物依据。

1983年8月19日清晨，全县统一行动，严厉打击刑事犯罪活动。

1984年，硖门针织厂创办，为体制改革时期硖门第一家私营企业。厂长王周齐，主管黄秀香，推销员是郑广龙。

1984年，文渡海堤在加固施工中因挖土塌方，压死民工4人，伤1人。

1987年，陈广岸从霞浦沙江引种试养弹涂鱼获得成功。

1988年5月11—17日，硖门、渔井、柏洋等校民师因待遇低弃教离校，经县有关部门多方做工作后相继复课。19日福建省教委、人事局、财政厅联合发文，从1988年6月1日起，民师实行退养制度。当年人事局给3000名民师转正指标。

1990年9月4日，17号热带风暴正面袭击县境，下午4时起沿海风速剧增，暴雨倾盆，沙埕、店下、秦屿和硖门等地4乡镇受灾尤为严重。

1990年，福鼎市人民政府确认渔井海港为重点渔港。

1991年4月，硖门—嵛山10千伏输电线路工程动工，12月20日建成通电。该线路13.9千米，其中海缆布线8.6千米，总投资120万元。

1993年，成立硖门畲族乡。

1993年，中华人民共和国交通部批示同意成立硖门青湾村海运公司。该公司当时是闽东第一家村级海运公司。

1995年10月4日，硖门突降暴雨，硖门海堤决堤135米。

1996年8月，第八次强台风袭击，硖门海堤在前一年决口位置再次决口195米。

2000年，柏洋村永和新村建成。

2001年，雷朝灏服装作品"福鼎装"晋京参加国庆60周年中国民间文艺家协会举办的"缤纷中国——中国民族民间服饰文化暨中国民间文化遗产抢救工程成果展"。

2002年，柏洋村建成柏洋工业小区。

2005年，柏洋村被评为"全国小康建设明星村"。

2006年，柏洋村党支部被中共中央组织部评为"先进基层党组织"。

2008年5月，石兰村列入福建省宁德市第一批历史文化名村。

2008年，柏洋村被福建省委定为第二批"社会主义新农村建设联系点"。

2010年9月5日，时任中共中央政治局常委、中央书记处书记、国家副主席习近平到硖门柏洋村调研。

2011年5月，"瑞云畲族四月八歌会"被列入国家非物质文化遗产名录。

2019年6月，石兰村被列入第五批中国传统村落名录。

2021年8月，硖门瑞云畲依茗获评福建省级扶贫龙头企业。

2021年，渔井村被评为第四批省级传统文化村落。

硖
门